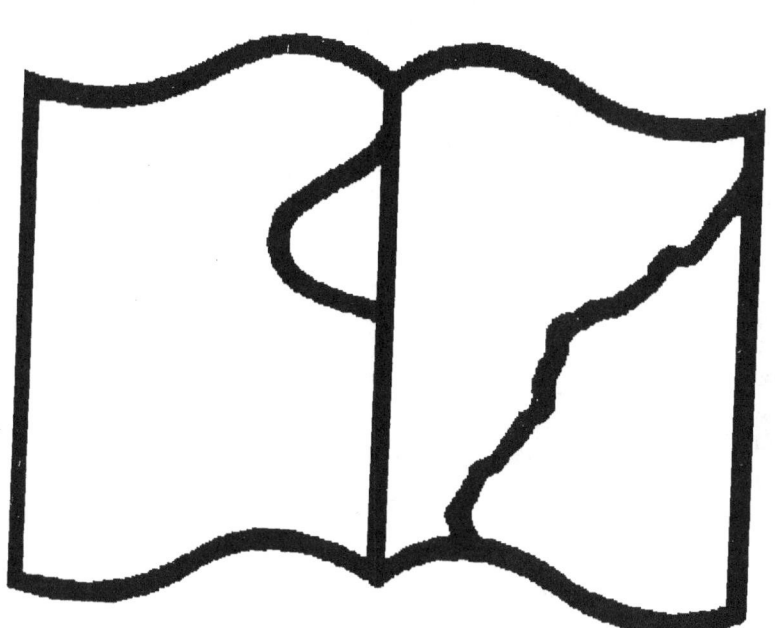

Texte détérioré - reliure défectueuse
NF Z 43-120-11

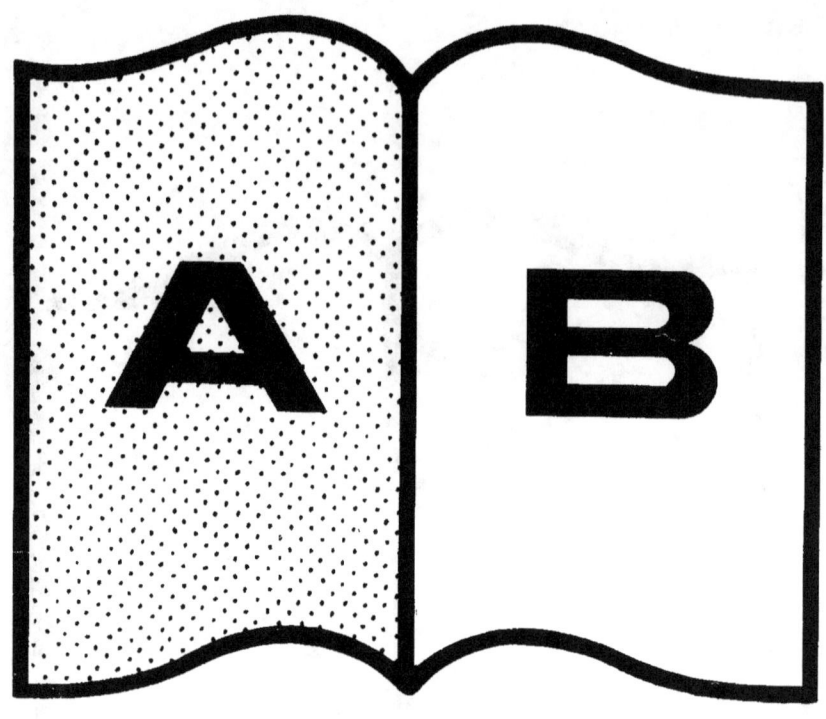

Contraste insuffisant
NF Z 43-120-14

ESSAI

SUR

LES ÉLOGES.

ON TROUVE A LA MÊME LIBRAIRIE :

Abrégé (nouvel) des Sciences, ou *Encyclopédie des Enfans;* Cours complet de Mythologie, de Géographie, d'Histoire, etc.; nouvelle édition, mise dans un ordre plus méthodique, par M. Masselin; gros vol. *in*-12, *gravures*, etc.

Abrégé (nouvel) du Traité des Études, de Ch. Rollin, avec des notes littéraires et des observations historiques, morales, etc.; par M. Boinvilliers, et précédé de l'Eloge de Rollin par M. Berville; gros vol. *in*-12, 1827.

Cours abrégé de Littérature ancienne et moderne de La Harpe, enrichi de remarques, jugemens, etc., d'après Rollin, Batteux, Marmontel, etc.; par J. G. Masselin; 2 gros vol. *in*-12 de 1000 pages.

Cours de Rhétorique et de Belles-Lettres, par Hugues Blair, traduit de l'anglais par M. P. Prevost : seconde édition, revue, corrigée et augmentée des passages omis, ou nouvellement traduits, et d'autres en texte original anglais; 2 vol. *in*-8°, de 1280 pages.

Essai sur les Éloges, suivi des Éloges de Marc-Aurèle, de Louis, Dauphin de France, de Maurice, comte de Saxe, de Duguay-Trouin, de Sully, de d'Aguesseau et de Descartes; par A. L. Thomas de l'Académie française; 2 gros vol. *in*-12.

On vend séparément :

Essai sur les Éloges.
Éloges.

ESSAI
SUR
LES ÉLOGES,

PAR A. L. THOMAS,

DE L'ACADÉMIE FRANÇAISE.

PARIS,
DE L'IMPRIMERIE D'AUGUSTE DELALAIN,
LIBRAIRE-ÉDIT, RUE DES MATHURINS S.-JACQUES, N°. 5.

M DCCC XXIX.

Toutes mes Éditions sont revêtues de ma griffe.

Auguste Delalain

NOTICE
SUR THOMAS.

Antoine-Léonard Thomas naquit à Clermont-Ferrand le premier octobre 1732, et mourut à Oullins, près de Lyon, le 17 septembre 1785. Il fit à Paris de solides et brillantes études, couronnées en rhétorique par des succès dont les Fastes universitaires ont consacré et gardent la mémoire. Ces succès même semblaient indiquer au jeune Thomas la carrière où l'appelait sa vocation : c'était celle des lettres. Il y débuta en 1756, par les *Réflexions philosophiques et littéraires* sur le poëme de *la Religion naturelle*, de Voltaire. Cette production, estimable sous d'autres rapports, était loin d'annoncer encore le grand écrivain en prose; et le grand poëte ne se montrait pas d'avantage dans le poëme de *Jumonville*, publié en 1759. On y remarqua toutefois quelques beaux vers, et surtout cette verve de patriotisme, qui fit le succès, et en grande partie le mérite de l'*Épître au peuple*. Au surplus, nous ne nous arrêterons point ici sur les poésies de Thomas, qui ne font pas partie de cette édition.

L'Académie française ayant ouvert en 1758, au génie de l'éloquence une carrière nouvelle, en substituant aux *lieux communs*, jusqu'alors proposés à l'émulation des jeunes orateurs, l'éloge des grands hommes qui avaient servi et illustré le pays, Thomas s'empressa de répondre à ce généreux appel, que sa belle âme avait si bien entendu; et les *Éloges du Maréchal de Saxe*, de *Sully*, de *d'Aguesseau*, de *Duguay-Trouin* et de *Descartes*, furent couronnés par l'Académie, dont les suffrages unanimes du public confirmèrent, cette fois, les jugemens. Cette suite non interrompue de triomphes ouvrit, le 22 janvier 1767, les portes de l'Académie à celui qui, vainqueur si souvent et avec tant d'éclat, avait bien acquis le droit de siéger parmi les juges. Ces triomphes néanmoins avaient été plus d'une fois mêlés de quelque amertume: la critique avait plus d'une fois, et souvent avec raison, reproché à Thomas l'enflure, la tension perpétuelle, la monotonie enfin de son style. « Vous ne frappez qu'une corde », lui disait son ami Marmontel. Cette corde rendait, il est vrai, de beaux sons; mais ils ne tardaient pas à fatiguer l'oreille, importunée de leur trop fréquent retour. Déjà moins sensibles dans l'*Éloge du Dauphin*, père de **Louis XVI**, de **Louis XVIII** et de **Charles X**, ces défauts disparurent presque entièrement, dans l'*Éloge de Marc-Aurèle*, l'un des plus beaux monumens de l'éloquence académique, et, sans contredit, le meilleur ouvrage de Thomas en ce genre.

L'*Essai sur les Éloges* n'était dans la pensée première de l'auteur, qu'un *Discours préliminaire*, destiné à servir d'introduction à l'édition complète de ses *Éloges*: mais la matière s'étendant insensiblement sous les mains d'un homme qui avait étudié en philosophe et en citoyen les avantages et les inconvéniens de la louange, distribuée avec équité, ou prodiguée sans pudeur, une simple *Préface* devint bientôt un ouvrage considérable; et cet ouvrage est resté l'un des plus solides titres de Thomas à l'estime de ceux même qui, trop sévères peut-être pour l'écrivain, ne peuvent s'empêcher de rendre hommage et justice aux qualités personnelles de l'homme ; à la noblesse de son caractère, et à l'élévation de son âme. Thomas, en effet, est toujours le *vir bonus* de Caton, lors même qu'il n'est pas constamment *dicendi peritus*.

ESSAI
SUR LES ÉLOGES.

CHAPITRE PREMIER.

DE LA LOUANGE ET DE L'AMOUR DE LA GLOIRE.

La louange, si désirée et si prodiguée sur la terre, n'est point et ne peut être une chose indifférente; elle est ou utile ou funeste; elle est tour à tour ce qu'il y a ou de plus noble ou de plus vil. En société, c'est le plus souvent un commerce de mensonges, établi par la convention et le besoin de se plaire : alors elle nuit aux hommes, parce qu'elle les dispense d'avoir des vertus qu'ils auraient peut-être, ou du moins qu'ils devraient avoir. Si c'est un instrument que l'intérêt emploie pour parvenir à la fortune, on doit la mépriser; si c'est la flatterie d'un esclave qui trompe un homme puissant, on doit la craindre. Mais quelquefois aussi c'est l'hommage que l'admiration rend aux vertus, ou la reconnaissance au génie; et sous ce point de vue, elle est une des choses les plus grandes qui soient parmi les hommes : d'abord, par son autorité, elle inspire un respect naturel pour celui qui la mérite et qui l'obtient; par sa justice, elle est la voix des nations qu'on ne peut séduire, des siècles qu'on ne peut corrompre; par son indépendance, l'autorité toute puissante ne peut l'obtenir, l'autorité toute puissante ne peut l'ôter; par son étendue, elle remplit tous les lieux; par sa durée, elle embrasse les siècles. On peut dire que par elle le génie s'étend, l'âme s'élève, l'homme tout entier multiplie ses forces; et de là les travaux, les méditations sublimes, les idées du législateur, les veilles du grand écrivain; de là le sang versé pour la patrie, et l'éloquence de l'orateur qui défend la liberté de sa nation.

Il ne faut donc pas s'étonner que les âmes ardentes et actives aient été toutes passionnées pour la gloire. On connaît le mot de Philippe, à qui un courtisan féroce conseillait de détruire Athènes : *Et par qui serons-nous loués ?* Ces mêmes Athéniens étaient les maîtres et les tyrans d'Alexandre qui était le maître du monde; c'était pour eux qu'il combattait, qu'il détrônait, qu'il faisait des rois. Il se précipitait sur les champs de bataille, pour que les poëtes, les musiciens et les ouvriers d'Athènes dissent, en se promenant sur la place, qu'Alexandre était grand [1].

Ce sentiment est un aiguillon pour les uns,

---

[1] *O Athéniens*, disait-il, *qu'il en coûte pour être estimé de vous !*

et un frein pour les autres. *Souviens-toi*, disait un philosophe à un prince, *que chaque jour de ta vie est un feuillet de ton histoire.* Et il faudrait que tous les matins ce fût la première parole qu'on fît entendre aux princes, à leur réveil ; l'amour de la gloire veillerait autour d'eux pour en repousser les faiblesses et les vices ; car tel est le caractère de ce sentiment : il est fier, délicat, sévère à lui-même. A chaque pensée, à chaque action qu'il médite, il s'environne de témoins. L'univers est son censeur, et la postérité son juge.

D'où naît ce sentiment ? de la nature même de l'homme. Ambitieux et faibles, mélanges d'imperfection et de grandeur, une estime étrangère peut seule justifier celle que nous tâchons d'avoir pour nous-mêmes. Elle met un prix à nos travaux, elle nous fait croire à nos vertus, elle nous rassure sur nos faiblesses. Elle occupe de plus notre activité inquiète qui a besoin de mouvement, et qui cherche à se répandre au dehors. L'amour de la gloire nous pousse et nous précipite hors de nous. Nous échappons à l'ennui et à nous-mêmes ; nous volons au-devant du temps ; nous vivons où nous ne sommes pas. La calomnie siffle dans un coin : mais la gloire parcourt la terre ; elle acquitte la dette du genre humain envers la vertu et le génie.

On a beaucoup déclamé contre la gloire ; cela

est naturel : il est beaucoup plus aisé d'en dire du mal que de la mériter. Tacite était plus ingénu ; il convenait que c'était la dernière passion du sage, et apparemment la sienne. Il y a des hommes qui se vantent de la mépriser ; et pour qu'on n'en doute pas, ils le répètent : c'est une raison de plus pour ne les point croire. Chacun en secret y prétend ; mais l'un s'affiche et l'autre se cache. L'un a la vanité des petites choses et l'autre l'orgueil des grandes. Corneille mettait sa gloire à faire Cinna ; un courtisan de son siècle, à paraître avec grâce dans un ballet.

Voulez-vous savoir ce que peut le sentiment de la gloire? ôtez-la de dessus la terre ; tout change : le regard de l'homme n'anime plus l'homme ; il est seul dans la foule ; le passé n'est rien ; le présent se resserre ; l'avenir disparaît ; l'instant qui s'écoule périt éternellement, sans être d'aucune utilité pour l'instant qui doit suivre.

En parcourant l'histoire des empires et des arts, je vois partout quelques hommes sur des hauteurs, et en bas, le troupeau du genre humain qui suit de loin et à pas lents. Je vois la gloire qui guide les premiers, et ils guident l'univers.

En mécanique, on préfère les machines qui produisent les plus grands effets par les plus petits moyens. En politique, on doit faire de même; or telle est cette passion : Sparte a besoin de trois cents hommes qui meurent; ils se dévouent. Sparte fait graver quelques lettres sur les rochers teints de leur sang, voilà leur récompense. C'est peut-être avec deux ou trois cents couronnes de chêne que Rome a conquis le monde. Mais ces illusions sublimes n'appartiennent ni à toutes les âmes ni à tous les siècles.

Le sentiment de la gloire suppose le retranchement des passions communes. Ou il n'existe pas, ou il occupe l'âme toute entière. Ne l'attendez pas d'un peuple chez qui domine l'intérêt; la gloire est la monnaie des états, mais la gloire ne représente rien où l'or représente tout. Ne l'attendez pas d'un peuple voluptueux; ce peuple n'a que des sens, il ne sait renoncer à rien, il ne sait pas perdre un jour pour gagner des siècles. Ne l'attendez pas d'un peuple esclave; la gloire est fière et libre, et l'esclave, corrompu par sa servitude, n'a pas assez de vertu pour lever les yeux jusqu'à elle. Ne l'attendez pas d'un peuple pauvre, je ne dis pas celui qui, resté près de la nature et de l'égalité, borne ses désirs, vit de peu, et met les vertus à la place des richesses; mais celui qui, environné de grandes richesses qu'il ne partage pas, se trouve entre le spectacle du faste et la misère, et voit l'extrême pauvreté sortir de l'extrême opulence; ce peuple, occupé et avili par ses besoins, ne peut avoir l'idée d'un besoin plus noble. Vous le trouverez peu chez une nation livrée à ce qu'on appelle les charmes de la société; chez un tel peuple, la multitude des goûts nuit aux passions. Il est trop facile d'avoir des succès d'un moment, pour chercher à obtenir des succès plus pénibles. D'ailleurs, en voyant les hommes de si près, on met moins de prix à leur opinion. En général, le sentiment de la gloire a je ne sais quoi de réfléchi et de profond qui se nourrit surtout dans la retraite. C'est là qu'occupé de grands travaux, on est frappé de la rapidité de la vie, et qu'on veut étendre sur l'avenir une existence si courte. C'est à cette distance des hommes que la renommée paraît auguste, que la postérité se montre, que la gloire tourmente et fatigue l'imagination. Il faut qu'elle soit vue de loin pour qu'elle en impose; elle ressemble à ces divinités de nos ancêtres, qu'ils avaient soin de placer dans les forêts, ou dans des lieux obscurs; moins on les voyait, plus elles obtenaient d'hommages.

On a demandé souvent si le devoir d'un seul ne peut pas suppléer à la gloire. Cette question honore ceux qui la font; mais la réponse est simple: faites que tous les gouvernemens soient justes et que tous les hommes soient grands, et alors la gloire sera peut-être inutile aux hommes. Je suis loin de calomnier l'humanité; sans doute il y a eu des âmes qui, en faisant le bien, ont obéi au devoir, et n'ont obéi qu'à lui, et à qui de grandes actions sont échappées en silence. Athènes éleva un autel au dieu inconnu; on pourrait élever sur la terre une statue avec cette inscription : *Aux hommes vertueux que l'on ne connaît pas.* Ignorés pendant la vie, oubliés après la mort, moins ils ont cherché l'éclat et plus ils ont été grands. Mais ne nous flattons point, il y a peu de ces âmes qui se suffisent et marchent d'un pas ferme sous l'œil de la raison qui les guide, ou de Dieu qui les regarde. La plupart des hommes, faibles par leur nature, faibles par le peu de rapport qu'il y a entre leur esprit et leur caractère, plus faibles encore par les exemples qui les assiégent, par le prix que les circonstances mettent trop souvent à la bassesse et au crime, n'ayant ni assez de courage pour être toujours bons, ni assez de courage pour être toujours méchans, embrassant tour à tour et le bien et le mal, sans pouvoir se fixer ni à l'un ni à l'autre, sentent la vertu par le remords, et ne sont avertis de leur force que par le reproche secret qu'ils se font de leur faiblesse. Dans cet état il leur faut un appui. Le désir de la renommée se mêlant au devoir, les enchaîne à la vertu. Ils oseraient peut-être rougir à leurs yeux; ils craindront de rougir aux yeux de leur nation et de leur siècle. Et à l'égard des hommes même dont l'âme est d'une trempe plus vigoureuse et plus forte, la gloire est un dédommagement, si elle n'est un appui. Nous nous récrions contre Athènes qui proscrivait ses grands hommes. L'ostracisme est partout. Un monstre parcourt la terre pour flétrir ce qui est honnête et rabaisser ce qui est grand. Il a à la main la baguette de Tarquin, et abat en courant tout ce qui s'élève. Dès que le mérite parut, l'envie naquit, et la persécution se montra ; mais au même instant la nature créa la gloire, et lui ordonna de servir de contre-poids au malheur.

Il semble en effet que la vertu et le génie souvent opprimés, se réfugient loin du monde réel, dans ce monde imaginaire, comme dans un asile où la justice est rétablie. Là Socrate est vengé, Galilée est absous, Bacon reste un grand homme. Là Cicéron ne craint plus le fer des assassins, ni Démosthène le poison. Là Virgile est au-dessus d'Auguste, et Corneille près de Condé. L'or et la vanité ne se trouvent point là pour distribuer les rangs et assigner les places. Chacun, par l'ascendant de son génie ou de ses vertus, monte et va prendre son rang ; les âmes opprimées se relèvent et recouvrent leur dignité. Ceux qui ont été outragés pendant la vie, trouvent du moins la gloire à l'entrée du mausolée qui doit couvrir leurs cendres. L'envie disparaît et l'immortalité commence.

Soit intérêt, soit justice, on a donc partout rendu des honneurs aux grands hommes; et de là les statues, les inscriptions, les arcs de triomphe; de là surtout l'institution des éloges, institution qui a été universelle sur la terre. Nous nous proposons d'examiner ce qu'ils ont été chez les différentes nations et dans les différens siècles; quels sont les hommes à qui on les a accordés, à qui on les a refusés; comment le pouvoir les a usurpés sur la vertu; comment ce qui était institué pour être utile aux peuples, est devenu quelquefois le fléau des peuples en corrompant les princes. Nous indiquerons le caractère et le mérite ou la bassesse des écrivains qui ont travaillé dans ce genre. Ainsi nous suivrons de siècle en siècle les révolutions de l'éloquence et des arts, nous marquerons leur décadence ou leurs progrès. Souvent nous jugerons, d'après l'histoire, les hommes qui ont été loués, afin de mieux connaître l'esprit des panégyristes et l'esprit du temps. Enfin nous terminerons cet essai par quelques idées générales sur le ton et l'espèce d'éloquence qui nous paraît convenable aux éloges des grands hommes; non que nous nous proposions de donner la poétique de ce genre, nous voulons nous instruire et ne pas tracer des règles. On sait que la première règle est le génie, et celui qui l'a, trouve aisément les autres. Il serait d'ailleurs injuste (quoique cette injustice ne soit que trop commune) de vouloir donner à son art les limites de son talent.

A l'égard des jugemens que, dans le cours de cet essai, nous porterons sur certains hommes, s'il y en a qui puissent déplaire, nous ne répondrons qu'un mot : nous croyons avoir été justes; la justice est le premier de nos sentimens, elle sera le dernier. En parcourant la classe des hommes loués, il est difficile de ne pas s'indigner souvent. Trop de panégyristes ressemblent à ces statues qu'on élevait dans Rome aux empereurs, et dont le plus grand nombre était brisé, dès que l'empereur n'était plus. Que l'intérêt et la crainte prodiguent l'éloge, c'est le contrat éternel du faible avec le puissant; mais la postérité, sans espérance comme sans crainte, doit être plus libre; elle peut aimer ou haïr, approuver ou flétrir d'après la justice et son cœur. Quoi! même après des siècles, faudrait-il encore avoir des égards pour des tombeaux et pour des cendres ?

CHAPITRE II.

DES ÉLOGES RELIGIEUX, OU DES HYMNES.

Le genre des éloges est très-ancien. Si on en cherche l'origine, on la trouvera dans les premières hymnes qui furent adressées à la divinité. Ces hymnes furent inspirées par l'admiration et la reconnaissance. L'homme placé en naissant sur la terre, dut être frappé du grand spectacle que déployait à ses yeux la nature. L'étendue des cieux, la profondeur des forêts, l'immensité des mers, la richesse et la variété des campagnes, cette multitude innombrable d'êtres en mouvement, destinés à servir d'ornement au globe qu'il habite, tout ce vaste assemblage dut porter à son esprit une impression de grandeur. Bientôt un autre sentiment dut succéder à celui-là. Il vit que cette nature si riche avait des rapports avec lui; les astres lui prêtaient leur lumière; des fruits naissaient sous ses pas, ou se détachaient des branches pour le nourrir; les arbres le protégeaient de leur ombre et offraient un asile à son repos; les cieux, pendant son sommeil, semblaient se couvrir d'un voile, et n'envoyaient à son séjour qu'une lumière douce et tranquille. Frappé de tant de merveilles, il sent que leur cause n'est point en lui-même ; il sent que tout est l'ouvrage d'un être qui se dérobe à ses sens, mais qui se manifeste à lui par ses bienfaits. Alors il le cherche à travers ce monde solitaire où il a été jeté ; il le demande aux cieux, à la terre, à tout ce qui l'environne ; il prête l'oreille pour l'entendre. Plein du sentiment religieux qui s'élève dans son cœur, il mêle sa voix à celle de la nature ; et du sommet d'une montagne, ou dans un vallon écarté, au bruit des fleuves et des torrens qui roulent à ses pieds, il chante une hymne en l'honneur de la divinité dont il éprouve la présence, et qui le fait exister et sentir.

La première hymne qui fut chantée dans cette solitude du monde, fut une grande époque pour le genre humain. Bientôt on vit les pères assembler leurs enfans au milieu des campagnes pour rendre les mêmes hommages. On vit le vieillard entouré de moissons, tenant d'une main une gerbe de blé et de l'autre montrant les cieux, apprendre à sa famille à louer le Dieu qui la nourrissait.

Dans ces premiers temps on loua la divinité au lever du soleil ; c'était une espèce de création nouvelle qui rendait l'univers à l'homme. On la loua aux approches de la nuit, parce que son obscurité et son silence inspiraient l'effroi ; on la loua de même au renouvellement de l'année, au commencement des saisons, à chaque nouvelle lune. Il semble que vers l'origine du monde, l'homme, peu assuré des bienfaits de la nature, s'étonnait, pour ainsi dire, à chaque instant, de n'en être pas abandonné; et le désordre qu'il voyait dans plusieurs endroits de la terre encore sauvage, lui faisait mettre un plus grand prix à l'ordre constant qu'il apercevait dans les cieux.

Dans la suite, et chez les peuples même les plus policés, toutes les fois qu'il arriva un bonheur inattendu ou un fléau terrible, on s'empressa partout à louer les dieux qu'on adorait. Ainsi, nous voyons par l'histoire que c'est surtout dans le temps des épidémies et des guerres, lorsque de grandes batailles étaient perdues, lorsque la peste faisait périr les citoyens par milliers, lorsque le peuple croyait voir pendant la nuit un spectre pâle et terrible répandre la désolation sur ses murs; c'était alors que les prêtres dans les temples et aux pieds des autels, entourés d'un peuple nombreux, et levant tous ensemble leurs mains vers le ciel, composaient et chantaient de nouvelles hymnes.

Dans ces temps d'effroi, les hymnes durent être animées par l'imagination et respirer l'enthousiasme ; car l'homme aux prises avec la nature conçoit des idées plus grandes par la vue de sa faiblesse même: alors tout s'exagère à ses yeux ; ses expressions s'élèvent avec ses idées, il peint tout avec force, il emprunte de toute la nature des images pour louer celui à qui la nature est soumise. Son style est quelquefois mystérieux comme l'être à qui il parle ; son oreille même cherche dans les sons une harmonie inconnue ; et comme pour donner une habitation à la divinité, il a élevé des colonnes, exhaussé des voûtes, dessiné des portiques ; comme pour la représenter, il a agrandi les proportions et cherché à faire une figure imposante ; comme pour en approcher dans les jours de fêtes, il a substitué à la marche ordinaire des mouvemens cadencés et des pas en mesure ; ainsi, pour la louer, il cherche, pour ainsi dire, à perfectionner la parole ; et joignant la poésie à la musique, il se crée un langage distingué en tout du langage commun.

Mais comment l'esprit humain osa-t-il concevoir le projet de louer Dieu ? L'ami peut louer son ami, l'esclave son maître, le sujet son roi. Malgré la distinction des rangs, l'homme est à côté de l'homme : l'orgueil les sépare, la nature les rapproche. Mais l'homme et Dieu, où est la mesure commune ?

Cependant toutes les nations ont eu des hymnes. Les penchans, les besoins, les vices ou les vertus ont décidé des attributs qu'on a loués dans la divinité. « Je te loue, s'écrie l'habitant sauvage du Groenland, ô toi dont la main invisible amène tous les ans la baleine sous mes harpons, et fait couler son sang dans les mers, pour m'aider à suivre sa trace quand elle s'éloigne du rivage. » Et à l'autre extrémité du globe, l'Indien chante sous son beau ciel : « Je te loue, ô toi qui fais croître des moissons de riz dans mes plaines, et qui fais fleurir le citronnier et l'oranger au bord de mes ruisseaux ; » tandis que vers les bords de la Russie orientale, un autre peuple sauvage chante auprès de ses volcans : « Je t'adore et te loue, ô être puissant et terrible qui habites ces souterrains enflammés, et qui, de là, roules tes feux parmi nos neiges et nos glaces. » Ainsi, chez tous les peuples, les hymnes prennent, pour ainsi dire, la teinte du climat ; et une nature, ou sauvage, ou riante, influant par les sensations sur les idées, y détermine les différens éloges qu'on fait de la divinité [1].

On nous a conservé beaucoup d'hymnes des anciens. Le pays où Homère chanta, où Orphée institua des mystères, où l'architecture éleva des temples dont nous allons encore admirer les ruines, où le ciseau de Phidias semblait faire descendre la divinité sur le marbre ; ce pays où l'air, la terre et les eaux avaient, aux yeux des habitans, quelque chose de divin, et où chaque loi de la nature était représentée par une divinité, dut produire un grand nombre d'hymnes en l'honneur des dieux qu'on adorait ; mais la

---

[1] On voit qu'il ne s'agit ici que des peuples qui ne sont pas éclairés des lumières de la foi.

plupart de ces hymnes furent défigurées par des fables et des contes de fées, faites pour les poëtes et les peintres: elles amusaient le peuple et révoltaient les sages.

Nous en avons quelques-unes attribuées à Homère. On sait que dans ses poëmes il a mieux célébré les héros que les dieux : ses hymnes sont du même ton ; ce sont plutôt des monumens de la mythologie païenne, que des éloges religieux ; mais on y retrouve quelquefois son pinceau et les charmes de la plus riante poésie.

Les hymnes de Callimaque offrent les mêmes beautés et les mêmes défauts; on y voit le génie esclave de la superstition, et des erreurs populaires chantées avec autant d'harmonie que de grâce.

Il ne nous reste rien des hymnes de Pindare, mais nous savons qu'elles étaient toutes consacrées à cet Apollon de Delphes, dont les oracles mettaient à contribution la crédulité des peuples et l'ambition des rois. Tandis que les poëtes et le peuple défiguraient ainsi la divinité en la célébrant, les initiés dans leurs mystères lui rendaient un hommage plus pur et plus digne d'elle. Le ton de leurs hymnes est imposant ; mais l'initié, en parlant à Dieu, semblait ne s'occuper que de ses propres besoins; il oubliait que des êtres faibles, en louant leur père commun, ne doivent pas se séparer du reste de la famille, et implorer des bienfaits qui ne soient que pour eux.

Si les Grecs nous ont laissé quelque chose d'auguste et de grand dans le genre des hymnes, il faut convenir que c'est celle du philosophe stoïcien, nommé Cléanthe. Cette hymne, trop peu connue, annonce en même temps une imagination forte et une âme épurée des superstitions. Elle est digne de la secte qui devait former un jour Epictète dans les fers, et les Antonins sur le trône. Je m'imagine que Cléanthe, qui fut le second fondateur du portique, et qui, obligé de travailler de ses mains pour vivre, compta un roi parmi ses disciples, un jour, après leur avoir expliqué ses principes sur le système du monde et son auteur, tout à coup enflammé d'enthousiasme, se fit apporter une lyre, et chanta en leur présence cette hymne qui nous a été conservée par Stobée.

« O toi qui as plusieurs noms, mais dont la
« force est une et infinie ! ô Jupiter, premier
« des immortels, souverain de la nature, qui
« gouvernes tout, qui soumets tout à une loi,
« je te salue ; car il est permis à l'homme de t'in-
« voquer. Tout ce qui vit, tout ce qui rampe,
« tout ce qui existe de mortel sur la terre, nous
« naquîmes de toi, nous sommes de toi une fai-
« ble image ; je t'adresserai donc mes hymnes,
« et je ne cesserai de te chanter. Cet univers
« suspendu sur nos têtes, et qui semble rouler

« autour de la terre, c'est à toi qu'il obéit; il
« marche, et se laisse en silence gouverner par
« ton ordre. Le tonnerre, ministre de tes lois,
« repose sous tes mains invincibles; ardent,
« doué d'une vie immortelle, il frappe, et la
« nature s'épouvante. Tu diriges l'esprit uni-
« versel qui anime tout, et vit dans tous les
« êtres. Tant, ô roi suprême, ton pouvoir est
« illimité et souverain! Génie de la nature,
« dans les cieux, sur la terre, sur les mers,
« rien ne se fait, ne se produit sans toi, excepté
« le mal qui sort du cœur du méchant. Par toi,
« la confusion devient de l'ordre : par toi, les
« élémens qui se combattent s'unissent. Par un
« heureux accord, tu fonds tellement ce qui
« est bien avec ce qui ne l'est pas, qu'il s'éta-
« blit dans le tout une harmonie générale et
« éternelle : seuls parmi tous les êtres, les
« méchans rompent cette grande harmonie du
« monde. Malheureux ! ils cherchent le bon-
« heur, et ils n'aperçoivent point la loi univer-
« selle qui, en les éclairant, les rendrait tout
« à la fois bons et heureux : mais tous s'écar-
« tant du beau et du juste, se précipitent cha-
« cun vers l'objet qui l'attire ; ils courent à la
« renommée, à de vils trésors, à des plaisirs
« qui, en les séduisant, les trompent. O Dieu qui
« verses tous les dons, Dieu à qui les orages et
« la foudre obéissent, écarte de l'homme cette
« erreur insensée; daigne éclairer son âme;

« attire-la jusqu'à cette raison éternelle qui te
« sert de guide et d'appui dans le gouverne-
« ment du monde, afin qu'honorés nous-mêmes,
« nous puissions t'honorer à ton tour, célé-
« brant tes ouvrages par une hymne non in-
« terrompue, comme il convient à l'être faible
« et mortel; car, ni l'habitant de la terre, ni
« l'habitant des cieux n'a rien de plus grand
« que de célébrer dans la justice, la raison
« sublime qui préside à la nature. »

Il est difficile sans doute de parler de Dieu avec plus de grandeur. Nous avons des hymnes des Romains, ou du moins quelques morceaux dans leurs poëtes, qui nous en donnent une idée [1]; mais nous n'avons rien de ce genre qui nous peigne la divinité d'une manière éloquente et forte. Les hymnes qu'Horace fit pour les jeux séculaires de Rome, ont le mérite de la délicatesse et du goût; mais combien elles sont au-dessous du sujet! Une fête établie pour la révolution des siècles, l'idée de la divinité pour qui tous les siècles ensemble ne sont qu'un moment, la faiblesse de l'homme que le temps entraîne, ses travaux qui lui survivent un instant pour tomber ensuite, les générations qui

---

[1] Voyez une hymne à Bacchus, dans Ovide; l'hymne à Hercule, dans Virgile, et plusieurs hymnes dans Horace. On peut y joindre le *Pervigilium Veneris*, qui probablement était une hymne qu'on chantait dans les fêtes de Vénus.

se succèdent et qui se perdent, les malheurs et les crimes qui avaient marqué dans Rome le siècle qui venait de s'écouler, les vœux pour le bonheur du siècle qui allait naître ; il semble que toutes ces idées auraient dû fournir à un poëte tel qu'Horace, une hymne pleine de chaleur et d'éloquence ; mais plus un peuple est civilisé, moins ses hymnes doivent avoir et ont en effet d'enthousiasme. Ce sont les peuples nouveaux qui sont le plus frappés de la nature, et par conséquent de l'idée d'un être créateur. A imagination égale, cette impression même est plus forte chez les peuples qui habitent les campagnes, que chez les peuples renfermés dans l'enceinte des villes, et l'on sent bien que cela doit être : dans les villes on n'aperçoit pour ainsi dire que l'homme ; partout l'homme y rencontre sa grandeur. Les objets qui l'environnent et qui le frappent, c'est l'architecture qu'il a créée, les métaux qu'il a tirés du sein de la terre, les richesses qu'il a cherchées au-delà de l'océan, les différentes parties du monde unies par la navigation, enfin tout ce qu'a de brillant le tableau de la société, des lois et des arts; mais dans les campagnes, l'homme disparaît, et la divinité seule se montre. C'est là que de toutes parts on rencontre les cieux ; là le spectacle du jour a quelque chose de plus imposant, et la nuit de plus terrible ; là, le retour constant des saisons est marqué par de plus grands effets; l'œil, en découvrant autour de lui des espaces sans bornes, est plus frappé de l'étendue de l'univers, et de la main qui en a tracé le plan. Il ne faut donc pas s'étonner si les premiers peuples du monde, qui étaient presque tous des peuples pasteurs, et surtout les Orientaux qui, habitant un plus beau climat, doivent plus aimer et sentir la nature, ont donné à leurs éloges religieux un caractère que l'on ne trouve point parmi nous. Dans nos climats d'occident, et surtout dans une grande partie de notre Europe moderne, nous avons commencé presque tous par être des espèces de sauvages, enfermés dans des forêts et sous un ciel triste; ensuite nous avons été tout à la fois corrompus et barbares par des circonstances singulières et des mélanges de nations; enfin, nous avons fini par être corrompus et polis. On voit aisément que dans ces trois époques, les éloges religieux ont dû être faibles et froids. Notre seul mérite aujourd'hui est d'avoir mis quelque pureté de style dans un genre d'ouvrage le plus susceptible de beautés fortes, et qui semblerait devoir être grand et sublime, comme le tableau de la nature.

CHAPITRE III.

DES ÉLOGES CHEZ TOUS LES PREMIERS PEUPLES.

La louange élevée vers la divinité descendit bientôt jusqu'à l'homme. Elle devait s'avilir un jour, mais elle commença par être juste : elle célébra des bienfaits, avant de flatter le pouvoir, ou d'honorer des crimes. La raison en est simple : dans ces premiers temps, l'homme, plus indépendant et plus fier, était plus près de l'égalité; la faiblesse et le besoin ne s'étaient point encore vendus à l'orgueil, et le maître, en enchaînant l'esclave, ne lui avait point encore dit : « Loue-moi, car je suis grand, et je daignerai te protéger, si tu me flattes. »

On sent qu'alors pour être loué, il fallait des droits réels, et ces droits ne purent être que des services rendus aux hommes. Ainsi la découverte du feu, l'application de cet élément aux usages de la vie, l'art de forger les métaux, l'idée de fertiliser la terre en la remuant, la première et la grossière ébauche d'une charrue, voilà sans doute quels furent les premiers titres pour les éloges des nations : tout ce qui est vil aujourd'hui commença par être grand. Les législateurs vinrent ensuite, et ils reçurent aussi des hommages; car les lois étaient un besoin pour le faible. Enfin, comme la société naissante avait différentes espèces d'ennemis, qu'il fallait faire reculer les bêtes féroces dans les déserts, qu'il fallait repousser les brigands ou les peuples armés, on célébra ceux qui, pour le repos de tous sacrifiant le leur, se dévouèrent à combattre les lions, les tigres et les hommes.

Dans ces temps d'une grossièreté simple, on loua les bienfaiteurs de l'humanité, même de leur vivant : l'orgueil n'avait point encore éveillé l'envie : l'homme sauvage admire, et ne calcule point avec art pour échapper à la reconnaissance. Cependant les héros durent recevoir de plus grands honneurs après leur mort, car on respecte toujours plus ce qu'on ne voit pas. Dans la suite même, quand il ne resta plus d'eux que leur nom et leurs bienfaits, et cet éclat de réputation qui agrandit tout, on en fit des dieux ; alors leur tombe fut un autel, et leurs éloges furent des hymnes.

Tout peuple dès sa naissance eut des éloges. Les Chinois, les Phéniciens, les Arabes célébraient par des chants les grandes actions et les grands hommes. La Grèce était encore loin d'être le pays d'Homère et de Platon, lorsque déjà elle avait adopté ou créé cet usage. Nous verrons la même coutume chez les premiers Romains ; enfin, chez tous les peuples celtiques, la même institution régna plusieurs siècles. Les druides étaient les philosophes et les prêtres de la nation ; les bardes étaient les chantres et les panégyristes des héros. On les plaçait au centre des armées : « Viens nous voir combattre et mourir, et tu nous chanteras. » Et le guerrier qui tombait percé de coups, tournait ses regards mourans vers le poëte qui était chargé de l'immortaliser. Ces chants ou ces éloges étaient la principale ambition de ces peuples; c'était un malheur de mourir sans les avoir obtenus, et l'on croyait qu'alors ces ombres guerrières apparaissaient aux yeux du barde pour solliciter ses chants, ou qu'il était averti par le bruit de sa harpe, qui retentissait seule et à travers le silence de la nuit.

Ces chants se conservaient par la mémoire, et passaient d'âge en âge ; on les répétait dans les familles; on les chantait dans les fêtes ; la veille des batailles ils servaient de prélude aux combats, ils animaient le guerrier et servaient de consolation aux vieillards ; le héros qui ne pouvait plus combattre, assis sous le chêne, entendait chanter les exploits de sa jeunesse, et il était entouré de ses fils et de ses petits-fils, qui, appuyés sur leur lance, écoutaient en pleurant les actions de leurs pères.

On ne peut concevoir l'influence que ces panégyristes guerriers avaient sur ces peuples. Ils leur inspiraient un enthousiasme de valeur, qui, plusieurs siècles de suite, leur servit de barrière contre les tyrans. C'est par eux que la Germanie, la Gaule et l'Angleterre se défendirent si long-temps contre les Romains. Ces chants conservèrent dans le nord de l'Écosse un sentiment de liberté et une indépendance qui a subsisté jusqu'aujourd'hui. Enfin, lorsqu'au neuvième siècle, Édouard Ier voulut conquérir le pays de Galles, il ne crut pouvoir l'asservir qu'en faisant massacrer tous les bardes; mais, en les faisant périr, il ne put anéantir leurs chansons, qui perpétuèrent dans ces montagnes tout ce que les conquérans redoutent, le courage et l'horreur de la servitude.

On a rassemblé depuis peu en Angleterre plusieurs de ces monumens, qui s'étaient conservés dans le nord de l'Écosse, et ils sont connus en France sous le titre de *poésies erses*. On y trouve une imagination plus forte qu'étendue, peu d'art, peu de liaison, nulle idée générale, nul de ces sentimens qui tiennent au progrès de l'esprit, et qui sont les résultats d'une âme exercée et d'une réflexion fine; mais il y règne d'autres beautés, le fanatisme de la valeur, une âme nourrie de toutes les grandes images de la nature, une espèce de grandeur sauvage, semblable à celle des forêts et des montagnes qu'habitaient ces peuples, et surtout une teinte de mélancolie, tour à tour profonde et douce, telle que devaient l'avoir des hommes qui menaient souvent une vie solitaire et errante, et qui, ayant une âme plus susceptible de sentiment que d'analyse, conversaient avec la nature aux bords des lacs, sur les mers et dans les bois, attachant des idées superstitieuses aux tempêtes et au bruit des vents, trouvant tout inculte et ne polissant rien, peu attachés à la vie, bravant la mort, occupés des siècles qui s'étaient écoulés avant eux, et croyant voir sans cesse les images de leurs ancêtres, ou dans les nuages qu'ils contemplaient, ou dans les pierres grises qui, au milieu des bruyères, marquaient les tombeaux, et sur lesquelles le chasseur fatigué se reposait souvent.

On sent assez quel doit être le caractère des ouvrages d'un pareil peuple; mais ce qui étonne, c'est que déjà on y trouve l'art d'opposer les idées douces aux idées terribles, et de placer presque partout l'image de l'amour à côté de celle de la guerre; peut-être ce qui nous paraît un art, n'était que l'expression naturelle des mœurs de ces peuples. On sait que les Huns, les Goths, les Germains et les Bretons étaient entièrement asservis à leurs femmes. Chez les peuples pasteurs et à demi-sauvages, l'amour devait se mêler à toutes les idées, et même à celles de la guerre, parce que les femmes y étaient des objets de conquêtes. Il ne faut donc pas s'étonner si, parmi tous ces éloges guerriers, il n'y en a aucun où l'on ne trouve des femmes à côté des héros, et presque partout le contraste ou l'union de l'amour et des combats.

Les Germains eurent, comme les Ecossais et les Bretons, leurs éloges composés par leurs bardes, et ils les conservaient de même : plusieurs subsistaient encore du temps de Charlemagne. Ce prince qui, au milieu d'une vie agitée, et occupé sans cesse de législation et de conquêtes, trouvait encore du temps pour aimer les arts, fit rassembler tous ces ouvrages, et les fit traduire en vers dans la langue des anciens Romains. Tant qu'il vécut, ces monumens restèrent; mais à sa mort on les vendit, et une collection qui avait coûté tant de soins, se trouva encore dispersée. Un pareil trait nous donne l'idée d'un siècle et des barbares au milieu desquels la nature avait jeté un grand homme.[1]

Si de la Germanie nous remontons vers le nord et chez les Scandinaves, nous retrouvons le même usage. Les peuples qui brûlèrent Rome

---

[1] Il y a pourtant apparence que ces monumens si curieux ne sont point anéantis. Albert Krantz et Jean Aventin, deux historiens qui écrivaient au commencement du seizième siècle, citent d'anciennes chansons des bardes, qu'ils prétendent avoir trouvées dans des couvens de l'Allemagne. Ainsi, peut-être, les éloges d'Arminius et de ces fameux Germains sont ensevelis aujourd'hui dans quelque abbaye bâtie dans les mêmes forêts où les Germains combattirent autrefois pour leur liberté. Il est probable que cette découverte se fera un jour.

avaient des prétentions à la gloire ; chez eux les scaldes chantaient les héros ; souvent même ils gravaient ces chants et ces éloges, ou dans les forêts, ou en pleine campagne, et l'on en trouve encore aujourd'hui sur les rochers du nord. Les Danois qui, sous le nom de Normands, ravagèrent la moitié de l'Europe et mirent deux fois le siége devant Paris, en s'embarquant pour aller exercer leur métier de conquérans ou de pirates, ne manquaient jamais de mettre dans leurs vaisseaux, avec leurs provisions, leurs armes et leurs tonneaux de bière, quelques scaldes ou poëtes pour chanter leurs succès.

Nous avons encore aujourd'hui quelques-uns de ces chants ; on se doute bien qu'ils sont barbares comme les héros qu'ils célèbrent ; mais à travers le désordre des idées, il y règne une éloquence fière et sauvage, et jamais peut-être le mépris de la mort n'a été mieux peint chez aucun peuple. Tel est surtout l'ouvrage d'un de ces Scandinaves, qui, au neuvième siècle, fut en même temps roi, guerrier, poëte et pirate, et qui, pris en Angleterre les armes à la main, condamné à mourir dans une prison pleine de serpens, chanta lui-même son éloge funèbre.

Après avoir raconté tous ses exploits, il s'écrie : « Quelle est la destinée d'un homme vail-
« lant, si ce n'est de mourir dans les combats ?
« Celui qui n'est jamais blessé, est-il digne de

« vivre ? Il traîne une vie ennuyeuse, et le
« lâche ne fait jamais usage de son cœur. Quand
« les épées se heurtent, le devoir du guer-
« rier est de se présenter contre le guerrier.
« J'honore l'homme qui ne recule pas devant
« un homme : c'est la gloire de celui qui a du
« courage; et qui veut inspirer de l'amour à
« une femme, doit être prompt et hardi dans
« les batailles.... Non, dans le palais du puis-
« sant Odin, l'homme brave ne gémit point
« sur sa mort. Je ne vais point vers Odin avec
« la voix du désespoir. Oh ! comme tous mes
« enfans courraient à la guerre, s'ils savaient
« le malheur de leur père, qu'une multitude
« de serpens déchire ! J'ai donné à mes enfans
« une mère qui a mis du courage dans leur
« sein.... Mes derniers instans approchent. La
« lente morsure des serpens me donne une
« mort cruelle. En voici un qui s'entrelace au-
« tour de mon cœur !.. j'espère que l'épée de mes
« enfans sera teinte du sang de mon ennemi.
« Mes enfans ! leur front rougira de colère, et
« ils ne demeureront point assis dans le repos.
« J'ai cinquante et une fois élevé l'étendard des
« batailles ; j'ai appris dans ma jeunesse à tein-
« dre une épée de sang ; mon espérance était
« alors qu'aucun roi, parmi les hommes, ne
« serait plus vaillant que moi. N'entends-je
« pas les déesses de la mort qui m'appellent ?
« Je vous suis. Je serais un lâche, si je m'affli-

« geais de mourir. Il est temps de finir mes
« chants ; les déesses m'invitent, elles s'avan-
« cent ; Odin, de son palais, les a envoyées
« vers moi ; je serai assis sur un siége élevé, et
« les déesses de la mort me verseront le breu-
« vage immortel. C'en est fait ; les heures de
« ma vie sont écoulées : je vais sourire en
« mourant. »

On peut juger par ce morceau, quelle était la mythologie, le caractère et le tour d'imagination de ces peuples, plus connus jusqu'à présent par leur férocité que par leur génie ; mais ce qui mérite d'être observé, c'est que la plupart des scaldes ou chantres du nord étaient Islandais. Ces insulaires avaient la plus grande réputation ; ils étaient accueillis chez les rois et conservaient le souvenir de tout ce qui se faisait de grand dans le nord. Ainsi une île qui n'est aujourd'hui qu'un amas de rochers brisés ou noircis par les volcans, et à travers lesquels on voit, de distance en distance, des cabanes et des troupeaux, quand tout le reste de l'Europe était barbare, a produit une foule de poëtes. Aujourd'hui les Islandais sont encore distingués par leur esprit ; mais ils ne chantent plus : ils chassent l'ours et le renard au lieu de célébrer les héros.

L'Amérique eut les mêmes usages que notre ancienne Europe. Au Mexique, au Pérou, au Brésil, au Canada, et jusque dans des pays où les peuples ignoraient l'usage du feu[1], on a trouvé des espèces de poëmes destinés à célébrer des espèces de grands hommes. Ainsi partout l'intérêt public a dicté les éloges; chaque nation a loué ce qui était utile à ses besoins ou à ses plaisirs; on a loué la piraterie chez les Scandinaves, le brigandage chez les Huns, le fanatisme chez les Arabes, les vertus douces et les talens chez les peuples civilisés, la chasse ou la pêche chez les sauvages, la navigation chez les habitans des îles; mais il y a une qualité qui partout a toujours été également louée, c'est celle qui a créé toutes les révolutions, qui bouleverse tout, qui assujettit tout, qui soutient les lois et qui les combat, qui fonde les empires et qui les détruit, à qui tout est soumis dans la nature, et devant qui l'univers et les panégyristes seront éternellement prosternés : la force.

CHAPITRE IV.

DES ÉLOGES FUNÈBRES CHEZ LES ÉGYPTIENS.

Nous avons vu l'origine des éloges chez presque toutes les nations; je voudrais maintenant suivre leurs différentes formes chez tous les peuples qui ont cultivé les arts. A la tête de ces pays civilisés, je vois d'abord l'ancienne

[1] Isles Mariannes.

Égypte, pays de superstition et de sagesse, fameux par ses monumens et par ses lois, et qui a été en même temps le berceau des arts, des sciences et des mystères. On sait que ce pays est un de ceux qui a eu le plus d'influence sur le reste du monde; il fut l'école d'Orphée et d'Homère, de Pythagore et de Platon, de Solon et de Lycurgue. Il donna ses obélisques à Rome, ses lois à la Grèce, ses institutions religieuses à une partie de l'Orient, ses colonies et ses usages à plusieurs pays de l'Asie et de l'Europe; il n'eut presque sur tout que des idées vastes; ses ruines même nous étonnent, et ses pyramides, qui subsistent depuis quatre mille ans, semblent faire toucher le voyageur aux premiers siècles du monde.

C'est dans ce pays que l'on conçut une des idées les plus grandes et les plus utiles à la morale qu'il y ait jamais eu. Les lois, par la nature, n'ont de prise sur l'homme qu'autant qu'il respire; elles le suivent jusqu'au bord du tombeau : là elles s'arrêtent, et il leur échappe. Les législateurs de l'Égypte eurent les premiers l'idée d'attacher l'homme fortement à quelque chose qui lui survive, et de l'intéresser encore quand il ne serait plus; ils virent que l'opinion reste sur la terre, quand l'homme en disparaît, et qu'elle porte à travers les siècles, la renommée et le mépris; ils soumirent donc l'opinion à la loi : alors la loi atteignit l'homme au fond de la tombe, et l'on redouta quelque chose sur la terre, même au-delà de la vie. Tel fut l'effet que produisirent ces fameux jugemens exercés en Égypte sur les morts, et qui n'ont été depuis imités par aucun peuple.

Il y avait un lac qu'il fallait traverser pour arriver au lieu de la sépulture; sur les bords de ce lac on arrêtait le mort : « Qui que tu sois, rends compte à la patrie de tes actions. Qu'as-tu fait du temps et de la vie? La loi t'interroge, la patrie t'écoute, la vérité te juge. » Alors il comparaissait sans titres et sans pouvoir, réduit à lui seul, et escorté seulement de ses vertus ou de ses vices. Là se dévoilaient les crimes secrets, et ceux que le crédit ou la puissance du mort avait étouffés pendant sa vie; là, celui dont on avait flétri l'innocence, venait à son tour flétrir le calomniateur, et redemander l'honneur qui lui avait été enlevé. Le citoyen convaincu de n'avoir point observé les lois, était condamné : la peine était l'infamie; mais le citoyen vertueux était récompensé d'un éloge public; l'honneur de le prononcer était réservé aux parens. On assemblait la famille; les enfans venaient recevoir des leçons de vertu en entendant louer leur père; le peuple s'y rendait en foule : le magistrat y présidait. Alors on célébrait l'homme juste; à l'aspect de sa cendre, on rappelait les lieux, les momens et les jours où il avait fait des actions vertueuses; on le remerciait de ce qu'il avait servi la patrie et les hommes; on proposait son exemple à ceux qui avaient encore à vivre et à mourir. L'orateur finissait par invoquer sur lui le dieu redoutable des morts, et par le confier pour ainsi dire à la divinité, en la suppliant de ne pas l'abandonner dans ce monde obscur et inconnu où il venait d'entrer; enfin en le quittant, et le quittant pour jamais, on lui disait pour soi et pour tout le peuple, le long et éternel adieu. Tout cela ensemble, surtout chez une nation austère et grave, devait affecter profondément et inspirer des idées augustes de religion et de morale.

On ne peut douter que ces éloges, avant qu'ils fussent prodigués et corrompus, ne fissent une forte impression sur les âmes. Leur institution ressemblait beaucoup à celle de nos oraisons funèbres : mais il y a une différence remarquable, c'est qu'ils étaient accordés à la vertu, non à la dignité; le laboureur et l'artisan y avaient droit comme le souverain. Ce n'était donc point alors une cérémonie vaine, où un orateur que personne ne croyait, venait parler de vertus qu'il ne croyait pas davantage, tâchait de se passionner un instant pour ce qui était quelquefois l'objet du mépris public et du sien, et entassant avec harmonie des mensonges mercenaires, flattait longuement les morts, pour être loué lui-même ou récompensé par les vivans. Alors on ne louait pas l'humanité d'un général qui avait été cruel, le désintéressement d'un magistrat qui avait vendu les lois : tout était simple et vrai. Les princes eux-mêmes étaient soumis au jugement, comme le reste des hommes, et ils n'étaient loués que lorsqu'ils l'avaient mérité. Il est juste que la tombe soit une barrière entre la flatterie et le prince, et que la vérité commence où le pouvoir cesse. Nous savons par l'histoire, que plusieurs des rois d'Égypte qui avaient foulé leurs peuples pour élever ces pyramides immenses, furent flétris par la loi, et privés des tombeaux qu'ils s'étaient eux-mêmes construits. Lorsqu'un de ces princes était mort, et que le peuple était assemblé, il paraissait alors différens accusateurs pour déposer contre sa mémoire. L'un venait en habits de deuil, et disait : « Il a fait périr ma femme et mes enfans ; j'apporte ici les dernières plaintes qu'ils prononcèrent en mourant : ô juges ! vengez-nous. » Un autre : « Il m'a ravi ma liberté et j'étais innocent ; voilà mes chaînes, elles déposent contre lui, et je viens les secouer sur sa tombe. » Des malheureux, en lambeaux, disaient : « Nous avons été arrachés de nos maisons pour bâtir ces pyramides et ces palais : sur chacune de ces pierres que vous voyez, a coulé quelqu'une de nos larmes ; » et souvent des milliers d'hommes, de femmes et d'enfans, étendant leurs bras à la fois, s'écriaient tous ensemble : « Il a causé la mort de nos pères, de nos frères, de nos époux, qui ont tous péri dans une guerre injuste ; ô juges ! en prononçant sur lui, songez à leur sang. » Ainsi, au pied de ce tribunal de l'Égypte, retentissaient les plaintes des malheureux : mais il manquait quelque chose à la justice ; il eût été à souhaiter que l'oppresseur entendît sous sa tombe, et que sa froide cendre pût frissonner. Mais aussi, lorsqu'un prince humain et bienfaisant, tel qu'il y en a plusieurs, avait cessé de vivre, et que les prêtres récitaient ses actions en présence du peuple, les larmes et les acclamations se mêlaient aux éloges ; chacun bénissait sa mémoire, et on l'accompagnait en pleurant vers la pyramide où il devait éternellement reposer...

Depuis trois mille ans, ces usages ne subsistent plus, et il n'y a dans aucun pays du monde, des magistrats établis pour juger la mémoire des rois ; mais la renommée fait la fonction de ce tribunal : plus terrible, parce qu'on ne peut la corrompre, elle dicte les arrêts, la postérité les écoute, et l'histoire les écrit.

CHAPITRE V.

DES GRECS, ET DE LEURS ÉLOGES FUNÈBRES EN L'HONNEUR DES GUERRIERS MORTS DANS LES COMBATS.

Des Égyptiens, les arts passèrent chez les Grecs, et bientôt les éloges naquirent en foule. De tous les peuples du monde, les Grecs sont peut-être ceux qui ont été les plus passionnés pour la gloire. La beauté du climat, en développant leur imagination, leur donnait un caractère enthousiaste et sensible; la liberté élevait leurs âmes; l'égalité des citoyens leur faisait mettre un grand prix à l'opinion de tous les citoyens; la loi, en permettant à chacun d'aspirer aux charges, et de décider des affaires de l'État, leur défendait de se mépriser eux-mêmes; les arts vils, abandonnés à des mains esclaves, les empêchaient de se flétrir sous les travaux; les exercices et les jeux les donnaient continuellement en spectacle les uns aux autres; la multitude des petits États établissait des rivalités d'honneur entre les peuples; enfin, les grands intérêts et les victoires leur donnaient ce sentiment d'élévation qui aspire à la renommée. Au sortir des combats, où des millions de Perses avaient été vaincus par quelques hommes libres, y avait-il un Grec dont l'âme ne fût plus sensible et plus grande? Ajoutez les institutions particulières de chaque ville, et celles de la Grèce entière; ces fêtes, ces jeux funèbres, ces assemblées de toutes les nations, les courses et les combats le long de l'Alphée, ces prix distribués à la force, à l'adresse, aux talens, au génie même; des rois venant se mêler parmi les combattans, les vainqueurs proclamés par des hérauts, les acclamations des villes sur leur passage, les pères mourant de joie en embrassant leurs fils vainqueurs, et leur patrie à jamais distinguée dans la Grèce, pour avoir produit de tels citoyens.

Telle était la sensibilité ardente de ces peuples pour la gloire. Les gouvernemens attentifs nourrissaient encore ce sentiment, en ne donnant jamais de récompense qui pût avilir les âmes. On ne rabaissait pas les talens ou les vertus, jusqu'à ne les payer qu'avec de l'or. Tout tendait à la gloire, et rien à l'intérêt. Des couronnes, des inscriptions, des vases, des statues, voilà ce qui récompensait et faisait naître les grands hommes. Je me représente un père dans ces anciens temps et chez ce peuple singulier, voulant animer son fils, et le promenant à travers les rues d'Athènes : « Vois-tu, lui dit-il, ces deux statues? adore-les : ce sont celles de deux citoyens vertueux qui ont délivré leur patrie. Ce monument est celui d'une femme qui aima mieux mourir que trahir des citoyens qui voulaient rendre la liberté à l'État. Chacun de ces tableaux que tu vois est une récompense. Ce général exhortant les troupes, et distingué des neuf autres, c'est Miltiade : il a sauvé la Grèce ; mais aussi il a obtenu ce prix de sa victoire. » — Peut-être dans le même temps qu'ils parlent, ils voient un Grec qui regardait ce même tableau en rêvant profondément. Une larme s'échappait et coulait le long de ses joues. — « Mon fils, ce Grec que tu vois, c'est Thémistocle. Bientôt il sera grand, puisqu'il verse d'aussi nobles larmes. » — Ils sortent d'Athènes, et parcourent la Grèce. A quelque distance ils trouvent Marathon. Ils approchent, et voient au milieu de la plaine un mausolée. — « C'est le tombeau de ceux qui sont morts pour la patrie. Regarde ces colonnes. Là sont gravés les noms de tous ceux qui ont vaincu et péri dans cette journée. Mon fils ! lis tous ces noms, honore-les, et adore la patrie qui récompense ainsi le courage. » — Arrivés aux Thermopyles, ils se prosternent sur le lieu où trois cents hommes se sont dévoués contre trois cent mille. Le père fait lire à son fils cette inscription sur le rocher : *Passant, va dire à Sparte que nous sommes morts pour obéir à ses saintes lois;* et ils redescendent à travers les rochers, en silence. Ils continuent leur course;

ils aperçoivent une ville. La plaine des environs est couverte de monumens. D'abord se présente à eux un trophée, plus loin un mausolée en bronze, et près de là, un autel au dieu de la liberté. — « Cette ville est Platée. C'est là, mon fils, c'est là que les Grecs viennent de remporter une victoire sur les Perses. Vois les honneurs qui sont rendus à ceux dont le sang a coulé. Approche, et lis sur l'airain ces vers gravés en leur honneur. » — C'est ainsi qu'ils parcourent la Grèce. Ils terminent leur voyage par les jeux olympiques. En arrivant, ils visitent le bois sacré, où ils contemplent plus de six cents statues en bronze ou en marbre, élevées à ceux qui avaient remporté les prix. De là ils se rendent aux jeux, et y trouvent la Grèce assemblée. Supposons que, dans ce moment même, Thémistocle, vainqueur de Salamine, parût au milieu des jeux : on sait que lorsqu'il s'y montra après sa victoire, tout retentit d'acclamations et de battemens de mains; les jeux furent interrompus, et l'on oublia pendant une journée entière les combattans, pour voir et regarder un grand homme. Je m'imagine que dans ce moment, le père devait approcher de son fils, et lui dire : « Tu vois dans quel pays tu es né, et comme on y honore tout ce qui est grand; et toi aussi, mérite un jour que ton pays t'honore. »

Ainsi, chez les Grecs, de quelque côté qu'on

jetât les yeux, on trouvait partout des monumens de la gloire; les rues, les temples, les galeries, les portiques, tout donnait des leçons aux citoyens. Partout le peuple reconnaissait les images de ses grands hommes; et sous le plus beau ciel, dans les plus belles campagnes, parmi des bocages ou des forêts sacrées, parmi les cérémonies et les fêtes religieuses les plus brillantes, environnés d'une foule d'artistes, d'orateurs et de poètes, qui tous peignaient, modelaient, célébraient ou chantaient des héros, marchant au bruit enchanteur de la poésie et de la musique, qui étaient animées du même esprit, les Grecs victorieux et libres, ne voyaient, ne sentaient, ne respiraient partout que l'ivresse de la gloire et de l'immortalité.

Il n'est pas étonnant que chez un pareil peuple, l'usage des éloges ait été établi. Les Grecs eurent, comme les Égyptiens, des éloges funèbres; mais ils les appliquèrent d'une manière différente. En Égypte, où la politique était liée à la religion, on se proposait surtout de faire régner la morale dans toutes les classes de citoyens: dans la Grèce, composée de républiques libres et guerrières, on s'attachait à élever les âmes et à nourrir le mépris des dangers et de la mort. Ainsi les éloges funèbres n'étaient accordés au nom de l'État, qu'à ceux qui étaient morts pour l'État.

D'abord on frappait les yeux par un appareil imposant et auguste; car chez tous les peuples, la première éloquence est celle qui parle aux sens. On dressait une tente où étaient portés les ossemens des guerriers. Là ils demeuraient trois jours exposés à la vénération publique. Le peuple y accourait en foule; il jetait sur ces ossemens des couronnes de fleurs, de l'encens et des parfums. Le troisième jour, on mettait les restes de ces braves citoyens sur des chars ornés de branches de cyprès. La pompe s'avançait au son des instrumens, jusqu'au lieu de la sépulture. Cette enceinte était regardée comme un temple consacré à la valeur.

Les derniers devoirs rendus, l'orateur montait à la tribune et prononçait l'éloge funèbre. Nous avons encore trois de ces discours; l'un est de ce Périclès, qui fut tout à la fois capitaine et orateur, élève d'Anaxagore, amant d'Aspasie, redoutable à la Grèce et corrupteur d'Athènes. On sait qu'il enivra le premier les Athéniens de spectacles et de fêtes, et leur donna des vices pour les gouverner; mais ce fut son éloquence qui le rendit quarante ans monarque d'une république. « Je le renverse en luttant, disait un de ses rivaux; mais lors même qu'il est à terre, il prouve aux Athéniens qu'il n'est pas tombé, et les Athéniens le croient. » Ce fut après la guerre de Samos, où il avait lui-même commandé et remporté plusieurs victoires, qu'il prononça cet éloge funèbre. Je vais tâcher d'en donner une idée ; mais il faut se souvenir que ce n'est ici qu'un extrait, c'est-à-dire, une copie faible et par lambeaux, dans une langue qui n'a ni la richesse et l'harmonie de la langue grecque, ni la mélodie des accens, ni l'heureuse composition des mots, ni cette foule de liaisons qui enchaînent les idées, ni cette liberté des inversions qui met tant de variété dans la marche, et qui permet à la langue de suivre avec souplesse, et de dessiner, pour ainsi dire, tous les mouvemens de l'âme et des passions. Je ferai comme ces peintres qui ne pouvant transporter avec eux un antique pour le faire admirer, en crayonnent rapidement les contours et les principaux traits : presque tout le mérite de la figure échappe, mais on connaît du moins les mouvemens et l'attitude.

Périclès commence par faire un magnifique éloge d'Athènes. Il vante la liberté dont on y jouit, et la gloire immortelle qu'elle s'est acquise en sauvant plusieurs fois la Grèce. « Citoyens, c'est pour cette patrie que sont
« morts les guerriers que vous venez d'ensevelir ;
« quand vous contemplerez sa grandeur, son-
« gez que c'est à leur sang que vous la devez.
« En donnant leur vie pour l'État, ils ont mé-
« rité la plus honorable des sépultures : je ne
« parle pas de celle où reposent leurs osse-
« mens, la gloire des grands hommes n'est pas

« renfermée sous le marbre qui les couvre : la
« terre entière est leur mausolée ; leur nom vit
« dans toutes les âmes : c'est là que leur mé-
« moire habite éternellement, au lieu que les
« tombeaux élevés de la main des hommes sont
« détruits par le temps. Imitez donc ces braves
« citoyens. Pensez, à leur exemple, que le bon-
« heur est la liberté, et que la liberté est dans
« la grandeur de l'âme. » Il s'adresse ensuite
aux pères de ces guerriers. « Je ne cherche point
« à vous consoler, dit-il : vos enfans ne sont-
« ils pas morts avec courage ? Ne préférez-vous
« point, comme eux, un trépas honorable à
« une vie qui serait ou obscure ou honteuse ? »
Il exhorte les pères qui sont encore dans la force
de l'âge, à donner de nouveaux défenseurs à
l'État. Il anime et console ceux qui, affaiblis
par la vieillesse, n'ont plus l'espérance de revivre dans la postérité. « Non, votre maison
« n'est pas solitaire : vos enfans ne sont plus,
« mais leur gloire y habite avec vous, elle ré-
« pandra son éclat sur vos derniers jours. »
Ensuite adressant la parole aux frères et aux
enfans des morts : « Une grande carrière vous
« est ouverte, dit-il : vous avez l'exemple de
« vos pères et de vos frères, mais ne vous flat-
« tez pas d'atteindre à leur renommée ; car tant
« que l'homme est vivant, il a des rivaux, et
« la haine qui le poursuit cherche sans cesse à
« lui arracher sa gloire : mais on rend justice

« à celui qui n'est plus. La mort seule fait dis-
« paraître l'envie, et donne leur place à ceux
« qui ont été grands. »

Ce discours de Périclès, qu'il faut voir tout entier dans Thucydide, fit tant d'effet, que les mères et les femmes des guerriers coururent l'embrasser avec transport quand il descendit de la tribune, et le reconduisirent en triomphe, en chargeant sa tête de fleurs. Tel était le pouvoir de l'éloquence sur ces âmes sensibles, et la vigueur du caractère qui, chez les femmes même, faisait préférer la gloire à la vie.

Le second discours de ce genre, que nous ayons, est de Démosthène. Son nom rappelle encore aujourd'hui de grandes idées, les idées de patrie, de courage et d'éloquence. On sait que, seul et sans secours, il fit trembler Philippe; qu'il combattit successivement trois oppresseurs; que, dans l'exil même, il fut plus grand que ses concitoyens n'étaient ingrats; qu'il pensa, parla, vécut toujours pour la liberté de son pays, et travailla quarante années à ranimer la fierté d'un peuple devenu, par sa mollesse, le complice de ses tyrans. Peut-être eut-il le tort de Caton; peut-être fut-il trop grand pour sa patrie et pour son siècle. Son caractère ardent voulut donner à ses concitoyens un mouvement qu'ils n'étaient pas en état de suivre : leurs âmes, qui avaient perdu l'habitude des grandes choses, n'avaient plus que de l'imagination pour les sentir. Il prit en eux le courage d'un moment pour de la vertu; et les précipitant dans une guerre au-dessus de leurs forces, il détruisit le dernier rempart d'Athènes, le respect qu'inspirait un grand nom. Il les perdit en apprenant à leur tyran et à eux-mêmes le secret de leur faiblesse.

L'époque de ce malheur fut la bataille de Chéronée. On n'ignore point qu'elle fut livrée par les conseils de Démosthène, et qu'elle fut perdue. Dans une ville divisée en factions, et dont la moitié, corrompue par l'or de Philippe, se précipitait au-devant de ses fers, on ne manqua point une si belle occasion de déclamer contre un grand homme. Démosthène fut accusé par l'envie, mais absous par le peuple. Les Athéniens oublièrent ce qu'il y avait de malheureux dans l'événement, pour ne voir que ce qu'il y avait de grand dans le conseil. On lui accorda même l'honneur de louer les guerriers morts dans cette bataille. Il faut avouer que ce discours n'est pas digne de la réputation de l'orateur. Ce n'est point là que se trouve ce beau mouvement si connu, et qui a rapport à la même bataille: « Non, citoyens, non, en com-
« battant Philippe, vous n'avez point fait de
« faute; j'en jure par les mânes de ces grands
« hommes qui ont combattu pour la même
« cause aux plaines de Marathon. » Son éloge funèbre n'a presque ni élévation, ni chaleur;

on lui fit même un crime de l'avoir prononcé. Malheureusement il s'était trouvé à cette bataille, et il avait été entraîné dans la fuite par le reste des citoyens. Eschine, avec toute l'éloquence d'un ennemi et d'un rival, s'écrie, dans le fameux discours qu'il prononça contre lui : « Comment, avec ces mêmes pieds qui ont
« si lâchement quitté leur poste dans le com-
« bat, as-tu osé monter sur la tribune pour y
« louer ces mêmes guerriers que tu as conduits
« à la mort ? » Et ailleurs il représente aux Athéniens que s'ils accordent à Démosthène une couronne d'or, au moment où le héraut proclamera sur le théâtre cet honneur qui lui est rendu, les pères, les femmes et les enfans de tous ceux qui sont morts par sa faute à Chéronée, pousseront des cris d'indignation, et verseront des larmes, de ce que tant de braves guerriers sont morts sans vengeance, et que Démosthène, qui est leur assassin, reçoit cependant un honneur public en présence de toute la Grèce assemblée. Ce mouvement seul, il faut en convenir, vaut mieux que tout le discours que prononça Démosthène, après la bataille, en l'honneur des morts.

On ne peut faire un pas dans la Grèce sans trouver de grands noms. Le troisième discours que nous avons à citer est de Platon; il est renfermé dans un de ses dialogues, intitulé *le Ménexène*. Socrate apprend qu'on va choisir un orateur pour faire l'éloge funèbre des guerriers morts cette année. Il demande sur qui pourra tomber le choix. On lui nomme deux orateurs. Alors il raconte qu'il était la veille chez Aspasie, et la conversation étant tombée sur le même sujet, cette femme, qui avait donné des leçons d'éloquence à Périclès, et qui alors en donnait à Socrate, se mit tout à coup à prononcer un éloge funèbre des guerriers, moitié fait sur-le-champ, moitié préparé. Ménexène est curieux de l'entendre, et Socrate, qui l'a retenu, a la complaisance de le répéter. Le discours est censé d'Aspasie, mais on aperçoit Platon caché derrière la courtisane.

La fin est d'une grande beauté. L'orateur, après avoir loué les morts, s'adresse aux vivans, comme c'était l'usage, et surtout aux enfans de ceux qu'il vient de célébrer. Il les transporte au moment où leurs pères mouraient sur-le-champ de bataille. Il suppose que lui-même était alors présent, et qu'il a reçu le testament de mort de ces guerriers, et leurs dernières paroles pour ceux qui leur sont chers. Il faut lire tout ce morceau dans l'original même; je doute que l'on trouve rien chez les Grecs d'une éloquence plus noble. C'est là surtout que règnent cet amour de la patrie et cet enthousiasme républicain qui caractérise presque tous les ouvrages de leurs orateurs. Les guerriers de la Grèce, après avoir lu ou entendu de pareils discours, devaient être plus enflammés que dans les pays où le soldat mercenaire, méprisé et payé, combat sans vertu, meurt sans gloire, essuie le dédain pendant sa vie, et l'oubli après sa mort. Au reste il paraît que ce dernier discours ne fut pas prononcé. Platon, qui ne se mêla jamais des affaires publiques, ne parut point dans Athènes au rang des orateurs; mais dans cet éloge funèbre, composé en l'honneur des guerriers, il voulut disputer le mérite de l'éloquence à Périclès, comme dans ses autres ouvrages il lutte avec Pythagore pour la philosophie, avec Lycurgue et Solon pour la politique, avec Homère pour l'imagination; souvent sublime, et presque toujours poëte, orateur, philosophe et législateur.

CHAPITRE VI.

DES ÉLOGES DES ATHLÈTES, ET DE QUELQUES AUTRES GENRES D'ÉLOGES CHEZ LES GRECS.

Nous venons de voir les guerriers mourans pour la patrie, loués par la patrie; c'était une institution politique et une dette de l'État. Quoique le sang des hommes n'ait pas toujours été fort respecté; nous concevons pourtant qu'il y ait eu des pays où on l'a honoré de quelques larmes; on conçoit un peu moins les éloges prodigués aux athlètes : nous savons cependant que les vainqueurs des jeux étaient célébrés par des chants publics. Les poëtes immortalisaient la patrie et les noms de ces hommes robustes ; et les concitoyens d'Homère et de Platon, d'Euripide et de Socrate, chantaient dans les assemblées et sous les portiques d'Athènes, des vers destinés à célébrer la souplesse ou la force des muscles d'un lutteur. Quelque éloignés que ces éloges soient de nos mœurs, il est pourtant aisé d'en rendre raison. L'univers a changé ; arts, sciences, travaux, instrumens, guerres, tout est perfectionné, ou du moins tout a pris une forme différente; la vigueur du corps n'est plus rien, l'intelligence a trouvé l'art de se passer de la force. Avec la foule des instrumens qu'il a créés, l'homme sépare et façonne sans peine les bois, les métaux et les pierres ; avec les cabestans, les leviers et les roues, il soulève et transporte des fardeaux immenses ; avec le secours de l'eau, il communique un mouvement perpétuel et rapide à de vastes machines ; avec le secours de l'air, il fait moudre ses grains et mouvoir ses vaisseaux ; avec le secours du feu, il fait monter l'eau dans ses pompes, sépare les rochers, creuse les mines. Ainsi on est parvenu à vaincre et à s'assujettir la nature par les forces de la nature même. En affaiblissant les résistances, en augmentant les vitesses, partout on produit de grands effets par de petits moyens. L'invention de la poudre, c'est-à-dire l'application de l'air et du feu aux combats, a rendu de même la force inutile pour attaquer ou pour défendre. Les armées aujourd'hui sont de grandes machines dont toutes les parties se meuvent ensemble, et sont renversées tout à la fois, ou percées, mutilées et divisées par le feu. Les hommes s'envoient mutuellement la mort sans se joindre ; on peut la prévoir, on ne peut l'éviter. Une force unique et terrible, distribuant au hasard les dangers, égale le fort au faible, et le courageux au lâche ; l'art même plus perfectionné décide presque toujours la victoire par les postes : le génie d'un homme rend inutiles les bras de cent mille hommes.

On sent que presque rien de tout cela n'était chez les anciens : l'homme n'avait pas encore eu le temps de rassembler autour de lui tant de machines ; il n'avait que lui-même à opposer à la nature, aux travaux, aux dangers. Dans les batailles, c'était presque toujours une lutte d'homme à homme ; tout guerrier était chargé de sa propre défense ; aujourd'hui, chaque force se mêle et se confond dans la masse générale des forces ; alors chaque force était isolée, et ne protégeait qu'elle-même. On devait donc attacher un grand prix à la vigueur. De là tous ces jeux et l'importance qu'on y mettait. Que parlons-nous de jeux ? c'était là que les Grecs apprenaient à vaincre les Perses ; là ils apprenaient à mesurer le danger, à le prévoir, à user tour à tour de force ou d'adresse, à terrasser, à se relever, à lancer des poids énormes, à franchir des barrières, à parcourir rapidement de vastes espaces, à supporter les impressions de l'air, l'ardeur du soleil, les longs travaux, à voir couler leur sueur avec leur sang; enfin à préférer la fatigue à la mollesse, et l'honneur à la vie. Leurs gymnases étaient pour eux les apprentissages de Marathon et de Platée. A Rome, sans avoir les mêmes institutions, on fortifiait de même les corps par l'exercice; la course, la lutte, le disque, la danse militaire, le Tibre à traverser à la nage, étaient l'amusement de tous les Romains; c'était sur le champ de Mars que se formaient les conquérans de l'Afrique et de l'Asie. Au temps de la chevalerie en Europe, la jeune noblesse était obligée de subir des épreuves qui donnaient aux corps une vigueur inconnue aujourd'hui. En Amérique, on exerçait les jeunes gens, comme à Sparte, à vaincre la douleur; et pour être admis à l'honneur de combattre et de porter les armes, il fallait donner les plus grandes preuves d'intrépidité et de force. Ainsi, avant l'invention de la poudre, c'est-à-dire avant qu'on eût découvert l'art d'unir la mollesse au courage, et que la faiblesse fût parvenue à détruire sans effort et à triompher sans mouvement, la force du corps a été et a dû être en effet dans la plus grande estime sur toute la terre. Il faut donc pardonner aux Grecs les éloges de leurs athlètes. La Grèce, en louant la vigueur des muscles, louait l'instrument de ses victoires et les garans de sa liberté.

On n'ignore pas que toutes les odes de Pindare sont des éloges de ce genre, et je m'y arrêterai peu ; leur impétuosité, leurs écarts, leur désordre, et surtout les longs détours par lesquels il passe pour trouver ou fuir son sujet, tout cela est connu ; il semble que Pindare a peur de rencontrer ses héros, et qu'il les chante, à condition de n'en point parler. Cependant il a passé sa vie à célébrer des athlètes, mais toujours plein d'enthousiasme pour la victoire et froid pour le vainqueur ; à peu près comme ces hommes qui, ayant le besoin ou l'intérêt de louer, admirent comme ils peuvent, méprisent la personne, et flattent le rang.

Outre ces éloges chantés ou prononcés une fois, les Grecs avaient des espèces d'éloges périodiques ou anniversaires, en l'honneur des citoyens qui avaient fait quelque action extraordinaire, ou rendu de grands services à l'Etat. Ainsi à Sparte on prononçait tous les ans l'éloge de Léonidas sur son tombeau ; nous n'avons aucun de ces discours, mais nous ne pouvons douter qu'il y en eût quelquefois de très-éloquens. On raconte qu'un philosophe grec, arrivant par hasard à Smyrne le jour qu'on y célébrait la fête d'Homère, fut prié de prononcer son éloge. Il n'était pas préparé ; mais traversant en silence la foule du peuple, il se rendit au lieu où était la statue d'Homère ; là, posant les deux mains sur la base, il rêva quelque temps profondément, puis, comme inspiré par la statue du poëte, il parla tout à coup avec la plus grande éloquence. Sans doute à Sparte, la vue du tombeau de Léonidas, et cette fête consacrée à un héros, devait exciter le même enthousiasme chez l'orateur.

A Athènes, les chants de Callistrate célébraient tous les jours les deux héros qui avaient délivré la ville de la tyrannie des Pisistratides ; ces chants étaient dans la bouche de tous les citoyens, et à la fin des repas, dans ces momens où l'on couvrait la table de fleurs, où les jeunes esclaves distribuaient des couronnes sur toutes les têtes, et où les vins délicieux de l'Archipel animaient déjà les convives, chacun prenant dans sa main des branches de myrte, faisait une libation aux Muses, et chantait l'hymne d'Armodius et d'Aristogiton.

Périclès ayant institué un prix de musique, voulut que, chaque année, le sujet du chant fût aussi les louanges de ces deux citoyens, et dans la suite on y ajouta le nom de Thrasybule, qui chassa les trente tyrans. Remarquons que pour rendre hommage à ses libérateurs, le peuple d'Athènes avait choisi les fêtes de Minerve ; ce peuple généreux pensait que c'est honorer les dieux, que de louer ceux qui rendent la liberté aux hommes. C'est là encore que l'on voit le génie de ce peuple, qui mêlait à ses plaisirs mêmes des leçons de grandeur ; là, tous les arts étaient asservis à la politique, et la musique même, qui ailleurs n'est destinée qu'à réveiller des idées douces et voluptueuses, ou à irriter une sensibilité vaine, célébrait dans Athènes les grandes actions et les héros.

CHAPITRE VII.

D'ISOCRATE ET DE SES ÉLOGES.

Tandis que les orateurs dans la tribune, les poëtes dans leurs vers, les musiciens dans leurs chants, célébraient publiquement les guerriers, les athlètes et les grands hommes, d'autres écrivains composaient, dans la retraite, des éloges qui étaient écrits et rarement prononcés. Il paraît que le premier qui travailla dans ce genre fut Isocrate; cet orateur, comme on sait, eut la plus grande réputation dans son siècle; il était digne d'avoir des talens, car il eut des vertus. Très-jeune encore, comme les trente oppresseurs qui régnaient dans sa patrie faisaient traîner au supplice un citoyen vertueux, il osa seul paraître pour le défendre, et donna l'exemple du courage quand tout donnait l'exemple de l'avilissement. Après la mort de Socrate, dont il avait été le disciple, il osa paraître en deuil dans Athènes, aux yeux de ce même peuple assassin de son maître; et des hommes qui parlaient de vertu et des lois en les outrageant, ne manquèrent pas de le nommer séditieux, lorsqu'il n'était que sensible. Ayant perdu des biens considérables, il ouvrit une école et y acquit des richesses immenses; le fils d'un roi lui paya soixante mille écus un discours où il prouvait très-bien qu'il faut obéir au prince; mais, bientôt après, il en composa un autre, où il prouvait au prince qu'il devait faire le bonheur de ses sujets. Plusieurs de ses disciples devinrent de grands hommes; et comme partout le succès fait le mérite, leur gloire ajouta à la sienne. Il avait eu le malheur d'être l'ami de Philippe, de ce Philippe le plus adroit des conquérans et le plus politique des princes; aimé de l'oppresseur de son pays, il s'en justifia en mourant, car il ne put survivre à la bataille de Chéronée : voilà pour sa personne. A l'égard de son éloquence, si nous en jugeons par la célébrité, il fut du nombre des hommes qui honorèrent leur patrie et la Grèce. Les calomnies de ses rivaux nous attestent sa gloire, car l'envie ne tourmente point ce qui est obscur; nous savons qu'on venait l'entendre de tous les pays, et il compta parmi ses auditeurs, des généraux et des rois. Aux hommages de la foule, qui flattent d'autant plus qu'ils tiennent toujours un peu de la superstition et de l'enthousiasme d'un culte, il joignit le suffrage de quelques-uns de ces hommes qu'on pourrait, au besoin, opposer à un peuple entier. On prétend que Démosthène l'admirait; il fut loué par Socrate; Platon en a fait un magnifique éloge; Cicéron l'appelle le père de l'éloquence; Quintilien le met au rang des grands écrivains; Denys d'Halicarnasse le vante comme orateur, philosophe et homme d'État; enfin, après sa mort, on lui érigea deux statues, et sur son mausolée on éleva une colonne de quarante pieds, au haut de laquelle était placée une sirène, image et symbole de son éloquence. Il est difficile que dans les plus beaux temps de la Grèce, on ait rendu ces honneurs à un homme médiocre; d'un autre côté, Aristote n'en parlait qu'avec mépris : *Il est honteux de se taire*, disait-il, *lorsqu'Isocrate parle*. Faut-il penser qu'un grand homme connût l'envie? et l'âme qui forma Alexandre eut-elle un sentiment bas? ou bien un philosophe qui était tout à la fois physicien, géomètre, naturaliste, politique, dialecticien, qui avait porté l'analyse dans toutes les opérations de l'esprit, assigné l'origine et la marche de nos idées, cherché dans les passions humaines toutes les règles de l'éloquence et du goût, et en qui le concours et l'union de toutes ces connaissances devaient former un esprit vaste et une imagination qui agrandissait tous les arts en réfléchissant leur lumiere les uns sur les autres, ne devait-il pas en effet avoir moins d'estime pour un orateur qui avait plus d'harmonie que d'idées, et pour un maître d'éloquence qui savait mieux les règles de l'art, que l'origine et le fondement des arts mêmes et des règles? Mais Aristote n'a pas été le seul à penser ainsi. Au siècle de César et d'Auguste, plusieurs Romains célèbres ne goûtaient point du tout les ouvrages d'Isocrate, et sûrement Brutus était de ce nombre; au siècle de Trajan, Plutarque le peignait comme un orateur faible et un citoyen inutile, qui passait sa vie à arranger des mots et compasser froidement des périodes; au siècle de Louis XIV, Fénélon le traitait encore plus mal; Isocrate, selon lui, n'est qu'un déclamateur oisif qui se tourmente pour des sons, avide de petites grâces et de faux ornemens, plein de mollesse dans son style, sans philosophie et sans force dans ses idées. Ainsi preque toutes les réputations sont des procès indécis, qu'on perd d'un côté et qu'on gagne de l'autre; l'un méprise, l'autre admire. Je me rappelle ce Français pendu en effigie à Paris, et dans le même temps, ministre de France en Allemagne.

Pour lever ces contradictions, il faut avoir recours aux ouvrages mêmes. Je ne parlerai ici que des éloges de cet orateur; ils sont au nombre de six.

Et d'abord, qui croirait que l'homme qui prit le deuil à la mort de Socrate, ait composé un éloge d'Hélène? Cet ouvrage, comme on le voit par le titre, n'est et ne peut être qu'un misérable abus de l'esprit. On y fait sérieusement la comparaison d'Hélène avec Hercule, à peu près comme Fontenelle, dans ses dialogues, compare Alexandre et Phryné. Cette manière de chercher de petits rapports qui étonnent l'esprit sans l'éclairer, n'a dû être approuvée dans aucun siècle. Cet éloge en vingt pages ne vaut pas les trois vers d'Homère, où deux vieillards qui s'affligeaient ensemble des maux de la guerre, en voyant passer Hélène auprès d'eux, cessent tout à coup de s'étonner que l'Europe et l'Asie combattent depuis dix ans. Les trois vers sont d'un grand homme, les vingt pages sont d'un rhéteur.

On trouve ensuite l'éloge de Busiris, roi d'Égypte; c'est à peu près comme l'éloge de Domitien ou de Néron. Comment un écrivain est-il assez malheureux pour se dire à lui-même de sang-froid : essayons de faire l'éloge d'un tyran. Ce n'est pas qu'Isocrate ne blâme ce sujet ; mais il le traite, dit-il, pour faire voir à un rhéteur qui l'avait manqué, comment il aurait dû le traiter lui-même. Il faut en vérité estimer bien peu l'art d'écrire et de parler aux hommes pour donner de pareilles leçons.

Le troisième éloge est, pour l'exécution et le sujet, d'un mérite fort supérieur à celui-là ;

c'est l'éloge funèbre d'un roi, adressé à son fils : ce roi, grand homme assez obscur, se nommait Evagoras, et était souverain de l'île de Chypre. Ligué avec les Athéniens et les Perses, il contribua à abattre les Lacédémoniens, oppresseurs de la Grèce et tyrans d'Athènes. Il servit assez bien le roi de Perse pour mériter d'en être craint; et ayant essuyé l'ingratitude et l'orgueil ordinaire aux grandes puissances contre les petites, il osa combattre le roi qu'il avait servi; et avec ses seules forces, soutint pendant dix ans les forces de l'Asie. Isocrate ajoute qu'il eut le talent de gouverner; qu'avant lui les habitans de l'île de Chypre, entièrement séparés des Grecs, étaient tout à la fois efféminés et sauvages, ignorant également la guerre et les arts, et joignant la barbarie à la mollesse; que ce roi leur donna et le courage qui élève l'âme, et les arts qui l'adoucissent; qu'il créa parmi eux un commerce et une marine, et de ces barbares voluptueux, fit tout à la fois des guerriers et des hommes instruits. C'est à la tête de ce discours qu'Isocrate se plaint que de son temps on aimait à louer des héros, qui peut-être n'avaient jamais existé, tandis qu'on refusait quelques éloges à d'excellens citoyens avec qui on avait vécu. « Accoutumons, dit-il, les hommes et l'envie à entendre louer ceux qui l'ont mérité, et pardonnons aux grands hommes d'avoir été nos contemporains. »

SUR LES ÉLOGES.

Le quatrième éloge, et en même temps le plus fameux discours d'Isocrate, est celui qui est intitulé le *Panégyrique*. On a prétendu qu'Isocrate avait été dix ans, et selon d'autres, quinze à le composer. Malheur à un ouvrage d'éloquence qui aurait coûté quinze ans! Plus il serait travaillé, moins il serait lu. Quoi qu'il en soit, jamais peut-être orateur, dans aucun pays, ne traita un si beau sujet. Athènes et Lacédémone se disputaient l'empire de la Grèce; elles se déchiraient pour commander, et la Perse profitait de leurs divisions pour les rendre esclaves. L'orateur entreprend de prouver, en faisant l'éloge d'Athènes, que c'est à elle qu'appartient naturellement l'empire, et il exhorte les Grecs à s'unir tous ensemble, pour porter la guerre chez leurs communs ennemis. On a dit que c'était la lecture de ce discours qui avait décidé Alexandre à conquérir l'Asie. Je n'en crois rien; celui qui pleurait enfant, en apprenant les conquêtes de son père, n'avait pas besoin d'une harangue pour renverser le trône de Darius. Il y a d'ailleurs certaines lectures analogues à des âmes de héros; et pour un homme tel qu'Alexandre, il n'y avait d'écrivain qu'Homère.

Isocrate, dans une vieillesse avancée, composa un autre éloge, c'était le sien. Il avait quatre-vingt-deux ans, et depuis cinquante ans peut-être, l'envie le poursuivait dans Athènes.

ESSAI

Des sophistes qui avaient l'orgueil d'être ses rivaux, sans en avoir le droit, et qui s'indignaient d'une réputation qu'ils n'avaient pas, lui faisaient un crime de ses succès. Calomniateurs, parce qu'ils n'avaient pu réussir à être éloquens, ils l'accusaient en particulier, en public, dans les conversations, dans les tribunaux. Isocrate prit enfin le parti de répondre ; ce discours d'un vieillard, qui, pour réfuter l'envie, fait la revue de ses pensées depuis quatre-vingts ans, et avant de descendre au tombeau, rend compte à la patrie et aux lois, de l'usage qu'il a fait de son éloquence, n'était pas moins susceptible de pathétique que de force ; mais l'ouvrage, avec des beautés, est bien loin d'avoir ce caractère ; le sujet est grand, l'exécution est faible.

Enfin, à quatre-vingt-quatorze ans, il eut le courage de commencer un sixième et dernier éloge, et il le finit à quatre-vingt-dix-sept : c'est le *Panathénée*. On peut le regarder comme un adieu qu'il voulut faire à ses concitoyens, car c'est un second éloge d'Athènes. Sans cesse il y compare Lacédémone et sa patrie ; il n'est pas nécessaire de dire à qui il donne la préférence : l'âme de l'orateur n'était pas susceptible d'enthousiasme pour Sparte. Les arts et les plaisirs d'Athènes, un peuple facile, un caractère brillant, les grâces jointes à la valeur, la volupté mêlée quelquefois à l'héroïsme, de grands hommes populaires, des lois qui dirigeaient plus la nature qu'elles ne la forçaient, enfin des vertus douces et des vices même tempérés par l'agrément, devaient plaire bien davantage à un genre d'esprit qui ordonnait tout, et préférait la grâce à la force. Au reste, cet éloge, comme on s'en doute bien, porte le caractère de l'âge où il fut composé; c'est l'abandon de l'âme dans un songe tranquille; on voit se succéder lentement et doucement les mouvemens de l'orateur; on voit les impressions arriver jusqu'à lui par des secousses insensibles, et ses idées ressemblent à ces lumières affaiblies et pâles qui se réfléchissent de loin, et conservent de la clarté sans chaleur.

Tels sont, à peu près, les éloges que nous avons d'Isocrate. Malgré le fanatisme des réputations, il faut convenir de bonne foi que l'effet qu'on éprouve en les lisant est bien au-dessous de l'ancienne célébrité de l'orateur.

Tâchons d'en trouver les raisons. D'abord, un des principaux mérites d'Isocrate, était l'harmonie; on sait combien les Grecs y étaient sensibles; nés avec une prodigieuse délicatesse d'organes, leur âme s'ouvrait par tous les sens à des impressions vives et rapides; la mélodie des sons excitait chez eux le même enthousiasme que la vue de la beauté; la musique faisait partie de leurs institutions politiques et morales; le courage même et la vertu s'inspiraient par les sons. Qu'on juge, chez un peuple ainsi organisé, combien devait être estimé un orateur, qui, le premier, créa l'harmonie de la prose. Pour nous, ce mérite est presque étranger; nous sommes des Scythes qui voyageons, un bandeau sur les yeux, à travers les ruines de la Grèce.

Un autre grand mérite de cet orateur, c'étaient des finesses et des grâces de style; or, ces finesses et ces grâces tiennent ou à des idées ou à des liaisons d'idées qui nous échappent; elles supposent l'art de choisir précisément le mot qui correspond à une sensation ou délicate, ou fine; d'exprimer une nuance de sentiment bien distincte de la nuance qui la précède, ou qui la suit; d'indiquer par un mot un rapport, ou convenu, ou réel entre plusieurs objets; de réveiller à la fois plusieurs idées qui se touchent. Il en est d'un peuple qui entend parfaitement une langue, et de l'orateur qui lui parle, comme de deux amis qui ont passé leur vie ensemble, et qui conversent; les lieux, les temps, les souvenirs attachent pour eux, à chaque mot, une foule d'idées dont une seule est exprimée, et dont les autres se développent rapidement dans l'âme sensible. Admettez un tiers à cette conversation, il ne concevra point ce que ces mots ont de touchant, ni pourquoi ils excitent une émotion si tendre, et font peut-être verser les plus douces larmes : telle est l'image du différent effet que produisent les beautés accessoires et les finesses d'expression dans une langue vivante ou dans une langue morte; plus un écrivain a de ce genre de beautés, plus il doit perdre.

Enfin, le philosophe attache par l'étendue et la profondeur des idées; l'orateur ne peut attacher que par les passions fortes; l'effet des mouvemens doux et tranquilles se perd, et n'arrive à la postérité que comme le ressouvenir d'un songe à demi-effacé. Les passions seules raniment tout; les passions traversent les siècles et se communiquent, après des milliers d'années, sans s'affaiblir; l'homme a besoin d'orages; il veut être agité : c'est pour cela que Démosthène a encore des admirateurs, et qu'Isocrate n'en a plus. Je sens l'un; il me poursuit, il me presse; je vais lui répondre. L'autre me parle toujours de loin; j'aperçois sans cesse deux mille ans entre lui et moi.

CHAPITRE VIII.

DE PLATON CONSIDÉRÉ COMME PANÉGYRISTE DE SOCRATE.

UNE ville grecque demanda une statue à un artiste célèbre, et lui laissa le choix du sujet. « Je ne ferai point un lutteur, dit-il : la Grèce compte assez d'athlètes, et je préfère la vertu à la force; je ne ferai point un guerrier, ce mérite est commun : des milliers d'hommes tous les ans meurent pour leur patrie ; je ne ferai aucun de vos anciens tyrans, je briserais plutôt leurs images ; je pourrais représenter quelqu'un de vos dieux : mais vous en avez en foule dans vos temples ; et pour contempler la divinité, au défaut des statues, n'avez-vous pas les cieux ?» Alors le peuple l'interrompit : « Statuaire, que feras-tu donc ? — Ce qu'il y a jamais eu de plus rare sur la terre, un homme qui meurt pour la vérité ; » et il fit Socrate mourant. Sans doute Platon, quand il composa ses dialogues, était frappé de la même admiration pour Socrate ; il avait été son disciple et son ami, il l'avait vu traîner dans les fers, il avait vu la ciguë broyée par la main de l'envie, et le fanatisme prenant d'elle la coupe empoisonnée pour la présenter à son maître. Depuis, il avait été témoin des honneurs extraordinaires rendus à sa mémoire ; il avait vu les Athéniens, ce peuple léger, cruel et sensible, qui tour à tour féroce et tendre, après l'avoir laissé périr, le vengeait. Il avait pu embrasser dans Athènes la statue de Socrate, élevée par ordre de l'État, et peut-être érigée sur la même place où on l'avait chargé de chaînes pour le conduire à la mort. Plein de l'admiration générale et de la sienne, il voulut aussi contribuer à la gloire de son maître, en l'éternisant ; et il consacra presque tous ses ouvrages à son éloge.

On peut dire que Socrate ne peut avoir un panégyriste plus célèbre, ni plus digne de lui; on a souvent attaqué Platon comme philosophe, on l'a toujours admiré comme écrivain. En se servant de la plus belle langue de l'univers, Platon ajouta encore à sa beauté : il semble qu'il eût contemplé et vu de près cette beauté éternelle dont il parle sans cesse, et que, par une méditation profonde, il l'eût transportée dans ses écrits. Elle anime ses images, elle préside à son harmonie, elle répand la vie et une grâce sublime sur les fonds qui représentent ses idées; souvent elle donne à son style ce caractère céleste que les artistes grecs donnaient à leurs divinités; comme l'Apollon du Vatican, comme le Jupiter olympien de Phidias, son expression est grande et calme; son élévation paraît tranquille comme celle des cieux : on dirait qu'il en a le langage; son style ne s'élance point, ne s'arrête point; les idées s'enchaînent aux idées, les mots qui composent les phrases, les phrases qui composent les discours, tout s'attire et se déploie ensemble; tout se développe avec rapidité et avec mesure, comme une armée bien ordonnée qui n'est ni tumultueuse, ni lente, et dont tous les soldats se meuvent d'un pas égal et harmonieux pour s'avancer au même but.

On sait que dans tous les ouvrages de Platon, c'est Socrate qui mène l'homme à la vérité; Socrate en même temps conserve son caractère et son génie; partout il garde sa manière de raisonner, ses inductions, ses interrogations, ces espèces de piéges et de longs détours dans lesquels il enveloppait ses adversaires, pour les amener malgré eux à une vérité qu'ils combattaient. On peut donc regarder tous les dialogues de Platon ensemble comme une espèce de drame composé en l'honneur de son maître. Socrate dans chaque scène prêche la morale; et le dénoûment, c'est la ciguë.

Les trois dialogues qui forment ce dénoûment sont de véritables éloges sans en avoir le titre, et d'autant plus intéressans qu'ils sont en action. On ne pourra pas juger dans un extrait, du style et de l'éloquence de Platon; mais on connaîtra du moins le caractère moral de Socrate, un des plus beaux qu'il y ait jamais eu, depuis que chez les peuples les plus civilisés on parle de vertu en commettant des crimes.

Le premier de ces trois discours est l'apologie; qu'on se peigne un vieillard de soixante-dix ans, qui toujours a été vertueux et juste, paraissant dans les tribunaux pour la première fois; intrépide et simple devant ses juges, comme il l'était dans les actions ordinaires de sa vie, dédaignant l'artifice et les vains secours de l'éloquence, n'en connaissant d'autre que la vérité, et jurant de parler son langage jusqu'au dernier moment, priant ses juges avec l'autorité d'un vieillard et d'un homme de bien,

SUR LES ÉLOGES.

d'examiner si ce qu'il va leur dire est juste ou ne l'est pas, parce que c'est là leur fonction, comme la sienne est de dire la vérité; parlant de ses accusateurs sans colère comme sans dédain; du reste, tranquille sur son sort, qu'il soit condamné ou qu'il soit absous; abandonnant à Dieu le succès, et se justifiant pour obéir à la loi : tel paraît Socrate dans son début.

Sa réponse aux accusations est pleine de simplicité et de force; il parle comme l'innocence doit parler à la calomnie, et la sagesse à la superstition.

Il fait voir ensuite quelle est l'origine et la source des bruits répandus contre lui dans Athènes; c'est qu'il n'a pas respecté les faiblesses et les vices des hommes, et surtout de quelques hommes puissans : voilà son crime. S'il meurt, ce ne sont pas ses accusateurs qui causeront sa mort, ils ne sont que les instrumens de la haine : ses meurtriers seront la calomnie et l'envie.

C'était la coutume que les accusés eussent recours aux prières et aux larmes; ils faisaient paraître leurs enfans, leurs proches et leurs amis, pour obtenir par la compassion ce qu'ils n'auraient pas toujours obtenu par la justice. « Et moi aussi, dit Socrate, j'ai une famille, « j'ai trois fils, dont l'un est sorti de l'enfance et « les deux autres ont encore besoin des secours « de leur père; je n'en ferai cependant paraître

« aucun pour vous attendrir : » et ce n'est ni par mépris ni par orgueil, ces sentimens ne peuvent entrer dans le cœur de Socrate ; mais la gloire de ses juges, la sienne, celle de la république lui défendent de donner un tel exemple, à son âge surtout, et avec le nom qu'il porte : « Car, « dit-il, que ce nom soit mérité ou ne le soit « pas, on est persuadé que Socrate est au-dessus « des hommes ordinaires. Un tel abaissement ne « peut que déshonorer et l'accusé qui se le per- « met et le juge qui le souffre... D'ailleurs, est-il « permis de prier son juge ? il faut l'éclairer « et non pas le fléchir ; le juge n'est point assis « pour faire grâce, il est assis pour prononcer « selon la loi... Hommes athéniens, leur dit-il, « n'exigez donc point de moi ce qui n'est ni « honnête, ni conforme à la sainteté et à la jus- « tice. Souvenez-vous de vos sermens.... et « prononcez selon ce qui conviendra le plus à « votre intérêt et au mien. »

Socrate s'arrête... les juges se lèvent pour recueillir les voix, et il est condamné. Il reprend la parole avec le même calme : « Vous m'avez « condamné, je vous le pardonne ; je m'y atten- « dais, et je suis même plus étonné qu'il y ait « eu tant de suffrages pour m'absoudre.... O « Athéniens ! vous venez de fournir un sujet « éternel à ceux qui voudront blâmer Athènes ; « on lui reprochera d'avoir fait mourir Socrate, « qui était, dira-t-on, un sage ; car, pour avoir

« droit de vous blâmer, on me donnera ce nom
« que je ne mérite pas; au lieu que, si vous
« aviez encore attendu quelque temps, je mou-
« rais sans qu'Athènes se déshonorât. Regardez
« mon âge; je ne tiens presque plus à la vie,
« et déjà je touchais à ma tombe. »

Socrate continue : il parle tranquillement à ses juges ; il peint le plaisir qu'il aura de converser, dans un autre univers, avec les grands hommes de tous les temps, avec ceux qui ont été, comme lui, les victimes d'un jugement injuste, et il fait des vœux pour que ses enfans meurent un jour comme leur père, s'ils ont le bonheur d'importuner aussi les Anitus par leur vertu. Il finit par ces mots sublimes et simples :
« Mais il est temps de nous en aller, moi pour
« mourir, et vous pour vivre : de ces deux
« choses, quelle est la meilleure? les dieux le
« savent, mais aucun homme ne le sait. »

Tel est ce premier discours de Platon, où il a développé l'âme de Socrate ; il y règne une éloquence douce et noble, le courage de la vertu, le respect pour la divinité et pour soi-même. Socrate se justifie en conversant avec ses ennemis et avec les Athéniens ; c'est l'homme sage qui montre la raison et parle en paix à ceux qui la condamnent.

Au second discours, la scène change. Socrate est dans la prison, et il dort. Criton approche, contemple le vieillard et admire ce sommeil profond; il craint de le troubler, et il attend. Socrate s'éveille; Criton lui annonce que c'est le lendemain qu'il est condamné à mourir : « Comme il plaira aux dieux, » dit Socrate. Alors son ami le conjure de vouloir bien se conserver lui-même; il lui apprend qu'il a gagné les gardes, que tout est prêt, et qu'il ne tiendra qu'à lui de se dérober la nuit suivante à ses persécuteurs.

Socrate, avec la tranquillité d'un homme qui juge une cause qui lui est étrangère, examine s'il doit fuir ou rester : « Ami Criton, dit-il, il « n'y a qu'une règle, la justice; tant que j'ai « vécu, je lui ai obéi : je suis encore le même. « Mon sort est changé, mes principes ne le « sont point. Voyons, et si nous n'en trouvons « pas de meilleurs, vous savez bien que je ne « m'écarterai pas de ceux que j'ai toujours « suivis; non, quand tout un peuple me « présenterait comme des spectres menaçans « la pauvreté, les chaînes et la mort. » Alors il discute la question, et il examine s'il est permis de désobéir aux lois pour éviter la mort.

Tout à coup il personnifie les lois, et suppose qu'au moment même où il va mettre les pieds hors de la prison pour s'enfuir, les lois lui apparaissent et lui crient : « Socrate, que « fais-tu? ne sens-tu pas que dans ce moment « tu anéantis, autant qu'il est en toi, et les lois « et la patrie? Penses-tu qu'une ville puisse

« subsister, si les jugemens publics n'y ont plus
« de force, si tout citoyen, à son gré, peut les
« enfreindre?.... Eh quoi! si, par un jugement
« injuste, la patrie t'offense, as-tu droit de lui
« nuire? Tu lui dois ta naissance, celle de ton
« père, le lien sacré qui a uni ton père à la
« femme qui t'a donné le jour; ton éducation,
« ta vie, ton âme, tout lui appartient; tu es
« son fils et son esclave. Qu'elle arme contre toi
« des bourreaux, qu'elle te jette dans les fers,
« qu'elle t'envoie aux combats pour recevoir des
« blessures et mourir, ton devoir est d'obéir; fuir
« ou quitter ton rang est un crime; dans les tri-
« bunaux, dans les prisons, sur les champs de
« bataille, partout les ordres de la patrie sont
« sacrés; un citoyen qui se révolte contre elle
« est plus coupable qu'un fils armé contre son
« père... » Les lois continuent : « Il ferait beau
« entendre Socrate racontant sous quel déguise-
« ment ridicule il s'est enfui de sa prison! et si on
« lui demande comment, déjà vieux, et n'ayant
« plus que peu de temps à passer sur la terre,
« cependant, par un lâche amour pour la vie,
« il a pu se résoudre à traîner les restes d'une
« vieillesse si honteuse, après avoir enfreint
« les lois de son pays, que répondra-t-il?......
« O Socrate! tu entendrais souvent des discours
« qui te feraient rougir.... Est-ce pour tes en-
« fans que tu voudrais vivre?... Tes enfans!
« et n'as-tu pas des amis? Socrate, laisse-toi

« persuader, et ne préfère ni tes enfans, ni ta
« vie, ni rien même à la justice. »

Criton cède; il admire Socrate qui finit par lui dire : « Marchons par où Dieu nous conduit. »

Le troisième discours, beaucoup plus connu que les deux autres, est ce Phédon si fameux qui contient le récit des derniers entretiens de la mort de Socrate; c'est un des ouvrages les plus célèbres de l'antiquité; c'est celui que Cicéron, comme il nous l'apprend lui-même, n'avait jamais pu lire sans verser des larmes. C'est celui que Caton, prêt à mourir, relut deux fois pour s'affermir dans l'idée de l'immortalité. On ose dire que nul éloge, ni ancien ni moderne, n'offre un tableau si grand. La mort d'un homme juste est un objet sublime par lui-même; mais si ce juste est opprimé, si l'erreur traîne la vérité au supplice, si la vertu souffre la peine du crime, si en mourant elle n'a pour elle-même que Dieu et quelques amis qui l'entourent, si cependant elle pardonne à la haine, si de l'enceinte obscure de la prison où elle meurt, ses regards se tournent avec tranquillité vers le ciel, si, prête à abandonner les hommes, elle emploie encore ses derniers momens à les instruire, si enfin, au moment où elle n'est plus, ce soit le crime qui l'a condamnée qui paraisse malheureux et non pas elle, alors je ne connais point d'objet plus grand dans la nature:

et tel est le spectacle que nous présente Platon, en décrivant la mort de Socrate; il y joint tous ces détails qui donnent de l'intérêt à une mort célèbre et qui en reçoivent à leur tour. Nous suivons Socrate de l'œil; nous ne perdons pas un de ses mouvemens, pas un de ses discours; nous le voyons quand on lui amène ses deux enfans, quand il donne ses derniers ordres pour sa maison, quand il fait éloigner les femmes; quand ses amis mesurent avec effroi la course du soleil, qui bientôt va se cacher derrière les montagnes, et quand la coupe fatale arrive, et lorsqu'avant de la prendre, il fait sa prière au ciel pour demander un heureux voyage; et l'instant où il boit, et les cris de ses amis dans ce moment, et la douceur tranquille avec laquelle il leur reproche leur faiblesse, et sa promenade en attendant la mort, et le moment où il se couche sur son lit dès qu'il sent ses jambes s'appesantir, et la mort qui monte et le glace par degrés, et l'esclave qui lui touche les pieds que déjà il ne sent plus, et sa dernière parole, et son dernier, et son éternel silence au milieu de ses amis qui restent seuls. Dans cette Athènes soumise aujourd'hui à la domination d'un peuple barbare, le voyageur curieux va encore visiter les ruines de quelque temple. Il s'arrête sur quelque colonne à demi-brisée. Pour moi je voudrais qu'au lieu des ruines du temple de Minerve, le temps eût conservé la prison où est mort Socrate. Je voudrais que sur la pierre noire et brute on eût gravé : « Ici il prit la coupe ; là, il bénit l'esclave qui la lui portait; voici le lieu où il expira. » On irait en foule visiter ce monument sacré; on n'y entrerait pas sans une sorte de respect religieux, et toute âme courageuse et forte, à ce spectacle se sentirait encore plus élevée. Ainsi l'on nous dit qu'Alexandre fut ému sur la tombe d'Achille; et César, maître de l'Égypte, contempla longtemps en silence et dans une rêverie profonde le tombeau d'Alexandre : au lieu de ce monument qui a péri, nous avons du moins ceux de Platon qui seront immortels. Je me plais à penser que tous les juges qui avaient condamné Socrate, lurent du moins, avant de mourir, ces trois discours où il est représenté si vertueux et si grand. Juges qui condamnez les hommes, vous pouvez immoler un sage et flétrir un instant l'homme que la calomnie poursuit, le glaive est dans vos mains; vous frappez, mais l'œil inévitable du temps vous observe et vous juge. Le temps renversera sur vous l'opprobre dont vous aurez couvert les gens de bien, et vingt siècles écoulés ne l'effaceront pas.

Je me suis arrêté avec plaisir sur ces ouvrages, parce qu'on les cite beaucoup et qu'on les lit peu. D'ailleurs, dans le cours de cet essai, parmi la foule innombrable de ceux qui ont été loués, où trouverons-nous des hommes comme

Socrate et des panégyristes comme Platon ? Enfin, dans tous les temps, il est bon de présenter aux hommes des exemples de courage. Quand Thraséas, qui mourut aussi dans Rome, pour avoir été vertueux et juste, faisait couler son sang : « Jeune homme, dit-il à un Romain qui était présent, approche et regarde [1]. »

CHAPITRE IX.

SUITE DES ÉLOGES CHEZ LES GRECS. DE XÉNOPHON, DE PLUTARQUE ET DE LUCIEN.

La Grèce, qui dans ce siècle produisit une foule de grands hommes, n'en a point eu qui aient été plus souvent, ni mieux loués que Socrate ; il est même à remarquer qu'un simple citoyen d'Athènes est devenu plus célèbre que beaucoup de princes qui, les armes à la main, ont changé une partie du monde. Qu'on ne s'en étonne pas : sa mort, aujourd'hui même, nous intéresse plus que toutes ces révolutions qui ne sont pour la plupart que des monumens de férocité ou de faiblesse, et des crimes de mercenaires payés par des tyrans. Après Platon, un très-grand nombre de philosophes ou d'orateurs, tels que Xénophon, Aristoxène, Démé-

---

[1] *Propiùs vocato quæstore, specta juvenis, inquit.* Tacit. Ann. xvi. 35.

trius de Phalère, Callistène, Dion, Libanius, et beaucoup d'autres que je pourrais citer, firent tous des apologies ou des éloges de Socrate. La plupart sont perdus; ceux de Xénophon sont restés.

Ce philosophe avait été, comme Platon, le disciple et l'ami de Socrate; mais l'un se contenta d'éclairer les hommes, et l'autre voulut encore les servir. Il fut à la fois écrivain et homme d'État. On sait qu'il commanda les Grecs dans la retraite des dix mille, mais on ne sait pas également que, pour récompense, il fut exilé de son pays. Son caractère avait cette espèce de physionomie antique que nous ne connaissons plus. C'est lui à qui on vint annoncer au milieu d'un sacrifice que son fils venait de mourir : il avait une couronne de fleurs sur la tête, et il l'ôta. On lui dit qu'il était mort dans une bataille en combattant avec courage; il remit la couronne sur sa tête, et continua d'offrir de l'encens aux dieux. Tour à tour guerrier et philosophe, il écrivit dans son exil plusieurs ouvrages de politique, de morale et d'histoire. Celui qui avait dans l'âme toute la rigueur d'un Spartiate, eut dans l'esprit toutes les grâces d'un Athénien.

Cette grâce, cette expression douce et légère qui embellit en paraissant se cacher, qui donne tant de mérite aux ouvrages et qu'on définit si peu; ce charme qui est nécessaire à l'écrivain comme au statuaire et au peintre ; qu'Homère et Anacréon eurent parmi les poëtes grecs, Apelle et Praxitèle parmi les artistes ; que Virgile eut chez les Romains, et Horace dans ses odes voluptueuses, et qu'on ne trouve presque point ailleurs ; que l'Arioste posséda peut-être plus que le Tasse ; que Michel-Ange ne connut jamais, et qui versa toutes ses faveurs sur Raphaël et le Corrège ; que, sous Louis XIV, La Fontaine presque seul eut dans ses vers (car Racine connut moins la grâce que la beauté) ; dont aucun de nos écrivains en prose ne se douta, excepté Fénélon, et à laquelle nos usages, nos mœurs, notre langue, notre climat même se refusent peut-être, parce qu'ils ne peuvent nous donner, ni cette sensibilité tendre et pure qui la fait naître, ni cet instrument facile et souple qui la peut rendre ; enfin cette grâce, ce don si rare et qu'on ne sent même qu'avec des organes si déliés et si fins, était le mérite dominant des écrits de Xénophon. Il n'est pas inutile d'observer que c'était alors dans la Grèce le caractère général des arts. Depuis peu de temps la grâce avait introduit dans les ouvrages des artistes ces formes douces et arrondies, et cette expression de la nature, qui plaît dès qu'on peut la connaître. Il s'était ouvert une école où la grâce adoucissait les beautés sévères que la correction sublime de Phidias avait données à ses dessins.

Parrhasius avait commencé, ses successeurs l'avaient suivi; et le plus célèbre de tous, Praxitèle, répandait alors sur ses ouvrages, sur le Cupidon de Thespis, sur la Vénus de Gnide, cette grâce inimitable qui faisait le caractère de son génie. Les grâces dans le même temps avaient, au rapport des anciens, embelli l'esprit, le caractère et l'âme de Socrate; il allait quelquefois les étudier chez Aspasie : il en inspirait le goût aux artistes, il les enseignait à ses disciples, et probablement Xénophon et Platon les reçurent de lui; mais Platon, né avec une imagination vaste, leur donna un caractère plus élevé, et associa pour ainsi dire à leur simplicité un air de grandeur; Xénophon leur laissa cette douceur et cette élégante pureté de la nature qui enchante sans le savoir, qui fait que la grâce glisse légèrement sur les objets et les éclaire comme d'un demi-jour; qui fait que peut-être on ne la sent pas, on ne la voit pas d'abord, mais qu'elle gagne peu à peu, s'empare de l'âme par degrés, et y laisse à la fin le plus doux des sentimens : à peu près comme ces amitiés qui n'ont d'abord rien de tumultueux, ni de vif, mais qui, sans agitation et sans secousses, pénètrent l'âme, offrent plus l'image du bonheur que d'une passion, et dont le charme insensible augmente à mesure qu'on s'y habitue.

Telle était l'impression que firent autrefois

sur les Grecs, les écrits de Xénophon. Il a fait comme Platon une apologie de Socrate, et de plus quatre livres sur l'esprit, le caractère et les principes de son maître. C'est un véritable éloge sans en avoir la forme. Platon est plus éloquent sans doute; Xénophon peut-être persuade mieux. L'un élève davantage; il dessine sa figure avec plus de hardiesse. Dans l'autre on croit voir Socrate même, et le peintre disparaît. Enfin, si Socrate lui-même avait pu lire les ouvrages de ses deux disciples, il eût peut-être plus admiré l'un, mais il eût plus tendrement aimé l'autre.

Ce même Xénophon, Athénien et panégyriste de Socrate, a fait aussi le panégyrique d'un roi : ce roi était Agésilas. On sait qu'il était né dans cette ville où la plus étonnante des institutions avait créé une nature nouvelle; où l'on était citoyen avant que d'être homme; où le sexe le plus faible était grand; où la loi n'avait laissé de besoins que ceux de la nature; de passions que celle du bien public; où les femmes n'étaient épouses et mères que pour l'État; où il y avait des terres et point d'inégalité; des monnaies et point de richesse; où le peuple était souverain quoiqu'il y eût deux rois; où les rois absolus dans les armées, étaient ailleurs soumis à une magistrature terrible; où un sénat de vieillards servait de contre-poids au peuple et de conseil au prince; où

* 4

enfin tous les pouvoirs étaient balancés, et toutes les vertus extrêmes. Xénophon, passionné pour ce gouvernement et pour les vertus, avait suivi Agésilas en Asie, lorsque ce prince y alla combattre et vaincre. Il vainquit avec lui, et l'amitié la plus étroite unit ensemble le philosophe et le roi. Dans la suite il célébra les vertus dont il avait été le témoin : ce prince, par un sentiment ou bien vain ou bien grand, avait défendu qu'on lui élevât aucune statue ; Xénophon lui éleva un monument plus durable.

Son éloge d'Agésilas est divisé en deux parties ; la première n'est qu'une espèce de récit historique ; l'orateur parcourt toutes les grandes actions de ce prince, ses guerres, ses victoires et les principaux événemens de sa vie. La seconde est consacrée à célébrer les qualités de son âme. On y voit tour à tour la justice d'un homme d'état, le courage d'un héros, la fierté d'un républicain, la sensibilité d'un ami, et surtout la simplicité de ces hommes antiques qui faisaient de grandes choses sans faste, tandis que depuis on en a fait de petites et quelquefois même de viles avec orgueil. Il n'y a dans tout cet éloge nul mouvement d'orateur ; c'est la marche simple d'un homme vertueux qui parle de la vertu avec ce sentiment doux qu'elle inspire : en général, c'est là le mérite des anciens ; nous mettons plus d'appareil à tout, et dans nos actions comme dans nos écrits. Serait-ce parce que nous nous efforcerions d'autant plus de paraître grands, que nous aurions moins de grandeur réelle? ou parce que le luxe de nos mœurs se communiquant à nos esprits comme à nos âmes, nous ôterait ce goût précieux et pur de simplicité; ou parce que, l'inégalité plus marquée dans les monarchies, mettant plus de distinction entre les rangs, il doit nécessairement y avoir plus d'affectation, plus d'effort, plus de désir de paraître différent de ce que l'on est, et par conséquent quelque chose de plus exagéré dans les manières, dans les mœurs et dans la tournure générale de l'esprit; ou enfin, parce que chez un peuple indifférent et léger, qui peut-être voit tout avec rapidité et ne s'arrête sur rien, il faut, pour ainsi dire, que tous les objets soient en relief pour qu'ils soient aperçus?

Si, parmi nos écrivains modernes, il y en a quelqu'un à qui Xénophon puisse être comparé, c'est Fénélon. On trouve dans tous les deux la même douceur de style, les mêmes grâces, des vues de politique profondes, l'amour des lois et des hommes, un goût de vertu sans effort, et ce naturel touchant qui gagne la confiance du lecteur et le persuade sans le fatiguer. Il y a sûrement du rapport entre le Télémaque et la Cyropédie ou l'institution de Cyrus; enfin, si l'on voulait, on en trouverait peut-être entre les personnes mêmes; il est vrai que l'archevêque de Cambrai ne commanda point les armées comme le philosophe athénien, mais l'un fut le conseil et l'ami d'un roi de Sparte vertueux et austère : le duc de Bourgogne, l'ami et l'élève de l'autre, eut à peu près le même caractère. Tous deux essuyèrent des disgrâces, et tous deux vécurent exilés et tranquilles, cultivant jusqu'au dernier moment les trois choses les plus douces de la vie, la vertu, l'amitié et les lettres.

C'est dans le temps que les grands hommes sont le plus communs, dit Tacite [1], que l'on rend aussi le plus de justice à leur gloire. Ces beaux siècles de la Grèce qui produisirent les héros, firent naître aussi une foule d'écrivains pour relever leurs actions. Cicéron, dans le second livre de l'Orateur, nous apprend que de son temps on avait un grand nombre d'ouvrages grecs qui contenaient les éloges de Thémistocle, d'Aristide, d'Épaminondas, de Philippe et d'Alexandre. Aujourd'hui aucun de ces monumens n'existe : mais nous avons un ouvrage plus précieux qui les rassemble tous.

« Évoque devant moi les grands hommes; je veux les voir et converser avec eux, » disait un jeune prince plein d'imagination et d'enthousiasme, à une pythonisse célèbre qui passait

[1] *Iisdem temporibus optimè æstimantur virtutes, quibus facillimè gignuntur.* Tacit. Vit. Agric. 1.

dans l'Orient pour évoquer les morts. Un sage, qui n'était pas loin de là, et qui passait sa vie dans la retraite, approcha et lui dit : « Je vais exécuter ce que tu demandes. Tiens, prends ce livre ; parcours avec attention les caractères qui le composent ; à mesure que tu liras, tu verras s'élever autour de toi les ombres des grands hommes, et elles ne te quitteront plus. » Ce livre était *les hommes illustres du philosophe de Chéronée.* C'est là en effet que toute l'antiquité se trouve ; là chaque homme paraît tour à tour avec son génie, et les talens ou les vertus qui ont influé sur le sort des peuples. Naissance, éducation, mœurs ; principes ou qui tiennent au caractère ou qui le combattent ; concours de plusieurs grands hommes qui se développent en se choquant ; grands hommes isolés et qui semblent jetés hors des routes de la nature dans des temps de faiblesse et de langueur ; lutte d'un grand caractère contre les mœurs avilies d'un peuple qui tombe ; développement d'un peuple naissant à qui un homme de génie imprime sa force ; mouvement donné à des nations par les lois, par les conquêtes, par l'éloquence ; grandes vertus toujours plus rares que les talens, les unes impétueuses et fortes, les autres calmes et raisonnées ; desseins, tantôt conçus profondément et mûris par les années, tantôt inspirés, conçus, exécutés presque à la fois, et avec cette vigueur qui renverse tout, parce qu'elle ne donne le temps de rien prévoir ; enfin des vies éclatantes, des morts illustres et presque toujours violentes ; car, par une loi inévitable, l'action de ces hommes qui remuent tout, produit une résistance égale dans ce qui les entoure ; ils pèsent sur l'univers, et l'univers sur eux ; et derrière la gloire est presque toujours caché l'exil, le fer ou le poison : tel est à peu près le tableau que nous offre Plutarque.

A l'égard du style et de la manière, on la connaît. C'est celle d'un vieillard plein de sens, accoutumé au spectacle des choses humaines, qui ne s'échauffe pas, ne s'éblouit pas, admire avec tranquillité et blâme sans indignation ; sa marche est mesurée, et il ne la précipite jamais : semblable à une rivière calme, il s'arrête, il revient, il suspend son cours, il embrasse lentement un terrain vaste ; il sème tranquillement et comme au hasard, sur sa route, tout ce que sa mémoire vient lui offrir ; enfin partout il converse avec son lecteur : c'est le Montaigne des Grecs ; mais il n'a point comme lui cette manière pittoresque et hardie de peindre ses idées, et cette imagination de style que peu de poëtes même ont eue comme Montaigne. A cela près, il attache et intéresse comme lui, sans paraître s'en occuper. Son grand art surtout est de faire connaître les hommes par les petits détails. Il ne fait donc point de ces portraits brillans dont Salluste le premier donna des modèles, et que le cardinal de Retz, par ses mémoires, mit si fort à la mode parmi nous; il fait mieux, il peint en action; on croit voir tous ses grands hommes agir et converser; toutes ses figures sont vraies et ont les proportions exactes de la nature; quelques personnes prétendent que c'est dans ce genre qu'on devrait écrire tous les éloges : on éblouirait peut-être moins, disent-elles, mais on satisferait plus; et il faut savoir quelquefois renoncer à l'admiration pour l'estime.

Parmi les écrivains grecs qui ont fait des éloges, on ne s'attend guère à trouver le nom de Lucien; il est beaucoup plus connu par la finesse de ses satires : c'est le Swift des Grecs. Ses parens l'avaient destiné à l'art de sculpteur, et il eut cela de commun avec Socrate ; mais celui-ci travailla quelque temps, et fit même trois Grâces qui furent long-temps célèbres, et parce qu'elles étaient vêtues et parce qu'elles étaient de Socrate : au lieu que Lucien demeura peu en apprentissage. Il eut le bonheur de casser bien vite une table de marbre : cet accident, qui lui fit une querelle, le rendit tout entier à la philosophie et aux lettres ; il avait ce tact du ridicule qui tient à un esprit délié et fin, et cette arme légère de la plaisanterie, qui consiste presque toujours à faire contraster les objets, ou en réveillant une grande idée à côté d'une petite chose, ou une petite idée à côté d'une grande. De ce rapprochement ou de ce contraste, naît le ridicule que les peuples simples ignorent, que les peuples à grand caractère méprisent, mais qui est si à la mode chez toutes les nations, dans cette époque où les vices se mêlent aux agrémens, et où l'esprit ayant peu de grandes choses à observer, multiplie par le loisir ses idées de détail. Lucien avec ce talent s'empara donc de son siècle pour en faire justice. Il composa son esprit de celui de Socrate et d'Aristophane; et, dans des ouvrages courts et dialogués, mit tour à tour en scène les dieux, les hommes, les rhéteurs, les courtisanes et les philosophes. Il attaqua comme La Bruyère les vices et les ridicules de son temps; mais moins fort et moins ardent que lui, ayant plutôt cette fleur d'esprit qu'eut dans la suite Fontenelle, avec plus de hardiesse et de saillie dans le caractère, il mêla partout la philosophie à la légèreté, et la satire à la grâce.

Parmi la foule de ses ouvrages, on a de lui un éloge de Démosthène, qui mérite d'être distingué; Lucien y est original et piquant comme partout ailleurs; il ne s'astreint pas à la forme des éloges; sa devise, comme il le dit lui-même, est de n'imiter personne. La première partie est un récit. Lucien, en se promenant, rencontre un poëte qui travaillait à l'éloge d'Homère ; lui, de son côté, rêvait à l'éloge de Démosthène. La conversation s'engage ; en parlant chacun de celui qu'ils veulent louer, une partie de l'éloge se fait : le reste est un dialogue entre Antipater, tyran de Macédoine, et un officier qu'il avait envoyé pour s'assurer de Démosthène. L'officier lui apprend que Démosthène, pour ne pas tomber entre ses mains s'est empoisonné dans un temple ; alors Antipater, quoique ennemi de ce grand homme, ne peut s'empêcher de le louer. On aime à voir le crime rendre hommage à la vertu, et l'homme libre échappé au tyran, célébré par le tyran même.

Les derniers discours de Démosthène à l'officier qui voulait lui persuader de venir à la cour de son maître, sont de ce genre d'éloquence qui naît bien plus du caractère que de l'esprit. Ils roulent sur la liberté, sur la servitude, sur la honte de tenir la vie d'un ennemi de la patrie, sur le déshonneur qu'il causerait à Athènes, s'il renonçait à être libre pour se faire esclave dans sa vieillesse. « Lâche, dit-il, tu me proposes de
« vivre de la part de ton maître ! si je dois
« vivre, si les jours de Démosthène doivent
« être conservés, que mes conservateurs soient
« mon pays, les flottes que j'ai armées à mes
« dépens, les fortifications que j'ai élevées, l'or
« que j'ai fourni à mes concitoyens, leur
« liberté que j'ai défendue, leurs lois que j'ai
« rétablies, le génie sacré de nos législateurs,

« les vertus de nos ancêtres, l'amour de mes
« concitoyens qui m'ont couronné plus d'une
« fois, la Grèce entière que j'ai vengée jusqu'à
« mon dernier soupir ; voilà quels doivent être
« mes défenseurs : et si, dans ma vieillesse, je
« suis condamné à traîner une vie importune
« aux dépens des autres, que ce soit aux dépens
« des prisonniers que j'ai rachetés, des pères à
« qui j'ai payé la dot de leurs filles, des ci-
« toyens indigens dont j'ai acquitté les dettes ;
« ce n'est qu'à ceux-là que Démosthène veut
« devoir : s'ils ne peuvent rien pour moi, je
« choisis la mort ; cesse donc de me séduire,
« etc. » J'aime ensuite à voir la pitié de dédain
avec laquelle il regarde le courtisan qui le
croyait sans défense, parce qu'il n'avait autour
de lui ni armes, ni soldats, ni remparts,
comme si le courage n'était pas la défense la
plus sûre pour un grand homme. Antipater
admire en écoutant : il semble qu'au spectacle
d'un homme libre, son âme s'élève. Il finit
par dire qu'il veut renvoyer à Athènes le corps
de Démosthène, et que sa tombe sera un plus
grand ornement pour sa patrie, que le tombeau de ceux qui sont morts à Marathon.

Telle est à peu près l'idée et le plan de cet
éloge. La première moitié a cet agrément qui
caractérise presque tous les ouvrages de Lucien ;
la dernière est pleine de grandeur ; elle est digne
des plus beaux temps de la Grèce. On dirait que

Lucien a pris le ton de Démosthène pour le louer. Quoiqu'alors la Grèce fût esclave des Romains, on se souvenait encore des sentimens que l'ancienne liberté inspirait; et quand l'éloquence trouvait une âme noble, cette éloquence faisait revivre les idées des Miltiade et des Périclès; c'est ainsi que dans la populace de Rome moderne, il y a eu des temps où l'on entrevoyait les descendans des Scipions.

CHAPITRE X.

DES ROMAINS; DE LEURS ÉLOGES, DU TEMPS DE LA RÉPUBLIQUE; DE CICÉRON.

En passant des Grecs aux Romains, nous éprouvons à peu près le même sentiment qu'un voyageur qui, après avoir parcouru les îles de l'Archipel et le climat voluptueux de l'ancienne Ionie, serait tout à coup transporté au milieu des Alpes ou des Apennins, d'où il découvrirait un horizon vaste et une nature peut-être plus majestueuse et plus grande, mais sous un ciel moins pur, et qui ne porterait point à ses sens cette impression vive et légère qu'il éprouvait sous le ciel et dans la douce température de la Grèce. A Rome, tout fut grave, lent et austère. Les Romains, pendant cinq cents ans, plus brigands disciplinés qu'hommes de génie, n'eurent pendant tout ce temps ni arts, ni goût, ni sensibilité, ni imagination, ni éloquence; ils empruntèrent tout, et leurs erreurs même. Les Grecs de la Sicile, de la Calabre et de la Campanie, leur donnèrent leurs divinités, leurs fables, leur alphabet et les caractères de leurs lettres; les Etrusques, leurs superstitions, leurs augures et leurs combats de gladiateurs; Athènes, Sparte et la Crète, leurs lois des Douze Tables; des artistes Toscans et Samnites, leurs temples grossiers et leurs dieux de bois ou de terre cuite; les peuples et les rois qu'ils vainquirent tour à tour, la forme de leurs armes et la manière d'attaquer et de se défendre. A mesure qu'ils étendirent leurs conquêtes, ils ne surent que piller les monumens des arts, sans savoir jamais les imiter. Déjà ils avaient enlevé une foule de statues des villes d'Etrurie, de la grande Grèce et de la Macédoine; ils avaient pillé Corinthe et Athènes; ils avaient ravi et transporté à Rome tous les trésors des arts que la religion, le génie et l'avarice avaient entassés à Delphes pendant six cents ans, et cependant il n'était né aucun artiste romain. Semblables aux Tartares qui, quinze cents ans après, subjuguèrent la Chine, ou plutôt semblables à ces valets d'armée, qui, dans une prise d'assaut, pillent tout, et le lendemain enrichis des dépouilles, joignent un faste étranger à leur pauvreté réelle, les Romains dans leur gloire même devaient faire pitié aux Grecs, avant

SUR LES ÉLOGES.

que les vaincus eussent instruit et poli leurs vainqueurs; dans la suite même, tous les arts du dessin ne furent cultivés avec succès à Rome que par les Grecs; il fallait que des Grecs leur bâtissent leurs temples, leurs portiques, leurs arcs de triomphe; que des Grecs ornassent de peintures les murs de leurs palais. Les arts du génie, ils ne les durent qu'à ces mêmes Grecs dont ils furent en tout les disciples, les admirateurs et les tyrans.

Leur langue, formée du vieux toscan, composée de sons âpres et rudes, n'eut d'abord ni variété, ni précision, ni douceur. La langue est le tableau de la vie; c'est l'assemblage de toutes les idées d'un peuple, manifestées au dehors par des sons. Or les Romains des premiers siècles, vivant parmi les charrues et les armes, ne pouvaient acquérir un grand nombre d'idées, ni créer les signes qui les représentent. Pauvres et austères, leur genre de vie leur interdisait cette foule de sensations variées et délicates, qui, en frappant légèrement les sens, passent dans l'âme, et de là dans les langues qu'elles enrichissent. Ignorant ce qu'on appelle société, qui chez tous les peuples est le fruit de l'oisiveté et du luxe, ils n'avaient point cette foule de sentimens et d'idées qu'elle fait naître, ni ces nuances fines qui les expriment. Enfin, peu accoutumés à méditer, la partie du langage qui peint les idées abstraites et les mouvemens de l'âme se repliant sur elle-même, leur devait être presque inconnue.

C'est le concours des philosophes et des poëtes qui perfectionne les langues; c'est aux philosophes qu'elles doivent cette universalité de signes qui rend une langue le tableau de l'univers; cette justesse qui marque avec précision tous les rapports et toutes les différences des objets; cette finesse qui distingue tous les progrès d'actions, de passions et de mouvemens; cette analogie qui dans la création des signes les fait naître les uns des autres, et les enchaîne comme les idées analogues se tiennent dans la pensée, ou les êtres voisins dans la nature; cet arrangement qui, de la combinaison des mots, fait sortir avec clarté l'ordre et la combinaison des idées; enfin cette régularité qui, comme dans un plan de législation, embrasse tout et suit partout le même principe et la même loi. Mais, d'un autre côté, ce sont les poëtes qui donnent aux langues l'éclat, le mouvement et la vie; ce sont eux qui, étudiant la marche passionnée des idées, apprennent aux signes des idées à se passionner de même. Les poëtes parcourent dans la nature tout ce qui donne des impressions ou agréables, ou fortes, et transportent ensuite ces beautés ou ces impressions dans le langage; ils attachent par une sensation un corps à chaque idée, donnent aux signes immobiles et lents la légèreté, la vitesse; aux signes abstraits et sans couleur, l'éclat des images; aux êtres qui ne sont vus et sentis que par la pensée, des rapports avec tous les sens. Ainsi ce serait aux philosophes à construire l'édifice des langues, à en jeter les fondemens, à en fixer les proportions et la hauteur, comme les poëtes en sont, pour ainsi dire, les décorateurs et les peintres. C'est ce concours des poëtes et des philosophes qui donna à la langue des Grecs sa perfection et sa beauté. Leurs artistes même, en les accoutumant à porter un œil plus attentif sur la nature pour bien juger et du degré d'imitation, et du choix des objets, contribuèrent peut-être à étendre les idées de ce peuple et son langage; mais les Romains, pendant près de six cents ans, furent privés de tous ces secours. Il ne faut donc pas s'étonner si l'éloquence, qui tient tant à la perfection des langues, et qui chez les Grecs même est née après tous les autres arts, naquit si tard dans Rome. Malgré les orages de la liberté, les grands intérêts, et le plaisir de gouverner par la parole un peuple libre, il n'y eut pas un orateur qu'on pût citer avant Caton; lui-même était encore hérissé et barbare. Sur deux ou trois cents orateurs qui en divers temps parlèrent à Rome, à peine y en eut-il un ou deux par siècle qui pût passer pour éloquent; peu même eurent le mérite de parler avec pureté leur langue. La grandeur de cet empire, qui s'étend sans cesse; cette ville qui engloutissait tout, qui appelait tous les rois, tous les peuples; ces généraux et ces soldats qui allaient conquérir ou gouverner les provinces, et parcouraient sans cesse l'Asie, l'Europe et l'Afrique; tout cela était autant d'obstacles à ce que la langue romaine prît ou conservât une certaine unité de caractère; peut-être même la facilité qu'eurent les Romains de puiser chez les Grecs tout ce qui manquait au système de leur langue ou de leurs idées, retarda leur industrie, et contribua à n'en faire qu'un peuple imitateur: ils traitèrent la langue et les arts comme un objet de conquête, usurpant tout sans rien créer.

Cependant la langue d'un peuple guerrier tendait à la fierté et à la précision; d'un peuple qui commandait aux rois, à une certaine magnificence; d'un peuple qui discutait les intérêts du monde, à une certaine gravité; d'un peuple libre et dont toutes les passions étaient énergiques et fortes, à l'énergie et à la vigueur : et lorsque cette langue fut enrichie de toutes les dépouilles des Grecs, lorsque les conquérans eurent trouvé dans les pays conquis des leçons, des maîtres et des modèles, et que les richesses du monde, en introduisant à Rome la politesse et le luxe, y eurent fait germer le goût, alors l'éloquence s'éleva à la plus grande hauteur, et Rome put opposer Cicéron à Démosthène, comme César à Périclès, et Hortensius à Eschine.

SUR LES ÉLOGES.

Long-temps avant cette époque, les Romains eurent la coutume de louer leurs grands hommes; ils adoraient leurs dieux sous des toits de chaume; ils célébraient les héros dans une langue de laboureurs et de soldats. Dès les premiers temps, on chantait dans les repas les éloges des citoyens illustres; c'étaient, pour ainsi dire, des hymnes guerrières, et les leçons de la valeur se mêlaient aux plaisirs de la table. Le vieux Caton en parlait dans ses *Origines*; et Cicéron, dans son livre des Orateurs, paraît regretter que ces anciens monumens fussent perdus [1].

L'usage des éloges funèbres à Rome était aussi ancien, mais ce fut d'abord une récompense. Nous lisons dans Denys d'Halicarnasse, que le fils d'Appius alla trouver les consuls et les tribuns pour demander la permission de louer son père devant le peuple. Dion Cassius, en parlant d'un Romain distingué, nous dit que le sénat, après sa mort, lui décerna une statue et l'honneur d'un éloge public. On voit par ces passages qu'il n'était pas permis de louer indistinctement tous les morts: on célébrait les grandes actions ou les vertus et non pas les titres; et le patricien qui n'avait pour lui qu'un

---

[1] *Utinam exstarent illa carmina quæ multis sæculis ante suam ætatem in epulis esse cantitata à singulis convivis, de clarorum virorum laudibus, in Originibus scriptum reliquit Cato!* Cic. de Clar. Orat. 75.

grand nom, n'avait à espérer que des mépris pendant sa vie, et l'oubli après sa mort. Ces éloges étaient le plus souvent prononcés par un citoyen de la famille, mais quelquefois aussi par les magistrats ; c'était, pour ainsi dire, alors la patrie elle-même qui montait sur la tribune pour y exprimer sa reconnaissance. Le premier éloge de ce genre qui se prononça dans Rome, fut celui de Brutus qui chassa les tyrans.

Dans la suite une institution si noble dégénéra ; les familles, qui ont leur orgueil comme les hommes, pour illustrer les vivans, briguèrent à l'envi des éloges pour les morts. Bientôt cet honneur devint commun ; la flatterie et le mensonge ne tardèrent point à le corrompre ; on exagéra le bien, on fit disparaître le mal, on supposa des actions qui n'avaient point été faites, on créa de fausses généalogies ; enfin, à l'aide de la ressemblance des noms, on se glissa dans des familles étrangères, tant la fureur d'exister par ce qui n'est plus, et de prendre un nom pour du mérite, a été commune à tous les siècles. Cicéron, qui nous apprend tous ces détails, se plaignait même que ces éloges eussent jeté de l'embarras et de l'obscurité dans l'histoire [1]. De son temps

---

[1] *Nisi quem nonnullæ mortuorum laudationes fortè delectant ; et hercules hæ quidem exstant. Ipsæ enim familiæ sua quasi ornamenta ac monumenta servabant, et ad usum si quis ejusdem generis occidisset, et ad memo-*

on avait encore plusieurs de ces discours ; les familles les conservaient comme des titres de noblesse, et la vanité vigilante transmettait souvent à la paresse ce dépôt de l'orgueil : tous ces monumens sont aujourd'hui perdus. De tant de milliers d'éloges prononcés sur la tribune romaine, il ne nous reste qu'une seule phrase de l'éloge de Scipion, destructeur de Carthage. L'orateur, en louant ce grand homme, nous dit Cicéron, « remercia les dieux de ce qu'ils avaient fait naître Scipion dans Rome, plutôt que partout ailleurs, parce qu'il fallait que l'empire du monde fût où était Scipion. » Cette idée est grande, et elle devait le paraître encore davantage dans la bouche d'un fils de Paul-Émile, qui était l'orateur.

Je franchis les temps pour parvenir à Cicéron même ; je ne répéterai point tout ce qui a été dit de ce grand homme. Né dans un rang obscur, on sait qu'il devint par son génie l'égal de Pompée, de César, de Caton. Il gouverna et sauva Rome, fut vertueux dans un siècle de crimes, défenseur des lois dans l'anarchie, républicain parmi des grands qui se disputaient

---

riam laudum domesticarum et ad illustrandam nobilitatem suam. Quanquam his laudationibus historia rerum nostrarum est facta mendosior. Multa enim scripta sunt in eis, quæ facta non sunt ; falsi triumphi, plures consulatus, genera etiam falsa, et à plebe transitiones, quùm homines humiliores in alienum ejusdem nominis genus infunderentur. Cic. de Clar. Orat. 61, 62.

le droit d'être oppresseurs; il eut cette gloire, que tous les ennemis de l'État furent les siens; il vécut dans les orages, les travaux, les succès et le malheur; enfin, après avoir soixante ans défendu les particuliers et l'État, lutté contre les tyrans, cultivé au milieu des affaires la philosophie, l'éloquence et les lettres, il périt. Un homme à qui il avait servi de protecteur et de père, vendit son sang; un homme à qui il avait sauvé la vie, fut son assassin. Trois siècles après, un empereur [1] plaça son image dans un temple domestique, et l'honora à côté des dieux.

Pendant sa vie, il s'attacha moins sans doute à louer les grands hommes qu'à les imiter; cependant il célébra presque tous les hommes fameux de son siècle, à commencer par lui. Son premier ouvrage fut un éloge en vers, en l'honneur de Marius. Ce paysan d'Arpinum, qui parvint sept fois à la première place du monde, n'était pas sans doute un modèle de vertus pour Cicéron; mais un Romain devait louer en lui les talens et les victoires, et un républicain pouvait louer ce caractère altier, qui osa braver tous les grands de Rome; qui leur reprochait avec audace leur corruption et leur mollesse; qui se vantait de son obscurité, comme les grands se vantaient de leurs aïeux; qui, dans un siècle poli, consentait à passer pour ignorant, et

[1] Alexandre Sévère.

avouait qu'il n'avait appris qu'à combattre et à vaincre ; qui opposait ses triomphes en Afrique, et les quatre cent mille Teutons ou Cimbres qu'il avait exterminés en Italie ou dans les Gaules, aux tables, aux cuisiniers et au faste des patriciens dans Rome ; il faut observer d'ailleurs que cet éloge fut composé avant les guerres civiles de Marius, et Cicéron était alors dans l'âge où l'énergie du caractère est ce qui frappe le plus, et où l'on mesure les hommes plus par les grands effets, que par les grands motifs.

La harangue pour la loi Manilia n'est presque d'un bout à l'autre qu'un panégyrique de Pompée ; c'était le malheur de Rome d'avoir alors des citoyens plus puissans que l'État. L'équilibre des pouvoirs était rompu : un petit nombre d'hommes se partageait l'univers et les armées, mais du moins ils observaient encore les formes, et ils daignaient demander ce qu'ils auraient pu ravir. Cicéron, dans cette circonstance, loue Pompée sur la tribune, pour lui faire donner le commandement de la guerre contre Mithridate. Peut-être eût-il mieux valu ne pas agrandir encore un citoyen déjà coupable d'être trop puissant ; mais Cicéron, malgré son génie, fut quelquefois plus orateur qu'homme d'état.

On doit être encore plus fâché de trouver dans les ouvrages de ce grand homme son discours pour Marcellus, qui n'est, en grande partie, que l'éloge de César, et de César maître de Rome. Assassin d'une partie de sa nation, et devenu le tyran de l'autre, César osait pardonner, comme s'il eût été un roi légitime qui eût combattu des sujets rebelles. L'orateur, dans ce discours, vante sa clémence. Il est triste que celui qui, dans Rome libre, avait été surnommé le père de la patrie, ait été forcé, dix-sept ans après, à louer l'oppresseur de la patrie. S'il sacrifia ses sentimens et sa gloire à l'intérêt de Rome, il faut l'admirer : s'il redouta César, il faut l'excuser et le plaindre ; mais ce qui prouve que son âme n'était pas flétrie par la servitude, c'est l'éloge de Caton qu'il composa dans le même temps.

On s'étonne quelquefois que le même homme qui avait loué le destructeur de la liberté romaine, ait eu le courage de louer Caton, vengeur et martyr de la liberté. Il y a des caractères indécis qui sont un mélange de grandeur et de faiblesse, et quelques personnes mettent Cicéron de ce nombre. Vertueux, dit-on, mais circonspect, tour à tour brave et timide, aimant la patrie, mais craignant les dangers, ayant plus d'élévation que de force, sa fermeté, quand il en eut, tenait plus à son imagination qu'à son âme. On ajoute que faible par caractère, il n'était grand que par réflexion. Il comparait la gloire avec la vie, et le devoir au danger ; alors il se faisait un système de courage ; sa probité devenait de la vigueur, et son esprit donnait du ressort à son âme. Quoi qu'il en soit, nous ne pouvons douter que Cicéron, sous César même, n'ait paru toujours attaché à la patrie et à l'ancien gouvernement. Ses amis cherchèrent à le détourner de faire l'éloge de Caton, ou voulurent du moins l'engager à l'adoucir ; il n'en fit rien. On voit cependant par une de ses lettres qu'il sentait toute la difficulté de l'entreprise. « L'éloge de Caton à faire, disait-il, est un problème d'Archimède [1]. » Nous ne pouvons juger comment le problème fut résolu : nous savons seulement que l'ouvrage eut le plus grand succès. Tacite nous apprend que Cicéron dans cet éloge élevait Caton jusqu'au ciel [2]. Peu de temps après il en parut deux autres ; l'un était d'un Fabius Gallus, que nous connaissons peu : l'autre était de Brutus. On peut dire que des trois, Brutus était, sinon par son génie, du moins par son caractère, le plus digne peut-être de louer Caton. Nourri dans son sein, élevé dans les principes rigides de la même secte, fanatique de la liberté, passionné

---

[1] *De Catone πρόβλημα Ἀρχιμήδειον est. Non assequor ut scribam quod tui convivæ non modò libenter, sed etiam æquo animo legere possint.* Ad Attic. XII. 4.

[2] *M. Ciceronis libro quo Catonem cœlo æquavit,* etc. Tacit. Ann. IV. 34.

pour la patrie, ennemi ardent et irréconciliable de toute espèce d'oppression, l'âme de Caton respirait dans Brutus. Avec cette vigueur de caractère, il devait avoir une éloquence pleine de hauteur et de force; aussi trouvait-il que Cicéron *manquait de reins*, pour me servir de son expression [1]. Il est très-probable qu'entre les deux éloges, il y avait la même différence qu'entre les deux hommes. César disait qu'en relisant plusieurs fois le Caton du premier, il avait acquis plus d'abondance; mais qu'après avoir lu le Caton de Brutus, il s'était trouvé lui-même éloquent.

Sylla ou Octave eussent répondu par une proscription à l'éloge de leur ennemi; César répond en homme de lettres et en orateur. Le vainqueur de Pharsale composa deux discours intitulés les *anti-Catons*. Il y parlait avec les plus grands égards de Cicéron, dont il était l'admirateur et le rival, et dont il feignait d'être l'ami. Ce combat littéraire partagea Rome; chacun prenait parti pour ou contre, et les vertus de Caton, le plus grand homme de son siècle, n'étaient plus qu'un vain sujet de conversation dans une ville corrompue et esclave.

Enfin la mort de César rendit à l'âme de Cicéron toute sa vigueur; il n'était pas né pour avoir un maître et encore moins pour obéir à

[1] *Fractum et elumbem.*

des tyrans subalternes. Il composa ses Philippiques. Elles respirent d'un bout à l'autre les sentimens d'un vieillard généreux et d'un grand homme. Parmi ces discours il y en a deux qui renferment des espèces d'éloges. L'un est consacré à un Sulpicius, jurisconsulte, orateur, républicain zélé, et vertueux dans un temps où les vertus se remarquaient à Rome. Antoine, ambitieux et brigand, et qui après César avait l'insolence d'aspirer à la tyrannie, comme un premier valet qui prend l'habit de son maître, assiégeait alors Modène. Le sénat lui députa Sulpicius, et ce citoyen affaibli par la maladie et les années, mourut en ambassade. Cicéron, qui dans la neuvième Philippique en fait l'éloge, est d'avis qu'on lui élève une statue avec une inscription qui annonce à la postérité qu'il est mort pour l'État. Tel était l'esprit de ces gouvernemens et de ces siècles.

Le second, qui est un morceau très-court, mais éloquent, est une espèce d'éloge funèbre des soldats morts en combattant pour la cause de Rome et de la liberté, contre Antoine. « Heu« reuse mort ! s'écrie l'orateur : c'était la dette
« de la nature; vous avez su la rendre utile à
« la patrie. Oui, vous êtes nés pour elle. Légion
« de Mars, vous avez justifié ce grand nom que
« vous portiez. Il semble que ce même dieu
« qui a donné Rome aux nations, vous eût
« donnés à Rome. La mort pour vous n'a rien

« de honteux : pour qui fuit, la mort est un
« opprobre ; pour qui est vainqueur, elle est
« le sceau de la gloire, car ce sont toujours les
« plus braves que le dieu des combats choisit
« pour victimes. Ainsi les ennemis de la patrie,
« tombés sous vos coups, expieront encore
« leur parricide dans les enfers : mais vous qui
« êtes morts en vainqueurs et en citoyens, vos
« âmes habitent à jamais dans le séjour de la
« vertu. La nature, il est vrai, ne nous donne
« que peu d'instans pour vivre, mais le souve-
« nir d'une mort illustre est éternel : et si la
« gloire n'avait que la durée rapide et passa-
« gère de la vie, quel serait l'homme assez
« insensé pour l'acheter aux dépens de tant
« de périls et de travaux? Je vous félicite donc,
« ô vous braves guerriers pendant la vie, ombres
« sacrées après la mort, je vous félicite de ce
« que votre valeur ne pourra être mise en
« oubli, ni par votre siècle, ni par la posté-
« rité, puisque le sénat et le peuple vous dres-
« sent, pour ainsi dire, de leurs propres
« mains, un monument immortel ; jamais un
« tel honneur n'a été rendu à aucune armée,
« et plût aux dieux que nous pussions faire
« davantage ! la récompense serait plus digne
« du bienfait. C'est vous qui avez détourné de
« nos murs l'ennemi et l'oppresseur de la
« patrie : c'est vous qui l'avez repoussé ; nous
« éleverons donc à vos cendres un magnifique

SUR LES ÉLOGES.

« mausolée ; nous y graverons une inscription,
« éternel témoignage de votre valeur. Tous
« ceux qui verront ce monument, ceux même
« qui apprendront que nous l'avons élevé,
« parleront de vous avec reconnaissance. Ainsi
« pour une vie mortelle, vous avez reçu en
« échange l'immortalité. »

Il paraît que Cicéron, dans ce morceau, s'était proposé d'imiter le fameux éloge de Périclès pour les soldats morts dans la guerre du Péloponèse : c'est le même enthousiasme pour la patrie et le même fonds pour les idées. Mais le temps approchait où l'éloquence allait être employée dans Rome à louer ceux qui opprimaient les citoyens, et non ceux qui les vengeaient.

Après tous ces éloges de Cicéron pour les autres, il nous reste à parler de ceux qu'il fit pour lui-même. On sait qu'il aimait la gloire et qu'il ne l'attendait pas toujours ; il se précipitait vers elle, comme s'il eût été moins sûr de l'obtenir. Pardonnons-lui pourtant, et surtout après son exil : songeons qu'il eut sans cesse à combattre la jalousie et la haine ; un grand homme persécuté a des droits que n'a pas le reste des hommes. Il était beau à Cicéron, au retour de son bannissement, d'invoquer ces dieux du Capitole, qu'il avait préservés des flammes étant consul, ce sénat qu'il avait sauvé du carnage, ce peuple romain qu'il avait dérobé au joug et à la servitude, et de montrer d'un autre côté son nom effacé, ses monumens détruits, ses maisons démolies et réduites en cendres pour prix de ses bienfaits. Il était beau d'attester sur les ruines même de ses palais, l'heure et le jour où le sénat et le peuple l'avait proclamé *le père de la patrie*. Eh! qui pouvait lui faire un crime de parler de ses grandes actions, dans ces momens où l'âme réclamant contre l'injustice des hommes, semble élevée au-dessus d'elle-même par le sentiment et le caractère auguste du malheur? Il est vrai qu'il se loua lui-même dans des momens plus froids [1]. On l'a blâmé, on le blâmera encore; je ne l'accuse ni ne le justifie : je remarquerai seulement que plus un peuple a de vanité au lieu d'orgueil, plus il met de prix à l'art important de flatter et d'être flatté, plus il cherche à se faire valoir par de petites choses au défaut des grandes, et plus il est blessé de cette franchise altière ou de la naïve simplicité d'une âme qui s'estime de bonne foi et ne craint pas de le dire. J'ai vu des hommes s'indigner de ce que Montesquieu avait osé dire : *Et moi aussi je suis peintre*. Le plus juste aujourd'hui, même en

---

[1] Il avait composé des mémoires grecs sur son consulat, qui peuvent passer pour un éloge historique; et de plus, il s'était célébré lui-même dans un poëme latin en trois chants, et qui n'est pas non plus parvenu jusqu'à nous.

accordant son estime, veut conserver le droit de la refuser. Chez les anciens, la liberté républicaine permettait plus d'énergie aux sentimens, et de franchise au langage. Cet affaiblissement du caractère, qu'on nomme politesse, et qui craint tant d'offenser l'amour-propre, c'est-à-dire la faiblesse inquiète et vaine, était alors plus inconnu. On aspirait moins à être modeste, et plus à être grand. Ah! que la faiblesse permette quelquefois à la force de se sentir elle-même : et s'il nous est possible, consentons à avoir des grands hommes, même à ce prix.

CHAPITRE XI.

DES ÉLOGES FUNÈBRES SOUS LES EMPEREURS, ET DE QUELQUES ÉLOGES DE PARTICULIERS.

Nous avons vu que du temps de la république dans Rome, les éloges funèbres furent d'abord la récompense des vertus et le prix des services ; qu'ensuite ils furent accordés à presque tous les citoyens qui occupaient un rang dans l'État. Cette institution était conforme à l'esprit républicain ; mais quand le gouvernement vint à changer, quand le monde entier fut dans la main d'un empereur, et que cet empereur qui n'était presque jamais appelé au trône par droit de succession, craignant à chaque instant ou des rivaux ou des rebelles, eut l'intérêt funeste de tout écraser; quand on vint à redouter les talens, quand la renommée fut un crime, et qu'il fallut cacher sa gloire, comme dans d'autres temps on cachait sa honte, on sent bien qu'alors il ne s'agissait pas de louer les citoyens : les grandes familles aimaient mieux la sûreté et l'oubli, que l'éclat et le danger. Les éloges funèbres des particuliers devinrent donc beaucoup plus rares; cet honneur ne fut presque rendu qu'à la famille impériale. Le despotisme, qui dans Rome engloutissait tout, se réserva jusqu'au droit d'être flatté pendant la vie et après la mort. On commença à César; cet homme qui avait fait tant de mal à son pays, et qui avait commis le plus grand des crimes, celui de précipiter la corruption d'un peuple, fut loué sur cette même tribune où l'on n'aurait dû monter que pour flétrir sa mémoire. Tout le monde sait que son éloge fut prononcé par Antoine; et que, pour attendrir les Romains, l'orateur fit apporter sous leurs yeux le corps de César percé de coups. On peut dire que jamais éloge funèbre n'eut une si grande influence, car il prépara l'esclavage de vingt nations. Le corps sanglant de Lucrèce avait fait chasser les tyrans de Rome, le corps sanglant de César la remit dans les chaînes [1].

Après César, cet usage se perpétua. L'histoire

[1] On trouve dans le *Jules-César* de Shakespear une

nous apprend qu'Auguste prononça sur la tribune romaine un grand nombre d'éloges. Auguste qui, pendant une partie de sa vie, fut le plus vil des meurtriers, et pendant l'autre, le plus politique des princes, eut, comme presque tous les Romains célèbres de ce temps, le mérite de l'éloquence. Il vécut à peu près autant que Louis XIV, et comme lui, vit périr presque toute sa famille; mais Louis XIV ne prononça point dans Paris l'éloge du grand dauphin et du duc de Bourgogne. Auguste fit lui-même l'oraison funèbre de Marcellus, son neveu et son gendre, et de Drusus, le fils de sa femme. On dit qu'à la fin de ce dernier éloge, il demanda aux dieux la faveur de mourir comme ce jeune prince, en combattant avec gloire pour le peuple romain. Un tel langage eût été grand dans la bouche des Scipions, mais il dut paraître ridicule dans la bouche d'Octave, qui savait assassiner et ne savait point combattre, et qui ne versa jamais que le sang des citoyens. Outre ces deux éloges, ce prince prononça encore celui d'Octavie sa sœur, et il le prononça dans le temple de César qui, pendant sa vie, prêtre et tyran, après sa mort devint dieu. Il ne nous reste aucun des discours d'Auguste; nous savons

imitation éloquente et forte de ce discours d'Antoine; et le même morceau, fort embelli dans la tragédie française de la *Mort de César*, est sûrement un des discours les plus éloquens qu'il y ait jamais eu dans aucune langue.

seulement que ce meurtrier avait un genre d'éloquence plein de simplicité et de grâce : il faisait des vers aisément [1], et il avait composé les mémoires de sa vie : tout cela s'est perdu ; on se doute bien qu'il fut loué après sa mort ; on célébra son humanité et sa clémence sur la tribune où la tête sanglante de Cicéron avait été attachée.

Après lui vient ce Tibère, d'une politique sombre et d'une cruauté réfléchie ; fourbe dans sa haine et tyran dans ses caprices ; aussi ennemi du courage que de la bassesse [2] ; craignant de commander à des hommes, et s'indignant de ne trouver que des esclaves ; bourreau de sa famille, de ses amis, de ses sujets ; aussi redoutable par ses favoris que par lui-même. Ce monstre fut aussi orateur ; et, à ce que nous apprend Tacite [3], il avait même une éloquence mâle et forte ; il avait loué Drusus son frère : il prononça l'éloge funèbre d'Auguste son beau-père, et dans la suite il eut le triste courage de faire l'éloge de son fils unique empoisonné par Séjan ; mais ce qui eût passé peut-être pour fermeté

[1] Il avait fait un poëme sur la Sicile, et une tragédie d'Ajax.

[2] *Angusta et lubrica oratio sub principe, qui libertatem metuebat, adulationem oderat.* TACIT. Ann. II. 87.

Scilicet etiam illum qui libertatem publicam nollet, tam projectæ servientium patientiæ tædebat. Ann. III. 65.

[3] *Validus sensibus.* Ann. XIII. 3.

dans un autre, ne fut attribué, dans ce cœur sombre, qu'à une dure insensibilité.

Il y eut encore, sous ce règne, un éloge funèbre qui fit du bruit ; c'était celui de Junia, nièce de Caton, sœur de Brutus, et femme de Cassius, morte soixante et trois ans après la bataille de Philippe. Ces noms étaient encore chers aux Romains, et leur rappelaient de grandes idées, à peu près comme les Grecs esclaves d'un pacha se promènent avec orgueil à travers les ruines de leur pays. Germanicus, le modèle des princes ; Germanicus qui eut le tort d'être vertueux dans une cour corrompue, et sous Tibère le tort bien plus grand d'être adoré du peuple et de l'aimer, empoisonné en Asie, n'obtint pas d'éloge funèbre dans Rome ; mais aussi la mémoire de Tibère ne manqua point d'être célébrée ; l'éloge de Tibère fut prononcé par Caligula : c'était dignement commencer un règne qui devait finir par tant de crimes ; et le panégyriste et le héros étaient dignes l'un de l'autre.

Il paraît que tous les empereurs en montant sur le trône, faisaient eux-mêmes l'éloge de leur prédécesseur ; c'est ainsi que Claude fut loué par Néron. On nous a transmis sur cet éloge quelques détails assez curieux ; l'orateur commença par vanter beaucoup les ancêtres du prince mort, comme si Claude avait rien de commun avec ses aïeux, que d'avoir déshonoré un grand nom par une vie lâche. Il parla ensuite de l'application de Claude aux beaux-arts, et de ses étonnans succès, lui qui avait pour tout mérite de s'être mêlé un peu de grammaire, de parler sa langue avec pureté, et d'avoir donné un édit, dont on se moqua, pour ajouter deux lettres à l'alphabet. Ensuite il vanta la tranquillité dont l'Etat avait joui sous son règne, à laquelle il n'avait pas plus contribué, que ceux qui vécurent deux cents ans après lui. Enfin, il vint à parler de sa rare prudence et de sa profonde sagesse, c'est-à-dire, de la profonde sagesse d'un empereur qui n'avait ni une idée dans la tête, ni un sentiment dans le cœur; qui ne sut jamais ni vouloir, ni aimer, ni haïr; toujours prêt à obéir à qui daignait lui commander, jouet de ses courtisans, esclave de ses esclaves mêmes, et si stupide qu'il inspirait encore plus de pitié que de mépris. A ce mot de la sagesse de Claude, tous les Romains se mirent à rire, et l'on oublia pour un moment que l'orateur était le maître du monde. Au reste, Néron n'était pas l'auteur de cet éloge. Jusqu'à lui les Césars avaient composé eux-mêmes tous leurs discours; pour lui il s'était persuadé qu'un prince a mieux à faire que d'être éloquent, et le maître de l'univers était plus jaloux du titre de joueur de flûte et de bon cocher, que de celui d'orateur; ainsi, lorsqu'il avait à parler, il empruntait ordinairement la plume et l'esprit de Sénèque. Nous ne pouvons nous empêcher de rappeler ici que ce même Sénèque prêta sa plume à Néron pour justifier dans le sénat le meurtre d'Agrippine : ainsi un orateur philosophe fit l'apologie d'un parricide. Nous ajouterons, pour l'honneur de l'éloquence et des lettres, qu'il eût mieux valu imiter Papinien, qui, cent cinquante ans après, pressé par Caracalla de lui composer un discours pour justifier devant le sénat de Rome le meurtre de son frère, dit pour toute réponse : *Il est plus aisé de commettre un parricide que de l'excuser;* et aima mieux mourir que de se déshonorer.

Néron prononça sur la tribune un autre éloge ; c'était celui de Poppée : nous savons qu'elle était la femme la plus belle de son temps; elle avait tout, dit Tacite, hors des mœurs. Elle était parvenue au rang d'impératrice par ce mélange de coquetterie, d'artifice et de grâces, qu'ont eu tant de femmes célèbres. Néron en fit d'abord sa maîtresse, ensuite sa femme ; enfin le même homme fut son amant, son époux, son assassin. Extrême en toutes ses passions, il la tua dans un mouvement de colère, la pleura, se détesta lui-même, la fit embaumer avec les plus riches parfums de l'Europe et de l'Asie, et prononça en grand deuil son oraison funèbre sur la tribune romaine. Les Romains de ces temps-là applaudirent à l'éloge de Poppée, comme d'autres

Romains, six cents ans auparavant, avaient applaudi à l'éloge du premier des Brutus.

Après cette époque, nous ne trouvons, jusqu'à Titus, aucune trace d'éloge qui ait été prononcé dans Rome. Quelque penchant qu'eussent les Romains à louer leurs empereurs, il y a apparence que Néron, empoisonneur, incendiaire et parricide, ne fut point loué après sa mort. L'excès des crimes fit disparaître l'excès de la bassesse. Il peut se faire qu'on n'ait pas loué davantage Galba, qui ne monta sur le trône que pour en être précipité par sa faiblesse; Othon, qui n'eut que le mérite de finir avec courage une vie efféminée; Vitellius, qui fut le plus vil des hommes et des princes. Tous trois d'ailleurs périrent dans les guerres civiles : mais Vespasien, dont on fit un dieu, et qui, par dix ans de sagesse, répara les cinquante-six ans de tyrannie qui avaient précédé son règne, dut être sûrement honoré d'un éloge funèbre, et le mérita.

On est fâché d'apprendre que celui de Titus fut prononcé par Domitien. Soupçonné d'avoir empoisonné son frère, il osa mêler des larmes à son éloge; mais il révolta les Romains au lieu de les tromper. Ses pleurs ne passèrent que pour un outrage, et sa douleur pour une hypocrisie barbare.

On sait que ce prince voulut étouffer toutes

les vertus, avec tous les talens; sous lui on publia les éloges de deux grands hommes; c'étaient Thraséas et Helvidius. Tous deux, dans des temps malheureux, avaient déployé de la hauteur d'âme et une rigueur inflexible de vertu. Citoyens, sénateurs, amis, pères, époux, fidèles à tous les devoirs, au-dessus de l'intérêt, au-dessus de la crainte, opiniâtres dans le bien, et dédaignant une faveur qu'on ne pouvait gagner que par des bassesses, ils avaient étonné Rome corrompue, et rappelé Rome ancienne; la récompense de tant de vertus fut telle qu'on devait alors s'y attendre, la mort. Elle fut aussi le prix de ceux qui eurent le courage de les louer; non seulement les auteurs périrent, mais on voulut détruire jusqu'à leurs ouvrages. « Eh quoi! dit Tacite, croyait-on étouffer dans les mêmes flammes et la voix du peuple romain, et la liberté du sénat, et le cri de l'univers [1]? »

Cependant l'usage de louer les empereurs après leur mort subsistait toujours; jamais cette institution ne dut paraître plus noble,

---

[1] *Legimus, cùm Aruleno rustico Pœtus Thrasea, Herennio Senecioni Priscus Helvidius laudati essent, capitale fuisse, neque in ipsos modò auctores, sed in libros quoque eorum sævitum, delegato triumviris ministerio, ut monumenta clarissimorum ingeniorum in comitio ac foro urerentur. Scilicet illo igne vocem populi Romani, et libertatem senatûs, et conscientiam generis humani, aboleri arbitrabantur.* TACIT. Vit. Agric. 2.

que lorsque l'éloge funèbre d'Antonin fut prononcé dans la tribune par Marc-Aurèle : c'était la vertu qui louait la vertu ; c'était le maître du monde qui faisait à l'univers le serment d'être humain et juste, en célébrant la justice et l'humanité sur la tombe d'un grand homme. De tous les honneurs rendus à la mémoire d'Antonin, ce fut là sans doute le plus grand. On avait décerné à ce prince un culte et des autels ; mais les Romains profanèrent plus d'une fois leur apothéose en l'accordant à des tyrans ; au lieu que la louange donnée par l'homme vertueux, est un honneur qui ne fut jamais prostitué au crime.

L'histoire nous parle encore de l'éloge d'un empereur prononcé par un autre empereur, et Dion Cassius nous en a même conservé un fragment. Il est agréable, mais plein de contrastes et d'antithèses : il paraît d'un genre d'éloquence où il y a plus d'esprit que de goût. L'orateur était Septime Sévère, qui avait cultivé la philosophie et les lettres, homme d'état, homme de guerre, aussi actif que César, aussi implacable dans ses vengeances que Sylla, enfin l'un de ces hommes qui, nés pour le malheur et la gloire de leur pays, ont été tout à la fois grands et cruels.

Le prince dont il fit l'oraison funèbre était Pertinax. Quoiqu'il n'eût régné que trois mois, il avait laissé une mémoire chère à tous les

Romains. On ne pouvait guère parvenir d'un rang plus bas à un plus élevé, car il était fils d'un affranchi, et devint empereur. Quoique guerrier il fut humain, et sur le trône du monde il fut modeste ; malgré ses vertus, il fut assassiné ; Sévère ne prononça son éloge qu'après avoir terminé les guerres civiles qui le mirent sur le trône. Il paraît que son discours était écrit avec soin : il le lut au lieu de le réciter. Il fut interrompu par beaucoup d'acclamations, car il était empereur ; et il n'y a point d'éloquence qui ne gagne à être soutenue par dix mille gardes prétoriens.

Depuis cette époque, on ne trouve guère plus d'éloges d'empereurs prononcés par des empereurs. Sur une trentaine de princes qui régnèrent de Septime Sévère à Constantin, près de vingt-cinq périrent de mort violente ; et ceux qui montaient sur le trône étaient pour la plupart des soldats de fortune, plus féroces qu'instruits, et qui connaissaient moins la tribune que les champs de bataille ; d'ailleurs, on ne loue pas ordinairement ceux qu'on assassine, et souvent c'étaient les meurtriers mêmes qui étaient les successeurs de ceux qu'ils faisaient périr ; ils conspiraient, frappaient, régnaient et mouraient pour faire place à d'autres meurtriers.

CHAPITRE XII.

DES PANÉGYRIQUES OU ÉLOGES DES PRINCES VIVANS.

Chez un ancien peuple, il y avait une loi qui ordonnait de graver sur un monument public, toutes les grandes actions que faisait le prince ; on élevait une colonne dans le temple, on la montrait au prince le premier jour de son règne, et on lui disait : « Voici le marbre où l'on doit graver le bien que tu feras ; voilà le burin dont on doit se servir ; que la postérité vienne lire ici ton bonheur et le nôtre. » D'abord on n'y grava rien que de vrai ; un prince eut le malheur de ne faire aucun bien à ses peuples, il mourut sans qu'un seul caractère fût tracé. Bientôt tout changea ; la flatterie prit le burin des mains de la vérité, et moins les peuples étaient heureux, plus les colonnes étaient chargées d'éloges, d'inscriptions et de titres : à la fin un bon roi ordonna de briser ces marbres et d'en disperser les ruines.

Peut-être il eût été à souhaiter qu'au moment où le premier orateur se présenta pour prononcer le premier panégyrique devant un prince, même vertueux, un citoyen plein de courage se mît tout à coup entre le prince et

l'orateur, et élevant sa voix avec force, s'écriât:
« Prince, qu'oses-tu permettre, et que vas-tu
« entendre? Ferme l'oreille à des discours
« dangereux; tu mérites sans doute l'hommage
« qu'on va te rendre, achève de le mériter en
« le dédaignant; aujourd'hui la vérité te loue,
« demain la flatterie t'attend; de tous côtés
« l'orgueil te tend des piéges et te poursuit;
« l'esclavage en silence te trompe et te flatte;
« iras-tu encore permettre à un orateur de te
« corrompre avec art! Si tu as les vertus dont
« il te loue, ton cœur doit te suffire; si tu ne
« les as point, il t'encourage. As-tu besoin
« de vains éloges et de panégyriques pour
« apprendre que tu nous rends heureux? Tes
« éloges, tes panégyriques sont nos champs
« cultivés, nos villes heureuses, la prière
« secrète du père de famille aux pieds des au-
« tels, le vieillard qui lève ses mains au ciel
« pour remercier les dieux d'avoir prolongé ta
« vie. Quel discours, prononcé devant toi,
« serait plus éloquent! »

On ne peut douter qu'un prince ami de l'humanité, si l'on avait eu le courage de lui parler ainsi, avant qu'il entendît un de ses panégyriques, n'eût à l'instant congédié l'orateur, et que le peuple assemblé n'eût prononcé des imprécations contre le premier citoyen qui dans la suite oserait renouveler cet usage.

Il s'en fallait bien qu'on pensât ainsi à Rome

sous ce gouvernement féroce qu'on appela l'empire. Nous avons vu dans cette époque tout ce qui concernait les éloges funèbres; nous avons vu cet honneur accordé quelquefois à des monstres, quelquefois à des princes qui le méritaient; mais quand on est puissant, on ne consent guère à n'être loué qu'après sa mort : et quand on est esclave, on veut flatter ceux que l'on craint. Ainsi le pouvoir d'un côté et la bassesse de l'autre, firent le plus souvent naître les panégyriques, que les uns eurent le courage d'entendre, et que les autres eurent l'audace de prononcer.

On est effrayé, en lisant l'histoire, de la foule énorme de panégyriques dont les Romains accablèrent leurs empereurs : ce débordement ne fut pas subit, il ne vint que par degrés. On commença par rendre des actions de grâces au prince, lorsqu'on était nommé consul. Quand on remercie, il faut louer; et quand on loue, on veut plaire : rien de plus naturel; et ce qui ne l'est pas moins, c'est de vouloir ajouter chaque année à ce qui a été dit l'année précédente; ce qui n'était donc qu'un remercîment devint peu à peu un discours, et le discours devint un panégyrique, et le panégyrique fut ce qu'il devait être, c'est-à-dire, qu'on y louait toujours un peu plus les mauvais princes que les bons. On était souvent en guerre; l'empereur qui jouissait en paix des dépouilles du monde, souvent ne sortait point de son palais; mais des généraux qui avaient quelquefois la hardiesse d'être de grands hommes, lui gagnaient des batailles : il était établi que ces batailles n'avaient été gagnées à trois cents lieues de lui, que par ses auspices invincibles. Ainsi l'on ne disait mot du général, et on prononçait dans le sénat un panégyrique en l'honneur du prince; mais si par hasard l'empereur sortait de Rome en temps de guerre, pour peu qu'il lui arrivât, comme à Domitien, ou de voir de loin les tentes des armées, ou de fuir seulement l'espace de deux ou trois lieues en pays ennemi, alors il n'y avait plus assez de voix pour célébrer son courage et ses victoires; à plus forte raison, quand l'empereur était un grand homme, et qu'à la tête des légions il faisait respecter par ses talens la grandeur de l'empire. Le peuple romain, de conquérant devenu oisif, et ne pouvant plus se désennuyer en gouvernant le monde, aimait les fêtes, et on les lui prodiguait. Quand un prince avait régné vingt-quatre ans, il fallait célébrer le bonheur de l'empire; c'était alors des jeux pour le peuple et un panégyrique pour le prince. On trouva bientôt l'époque trop reculée; de vingt ans on la mit à dix, ensuite à cinq. A chaque époque, nouvelle fête et nouveaux éloges; au bout du siècle, panégyrique de l'empereur régnant; au milieu, même cérémonie; à chaque quart, la même encore. Tous les ans se célébrait la naissance de Rome; ce jour-là on louait l'empereur et l'on ne manquait pas de dire que Rome était née pour lui; le jour de la naissance de l'empereur, on félicitait Rome; il était né pour elle. Ainsi l'on saisissait tous les événemens, tous les prétextes; sans doute la nation heureuse sous les Antonin et les Trajan, devait s'empresser à témoigner sa reconnaissance : des enfans heureux aiment à rendre hommage à leur père. Mais, sous les Caligula, les Néron, les Domitien, les Commode, la fièvre ardente des panégyriques redoublait. Il semble que cette nation d'esclaves fût jalouse de ne pas laisser passer un jour sans bassesses, et qu'elle voulût, pour ainsi dire, imprimer la trace de ses chaînes sur chaque partie du temps qui s'écoulait. Au reste, ces éloges se prononçaient dans le sénat, dans les temples, dans les places publiques, et jusque sur le théâtre. Au milieu des spectacles, nous dit Pline, on jouait, on chantait, on dansait des panégyriques des princes, et l'empereur était loué en même temps dans le sénat et sur la scène, par un histrion et par un consul. [1]

[1] *Ecquis jam locus miseræ adulationis manebat ignarus, cùm laudes imperatorum ludis etiam et commissionibus, celebrarentur, saltarenturque; atque in omne ludibrium effeminatis vocibus, modis, gestibus frangerentur? Sed illud indignum quòd eodem tempore in senatu et in scenâ, ab histrione et à consule laudabantur.* Plin. Panegyr. Traj. 54.

Outre les orateurs qui, dans toutes ces fêtes, parlaient devant le prince, et mentaient, pour ainsi dire, au nom de l'univers, il y avait encore dans toutes les parties de l'empire une foule de sophistes ou d'orateurs subalternes, flattant et mentant pour leur compte, louant des empereurs qu'ils n'avaient jamais vus et qu'ils ne devaient jamais voir; ceux-là, on ne les payait pas même de leurs mensonges. Ces malheureux étaient vils, et ceux pour qui ils se donnaient la peine de l'être, ignoraient jusqu'à leur nom; leurs obscures bassesses restaient dans la même poussière qu'eux, et, malgré leurs efforts, ils ne pouvaient réussir même à se déshonorer. Il faut avouer que cette espèce de maladie épidémique est bien honteuse pour l'esprit humain; on serait tenté d'en rire, s'il n'était plus naturel encore de s'en indigner. Le plus grand nombre de ces panégyriques s'est perdu, comme cela devait être; c'est bien assez de corrompre et d'ennuyer son siècle, sans encore avoir le droit d'ennuyer la postérité : on ne nous a conservé, sans doute, que ceux qu'on a regardés comme les plus estimables. Pour suivre notre plan, nous allons tâcher de les faire connaître, indiquant rapidement et le nom des écrivains et le caractère des ouvrages : c'est une branche de littérature qui mérite son coin dans l'histoire philosophique des hommes.

CHAPITRE XIII.

ÉLOGES DONNÉS AUX EMPEREURS, DEPUIS AUGUSTE JUSQU'A TRAJAN.

Nous n'avons point de panégyriques en forme, et composés exprès par des orateurs, avant Trajan; mais Trajan n'ayant été que le treizième empereur, il fallait bien qu'avant lui il y eût des éloges. Sous Octave, deux hommes qui étaient nés libres, et qui tous deux avaient vu les proscriptions, louèrent à l'envi l'assassin qui, à force d'art et de souplesse, avait asservi Rome; j'en demande pardon à ces deux hommes, mais il faut les nommer, c'est Horace et Virgile. Dans les Églogues, déjà l'assassin est un dieu; dans les Géorgiques, les astres se rangent humblement pour lui faire place, et lui demandent quelle est celle qu'il voudra bien occuper parmi eux; et l'Énéide, comme on sait, n'est, d'un bout à l'autre, qu'un monument que la servitude éleva, par la main du génie, à la famille des Césars; Virgile avait l'âme plus tendre qu'élevée, et plus douce que forte. Accoutumé à errer dans les bois, et sous le beau ciel de Naples, méditant la nature qu'il savait si bien peindre, il devait mettre un grand prix au repos: il ne faut donc pas s'étonner qu'il ait loué Octave; on dormit dans ses chaînes. A l'égard d'Horace, né avec de l'imagination, un esprit délicat, la manie de plaire aux grands et l'art de réussir, il eut les talens et les vices d'un courtisan poli. Dans ces temps de crise, où les gouvernemens changent, et où les peuples agités passent de la liberté républicaine à une autre constitution, l'homme d'état a besoin de l'homme d'esprit; Horace, par le genre du sien, était un instrument utile à Octave; ses chansons voluptueuses adoucissaient des esprits rendus féroces par les guerres de liberté; ses satires détournaient sur les ridicules, des regards qui auparavant se portaient sur le gouvernement et sur l'État; sa philosophie, tenant à un esprit moins ardent que sage, prenant le milieu de tout, évitant l'excès de tout, calmait l'impétuosité des caractères et plaçait la sagesse à côté du repos; enfin ses éloges éternels d'Octave accoutumaient au respect et faisaient illusion sur les crimes; la génération, qui ne les avait pas vus, était trompée; celle qui s'en souvenait, doutait presque si elle les avait vus. Les vers d'Horace étaient pour les Romains ce qu'était le ciseau de Phidias pour les Grecs, ils embellissaient ce qu'il fallait adorer: aussi l'usurpateur caressait le poëte, et le poëte reconnaissant ne cessa de célébrer un vainqueur qui tremblait dans une bataille, un législateur qui violait ses lois, un réformateur soupçonné d'inceste avec sa fille.

S'il est moins honteux d'être flatteur quand

on craint d'être ingrat, Horace et Virgile furent moins coupables; ils louaient leur bienfaiteur; mais Ovide qui louait son oppresseur! Ovide qui, né chevalier romain, et relégué par un seul mot d'Octave à quatre cents lieues de Rome et parmi des peuples barbares, des bords du Pont-Euxin, fatigua, pendant six ans, de prières et d'éloges son tyran, qui ne daignait pas l'entendre! Ovide qui, après la mort de cet Octave qu'il devait abhorrer, lui consacra un éloge funèbre en vers gètes, lui dressa une chapelle, lui composa des hymnes, et allait tous les matins encenser son image, pour que l'odeur de l'encens parvînt au Capitole, à cet autre tyran nommé Tibère! Ovide qui enfin, pendant dix ans, perdit ses vers et ses bassesses, et ne se rebuta jamais, quel nom lui donner?

Il est triste pour les poëtes d'avoir eu, dans tous les siècles, le privilége de flatter sans s'en apercevoir et sans même qu'on s'en étonne; il faut espérer qu'un jour ils réclameront contre ce droit; mais ce privilége accordé aux vers ne s'est jamais étendu jusqu'à l'histoire. Libre de sa nature, elle semble consacrée à la vérité, comme la poésie au mensonge. Nous trouvons cependant un historien à Rome, qui a prodigué, avec la plus grande pompe, les plus lâches éloges à Tibère : c'est Velleius Paterculus, auteur qui a de la rapidité et de la force, qui quelquefois pense et s'exprime comme Montesquieu, et peint les grands hommes par de grands traits, mais qui n'en a pas moins gâté son ouvrage, par le ton qui y règne. Ses soixante dernières pages surtout, sont écrites comme un valet qui, voulant faire fortune, écrirait l'histoire de son maître, à qui il viendrait tous les matins la lire à son lever. Si quelqu'un veut éprouver toute l'indignation que la flatterie inspire; s'il veut apprendre comment on ne laisse échapper aucune occasion de louer un homme puissant; comment on s'extasie sur ses bonnes qualités, quand il en a; comment on dissimule les mauvaises; comment on exagère ce qui est commun; comment on donne des motifs honnêtes à ce qui est vicieux; comment on rabaisse avec art, ou sans art, les ennemis ou les rivaux; comment on interrompt son récit par des exclamations qu'on veut rendre passionnées; comment on se hâte de louer en abrégé, en annonçant que dans un autre ouvrage on louera plus en détail; comment, et toujours dans le même but, on mêle à de grands événemens, de petites anecdotes; comment on érige son avilissement en culte; comment on espère qu'un homme si utile et si grand, voudra bien avoir long-temps pitié de l'univers; comment, enfin, dans un court espace, on trouve l'art d'épuiser toutes les formules et tous les tours de la bassesse, il n'y a qu'à lire ces soixante pages, et surtout les vingt dernières.

* 6.

Le panégyriste de Tibère devait l'être de Séjan; aussi, dans le même ouvrage, Séjan est-il peint comme un grand homme; on nous apprend qu'il fut choisi pour seconder Tibère, parce que c'est la règle que les hommes supérieurs emploient des hommes de génie [1]; enfin, dans les dernières lignes, la servitude à genoux implore hautement tous les dieux de Rome, pour demander, au nom de l'univers, la conservation de qui? de l'empoisonneur de Germanicus et du monstre de Caprée. On dit que ce Velleius fut enveloppé dans la disgrâce de Séjan, et périt avec lui. Ainsi, pour salaire de ses mensonges, il eut l'ingratitude d'un tyran, une vie honteuse, une mort sanglante, et le déshonneur chez la postérité : c'était bien la peine d'être vil.

Qui croirait que nous avons du stoïcien Sénèque, un ouvrage plus lâche encore que celui-là ? car il est consacré tout entier à louer un affranchi de Claude, et l'imbécile Claude lui-même : c'est le traité de la Consolation adressé à Polybe. Ce Polybe avait été esclave et était tout-puissant, suivant la coutume de Rome, où les empereurs, soit par paresse de faire un choix, soit par l'habitude d'être gouvernés, soit par la confiance qu'inspire une bassesse de tous les jours, soit pour ne pas confier leur pouvoir à des hommes qu'ils pouvaient craindre, soit par

---

[1] *Raro eminentes viri non magnis adjutoribus usi sunt.* Vell. lib. II, c. 6i.

ce secret orgueil que sent un despote à faire adorer ses esclaves, choisissaient presque toujours leurs ministres parmi leurs affranchis. Polybe était du nombre, et il venait de perdre un frère. Sénèque, qui alors était exilé en Corse, et qui aurait mieux aimé faire admirer ses talens dans l'opulente et voluptueuse Rome, sous prétexte de consoler cet esclave, mendie lâchement sa faveur par des éloges. D'abord il querelle très-sérieusement la fortune de ce qu'elle a osé attaquer un grand homme tel que Polybe : cependant il voit bien qu'elle a été très-adroite, car elle a trouvé le seul endroit par où elle le pût blesser. Lui aurait-elle enlevé des richesses ? il les méprise ; ses amis ? il en aura tant qu'il voudra ; l'estime publique ? elle est inébranlable ; la santé ? avec l'esprit qu'il a, on s'en passe ; la vie ? il est sûr d'être immortel [1]. Et puis le panégyrique du mort, panégyrique qui consiste surtout à dire que le mort était digne d'un pareil frère. Ensuite on l'avertit qu'il est trop grand pour qu'il lui soit permis de pleurer. Rien de bas, rien de commun ne sied à un homme comme lui : il ne faut pas qu'il démente l'admiration que l'univers a conçue. [a]

En louant l'esclave, le grave Sénèque ne pouvait se dispenser de louer le maître.

[1] Senec. *de Consolat. ad Polyb.* xxi.
[a] *Nihil te plebeium decet, nihil humile*, etc. Ibid. xxv.

« Puisque Claude respire, dit-il, il ne vous est
« pas permis de vous plaindre : Claude est
« vivant, toute votre famille est vivante,
« vous n'avez rien perdu. Non seulement vos
« yeux doivent être secs, mais vous devez
« même laisser éclater votre joie. [1] » Et plus
bas : « Votre frère est heureux ; en mourant,
« il a laissé Claude, son auguste famille, et
« vous-même sur la terre. » Et ailleurs : « Je
« ne cesserai de vous offrir l'image de Claude.
« Tandis qu'il gouverne le monde, et qu'il
« prouve combien, pour maintenir l'empire,
« les bienfaits sont plus puissans que les armes,
« tandis que le sort de l'univers est en ses
« mains, vous ne pouvez vous apercevoir que
« vous ayez fait une perte. Élevez-vous, et
« toutes les fois que les larmes vous viendront
« aux yeux, tournez vos regards sur Claude, la
« vue de cette puissante divinité séchera vos
« larmes. Humain et bienfaisant envers tous
« les hommes, je ne doute point qu'il n'ait
« déjà employé les plus fortes consolations
« pour guérir votre blessure et charmer vos
« douleurs : mais quand il n'en aurait rien fait,
« voir Claude, ou penser seulement à lui, c'est

---

[1] *Fas tibi non est, salvo Cæsare, de fortunâ queri. Hoc incolumi, salvi tibi sunt tui, nihil perdidisti. Non tantùm siccos oculos tuos esse, sed etiam lætos oportet. In hoc tibi omnia sunt; hic pro omnibus est.* SENEC. de Consolat. ad Polyb. XXVI.

« déjà une consolation bien douce. Que tous
« les dieux, que toutes les déesses le prêtent
« long-temps à la terre! qu'il égale les grandes
« actions d'Auguste! qu'il surpasse le nombre
« de ses années! que tant qu'il sera parmi les
« mortels, il ne s'aperçoive point que dans sa
« maison il y ait rien de mortel! que le jour
« où sa famille sacrée célébrera son retour au
« ciel, ne luise que dans l'autre siècle et pour
« nos derniers neveux! [1] ». Et ensuite une
prière à la fortune, pour qu'elle veuille bien
permettre « qu'un si grand empereur remédie
« aux maux du genre humain désolé.... Si
« elle regarde Rome en pitié, si elle n'a pas
« encore résolu d'anéantir le monde, ce prince,
« envoyé pour consoler l'univers, sera aussi

---

[1] *Non desinam offerre tibi Cæsarem. Illo moderante terras et ostendente quantò melius beneficiis imperium custodiatur quàm armis, illo rebus humanis præside, non est periculum ne quid perdidisse te sentias. Attolle te, et quoties lacrymæ suboriuntur oculis tuis, toties illos in Cæsarem dirige; siccabuntur maximi et clarissimi conspectu numinis... Nec dubito, cùm tanta illi adversùs omnes suos sit mansuetudo, tantaque indulgentia, quin multis jam solatiis tuum istud vulnus obduxerit, nonnulla quæ dolori tuo obstarent, congesserit. Quid porro, ut nihil horum fecerit, nonne protinùs ipse conspectus per se tantummodò, cogitatusque Cæsar maximo solatio tibi est! Dii illum, Deæque omnes terris diù commodent. Acta hic Divi Augusti æquet, annos vincat; ac quamdiù inter mortales erit, nihil in domo suâ mortale esse sentiat. Sera et nepotibus demùm nostris dies nota sit quâ illum gens sua cœlo asserat.* Senec. de Consolat. ad Polyb. xxxi.

« sacré pour elle, qu'il l'est déjà pour tous les
« mortels. [1] »

Je ne ferai ici qu'une remarque : c'est Sénèque qui parle, et il parle de Claude. Mais j'ajouterai, pour être juste, que ce même homme qui a paru si faible dans son exil, mourut avec le plus grand courage; tant il est vrai qu'on peut unir la faiblesse avec la grandeur, et être tour à tour intrépide et lâche.

Tout le monde sait que Néron fut loué par Lucain; nous avons vingt vers de lui, à la tête de la Pharsale, où ce monstre est placé dans le ciel. Cependant nous ne pouvons guère douter que Lucain ne haït les tyrans. Il loue avec transport et Caton et Brutus; il peint Pompée comme le vengeur, et César comme l'oppresseur de son pays : il entra même dans la fameuse conspiration de Pison. Pour résoudre le problème, il faut se souvenir que Néron ne fut pas toujours un monstre. Le prince qui dit : *Je voudrais ne point savoir écrire*, n'était pas le même que celui qui fit périr et son frère,

---

[1] *Abstine ab hoc manus tuas, fortuna !..... patere illum generi humano jam diù ægro et affecto mederi. Sidus hoc quod præcipitato in profundum ac demerso in tenebras orbi refulsit, semper luceat.* SENEC. de Consol. ad Polyb. xxxii.

Hoc unum obtineamus ab illâ votis ac precibus publicis, si nondùm illi genus humanum placuit consumere, si Romanum adhuc nomen propitia respicit, hunc principem lapsis hominum rebus datum, sicut omnibus mortalibus, sibi esse sacro-sanctum velit, Ibid. xxxvi.

et sa femme, et sa mère, et une foule de Romains. Néron changea, et l'éloge est resté.

Mais si, peut-être, on peut justifier Lucain, comment, sous un autre règne, excuser Quintilien, Martial et Stace? Le grave auteur des Institutions oratoires, à la tête de son quatrième livre, ne rougit pas de donner le nom de censeur très-saint, et de divinité favorable, à Domitien, à ce tyran jaloux, capricieux et lâche, sous qui le nom même de la vertu fut proscrit, qui n'eut que des vices, ne fit que des crimes, empoisonna peut-être Titus, et teint de sang, voulait être homme de lettres et passer pour juste.

Stace, qui naquit à Naples, et qui avait une imagination forte, quoique déréglée, avilit son génie par les mêmes éloges. Ses deux poëmes sont dédiés à ce tyran, qu'il place aussi dans le ciel, sans doute entre Octave et Néron. Ce n'est pas tout; nous avons encore de lui trois ou quatre pièces, ou panégyriques en vers; l'un intitulé *le Cheval de Domitien*; l'autre où, selon son expression, *il adore le dix-septième consulat du prince*; le troisième, où il rend grâce de ce qu'il a été honoré de *sa table très-sacrée*. Il n'est pas nécessaire d'ajouter que les éloges sont aussi ridicules que les titres.

A l'égard de Martial, on ose dire qu'il est encore plus étonnant. Cet Espagnol, qui vint de bonne heure à Rome pour y faire des vers, médire et flatter, et qui y eut tout le succès qu'un esprit fin et piquant peut avoir dans une grande ville, où il y a de l'oisiveté, des arts et des vices, nous a laissé près de quatre-vingts petites pièces ou épigrammes, faites en l'honneur de Domitien. Ce sont quatre-vingts monumens de bassesse. On y apprend qu'il n'y eut jamais dans Rome, ni de temps si heureux, ni de succès si brillans, ni tant de liberté accordée par le prince aux citoyens, ni tant d'amour des citoyens pour le prince, que sous Domitien. On croirait qu'il est impossible d'être plus vil; Martial a trouvé l'art de l'être encore plus; c'est de répéter les mêmes éloges pour Trajan, et de blâmer alors les crimes de Domitien, qu'il avait élevé jusqu'au ciel quand il régnait. Quel est l'esclave étalé dans un marché pour être vendu, qui inspire autant de mépris et de pitié qu'un tel écrivain, qui cependant, à la honte de son siècle et de Rome, eut de la réputation?

CHAPITRE XIV.

PANÉGYRIQUE DE TRAJAN, PAR PLINE LE JEUNE.

Nous voici parvenu au panégyrique de Pline, le premier et le plus célèbre de tous les panégyristes d'empereurs que nous ayons. Pline est assez connu ; on sait qu'il fut un des premiers orateurs de son siècle. Il était trop vertueux pour n'avoir rien à craindre sous Domitien ; mais la mort du tyran le sauva. Nerva et Trajan le chérirent ; et ce qui met le comble à sa gloire, il fut le rival et l'ami de Tacite. Tous deux également célèbres, et tous deux jouissant de la gloire l'un de l'autre, ils goûtaient ensemble dans le commerce de l'amitié et des lettres, ce bonheur si pur que ne donnent ni les dignités, ni la gloire, et qu'on trouve encore moins dans ce commerce d'amour-propre et de caresses, d'affection apparente et d'indifférence réelle, qu'on a nommé si faussement du nom de société, commerce trompeur qui peut satisfaire les âmes vaines, qui amuse les âmes indifférentes et légères, mais repousse les âmes sensibles, et qui sépare et isole les hommes, bien plus encore qu'il ne paraît les unir. Il faut voir dans les lettres de Pline même, tous les détails de cette union si douce ;

on partage et l'on envie les charmes de leur amitié : ils voulaient vivre, ils voulaient mourir ensemble ; ils désiraient, quand ils ne seraient plus, que la postérité unît encore leurs noms, comme leurs âmes l'avaient été pendant la vie. Qu'on me pardonne de m'être arrêté un moment sur le spectacle d'une amitié si touchante ; il est doux, même en écrivant, de pouvoir se livrer quelquefois aux mouvemens de son cœur : et j'aime encore mieux un sentiment qui me console, qu'une vérité qui m'éclaire.

Pline était consul quand il prononça ce panégyrique célèbre. On a dit que pour le mériter, il n'avait manqué à Trajan que de ne pas l'entendre. Heureusement il ne fut pas prononcé comme il est écrit. Ce n'était d'abord qu'un remercîment, avec quelques éloges : mais Pline, avant que de le publier, le travailla. Il en fit presque un nouvel ouvrage, et lui donna par degrés cette étendue que la plupart des hommes ne pardonneraient pas même à une satire. Pour bien juger de son mérite ou de ses défauts, il faudrait le lire soi-même. Ceux qui ont reçu de la nature une âme forte, ceux qui ont le bonheur ou le malheur de sentir tout avec énergie, ceux qui admirent avec transport et qui s'indignent de même, ceux qui voient tous les objets de très-haut, qui les mesurent avec rapidité et s'élancent ensuite ailleurs, qui s'occupent beaucoup plus de l'ensemble des choses que de leurs détails, ceux dont les idées naissent en foule, tombent et se précipitent les unes sur les autres, et qui veulent un genre d'éloquence fait pour leur manière de sentir et de voir, ceux-là sans doute ne seront pas contens de l'ouvrage de Pline; ils y trouveront peut-être peu d'élévation, peu de chaleur, peu de rapidité, presqu'aucun de ces traits qui vont chercher l'âme et y laissent une impression forte et profonde; mais aussi il y a des hommes dont l'imagination est douce et l'âme tranquille, qui sont plus sensibles à la grâce qu'à la force, qui veulent des mouvemens légers et point de secousses, que l'esprit amuse, et qu'un sentiment trop vif fatigue; ceux-là ne manqueront pas de porter un jugement différent. Ils aimeront dans Pline la grâce du style, la finesse des éloges, souvent l'éclat des idées. Ils ne seront pas entraînés, mais ils s'arrêteront partout avec plaisir. Si chaque idée n'est pas nouvelle, ils la trouveront chaque fois présentée d'une manière piquante. Souvent elle ressemblera pour eux à ces figures qui s'embellissent encore par le demi-voile qui les couvre. Alors ils goûteront le plaisir d'entendre ce que l'orateur ne dit pas, et de lui surprendre, pour ainsi dire, son secret. On sent que c'est là en même temps, et un plaisir de l'esprit, parce qu'il s'exerce sans se fatiguer; et un plaisir d'amour-propre, parce qu'on travaille avec l'orateur, et qu'on se rend compte de ses forces, en faisant avec lui une partie de son ouvrage. Mais aussi ce genre d'agrément tient à des défauts. Plus on veut être piquant, et moins on est naturel. Il arrive dans les ouvrages ce qu'on voit en société : le désir éternel de plaire rapetisse l'âme et lui ôte le sentiment et l'énergie des grandes choses. Cette recherche importune des agrémens arrête les mouvemens libres et fiers de l'imagination, et l'oblige sans cesse à ralentir sa marche. Le style devient agréable et froid. Ajoutez la monotonie même que produit l'effort continuel de plaire, et le contraste marqué entre une petite manière et de grands objets.

Il serait à souhaiter qu'on ne fût pas en droit de faire à Pline une partie de ces reproches; peut-être en mérite-t-il à d'autres égards. Jusque dans les louanges que le consul donne au prince, il y a un détail minutieux de petits objets; j'ose même dire que le ton n'a pas toujours la noblesse qu'il devrait avoir. Des Romains, dans ce panégyrique, ont l'air d'esclaves à peine échappés de leurs fers, qui s'étonnent eux-mêmes de leur liberté, qui tiennent compte à leur maître de ce qu'il veut bien ne les pas écraser, et daigne les compter au rang des hommes; mais c'est bien plus la faute du temps que de l'orateur. Telle est l'influence du gouvernement sur l'éloquence et sur les arts. Des âmes qui ont été long-temps abattues, ne se relèvent pas aisément ; et l'habitude d'avoir été courbé sous des chaînes, se remarque même quand on peut marcher en liberté. Tacite lui-même, Tacite, dont l'âme était si fière et si haute, sentait ce malheur, et il s'en plaignait. « Telle est la faiblesse humaine, disait-il ; partout les remèdes sont plus lents que les maux, et il est bien plus facile d'étouffer le génie que de le ranimer. »

Malgré ces remarques générales, il y a dans le panégyrique de Pline plusieurs endroits d'une véritable éloquence, et où l'on remarque de l'élévation et de la force. Tel est celui où il parle de la vie farouche et solitaire de Domitien, qu'il peint « enfermé dans son palais, comme « une bête féroce dans son antre, tantôt s'y « abreuvant, pour ainsi dire, du sang de ses « proches, tantôt méditant le meurtre des plus « illustres citoyens, et s'élançant au dehors pour « le carnage. L'horreur et la menace gardaient « les portes du palais, et l'on tremblait également « d'être admis et d'être exclus. On n'osait « approcher ; on n'osait même adresser la parole « à un prince toujours caché dans l'ombre, et « fuyant les regards, et qui ne sortait de sa « profonde solitude que pour faire de Rome « un désert. Cependant dans ces murs même « et dans ces retraites profondes auxquelles il « avait confié sa sûreté, il enferma avec lui un

« dieu vengeur des crimes [1]. » Et un moment après il nous peint les statues de Domitien abattues, une foule empressée, le fer et la hache à la main, ardente à mutiler ces images d'or, comme si leurs coups tombaient sur le tyran. Il nous montre ces figures, autrefois menaçantes, dévorées par les flammes, et l'objet de l'effroi public changeant de forme, pour servir désormais à l'usage et aux plaisirs des citoyens. [2]

Pour achever de faire connaître le caractère et le genre d'éloquence de Pline, je vais citer quelques pensées détachées de ce panégyrique

---

[1] *Nec salutationes tuas fuga et vastitas sequitur. Remoramur, resistimus, ut in communi domo, quam nuper illa immanissima bellua plurimo terrore munierat, quùm velut quodam specu inclusa, nunc propinquam sanguinem lamberet, nunc se ad clarissimorum civium strages cædesque proferret. Obversabantur foribus horror et minæ et par metus admissis et exclusis. Non adire quisquam, non alloqui audebat, tenebras semper secretumque captantem, nec unquàm ex solitudine suâ prodeuntem, nisi ut solitudinem faceret. Ille tamen quibus sibi parietibus et muris salutem suam tueri videbatur, dolum secum et insidias; et ultorem scelerum deum inclusit.* Plin. Paneg. Traj. 48 et 49.

[2] *Illæ autem aureæ et innumerabiles statuæ strage et ruinâ publico gaudio litaverunt. Juvabat illidere solo superbissimos vultus, instare ferro, sævire securibus, ut si singulos ictus sanguis dolorque sequeretur. Nemo tam temperans gaudii seræque lætitiæ, quin instar ultionis videretur cernere laceros artus, truncata membra, postremò truces horrendasque imagines objectas excoctasque flammis, ut ex illo terrore et minis in usum hominum ac voluptates ignibus mutarentur.* Ibid. 52.

qui, avec ses défauts, est encore un des ouvrages les plus estimables de l'antiquité.

« Notre empereur, dit-il, est d'autant plus
« grand, qu'il croit n'être qu'un citoyen comme
« nous. Il se souvient qu'il est homme, il se
« souvient qu'il commande à des hommes ¹....

« Les riches ont d'assez grands motifs pour
« donner des citoyens à l'État, il n'y a qu'un
« bon gouvernement qui puisse encourager les
« pauvres à devenir pères. Que les bienfaits du
« prince soutiennent ceux que la confiance de
« ses vertus a fait naître; négliger le peuple
« pour les grands, c'est croire que la tête
« peut subsister en affamant le corps; c'est
« hâter la chute de l'État. ²

« Les libéralités et les secours peuvent sans
« doute beaucoup, pour exciter à avoir des en-
« fans; mais l'espérance de la liberté et de la
« sûreté peuvent encore plus. Que le prince
« ne donne rien, pourvu qu'il n'ôte rien; qu'il
« ne nourrisse pas, mais aussi qu'il ne tue point:
« et les enfans naîtront en foule. ³

---

1 *Unum ille se ex nobis, et hoc magis excellit atque eminet, quòd unum ex nobis putat : nec minùs hominem se, quàm hominibus præesse meminit.* Plin. Paneg. Traj. 2.

2 *Locupletes ad tollendos liberos ingentia præmia et pares pœnæ cohortantur : pauperibus educandi una ratio est bonus princeps. Hic fiduciâ sui procreatos nisi largâ manu fovet.... occasum imperii, occasum reipublicæ accelerat, frustràque proceres, plebe neglectâ, ut defectum corpore caput.... tuetur.* Ibid. 26.

3 *Magnum quidem est educandi incitamentum, tollere*

« En détruisant les délateurs, votre sage
« sévérité a empêché qu'une ville fondée sur
« les lois, ne fût renversée par les lois. [1]

« Ce serait déjà bien assez que la vertu ne
« fût pas funeste à ceux qui l'ont : vous faites
« plus ; elle leur est utile. [2]

« Vos prédécesseurs aimaient mieux voir
« autour d'eux le spectacle des vices que des
« vertus ; d'abord parce qu'on désire que les
« autres soient ce qu'on est soi-même ; ensuite
« parce qu'ils croyaient trouver plus de sou-
« mission à l'esclavage, dans ceux qui ne mé-
« ritaient en effet que d'être esclaves. [3]

« Le prince qui permet d'être vertueux,
« fait peut-être plus pour les mœurs, que ce-
« lui qui l'ordonne. [4]

liberos, in spem alimentorum, in spem congiariorum; majus tamen in spem libertatis, in spem securitatis; atque adeo nihil largiatur princeps, dùm nihil auferat; non alat, dùm non occidat; nec deerunt qui filios concupiscant. Plin. Paneg. Traj. 27.

[1] *Excidisti intestinum malum, et providâ severitate cavisti ne fundata legibus civitas, eversa legibus videretur.* Ibid. 34.

[2] *Prodest bonos esse, quùm sit satis abundèque si non nocet.* Ibid. 44.

[3] *Et priores quidem principes..... vitiis potiùs civium quàm virtutibus lætabantur, primùm quòd in alio sua quemque natura delectat, deindè quòd patientiores servitutis arbitrabantur, quos non deceret esse nisi servos.* Ibid. 45.

[4] *Nescio an plus moribus conferat princeps, qui bonos esse patitur, quàm qui cogit.* Ibid. 45.

« Du moment qu'on est prince, on est con-
« damné à l'immortalité ; mais il y en a deux,
« celle des vertus et celle du crime ; le prince
« n'a que le choix. ¹

« Prince, pour juger des hommes, rappor-
« tez-vous-en à la renommée ; c'est elle qu'il
« faut croire, et non pas quelques hommes :
« car quelques hommes peuvent et séduire, et
« être séduits, mais personne n'a trompé un
« peuple entier, et un peuple entier n'a ja-
« mais trompé personne. ²

« Sous un prince plus grand que ses aïeux,
« ceux qui ont créé leur noblesse seraient-ils
« donc moins honorés, que ceux qui n'ont
« qu'hérité de la leur ? ³

« Quand on est dans la première place du
« monde, on ne peut plus s'élever qu'en abais-
« sant sa propre grandeur. 4

---

1 *Ut quisque factus est princeps, extemplò fama ejus, incertum bona, an mala ; cæterùm æterna est. Non ergo perpetua principi fama quæ invitum manet, sed bona concupiscenda est.* Plin. Paneg. Traj. 55.

2 *Tales nos crede, Cæsar, qualis cujusque fama est. Huic aures, huic oculos intende. Meliùs omnibus quàm singulis creditur. Singuli enim decipere et decipi possunt : nemo omnes, neminem omnes fefellerunt.* Ibid. 62.

3 *Cur te principe qui generis tui claritatem virtute superâsti, deterior esset conditio eorum qui posteros habere nobiles mererentur, quàm eorum qui parentes habuissent !* Ibid. 70.

4 *Cui nihil ad augendum fastigium superest, hic uno modo crescere potest, si se ipse submittat, securus magnitudinis suæ.* Ibid. 71.

« Trop long-temps les sujets et le prince ont
« eu des intérêts différens ; aujourd'hui le
« prince ne peut plus être heureux sans les su-
« jets, ni les sujets sans le prince. [1]

« Dans certaines assemblées, ce qui est ap-
« prouvé avec transport de tous, est ce qui dé-
« plaît le plus sûrement à tous. [2]

« Vous avez des amis parce que vous l'êtes
« vous-même : car on commande tout aux su-
« jets, excepté l'amour. De tous les sentimens,
« l'amour est le plus fier, le plus indépendant
« et le plus libre. Un prince peut-être peut
« inspirer la haine sans la mériter et la sentir ;
« mais à coup sûr il ne peut être aimé, s'il
« n'aime lui-même. [3] »

On voit dans tous ces morceaux quelle est
l'âme et le tour d'esprit de l'orateur ; ce sont
des pensées toujours vraies, et quelquefois
fortes, aiguisées en épigrammes, et relevées
toujours par un contraste ou de mots, ou

---

[1] *Fuit tempus, ac nimiùm diù fuit, quo alia adversa, alia secunda principi et nobis ; nunc communia tibi nobiscum tam læta quàm tristia ; nec magis sine te nos esse felices, quàm tu sine nobis potes.* Plin. Paneg. Traj. 72.

[2] *Nulla magis omnibus displicent quàm quæ sic fiunt, tanquàm omnibus placeant.* Ibid. 76.

[3] *Habes amicos quia amicus ipse es. Neque enim ut alia subjectis, ita amor imperatur. Neque est nullus affectus tam erectus et liber, et dominationis impatiens, nec qui magis vices exigat. Potest fortasse princeps iniquè, potest tamen odio esse nonnullis, etiamsi ipse non oderit : amari, nisi ipse amet, non potest.* Ibid. 85.

d'idées. On peut assurément blâmer ce genre d'éloquence, qui n'est point le meilleur; mais il n'en faut pas moins estimer les vérités utiles et nobles, dont cet ouvrage est rempli. Gardons-nous de pousser trop loin cette attention subalterne, qui pèse les phrases dans une balance, et fait plus d'attention aux mots qu'aux idées. Il importe encore plus, je crois, d'être bon citoyen, qu'excellent orateur; et s'il est utile de ne pas corrompre le goût, il vaut encore mieux ne pas corrompre les hommes et les princes.

CHAPITRE XV.

DE TACITE. D'UN ÉLOGE QU'IL PRONONÇA ÉTANT CONSUL; DE SON ÉLOGE HISTORIQUE D'AGRICOLA.

Quoique Tacite n'ait composé aucun panégyrique de prince, cependant l'ordre des temps, la liaison des idées, le mérite de ce grand homme et le caractère particulier de ses ouvrages, semblent exiger que nous en parlions ici. On se rappelle le mot d'un officier français qui, à la tête d'une compagnie de gardes, venait d'assister à la dédicace d'une des statues de Louis XIV; en revenant, il passa avec sa troupe devant la statue de Henri IV: « Mes amis, dit-il, saluons celui-ci, il en vaut bien un autre, » et en même temps il fit baisser les drapeaux jusqu'à terre. Dans cette revue des écrivains, Tacite mérite d'être traité avec le même honneur. Pour peu qu'on soit sensible, à son nom l'imagination s'échauffe et l'âme s'élève. Si l'on demande quel est l'homme qui a le mieux peint les vices et les crimes, et qui inspire mieux l'indignation et le mépris pour ceux qui ont fait le malheur des hommes, je dirai, c'est Tacite; qui donne un plus saint respect pour la vertu malheureuse, et la représente d'une manière plus auguste, ou dans les fers, ou sous les coups d'un bourreau, c'est Tacite; qui a le mieux flétri les affranchis et les esclaves, et tous ceux qui rampaient, flattaient, pillaient et corrompaient à la cour des empereurs, c'est encore Tacite. Qu'on me cite un homme qui ait jamais donné un caractère plus imposant à l'histoire, un air plus terrible à la postérité. Philippe II, Henri VIII et Louis XI, n'auraient jamais dû voir Tacite dans une bibliothèque sans une espèce d'effroi.

Si de la partie morale nous passions à celle du génie, quel homme a dessiné plus fortement les caractères? qui est descendu plus avant dans les profondeurs de la politique; a mieux tiré de grands résultats des plus petits événemens; a mieux fait à chaque ligne, dans l'histoire d'un homme, l'histoire de l'esprit humain et de tous les siècles; a mieux surpris la bassesse qui se cache et s'enveloppe; a mieux démêlé tous les genres de crainte, tous les genres de courage, tous les secrets des passions, tous les motifs des discours, tous les contrastes entre les sentimens et les actions, tous les mouvemens que l'âme se dissimule; a mieux tracé le mélange bizarre des vertus et des vices, l'assemblage des qualités différentes et quelquefois contraires; la férocité froide et sombre dans Tibère, la férocité ardente dans Caligula, la férocité imbécile dans Claude, la férocité sans frein comme sans honte dans Néron, la férocité hypocrite et timide dans Domitien, les crimes de la domination et ceux de l'esclavage, la fierté qui sert d'un côté pour commander de l'autre, la corruption tranquille et lente, et la corruption impétueuse et hardie, le caractère et l'esprit des révolutions, les vues opposées des chefs, l'instinct féroce et avide du soldat, l'instinct tumultueux et faible de la multitude, et dans Rome la stupidité d'un grand peuple à qui le vaincu, le vainqueur, sont également indifférens, et qui sans choix, sans regret, sans désir, assis aux spectacles, attend froidement qu'on lui annonce son maître; prêt à battre des mains au hasard à celui qui viendra, et qu'il aurait foulé aux pieds si un autre eût vaincu? Enfin dix pages de Tacite apprennent plus à connaître les hommes que les trois quarts des histoires modernes ensemble. C'est le livre des vieillards, des philosophes,

des citoyens, des courtisans, des princes. Il console des hommes, celui qui en est loin; il éclaire celui qui est forcé de vivre avec eux. Il est trop vrai qu'il n'apprend pas à les estimer; mais on serait trop heureux que leur commerce à cet égard ne fût pas plus dangereux que Tacite même.

J'ai parlé de son éloquence, elle est connue; en général ce n'est pas une éloquence de mots et d'harmonie, c'est une éloquence d'idées qui se succèdent et se heurtent; il semble partout que la pensée se resserre pour occuper moins d'espace; on ne la prévient jamais, on ne fait que la suivre; souvent elle ne se déploie pas tout entière, et elle ne se montre, pour ainsi dire, qu'en se cachant. Qu'on imagine une langue rapide comme les mouvemens de l'âme; une langue qui, pour rendre un sentiment, ne se décomposerait jamais en plusieurs mots; une langue dont chaque son exprimerait une collection d'idées : telle est presque la perfection de la langue romaine dans Tacite. Point de signe superflu, point de cortége inutile. Les pensées se pressent et entrent en foule dans l'imagination, mais elles la remplissent sans la fatiguer jamais. A l'égard du style, il est hardi, précipité, souvent brusque, toujours plein de vigueur; il peint d'un trait; la liaison est plus entre les idées qu'entre les mots; les muscles et les nerfs y dominent plus que la grâce; c'est le Michel-Ange des écrivains; il a sa profondeur, sa force, et peut-être un peu de sa rudesse.

Nous savons qu'il exerça pendant la plus grande partie de sa vie la profession d'orateur, et il ne s'appliqua à l'histoire que dans sa vieillesse. Étant consul sous Nerva, il prononça l'éloge funèbre de Virginius; c'est ce même général qui avait refusé trois fois l'empire, qui par-là déplut aux armées, dont il méprisa la haine, qui les fit obéir en dédaignant leurs présens, et qui vécut tranquille et respecté sous six empereurs, quoiqu'il n'eût tenu qu'à lui d'être à leur place. Pline le jeune, dont Virginius avait été le tuteur et l'ami, en parle avec transport dans plusieurs de ses lettres. « Il a joui trente ans de sa gloire, nous dit-il; « il a vu des poëmes composés en son honneur, « il a lu lui-même son histoire, et la postérité « a commencé pour lui de son vivant. Sa pompe « funèbre, ajoute-t-il, a honoré le prince, son « siècle, Rome et la tribune romaine; et il n'a « rien manqué au bonheur de sa vie, car il a « été loué après sa mort par le plus éloquent « des hommes. [1] »

Un tel éloge, prononcé par Tacite, devait être intéressant; mais nous ne l'avons plus : heureusement il nous reste de lui le chef-d'œuvre et

---

1 Plin. *Epist. lib.* 1.

le modèle de tous les éloges historiques : c'est sa vie d'Agricola.

Le début, qui est d'une grande beauté, est d'une éloquence tout à la fois simple et forte ; il y parle de l'ancien usage de célébrer les grands hommes, de l'indifférence de son siècle pour ceux qui l'honorent, du danger de louer la vertu sous les tyrans, des effets de l'oppression, qui fait mourir les arts en étouffant le génie. « Le dernier siècle, dit-il, a vu ce qu'il y avait « d'extrême dans la liberté, le nôtre a vu ce « qu'il y a d'extrême dans l'esclavage. Les re- « cherches des délateurs nous ont ôté jusqu'à « la liberté de parler et d'entendre, et nous « eussions perdu le souvenir même avec la voix, « s'il était aussi facile à l'homme d'oublier que « de se taire. [1] » Il se représente ensuite, au sortir du règne de Domitien, comme échappé aux chaînes et à la mort, survivant aux autres, et, pour ainsi dire, à lui-même, privé de quinze ans de sa vie, qui se sont écoulés dans l'inaction et le silence, mais voulant du moins employer les restes d'un talent faible et d'une voix presque éteinte, à transmettre à la postérité et l'esclavage passé, et la félicité présente de Rome. « En attendant, dit-il, je consacre « ce livre en l'honneur d'Agricola mon beau- « père ; et dans ce projet ma tendresse pour lui

---

[1] TACIT. *Agric.* 2.

« me servira ou d'excuse, ou d'éloge.¹ » Alors il parcourt les différentes époques de la vie de son héros, peignant partout comme il sait peindre, et montrant un grand homme à la cour d'un tyran, coupable par ses services mêmes, forcé de remercier son maître de ses injustices, et obligé d'employer plus d'art pour faire oublier sa gloire, qu'il n'en avait fallu pour conquérir des provinces et vaincre des armées. « On hait, dit Tacite, ceux qu'on a
« offensés. Domitien, naturellement féroce, et
« d'autant plus implacable dans sa haine qu'elle
« était plus cachée, était cependant retenu par
« la prudence et la modération d'Agricola; car
« il n'affectait point ce faste de vertu et ce vain
« fanatisme qui, en bravant tout, veut attirer
« sur soi l'œil de la renommée; que ceux qui
« n'admirent que l'excès sachent que même
« sous de mauvais princes, il peut y avoir de
« grands hommes, et qu'une vertu calme et
« modeste, soutenue par la fermeté et les ta-
« lens, peut parvenir à la gloire, comme ces
« hommes qui n'y marchent qu'à travers les
« précipices, et achèvent la célébrité par une
« mort éclatante, mais inutile à la patrie.² »

Toutes les fois que Tacite parle des vertus d'Agricola, son âme fière et ardente paraît s'adoucir un peu; mais il reprend la mâle sévérité

---

1 Tacit. *Agric.* 3.   2 Tacit. *Agric.* 42.

de son pinceau pour peindre le tyran soupçonné d'avoir fait empoisonner ce grand homme, s'informant avec une curiosité inquiète des progrès de sa maladie, attendant sa mort de moment en moment, et osant feindre de la douleur; lorsqu'assuré qu'Agricola n'est plus, il est enfin tranquille sur l'objet de sa haine. L'orateur (car Tacite l'est dans ce moment) félicite Agricola de sa mort; il n'a point vu les derniers crimes du tyran, il n'a point vu ces temps où Domitien, las de verser le sang goutte à goutte, frappa, pour ainsi dire, la république et Rome d'un seul coup, lorsque le sénat se vit entouré d'assassins, quand le tyran lui-même, spectateur des meurtres qu'il ordonnait, jouissait de la pâleur des mourans, et calculait, au milieu des bourreaux, les soupirs et les plaintes. « Tu as été
« heureux, lui dit-il ; mais ta fille et moi, qui
« nous consolera d'avoir perdu un père? qui
« nous consolera de n'avoir pu, dans ta maladie,
« te rendre les devoirs et les soins les plus
« tendres, de n'avoir pu te serrer dans nos bras,
« nous rassasier d'une vue si chère, recueillir
« de ta bouche mourante tes derniers soupirs
« et tes derniers avis? Sans doute, ô le meilleur
« des pères ! puisque tu avais auprès de toi une
« épouse qui t'adorait, tu as reçu les honneurs
« qui étaient dus à ta cendre ; cependant moins
« de larmes ont coulé sur ta tombe, et tes yeux,
« en se fermant, ont désiré quelque chose. S'il

« est un séjour pour les ombres vertueuses,
« si, comme le disent nos sages, les âmes des
« grands hommes survivent à leurs cendres, oh !
« repose en paix, fixe les yeux sur ta famille,
« fais cesser nos plaintes et nos lâches soupirs,
« pour nous élever à la contemplation de tes
« vertus. Non, elles ne doivent point être
« outragées par des pleurs, c'est en les admi-
« rant, et si notre faiblesse n'est pas au-dessous
« d'un grand modèle, c'est en les imitant surtout
« que nous devons les honorer : voilà l'hommage
« qui t'est dû. Moi-même, quand j'exhorterai
« ton épouse et ta fille à honorer ta mémoire,
« je leur dirai de se rappeler sans cesse et tes
« actions et tes discours, d'embrasser ta renom-
« mée, et, pour ainsi dire, ton âme, plutôt
« que de vaines statues; non que je veuille
« défendre de reproduire sur le marbre ou
« l'airain les traits des grands hommes; mais
« ces images sont mortelles, comme ce qu'elles
« représentent, au lieu que l'empreinte de l'âme
« est éternelle. Ce n'est point par l'art, ce n'est
« point par de vils métaux qu'on peut repré-
« senter l'âme d'un grand homme, c'est par
« notre conduite et par nos mœurs, etc. [1] »

Dans cet ouvrage, qui est, comme on le voit, un véritable éloge, Tacite a réuni la philosophie à l'histoire, et l'histoire à l'éloquence : on

[1] TACIT. *Agric.* 45, 46.

y retrouve à chaque ligne l'âme d'un citoyen qui porte tout le poids du malheur de la vertu, et qui, en peignant les maux de sa patrie, les éprouve une seconde fois. Toute la fin est d'un pathétique tendre, mais en même temps plein de noblesse. Il semble que Tacite, fatigué des émotions douloureuses et profondes que lui a données l'indignation du crime et le spectacle de la cour d'un tyran, cherche, pour écarter ces images, à se reposer sur les sentimens les plus doux de la nature : c'est la sensibilité d'un grand homme qui tout à la fois vous attendrit et vous élève.

CHAPITRE XVI.

DES SOPHISTES GRECS ; DU GENRE DE LEUR ÉLOQUENCE ET DE LEURS ÉLOGES ; PANÉGYRIQUES DEPUIS TRAJAN JUSQU'A DIOCLÉTIEN.

TANDIS que dans Rome Tacite écrivait l'histoire, que Pline célébrait Trajan, que Quintilien professait l'... quence, que Martial cultivait la poésie légè... que Stace chantait les héros, et que Juvé... rdent et sombre, poursuivait, avec le glaive de la satire, les crimes des Romains ; à l'autre extrémité de l'empire, dans l'Ionie, la Grèce et une partie de l'Asie, les orateurs grecs, qu'on nommait sophistes, jouaient le plus grand rôle, et remplissaient quelquefois de l'admiration de leur nom les villes et les provinces : ce qui les distinguait, c'était l'art de parler sur-le-champ avec la plus grande facilité. Cet art était né dans les plus beaux siècles de la Grèce, et convenait à l'imagination ardente et légère d'un peuple que le sentiment et la pensée frappaient rapidement, et dont la langue féconde et facile semblait courir au-devant des idées. Gorgias, né en Sicile, avait le premier donné cet exemple dans Athènes ; Critias et Alcibiade, encore jeunes, Thucydide et Périclès, déjà vieux, venaient l'entendre et l'admiraient ; Eschine, le rival et l'ennemi de Démosthène, eut le même talent. Dans ces sortes de discours, il était, dit-on, plein de chaleur et de génie, et semblait inspiré comme le prêtre qui rendait les oracles. Cet art fut cultivé depuis avec beaucoup de succès, et sous les empereurs, il procura la plus grande célébrité à ceux qui s'y exercèrent. Athènes, Alexandrie, Tarse, Smyrne, Ephèse et Byzance étaient des écoles sans cesse ouvertes ; là se formaient et régnaient ces orateurs ; ils parcouraient les villes les plus célèbres de l'Europe et de l'Asie. A leur arrivée, le peuple s'assemblait en foule dans les places publiques ou dans les portiques du temple ; on leur donnait un sujet, et ils parlaient au bruit des applaudissemens ; souvent ils commençaient par prononcer l'éloge de la ville ; c'était eux qu'on envoyait en ambassade vers les empereurs ; ils y retrouve à chaque ligne l'âme d'un citoyen qui porte tout le poids du malheur de la vertu, et qui, en peignant les maux de sa patrie, les éprouve une seconde fois. Toute la fin est d'un pathétique tendre, mais en même temps plein de noblesse. Il semble que Tacite, fatigué des émotions douloureuses et profondes que lui a données l'indignation du crime et le spectacle de la cour d'un tyran, cherche, pour écarter ces images, à se reposer sur les sentimens les plus doux de la nature : c'est la sensibilité d'un grand homme qui tout à la fois vous attendrit et vous élève.

CHAPITRE XVI.

DES SOPHISTES GRECS; DU GENRE DE LEUR ÉLOQUENCE ET DE LEURS ÉLOGES; PANÉGYRIQUES DEPUIS TRAJAN JUSQU'A DIOCLÉTIEN.

TANDIS que dans Rome Tacite écrivait l'histoire, que Pline célébrait Trajan, que Quintilien professait l'éloquence, que Martial cultivait la poésie légère, que Stace chantait les héros, et que Juvénal ardent et sombre, poursuivait, avec le glaive de la satire, les crimes des Romains; à l'autre extrémité de l'empire, dans l'Ionie, la Grèce et une partie de l'Asie, les orateurs grecs, qu'on nommait sophistes, jouaient le plus grand rôle, et remplissaient quelquefois de l'admiration de leur nom les villes et les provinces : ce qui les distinguait, c'était l'art de parler sur-le-champ avec la plus grande facilité. Cet art était né dans les plus beaux siècles de la Grèce, et convenait à l'imagination ardente et légère d'un peuple que le sentiment et la pensée frappaient rapidement, et dont la langue féconde et facile semblait courir au-devant des idées. Gorgias, né en Sicile, avait le premier donné cet exemple dans Athènes ; Critias et Alcibiade, encore jeunes, Thucydide et Périclès, déjà vieux, venaient l'entendre et l'admiraient ; Eschine, le rival et l'ennemi de Démosthène, eut le même talent. Dans ces sortes de discours, il était, dit-on, plein de chaleur et de génie, et semblait inspiré comme le prêtre qui rendait les oracles. Cet art fut cultivé depuis avec beaucoup de succès, et sous les empereurs, il procura la plus grande célébrité à ceux qui s'y exercèrent. Athènes, Alexandrie, Tarse, Smyrne, Ephèse et Byzance étaient des écoles sans cesse ouvertes ; là se formaient et régnaient ces orateurs ; ils parcouraient les villes les plus célèbres de l'Europe et de l'Asie. A leur arrivée, le peuple s'assemblait en foule dans les places publiques ou dans les portiques du temple ; on leur donnait un sujet, et ils parlaient au bruit des applaudissemens ; souvent ils commençaient par prononcer l'éloge de la ville ; c'était eux qu'on envoyait en ambassade vers les empereurs ; ils arrivaient à Rome précédés par leur renommée, et souvent le prince leur accordait des priviléges, des exemptions de charges, et quelquefois les premières dignités de l'empire. Les peuples leur élevaient des statues ; on plaçait leur image dans les temples, et leur patrie les nourrissait aux dépens de l'État.

On conçoit que la plupart de ces orateurs ou sophistes, dont l'art et le talent était de s'affecter avec rapidité de tous les sujets, devaient avoir une imagination vive et un esprit enthousiaste. L'un, nommé par la ville de Smyrne pour aller en ambassade vers un empereur, adresse sur-le-champ une prière aux dieux, pour qu'ils lui accordent l'éloquence d'un de ses rivaux; un autre ne méditait jamais que la nuit. « O nuit ! disait-il, je t'invoque; parmi toutes les divinités, nulle ne parle plus puissamment au cœur de l'homme que toi. » Un autre, qui conseillait de fuir les villes et sentait que la situation des lieux influe sur l'âme : « Habite et parcours les montagnes, disait-il, le soleil les frappe de ses premiers rayons; les derniers rayons du soleil reposent sur elles; élève-toi vers les cieux, sors de l'ombre, et respire la lumière et la pureté du jour; » un autre, après la mort de son épouse, ramasse tous les ornemens qui servaient à sa parure, et les suspend dans un temple pour les consacrer à la divinité du lieu.

Le plus célèbre d'entre eux fut Hérode

Atticus; il descendait de Miltiade, avait eu un de ses ancêtres consul à Rome, fut lui-même consul, devint le maître de Marc-Aurèle, et posséda des richesses immenses; mais il préférait à tous ces titres la gloire de parler sur-le-champ d'une manière éloquente: il reçut des leçons d'un fameux orateur de Smyrne, et pour premier essai prononça sur-le-champ l'éloge de son père. Dans sa première jeunesse, désespéré d'être resté court devant un empereur, il veut s'aller précipiter dans le Danube. Il avait un ami qu'il aimait tendrement, il lui fait élever une statue, et grave au bas une imprécation contre ceux qui abattraient la statue de son ami. Enfin, dans sa vieillesse, menacé par un homme puissant : « Ne sais-tu pas, lui dit-il, qu'à mon âge on ne craint plus? »

Mais par quel art ces hommes singuliers pouvaient-ils parvenir à parler sur-le-champ avec éloquence sur toutes sortes de sujets?

Cet art, outre une imagination très-vive et prompte à s'enflammer, supposait encore en eux des études très-longues; il supposait une étude raisonnée de la langue et de tous ses signes, l'étude approfondie de tous les écrivains, et surtout de ceux qui avaient dans le style, le plus de fécondité et de souplesse; la lecture assidue des poètes, parce que les poètes ébranlent plus fortement l'imagination, et qu'ils pouvaient servir à couvrir le petit nombre des idées par l'éclat des images; le choix particulier de quelque grand orateur avec qui leur talent et leur âme avaient quelque rapport; une mémoire prompte, et qui avait la disposition rapide de toutes ses richesses pour servir leur imagination; l'exercice habituel de la parole, d'où devait naître l'habitude de lier rapidement des idées ; des méditations profondes sur tous les genres de sentimens et de passions; beaucoup d'idées générales sur les vertus et les vices, et peut-être des morceaux d'éclat et prémédités; une étude réfléchie de l'histoire et de tous les grands événemens, que l'éloquence pouvait ramener ; des formules d'exorde toutes prêtes et convenables aux lieux, aux temps, à l'âge de l'orateur; peut-être un art technique de classer leurs idées sur tous les objets, pour les retrouver à chaque instant et sur le premier ordre; peut-être un art de méditer et de prévoir d'avance tous les sujets possibles, par des divisions générales ou de situations, ou de passions, ou d'objets politiques, ou d'objets de morale, ou d'objets religieux, ou d'objets d'éloge et de censure; peut-être enfin la facilité d'exciter en eux, par l'habitude, une espèce de sensibilité factice et rapide, en prononçant avec action des mots qui leur rappelaient des sentimens déjà éprouvés, à peu près comme les grands acteurs qui, hors du théâtre, froids et tranquilles, en prononçant certains sons, peuvent tout à coup frémir, s'indigner, s'attendrir, verser et arracher des larmes : et ne sait-on pas que l'action même et le progrès du discours entraîne l'orateur, l'échauffe, le pousse, et, par un mécanisme involontaire, lui communique une sensibilité qu'il n'avait point d'abord.

Tel était probablement l'art de ces orateurs ; mais pour savoir quel était ou pouvait être le genre de leur éloquence, il faut considérer tout ce qui pouvait influer sur elle. La plupart des sophistes habitaient dans Athènes, ou dans les villes grecques de l'Asie ; alors Athènes était esclave ; la tribune où avait harangué Démosthène était brisée : Athènes avait perdu l'orgueil, les espérances, les craintes. Des monumens de sa grandeur passée, et la triste monotonie de la servitude présente, voilà ce qui lui restait. Cependant sa légèreté qui autrefois se mêlait à de grandes choses, s'amusait des petites ; et l'imagination de ses citoyens, impuissante et active, leur donnait cette espèce d'inquiétude et de mouvement qui naît de la faiblesse jointe au souvenir de la force. Qu'on pense au genre d'éloquence qui devait naître d'une telle situation, et du caractère d'un peuple qui, extrême dans l'esclavage comme dans la liberté, mettait la même impétuosité à flatter ses maîtres ou ses tyrans, qu'il aurait mise autrefois à les combattre.

A l'égard des villes grecques de l'Asie, elles n'avaient pas même de souvenir de grandeur. Placées dans les plus beaux temps à la porte de la servitude et sous la main des satrapes, à peine avaient-elles respiré l'air de la liberté. D'ailleurs la douceur et la mollesse du climat avaient produit un genre d'éloquence amolli comme les habitans. Il semble que cette espèce de vigueur qui donne un mouvement rapide à l'esprit et du nerf aux idées, ait toujours manqué à l'Asie. Le voisinage du despotisme, l'influence même du ciel, la multitude des sensations douces et calmes, plus de sensibilité pour les plaisirs, moins de disposition à l'exercice violent et actif de la pensée, et le désir d'un certain repos de l'âme, tout cela ensemble, dans des climats plus chauds, a dû nuire à l'éloquence; aussi les orateurs d'Europe ont eu sur les orateurs de l'Asie les mêmes avantages que les guerriers du nord eurent de tout temps sur ceux du midi.

D'ailleurs, pour être vraiment éloquent, il faut un sujet qui intéresse l'orateur ; il faut un peuple qui s'intéresse au sujet. Les orateurs de l'ancienne Grèce défendaient, tout en parlant, de grands intérêts. Démosthène sur la tribune entendait derrière lui les chaînes que traînait l'ambition des tyrans, il avait sa liberté et celle de son pays à défendre : mais pour les sophistes, tout était fiction, mensonge. Il s'agissait d'amuser un peuple oisif et d'attirer quelques battemens de mains à l'orateur.

Ces applaudissemens même dont ils étaient si jaloux, et après lesquels ils couraient, devaient corrompre leur éloquence. Tout homme qui veut être applaudi, dénature sa pensée; ou il en cache une partie pour faire davantage briller l'autre, ou il saisit un rapport qui étonne et qui est plus singulier que vrai; ou il détache ce qui devrait être fondu dans l'ensemble, et le met en saillie; ou pour avoir l'air de s'élever et de voir de plus haut, il généralise un sentiment qui ne conserve sa force qu'autant qu'il est lié à une situation; ou il ajoute au sentiment même, et pour étonner il exagère; ou par une expression recherchée il veut donner une tournure fine à ce qui devrait être simple; ou il tâche d'unir la finesse à la force, pour surprendre par l'assemblage de deux qualités contraires; ou enfin, pour arrêter et fixer partout l'attention, il multiplie les détails et néglige la grandeur et la marche de l'ensemble. Il suit de là que toute éloquence qui ne se propose que de faire battre des mains, doit être, à la longue, froide, fausse et médiocre.

La coutume même et la nécessité de parler sur-le-champ, quelque piquante qu'elle dût être, et de quelques études qu'elle fût précédée, devait nuire au véritable goût de l'éloquence. On pardonnait trop aisément à la petitesse des plans, au peu d'étendue des idées, au défaut de coloris, à la multitude des mots, à la faiblesse et au peu d'énergie des sentimens. L'orateur corrompait le goût du peuple, et l'indulgence du peuple corrompait l'orateur. De là sans doute les reproches qu'on a faits de tout temps à l'éloquence des sophistes, malgré les talens, les succès et la prodigieuse célébrité de quelques-uns d'entre eux. C'est pour ces raisons qu'aucun de ces Grecs n'a égalé ni Tacite, ni Quintilien, ni Pline; mais il faut y ajouter encore la différence du séjour.

Rome était le centre de tous les mouvemens ; c'était là que se réunissaient tous les grands spectacles, les grands intérêts, les grandes passions. Un homme qui faisait le sort du monde, une cour où l'on se rendait de toutes les extrémités de l'Europe, de l'Afrique et de l'Asie, les caprices d'un tyran qui pouvaient faire trembler cent nations, une servitude même qui avait quelque chose d'auguste, parce qu'elle était partagée par l'univers; enfin la grandeur romaine qui respirait de toutes parts, même à travers les ruines de la liberté, tout ce spectacle, au moins dans les premiers siècles de l'empire, agitait fortement les esprits et les âmes. L'orateur, le philosophe et le poëte devaient donc avoir l'âme bien plus exercée à Rome, et être bien plus réveillés par le mouvement et le choc des idées, qu'au fond de la Grèce et de l'Asie, où les impressions arrivaient affaiblies par la distance.

Les défauts mêmes des écrivains devaient être différens. A Rome, tout devait tendre à un certain excès, et dans les villes grecques à une certaine mollesse. La corruption du goût, qui naît des vices et des passions fortes, est différente de celle qui naît du défaut d'énergie, et de l'oisiveté qui s'amuse de tout; l'une fait trop d'efforts, l'autre n'en fait pas assez : ainsi l'une exagère, l'autre affaiblit, et par-là même peut-être le goût à Rome était plus près d'une décadence entière que dans la Grèce et dans l'Asie; car celui qui ne va pas où il peut aller, est bien plus près de la nature que celui qui est emporté au-delà. En fait de goût, il faut moins de force pour remonter au but, que pour y redescendre.

Parmi ces orateurs ou sophistes grecs dont nous venons de parler, un très-grand nombre composèrent des éloges de particuliers, de villes et d'empereurs. Il nous en reste un sur Trajan, mais dans un genre tout-à-fait différent de celui de Pline. L'auteur était Dion Chrysostôme, surnommé ainsi à cause de son éloquence. Il parut à Rome sous Domitien; mais comme il avait autant de vertu que d'éloquence, il eut, ou le courage, ou le malheur de déplaire. Dans un pays d'esclaves, il fut libre; et parmi les mensonges des cours, il fut vrai. Dès que la vérité condamne, elle est regardée comme un outrage, et bientôt comme un crime. Sur le point d'être proscrit, il fut obligé de fuir. Il déguisa son nom et sa naissance, et vécut plusieurs années inconnu, errant de ville en ville et de pays en pays, manquant de tout, réduit le plus souvent, pour subsister, à labourer la terre, ou à cultiver des jardins, maniant tour à tour la charrue et la bêche, et honorant cet état par son courage. De toute sa fortune, il ne lui restait qu'un dialogue de Platon, et une harangue de Démosthène, qu'il portait partout avec lui. Il parcourut ainsi la Mœsie et la Thrace, pénétra jusque chez les Scythes, se fit quelquefois admirer par des peuples barbares, et se fixa enfin, pendant la plus grande partie de son exil, chez les Gètes. Ainsi un philosophe, pour avoir dit la vérité à Domitien, vécut exilé à peu près dans les mêmes lieux où, quatre-vingts ans auparavant, Ovide avait été forcé de vivre et de mourir, pour avoir surpris les débauches obscures de cet autre tyran qu'on nomme Auguste.

Lorsque Domitien périt, Dion était en habit de mendiant dans un camp de l'armée romaine, inconnu à tout le monde, et s'y occupant des travaux les plus pénibles. L'armée, en apprenant le meurtre de l'empereur, était prête à se révolter; tout à coup Dion jette les haillons qui le couvraient, s'élance sur un autel, et de là s'adressant aux soldats : *Enfin le sage Ulysse a quitté ses lambeaux* [1], dit-il ; poursuit, se fait connaître, parle avec la plus grande éloquence, apaise la sédition et calme l'armée. Nerva avait pour lui la plus grande estime, et le combla d'honneurs ; mais ce qui le touchait encore plus, c'était la tendre amitié de ce prince ; car les honneurs ne sont que le besoin des âmes vaines, mais l'amitié est le besoin des âmes sensibles. On remarque que Trajan fut l'ami de Plutarque, de Tacite, de Pline et de Dion : cela devait être ; on ne hait que ceux dont on redoute le mépris ; et Trajan n'avait à rougir aux yeux ni de la raison, ni de la vertu.

Dion composa quatre discours sur les devoirs des rois : il y en a un surtout qui peut passer pour un véritable panégyrique de Trajan. Il n'a point cette éloquence ingénieuse et brillante de Pline ; mais le tour des éloges est plus adroit : il loue en paraissant ne donner que des préceptes ; et sous prétexte de dire ce que doit être un grand homme, il dit en effet ce qu'a été Trajan. La fin de ce discours est une fiction moitié poétique et moitié morale, dans le goût de celles de Lucien. Dion y peint Trajan sous l'emblême d'Hercule. Le messager des dieux descend du ciel pour instruire ce héros, et le

---

[1] Vers de l'Odyssée.

conduit sur une montagne inaccessible et bordée de précipices. De cette montagne s'élèvent deux sommets : l'un qui touche les cieux, est environné d'un jour pur et serein ; l'autre beaucoup plus bas, s'arrête au milieu des tonnerres et des nuages. Ces deux sommets sont le séjour de la tyrannie et de la royauté. Les deux déesses habitent chacune dans leur temple. Celui de la tyrannie est une citadelle ensanglantée. Son trône est très-haut, mais sous ce trône est un abîme. Son visage est ardent et sombre, son œil inquiet, ses manières sauvages. Elle est à la fois audacieuse et lâche, insolente et timide. Elle menace et pâlit ; elle arrache de l'or et le dissipe. Auprès d'elle est la flatterie en habit d'esclave, qui lui sourit et qui la perd, et qui conspire en caressant. L'autre déesse a une figure pleine de majesté et de charmes. Son trône est éclatant, sa robe est blanche, son sceptre d'une matière brillante et pure. Elle avait autour d'elle des monceaux d'or et de fer, mais elle leur préfère les fruits et les moissons. Près d'elle est la justice, dont le regard est à la fois imposant et doux ; le génie du gouvernement, attentif et sévère ; la paix qui sourit avec grâce, et la raison sage qui sert de ministre : et la loi en cheveux blancs, portant un sceptre d'or, et dont rien ne peut combattre la force. Hercule, après avoir vu les deux déesses, se passionne pour celle-ci et s'indigne contre l'autre, qu'il voudrait précipiter du haut de son rocher. Les dieux, pour récompense, lui donnent l'empire de l'univers, et il va partout combattre les malheurs et le crime. Telle est la fin de ce discours qui est adressé à Trajan même, et où l'on reconnaît partout le héros qu'il a voulu peindre; on peut dire que c'est une espèce d'éloge allégorique. La louange y est d'autant plus piquante qu'elle se cache : ainsi déguisée, elle ressemble moins à la flatterie de la part de l'orateur, elle fait moins rougir le grand homme qui l'a méritée et craint de l'entendre; et à l'égard de celui qui ne serait que vain au lieu d'être grand, elle lui épargnerait encore l'embarras pénible d'être modeste.

Nous n'avons point de panégyrique d'Antonin, qui cependant valait bien la peine d'être loué; nous savons seulement qu'un orateur grec, nommé Gallinicus, auteur de plusieurs autres éloges, avait fait le panégyrique de ce prince; mais rien de cet orateur ne nous est resté que son nom.

Aristide, orateur grec de la Mœsie, et qui vivait dans le même temps, composa un éloge d'Athènes, un de Rome et un panégyrique de Marc-Aurèle; nous les avons encore. Il était établi à Smyrne et y jouissait de la plus grande réputation. Marc-Aurèle, arrivé dans cette ville, fut curieux de l'entendre. Il remarqua qu'il n'avait point paru dans la foule des courtisans, et le demanda. Le lendemain Aristide parut. Il s'excusa sur son travail, de ce qu'il n'avait point vu l'empereur la veille. Ce prince lui proposa un sujet, et il fut charmé de son éloquence. Aristide parcourut l'Italie, l'Égypte, une partie de la Grèce, et eut partout des succès. Smyrne ayant été renversée par un tremblement de terre, les habitans le prièrent d'écrire à l'empereur. Il fit à Marc-Aurèle une peinture touchante des malheurs de cette ville; Marc-Aurèle, attendri, fit rebâtir Smyrne, et les habitans élevèrent une statue de bronze à l'orateur. Cette statue subsiste encore; elle est assise et drapée, et placée dans la bibliothèque du Vatican, à Rome. Malheureusement les ouvrages d'Aristide démentent un peu cette réputation et ces honneurs. On aurait pu lui dire : « ou brise ta statue, ou anéantis tes ouvrages. » Son panégyrique de Marc-Aurèle, surtout, est trop inférieur au sujet. On n'y trouve ni élévation, ni chaleur, ni sensibilité, ni force. L'éloquence en est faible, et la philosophie commune. Je défie tout homme sensible de penser une heure à Marc-Aurèle, et de ne pas faire mieux.

Il y a apparence que dans le même temps ce prince fut loué par un homme plus digne de lui; c'était Cornélius Fronto, un des plus fameux orateurs qu'il y ait eu à Rome. Nous n'avons rien de ses ouvrages, mais Macrobe dans ses Saturnales, Ausone dans son panégyrique, St. Jérôme et Sidoine Apollinaire dans leurs lettres, en parlent avec la plus grande estime. Ce qui prouve qu'il n'était pas médiocre, c'est qu'il avait un genre d'éloquence à lui, et que, comme les peintres célèbres, il fit une école. Ceux des Romains qui jugeaient au lieu d'écrire, et se contentaient d'apprécier les talens sans en avoir, en classant leurs orateurs, citaient Cicéron pour l'abondance, Salluste pour la précision, Pline pour l'agrément, Fronto pour une certaine gravité austère. Antonin le choisit pour donner des leçons à Marc-Aurèle sur le trône, lui fit élever une statue; de plus, il le nomma consul : ainsi il eut tous les honneurs qui supposent et augmentent la réputation. Nous n'avons qu'une seule phrase de son panégyrique; elle nous a été conservée dans un autre ouvrage de ce genre, prononcé cent cinquante ans après. On doit estimer l'orateur qui loua un grand homme; mais on souhaiterait que ce grand homme n'eût pas souffert qu'on le louât de son vivant.

Ce fut ainsi que pensa un général romain, qui, vingt ans après, fut proclamé empereur en Syrie : c'était Pescennius Niger. Il avait pour lui son armée, le sénat et le peuple; mais Septime Sévère l'écrasa par son activité. Dès que Niger fut proclamé, aussitôt un de ces hommes qui se hâtent les premiers d'être vils, dès qu'un autre devient puissant, composa son panégyrique, et voulut le lui réciter. Niger le regarda en pitié, et voici sa réponse : « Ora- « teur, faites-nous l'éloge de Marius, ou d'An- « nibal, ou de quelqu'autre grand homme qui « ne soit plus, et dites-nous ce qu'il a fait, pour « que nous l'imitions; car louer des vivans, « est intérêt ou faiblesse, et surtout louer les « princes, dont on espère, dont on craint, qui « peuvent donner, qui peuvent mettre à mort, « qui peuvent proscrire. Pour moi, vivant, je « veux être aimé; et loué, quand je ne serai « plus. » Celui qui parlait ainsi méritait de vaincre en disputant le trône.

On trouvera depuis le même sentiment dans ce jeune Alexandre Sévère qui, empereur à treize ans, et mort à vingt-six, élevé par une mère qui était un grand homme, fut à la fois ferme et sensible, et joignit toutes les vertus avec toutes les grâces. Il se moquait hautement de tous ces panégyriques de princes; et pendant treize ans qu'il régna, il ne voulut jamais souffrir qu'on lui rendît un honneur qui lui paraissait plus ridicule encore que dangereux : mais dans ses momens de loisir, il célébrait lui-même les princes les plus vertueux qui avaient régné à Rome. Il chantait les Antonins, comme Achille chantait les héros; et ce qui était tout à la fois plus difficile et plus grand, il les imitait.

CHAPITRE XVII.

DE L'ÉLOQUENCE AU TEMPS DE DIOCLÉTIEN. DES ORA-
TEURS DES GAULES. PANÉGYRIQUES EN L'HONNEUR
DE MAXIMIEN ET DE CONSTANCE CHLORE.

Il s'en fallut bien que les successeurs d'Alexandre Sévère pensassent comme lui. Au temps de Dioclétien, surtout, il se fit une révolution. La pompe de l'Asie effaça pour jamais les anciennes traces des mœurs romaines. Un édit ordonna d'adorer le prince. On multiplia tout ce qui en impose au peuple, et trop d'empereurs se crurent dispensés d'avoir une grandeur réelle. Alors la fureur des panégyriques redoubla, et ils devinrent une étiquette du trône. La poésie, l'éloquence et les arts parurent un peu se ranimer; mais le gouvernement avait corrompu le génie; et il y a encore plus loin, pour les lettres, du siècle de Constantin à celui de Trajan, que de celui de Trajan à celui d'Auguste. L'un avait trouvé le point juste où la grandeur se mêle avec le goût; le second eut les excès de la force, le troisième n'eut que les excès de la faiblesse.

Mais ce qui caractérise surtout les orateurs de ce temps, c'est la flatterie la plus basse; c'est ce qui acheva de dénaturer les arts et d'anéantir le goût. Cette révolution s'était faite lentement et par degrés dans l'espace de trois siècles, et il était impossible qu'elle n'arrivât point. Je ne parle pas de vingt autres causes qui la préparèrent ; mais je remarque que dès le premier siècle, la grandeur de l'empire, une puissance qui n'était limitée par rien, des fantaisies qui n'avaient de bornes que la puissance, des trésors qu'on ne pouvait parvenir à épuiser, même en abusant de tout, firent naître dans les princes je ne sais quel désir de l'extraordinaire qui fut une maladie de l'esprit autant que de l'âme, et qui voulait franchir en tout les bornes de la nature ; de là cette foule de figures colossales consacrées aux empereurs, la manie de Caligula de faire enlever de toutes les statues des dieux leur tête, pour y placer la sienne ; le palais d'or de Néron, où il avait englouti un quart de Rome, une partie des richesses du monde, et des campagnes, des forêts et des lacs ; la statue d'Adrien élevée sur un char attelé de quatre chevaux, et qui, faite pour être placée au sommet d'un édifice, était d'une grandeur que nous avons peine à concevoir ; sa maison de campagne, dont les ruines seules aujourd'hui occupent dans leur circonférence plus de dix milles d'Italie, et où il avait fait imiter les situations, les bâtimens et les lieux les plus célèbres de l'univers ; enfin le palais de Dioclétien à Spalatro en Illyrie, édifice immense, partagé par quatre rues, et dont chaque côté avait sept cents pieds de long. Il semble

que ces hommes eussent voulu s'agrandir eux-
mêmes, en proportion de l'univers auquel ils
commandaient [1]; mais, malgré leurs efforts,
condamnés à n'être que des hommes, ils agran-
dissaient leurs images, et tout ce qui semblait
faire partie d'eux-mêmes. C'est à la même idée
que tenait l'apothéose de leurs prédécesseurs;
la fantaisie de se faire adorer de leur vivant;
les temples qu'on leur élevait dans toutes les
parties de l'empire; la multitude énorme de
statues d'or et d'argent, de colonnes et d'arcs
de triomphe; le caractère sacré imprimé à
leurs images et jusqu'à leurs monnaies; le titre
de seigneur et de maître que Tibère même
avait rejeté avec horreur, et qui fut commun
sous Domitien; la formule des officiers de l'empereur, qui écrivaient : « Voici ce qu'ordonne
notre Seigneur et notre Dieu[2]; » et, quand les
princes, par les longs séjours et les guerres qui
les retenaient en Orient, furent accoutumés à
l'esprit de ces climats, la servitude des mœurs,
l'habitude de se prosterner, consacrée par
l'usage et ordonnée par la loi.

Ainsi, dans la représentation des sentimens,
des hommes et des choses, tout, sous les empereurs, fut porté à l'extrême. Il est facile
d'examiner l'effet que cet esprit général dut,

---

[1] Caligula fut jaloux d'un certain Proculus, qui avait une figure colossale, et le fit égorger.
[2] *Edictum Domini Deique nostri.* MARTIAL.

au bout de trois siècles, produire sur la poésie, l'éloquence et le goût. Il fallait sans cesse forcer l'expression, pour que le langage ne fût point au-dessous des autres arts. Dès qu'il s'agissait du prince, le peintre, le sculpteur, l'architecte, faisaient un dieu : l'orateur ou le poëte qui n'eût fait qu'un homme, eût paru faible ou coupable.

Il est à remarquer que dans ces temps-là, on ne trouve plus de traces de l'éloquence latine, que dans les Gaules. C'étaient des Celtes qui étaient les successeurs d'Hortensius et de Cicéron. Ce peuple, si long-temps libre dans ses forêts, et qui souvent même avait fait trembler Rome, apprivoisé enfin par un long esclavage, et poli par les vices mêmes de ses vainqueurs, s'était livré aux arts, comme au seul charme et au dédommagement de la servitude. A Autun, à Lyon, à Marseille, à Bordeaux, on cultivait l'éloquence ; souvent même les Romains les plus distingués envoyaient leurs enfans dans ces villes pour s'y instruire. Il semble en effet que, depuis Marc-Aurèle, les arts et les lettres pouvaient difficilement habiter dans Rome. Ce ne fut, pendant près de cent ans, que conspirations, assassinats, tyrannie et révolte. Les provinces étaient plus loin de ces orages. On y apprenait, plutôt qu'on ne sentait les révolutions du trône. On y avait moins à craindre, moins à espérer ; et les esprits n'étaient pas sans cesse occupés, comme à Rome, par cette espèce de férocité inquiète, que donne l'habitude des dangers et le spectacle des crimes. Les Gaules étaient d'ailleurs remplies d'une foule de Romains. Leur commerce y porta cette culture, et ce goût qui naît d'abord dans les capitales, parce que le goût n'est que le résultat d'une multitude d'idées comparées, et d'une foule d'idées qu'on ne peut avoir que dans l'oisiveté, l'opulence et le luxe. Ajoutez la douceur du climat, et tous les monumens élevés dans ce pays par la grandeur romaine. Tout cela réuni, disposa peu à peu les esprits à cette fermentation utile, d'où naît l'amour des lettres et des arts. Mais, comme en même temps il y a dans chaque siècle un caractère qui s'imprime à tout, la servitude de l'Asie s'étendit dans les Gaules, et l'éloquence corrompue et faible n'y fut, comme ailleurs, que le talent malheureux ou d'exagérer quelques vertus, ou de déguiser des crimes. Un défaut naturel, dans de pareils ouvrages, était le vide des idées ; on employait de grands mots pour dire de petites choses. Ce n'était plus d'ailleurs la langue de Cicéron et d'Auguste ; elle était altérée. Gaulois, Germains, Espagnols, Sarmates, tous se précipitaient dans la patrie commune. L'univers se mêlait. Ces idiomes barbares corrompaient nécessairement la langue romaine. Formée par des conquérans, elle n'avait jamais été une

*8

langue de philosophes; mais alors elle n'était plus même une langue d'orateurs.

Il y en eut pourtant, dans ce siècle, trois de célèbres; ce furent Eumène, Nazaire et Mamertin, tous trois panégyristes de princes, et tous trois comblés de bienfaits par les empereurs : car, si la vérité a souvent nui à ceux qui ont eu le courage de la dire, il faut convenir que la flatterie et le mensonge ont presque toujours été utiles à ceux qui ont voulu échanger leur honneur contre la fortune.

Mamertin prononça deux panégyriques devant Maximien. Pour bien juger et des discours et de l'orateur, il est bon de se rappeler que Maximien, d'abord paysan, ensuite simple soldat, quand il fut prince voulut avoir un nom, et prit celui d'Hercule. En conséquence, on ne manqua pas de le faire descendre, en droite ligne, de cet Hercule qui, du temps d'Évandre, était venu ou n'était pas venu en Italie. Son seul mérite était d'aimer la guerre, et d'y réussir. D'ailleurs, dur et impitoyable, avide d'or et de sang, en même temps féroce et faible, c'était un lion à la chaîne, que gouvernait Dioclétien, et qu'il avait approché du trône, pour le lancer de là sur les ennemis de l'empire. Obligé malgré lui d'abdiquer après un règne de vingt ans, n'ayant point assez de force pour supporter le repos, dans son activité inquiète, sans cesse occupé de conjurations et de crimes, il reprit trois fois la pourpre, qui lui fut arrachée trois fois. Il conspira contre Maxence son fils, contre Constantin son gendre, et finit par vouloir rendre sa fille complice de l'assassinat de son époux. N'ayant pu réussir, il se donna la mort; et le petit-fils d'Hercule se pendit à Marseille. Voilà pourtant l'homme sur lequel nous avons trois pompeux panégyriques. Voilà celui qu'on appelle *empereur très-sacré*, à qui l'on parle de sa divinité, du culte qui lui est dû, du palais auguste et vénérable qui lui sert de temple.

Il faut convenir que le premier de ces éloges, prononcés à Trèves, est, d'un bout à l'autre, un chef-d'œuvre d'impertinence et de flatterie.

Le second est plus raisonnable; il y a moins de mensonges exagérés, moins de ces bassesses qui révoltent. Les louanges sont plus fondées sur les faits. Il y a même en général de l'éloquence, du style, de l'harmonie, mais nulle philosophie et très-peu de goût.

Le troisième, dont on ne connaît pas l'auteur, est curieux, surtout par la manière dont on y traite l'abdication de ce prince, et son retour à l'empire. Il semble que l'univers allait s'écrouler, si Maximien cessait d'être empereur. « Il nous est permis, dit l'orateur, de nous « plaindre des dieux, lorsqu'ils négligent l'uni- « vers. C'est dans ces momens-là que les grêles

« ravagent les moissons, que la terre s'en-
« tr'ouvre, que les villes sont englouties; fléaux
« qui désolent le monde, non par la volonté
« des dieux, mais parce qu'alors leurs regards
« ne tombent point sur la terre : voilà, grand
« empereur, ce qui nous est arrivé, lorsque
« vous avez cessé de veiller sur le monde et
« sur nous. » Ensuite on prouve à Maximien
que, malgré son grand âge, il ne pouvait sans
injustice quitter le fardeau de l'empire; « mais
« les dieux l'ont permis, lui dit l'orateur, parce
« que la fortune, qui n'osait rien changer tant
« que vous étiez sur le trône, désirait pourtant
« mettre un peu de variété dans le cours de
« l'univers. » Ensuite on représente Rome déses-
pérée d'avoir perdu un si grand prince; Rome
suppliante et à genoux, lui tendant les mains,
lui adressant un discours pathétique et touchant, pour le conjurer de vouloir bien régner
sur elle. On le loue de sa piété céleste, et de ce
qu'il a bien voulu se rendre aux instances de la
patrie : « Empereur éternel, tu n'as pu résister
« aux larmes de cette mère auguste. » Après
cela on le compare au soleil, qui, en remontant sur son char, et de ses propres mains le
guidant dans les cieux, a réparé les désordres
du monde, embrasé par l'ignorance de Phaë-
ton. On s'étonne qu'après avoir goûté la douceur et les charmes du repos, il veuille bien
se donner encore la peine de commander ; et

l'on finit par prier sa divinité de vouloir bien, du faîte où elle est placée, veiller sur l'univers, et de sa tête céleste faire quelques signes, pour marquer aux choses humaines le cours de leur destinée.

Il est difficile, je crois, de porter plus loin la démence de l'adulation. Comment un prince n'était-il pas révolté de ces lâches mensonges? Comment n'imposait-il pas silence au vil orateur? Mais il y a apparence que, dans ces malheureux, le besoin d'être flattés, était pour le moins égal à celui qu'on avait de les flatter. Il y a, pour ainsi dire, des besoins d'orgueil, comme il y en a de bassesse. Une âme profondément corrompue par le pouvoir, n'a plus de mesure juste, ni pour elle-même, ni pour les autres, et le genre humain tout entier se recule à une distance immense d'elle. Il y a bien, dans une des presqu'îles de l'Inde, un chef de quelques bourgades, qui, assis tranquillement sur sa natte qu'il appelle son trône, dit froidement aux Européens qui le visitent : « Pourquoi ne viens-tu pas voir plus souvent *le roi du ciel?* » et ce roi du ciel, c'est lui.

En suivant l'ordre des temps, nous trouvons un panégyrique prononcé par Eumène pour l'établissement des écoles publiques d'Autun. Eumène, quoiqu'il fût orateur, vivait à la cour, et il exerçait une charge considérable dans le palais. Il fut choisi pour ranimer dans

Autun, qui était sa patrie, le goût de l'éloquence et des arts. Les deux empereurs [1] lui écrivirent à ce sujet la lettre la plus honorable. C'est un monument flatteur du respect de la puissance pour les talens. Le discours d'Eumène roule tout entier sur les bienfaits accordés à sa patrie et aux lettres. On respire au moins quand, parmi tant de sujets d'éloges, ou ridicules ou atroces, on en trouve un de raisonnable : mais le sujet du discours est ce qu'il y a de mieux dans le discours même. Il est adressé à un gouverneur de province, que l'orateur ne manque pas d'appeler *vir perfectissime*, c'est-à-dire, *homme très-parfait* ; ce titre d'honneur était apparemment une leçon adroite, donnée, sous le voile du respect, à un homme puissant.

Quelque temps après, Eumène prononça un autre panégyrique sur les victoires de Constance-Chlore en Hollande, et principalement sur sa conquête en Angleterre. Nous y apprenons que ce prince, en abordant, pour se réduire à la nécessité de vaincre, fit mettre le feu à sa flotte, comme avait fait un roi de Syracuse, en portant la guerre à Carthage ; comme fit depuis Cortès, en abordant au Mexique. L'histoire ramène souvent les mêmes actions et la même audace dans des hommes et des siècles différens. L'orateur s'étend beaucoup

---

[1] Constance-Chlore et Galérius.

sur des lieux communs de carnage. Il eût mieux fait, je crois, de célébrer les vertus de Constance-Chlore, car il en avait. Il eût mieux valu dire que sa valeur n'ôtait rien à son humanité; qu'empereur il fut modeste et doux; que maître absolu, il donna, par ses vertus, des bornes à un pouvoir qui n'en avait pas; qu'il n'eut point de trésor, parce qu'il voulait que chacun de ses sujets en eût un; que les jours de fêtes, il empruntait la vaisselle d'or et d'argent de ses amis, parce qu'il n'en avait point lui-même; qu'il fut humain en religion comme en politique; et que, pendant tout le temps qu'il régna, tandis que les autres empereurs, persécuteurs des chrétiens, lui donnaient l'exemple d'une superstition inquiète et féroce, il ne fit jamais dans ses États, ni dresser un échafaud, ni allumer un bûcher. C'eût été là sans doute l'objet d'un panégyrique plus éloquent, et surtout plus utile. Mais il y a des temps où l'on dirait que les grandes vérités morales sont obscurcies. Le genre humain semble en avoir perdu la trace, et il faut des révolutions et des siècles pour l'y ramener.

CHAPITRE XVIII.

SIÈCLE DE CONSTANTIN. PANÉGYRIQUE DE CE PRINCE.

Nous voici à l'époque de Constantin, c'est-à-dire, un des princes qui ont eu le malheur d'être le plus loués de leur vivant, et celui de tous les hommes qui peut-être a causé les plus grands changemens sur la terre. Avant lui le sort de l'univers était comme indécis. Du fond de la Scythie, aux extrémités de l'Espagne, Rome luttait contre les Barbares, et les Barbares contre Rome : et depuis trois siècles le christianisme luttait contre les bourreaux et les Césars. Constantin fit pencher la balance; en abandonnant Rome, il précipita la chute de l'Occident; et livrant l'Italie, la France, l'Angleterre, l'Allemagne et l'Espagne aux Barbares, il prépara de loin la constitution actuelle de l'Europe. En créant Constantinople, il donna une nouvelle direction à l'Orient, établit un nouveau centre de commerce, posa certaines barrières, en abaissa d'autres, et fit revivre, ou conserva pendant mille ans, au fond de la Thrace, une partie du goût et des lumières de la Grèce. Enfin, en plaçant le christianisme avec lui sur le trône, il fit la plus grande révolution qu'il y ait jamais eu dans les idées, les lois, les mœurs, l'esprit général des nations, changeant tout ce qui avait gouverné les hommes jusqu'alors, et devant influer, sans le savoir, sur presque tous les événcmens politiques et sacrés de l'histoire moderne : tel fut le sort attaché au règne de Constantin.

Si nous examinons maintenant son caractère et ses qualités personnelles, nous lui trouverons cette ambition sans laquelle un homme n'a jamais donné un grand mouvement à ce qui l'entourait; cette activité nécessaire à tous les genres de succès, à la guerre surtout, et dans un empire qui embrassait cent provinces; cette férocité qui était le vice général du temps, et qui lui fit commettre des crimes, tantôt d'une barbarie calme, comme le meurtre de son beau-frère, celui de son neveu, et celui des rois prisonniers qu'il fit donner en spectacle et déchirer par les bêtes, tantôt des crimes d'emportement et de passion, comme les meurtres de sa femme et de son fils; cet amour du despotisme presque inséparable d'une grande puissance militaire et de l'esprit de conquête, et surtout de l'esprit qui porte à fonder un nouvel empire; un amour du faste, que les peuples prennent aisément pour de la grandeur, surtout lorsqu'il est soutenu par quelques grandes actions et de grands succès; des vues politiques, sages, et souvent bienfaisantes, sur la réforme des lois et des abus; mais en même temps une bonté cruelle qui ne savait pas punir, quand les peuples étaient malheureux et opprimés. En général on trouve dans Constantin un mélange de qualités qui paraissent se combattre. Il eut l'âme d'un guerrier, et il aima la pompe et la mollesse ; il fut humain dans sa législation, et barbare dans sa politique ; il pardonna des injures, et fit égorger ses parens et ses amis ; il donnait par humanité, et laissait piller les provinces par faiblesse. Enfin il y eut des jours où il fut Antonin, il y en eut d'autres où il fut Néron. Il y a apparence que son génie fit ses succès ; ses passions, ses crimes ; et le christianisme, ses lois.

Toutes les fois qu'un homme à grand caractère est à la tête d'une nation, les esprits s'agitent, les âmes s'élèvent, les lettres et les arts ou fleurissent, ou renaissent, ou font effort pour renaître, ou suspendent leur chute. C'est ce qui est arrivé sous Périclès, sous Alexandre, sous Auguste, sous Trajan, sous Constantin, sous Charlemagne, sous Charles-Quint, sous Louis XIV. Constantin fit rouvrir les écoles d'Athènes, il honora les lettres, il les cultiva lui-même, mais comme on pouvait les cultiver dans son siècle, et parmi les occupations de la guerre et du trône ; l'éloquence romaine était alors très-affaiblie, l'éloquence grecque se soutenait. L'Asie était devenue le séjour habituel des empereurs, et le langage d'Athènes dominait dans presque toute l'Asie. D'ailleurs, la naissance du christianisme dans ces climats, le renouvellement du platonisme, l'école d'Alexandrie, le choc des deux religions, le zèle ardent des païens pour attaquer, le zèle des chrétiens pour se défendre, tout dans l'Orient contribuait à entretenir la culture et le goût; des évêques étudiaient Homère, des saints se nourrissaient d'Aristophane; Platon était presque aussi souvent cité qu'un Père de l'Eglise: c'était un arsenal ennemi où le christianisme venait s'armer, et l'on combattait les fables et la mythologie des Grecs avec l'éloquence des Grecs mêmes.

En même temps il se fit une révolution qui créa un genre d'éloquence inconnu jusqu'alors, et qui eut dans la suite la plus grande influence. Le droit de parler au peuple assemblé, dans Rome libre, avait appartenu aux magistrats, et dans Rome esclave, aux empereurs; ce droit faisait partie de la souveraineté; c'était une espèce de magistrature d'autant plus puissante, qu'elle commandait aux volontés en dirigeant les opinions, et que toute opinion, dans un peuple assemblé, a une force terrible, parce que la force de chacun s'y multiplie par la force de tous. Ce droit, sous Constantin, passa aux ministres des autels; alors les prêtres chrétiens montèrent publiquement dans les chaires, et les discours religieux succédèrent dans l'empire aux discours politiques.

Du temps de Cicéron et de César, on avait vu

fleurir l'éloquence républicaine animée par la liberté et de grands intérêts; sous les premiers empereurs, une espèce d'éloquence monarchique, fondée sur la nécessité de flatter et de plaire; vers les temps de Marc-Aurèle, l'éloquence des sophistes, qui, n'ayant aucun intérêt réel, était un jeu d'esprit pour l'orateur et un amusement de l'oisiveté pour les peuples. Enfin, dans cette quatrième époque, on vit naître et se développer l'éloquence chrétienne qui tenait à des idées, des principes et des objets entièrement nouveaux. Le monde réparé, la terre réconciliée avec le ciel, un pacificateur entre Dieu et l'homme, un nouvel ordre de justice, une vie à venir et de grandes espérances, ou de grandes craintes au-delà des temps, tel était le tableau que cette éloquence présentait aux hommes. L'orateur qui parlait au nom de Dieu, devait avoir nécessairement un ton plus auguste. Les idées religieuses, en Asie surtout, et dans l'époque d'une religion naissante, devaient communiquer plus de chaleur à l'imagination. Des principes qui tendaient à élever la faiblesse, à rabaisser l'orgueil, à égaler les rangs par les vertus, devaient donner à l'éloquence un mélange de force et de douceur; enfin, l'étude et la méditation des livres sacrés, répandirent souvent sur ces discours une teinte orientale, inconnue jusqu'alors aux orateurs de l'empire; d'un autre côté, le mépris d'une vaine gloire, l'absence des passions, l'impression que l'orateur faisait souvent par la seule idée du Dieu dont il était le ministre; enfin, la persuasion qu'entre les mains de la divinité tous les instrumens sont égaux, durent ou retarder, ou affaiblir les progrès de ce genre d'éloquence. Les orateurs chrétiens, par leurs principes même, devaient négliger l'art. Plusieurs auraient cru outrager la vérité en l'ornant, et affaiblir la cause de Dieu, en recherchant trop les vains secours de l'homme. De tout cela ensemble, dut naître un mélange de beautés et de défauts, de négligence dans le style et de grandeur dans les idées, quelquefois toute la force et toute l'impétuosité du zèle religieux, quelquefois toute la faiblesse d'une morale froide et monotone, ce qui peut souvent frapper l'imagination, ce qui doit souvent révolter le goût.

Constantin fut loué également par les orateurs des deux religions. Rome païenne en fit un Dieu, Rome chrétienne en fit un saint; il était le bienfaiteur de l'une, il était pour l'autre un homme tout-puissant et un prince qui avait eu de grands succès. Son goût pour les sciences multiplia encore ses panégyriques; car c'est une espèce de séduction à laquelle les philosophes même ne résistent pas. Enfin, son règne fut long, ce qui ajoute à cette idolâtrie des cours, qui naît encore plus de l'habitude que du sentiment. Il ne faut donc pas s'étonner si en Italie, dans la Grèce, dans les Gaules, en Asie, dans les villes, dans les camps, partout les panégyriques le poursuivaient; à chaque succès, à chaque pas, il était puni d'une victoire par un éloge.

Dans cette foule innombrable, heureusement il ne nous en reste aujourd'hui que six ou sept. Je me donnerai bien de garde de parler de tous; mais il y en a un qui m'a paru assez singulier pour mériter d'être connu. L'orateur commence par dire que jusqu'alors n'ayant pas manqué une occasion de célébrer tout ce qui avait été fait de grand par la *divinité* de Constantin, il regarderait comme un sacrilège, de passer sous silence quelque chose de bien plus grand que tout le reste, c'est la victoire sur Maxence. Il sent bien que ses talens sont peu de chose, surtout si on les compare à ceux de tant de célèbres orateurs : « Mais dans un combat, « dit-il, au milieu du son des clairons et des « trompettes, on mêle aussi quelquefois le son « de la flûte. » Après ce début il entre en matière. Il est étonné que son héros, avec si peu de forces, ait tenté une guerre si importante : « Assurément, lui dit-il, vous avez « quelque intelligence secrète avec l'âme uni- « verselle et divine, qui daigne se manifester « à vous seul, tandis que nous, ce sont des « dieux subalternes et du second ordre qui sont « chargés de nous conduire. » Ensuite il ne peut comprendre qu'il se soit trouvé dans l'univers des hommes qui aient eu l'audace de résister à Constantin : « Eux qui auraient dû, « lui dit-il, céder, je ne dis pas à la présence « de votre divinité, mais en entendant seule- « ment prononcer votre nom. » Bientôt après, ce lâche orateur fait un crime à son héros d'avoir combattu lui-même, et de s'être mêlé au milieu des ennemis, d'avoir par-là, dit-il, presque causé la ruine de l'univers. C'est la première fois sans doute qu'un orateur romain a donné des leçons de lâcheté à un prince. C'est bien le moins, quand on fait la guerre pour se disputer un trône, de combattre soi-même, et de se mêler, dans sa propre cause, à ceux qui veulent bien combattre et mourir pour elle. On serait tenté de se rappeler ici le mot d'un fameux Anglais[1] sur Philippe V et l'archiduc, dont aucun ne se trouva à la bataille d'Almanza ; mais ce qui est plus curieux, sans doute, et qu'on aura de la peine à croire, l'orateur rapporte de très-bonne foi et propose à Constantin l'exemple d'un prince qui, du haut d'une double échelle, avait regardé de loin une bataille : « Cet exemple n'est pas noble, dit-il, mais il « est sûr. » Après cela, le panégyriste peint son héros qui vole sur les bords du Rhin pour combattre les Francs nos aïeux, et il le loue très-sérieusement « de ce que vainqueur, il a fait

[1] Milord Péterborough.

« servir le carnage des vaincus aux amusemens
« de Rome, de ce qu'il a embelli de leur sang
« la pompe des spectacles, et donné le délicieux
« plaisir de voir dévorer par les bêtes une multi-
« tude innombrable de prisonniers; de manière
« que ces malheureux en expirant, dit-il,
« souffraient encore plus des outrages de leurs
« vainqueurs, que des morsures des bêtes
« féroces et de la mort même. » Dans quels
siècles de férocité et de bassesse de tels panégyriques ont-ils été écrits? Et si l'on n'a l'âme
tout-à-fait dénaturée ou par le despotisme, ou
par la servitude, peut-on, en lisant de pareils
éloges, ne point maudire jamais et l'orateur qui
les a donnés, et le prince qui les a soufferts? Il
faut l'avouer, presque tous les orateurs et panégyristes de ce temps-là, sont des renards qui
caressent des tigres. Celui-ci finit par parler à
Constantin de sa divinité, à laquelle le sénat a
consacré une statue d'or. Ensuite il adresse une
prière à l'auteur de l'univers, il le conjure de
conserver Constantin pour tous les siècles, et
l'on espère qu'il voudra bien accorder cette
faveur au monde; parce qu'étant Dieu, il doit
vouloir tout ce qui est juste; et tout-puissant,
il ne peut avoir aucune raison pour refuser;
ainsi et l'orateur et l'univers comptent sur
l'éternité de Constantin : on peut juger à peu
près de tous les panégyriques latins de ce prince,
par celui-là. On en compte quatre autres écrits

dans la même langue; et presque partout c'est le même ton, la même vérité dans les éloges, et surtout la même philosophie dans les idées. Cependant on rencontre quelques beautés de détail et des lueurs d'éloquence; car dans les siècles qui penchent vers la barbarie, ou qui en sortent, il est encore plus aisé, sans doute, de trouver de l'éloquence que du goût.

Nous citerons encore un autre ouvrage dans le même genre, et d'autant plus curieux, qu'il est peut-être le premier panégyrique chrétien qui ait été fait, ou du moins qu'on ait transmis jusqu'à nous : il est écrit en grec, et fut prononcé dans Constantinople pour la trentième année du règne de Constantin. L'auteur est cet Eusèbe de Césarée, fameux par ses ouvrages et par ses vices, courtisan évêque, historien suspect, et panégyriste comme on l'était dans ces temps-là.

Ce discours, singulier dans sa forme, est en même temps un panégyrique, un sermon, un catéchisme, une profession de foi, un discours de métaphysique et d'éloquence, un mélange de la philosophie de Pythagore, de celle de Platon et de la doctrine de nos livres sacrés : Constantin y est représenté partout comme vainqueur de l'idolâtrie. On compare l'empire qu'il a sur la terre avec l'empire éternel que Dieu a sur le monde; on le peint comme ayant un commerce immédiat avec la Divinité, et on l'invite à faire part aux fidèles (quand il en aura le temps) de cette foule infinie d'apparitions, de visions, de songes célestes où Jésus - Christ s'est manifesté à ses regards, et de beaucoup d'autres mystères inconnus à tout le monde, excepté à lui, et qui restent déposés dans sa mémoire impériale comme dans un trésor ; enfin, on le loue, on le trompe, on l'instruit ; et le zèle adroit, mêlant le style de la chaire et celui de la cour, lui prodigue à la fois les flatteries et les leçons.

Les vers furent employés comme la prose, à lui rendre hommage, mais avec moins de succès encore. Optatien Porphyre, qui n'était point du tout Porphyre le philosophe, mais un poëte obscur et très-digne de l'être, composa en l'honneur de ce prince, qui l'avait exilé, un long panégyrique en vers qui ne valait rien, et qui, en conséquence, fut très-bien payé. Avant Constantin, Alexandre et vingt autres princes en avaient fait autant. Cela est juste ; c'est la médiocrité qui a besoin de récompense ; mais on suppose que le génie, qui a le sentiment de ses forces, se suffit à lui-même. J'aime encore mieux pourtant ce trait d'un prince arabe, qui, ayant reçu un mauvais panégyrique en vers arabes adressés à sa hautesse, donna d'abord au poëte vingt écus d'or pour avoir fait le panégyrique, et lui en donna ensuite quarante pour qu'il n'en fît plus : le panégyriste de Constantin méritait d'être aussi bien traité.

CHAPITRE XIX.

PANÉGYRIQUES OU ÉLOGES COMPOSÉS PAR L'EMPEREUR JULIEN.

Après tant de noms obscurs d'écrivains faibles et presque inconnus à la postérité, on trouve enfin un nom célèbre : c'est celui de Julien. Tout prince qui écrit est presque sûr d'intéresser les hommes. Le peuple des lecteurs, par curiosité ou par faiblesse, veut tout connaître de ceux qu'un rang élevé expose à ses regards. Le philosophe observe comment on voit les objets sur le trône; l'historien cherche dans les écrits d'un roi l'histoire de ses pensées; le critique qui analyse, étudie le rapport secret qui est, d'un côté, entre le caractère, les principes, le gouvernement d'un prince, et de l'autre, son imagination, son style et la manière de peindre ses idées. Plus le prince a de réputation, plus cet intérêt augmente; on aime à voir un homme admiré dans sa cour et sur les champs de bataille, écrire et penser dans son cabinet, et parler en philosophe aux peuples qu'il sait gouverner en roi.

Julien réunit ces deux genres de mérite; mais

remarquons que cet avantage, si rare aujourd'hui, l'était beaucoup moins chez les anciens. A Rome, un grand nombre d'empereurs avaient cultivé les lettres. On sait que César fut le rival de Cicéron sur la tribune, et voulut l'être de Sophocle au théâtre. Auguste, très-bon écrivain en prose, fit de plus des tragédies et des poëmes. Caïus se piqua d'éloquence. Claude écrivait avec pureté, et composa l'histoire de son temps. L'imagination ardente et fougueuse de Néron se livra à la poésie comme à la musique. Adrien, poëte, peintre, architecte et historien, passa encore pour le premier orateur de son siècle. Marc-Aurèle, philosophe comme Épictète, fut écrivain comme lui. Septime Sévère, orateur dans les deux langues, composa les mémoires de son règne. Alexandre Sévère chanta les vertus qu'il avait dans son cœur, et célébra en vers les empereurs les plus humains qui l'avaient précédé sur le trône. Les deux Gordiens furent magistrats, guerriers et hommes de lettres; et l'un d'eux, avant de régner, avait publié un poëme de trente chants, en l'honneur de Marc-Aurèle et d'Antonin. Balbin, élu par le sénat, et massacré par les troupes, réussit dans la poésie et l'éloquence. Gallien, qui fut à la fois voluptueux et brave, et qui se rendit célèbre par des victoires et des bons mots, avait le talent de bien écrire, et fit des vers pleins de volupté et de goût. L'empereur Tacite, maître du monde, se glorifiait de descendre de l'historien de ce nom, et ne passait pas une nuit sans lire ou composer. On érigea une statue à Numérien, comme orateur; et un seul homme dans l'empire [1] lui disputait le prix de la poésie. Constantin, enfin, unissant les usages de l'ancienne Rome à ceux de l'église, et les droits de l'autel à ceux du trône, devenu chrétien, fut tout à la fois empereur et orateur sacré. Il composa et prêcha plusieurs sermons : et l'on a encore aujourd'hui un de ses ouvrages, intitulé : *Discours à l'assemblée des Saints;* sermon composé et prêché à Byzance, pour la fête de Pâques, par le successeur de César et d'Auguste.

Ainsi, avant Julien, seize empereurs avaient été au rang des écrivains de Rome. On voit que l'opinion qui a fait de l'ignorance, en Europe, un titre de noblesse, et a défendu aux hommes qui ont ou croient avoir un nom, de l'avilir par l'art de penser et d'écrire; opinion introduite par les sauvages du nord qui ne savaient que détruire, consacrée par des seigneurs de châtellenies barbares, qui ne savaient qu'opprimer, combattre et chasser; opinion bien digne en effet de ces deux époques, et qui, au bout de quatorze siècles, n'est pas encore éteinte, et subsiste même aujourd'hui beaucoup plus qu'on ne croit, n'était pas encore née sur

[1] Némésien.

la terre. Julien, dont nous n'examinons ici que les talens littéraires, fut en même temps philosophe, orateur, écrivain satirique et plaisant; et il paraît tour à tour, dans ses ouvrages, l'élève de Platon, de Démosthène et de Lucien. Ses satires sont plus connues que ses éloges. Ceux-ci ne sont pas cependant sans mérite; mais on est fâché d'en trouver deux consacrés à Constance, prince soupçonneux et lâche, timide et cruel, qui, mêlant la superstition à la fureur, d'un côté protégeait les Ariens et persécutait les catholiques, de l'autre massacrait ses généraux et fit égorger presque toute la famille impériale. Il y a apparence que ces deux panégyriques de Julien furent un tribut que la politique paya à la crainte. Jusqu'au moment où ce prince monta sur le trône, il fut presque toujours en danger; et peut-être ne conserva-t-il sa vie, qu'en flattant son tyran. Les panégyriques, d'ailleurs, étaient l'esprit de ce temps-là, comme les satires et les chansons ont été en usage chez d'autres peuples. Enfin, ceux de Julien ont été beaucoup plus éloignés que les autres, du ton de la bassesse: souvent aux éloges il mêle des vérités utiles; et telle est la malheureuse faiblesse de l'orgueil et du pouvoir, que pour instruire les hommes puissans, il faut les louer, et qu'on est presque toujours forcé d'étayer chaque vérité d'un mensonge.

Ces deux panégyriques offrent plusieurs endroits qui méritent d'être cités. Tel est, dans le premier, un morceau sur l'éducation des princes, où Julien parle de la nécessité de former leur corps avec leur âme. Il s'y plaint de cette éducation lâche, qui affaiblit à la fois l'un et l'autre ; détruit le ressort de l'âme, en énervant la volonté ; détruit les moyens des grandes actions, en énervant les forces ; prépare la crainte avant le danger, et la faiblesse dans le malheur.

Tel est un autre endroit sur l'utilité de mettre de bonne heure un jeune prince en action ; de familiariser et ses yeux et son âme avec les périls, les combats, les peuples et les armées ; de lui faire connaître par lui-même, dans son empire, la situation des lieux, l'étendue des pays, la puissance des nations, la population des villes, le caractère des peuples, leur force, leur pauvreté, leur richesse. C'est ainsi, dit-il, en parlant de Constance, qu'il apprenait à commander, mais en même temps il apprenait aussi à obéir ; et il obéissait à ce qu'il y a de plus saint sur la terre, la nature et la loi.

Il y a eu des pays où ceux qui devaient gouverner recevaient à peu près la même éducation que le reste des citoyens. Quoi de plus insensé, dit-il ! on exige de ceux qui commandent, la plus haute vertu, et l'on ne prend aucun moyen pour qu'ils vaillent mieux que le reste des hommes ! Pour être prince, il faudrait commencer par mériter de l'être.

On peut encore citer un morceau sur ces tyrans de Rome, qui, cruels à force de faiblesse, et craignant tout parce qu'ils n'étaient rien, ne pardonnaient à leurs sujets ni la naissance, ni le mérite; auprès de qui, dit-il, la vertu était un crime, comme le parricide et la révolte; prompts à abattre tout ce qui s'élevait, et à détruire tout ce qui était grand.

Le second panégyrique a, dans le dessein, quelque chose de bizarre : Julien veut y prouver que son héros est égal aux plus fameux héros d'Homère; à Achille, Diomède et Patrocle, pour la valeur; à Ulysse, pour la politique; à Nestor, pour l'éloquence. On s'étonnera moins de la bizarrerie de cette idée, quand on saura qu'Homère jouait un très-grand rôle dans tous les discours de ce temps-là. Ce poëte, que quelques hommes ont trouvé ridicule, et que des milliers d'hommes ont trouvé sublime; qu'on a déchiré avec excès, parce qu'on l'admirait avec fanatisme; et qui a fait des partis et des sectes, comme tout ce qui ébranle fortement les hommes, régnait alors sur la poésie et l'éloquence, comme Platon sur la philosophie. On ne pouvait être orateur sans citer l'Iliade. C'est une chose remarquable en philosophie, en éloquence, et dans tous les arts, qu'il ait toujours fallu aux hommes un objet de culte. Chaque siècle a le sien. Il semble que l'esprit humain soit importuné de sa raison, et fatigué d'être libre. Il a besoin qu'on le gouverne et l'asservisse. S'il ne trouve pas un homme, dans son siècle, digne de lui commander, il va demander un maître aux siècles passés ; il lui dit : « Règne sur moi ; » et aussitôt se prosterne et se courbe aux pieds de sa statue. Bientôt il n'ose plus le regarder qu'avec un respect idolâtre. Ce maître devient le tyran de sa pensée et le législateur de son goût; ce maître lui dicte ses opinions, et jusqu'aux mots dont il doit se servir. L'homme, dans cet état, ressemble à un enfant timide, qui n'ose faire un pas sans les lisières qui le soutiennent. Il pense, il sent, il respire dans un autre ; il est d'autant plus fier qu'il est plus asservi, jusqu'à ce qu'une nouvelle révolution amène un autre empire et d'autres esclaves. C'était alors le règne d'Homère. Il fallait, pour être grand, ressembler aux héros qu'Homère avait peints. Il fallait, pour avoir raison, approcher au moins de ce qu'Homère avait pensé. Ainsi, dans une grande partie de l'Europe et de l'Asie, on n'écrivait rien où Homère ne fût loué, commenté et cité. Julien paya, comme les autres, ce tribut au goût de son siècle, et dans ce panégyrique surtout. Cependant on y trouve un morceau d'un ton très-différent, et où l'orateur, sans citations, sans idées étrangères, ne marche appuyé que sur lui-même, et il faut convenir que sa démarche n'en est pas moins ferme. Ce

* 9

morceau, où la philosophie se joint à l'éloquence, est le tableau des qualités que doit avoir un prince, pour être digne de commander aux hommes. Je crois qu'on ne sera pas fâché de le connaître. Il a droit de nous intéresser, et comme roulant sur un objet utile, et comme un monument historique, qui peint également et l'esprit et l'âme de l'orateur.[1]

« La première qualité d'un prince, dit Ju-
« lien, est le respect pour les dieux, et l'atten-
« tion à maintenir leur culte dans son empire.
« Après les dieux, il honore les parens dont il
« tient la vie; et quand ils ne sont plus, sa re-
« connaissance et son respect honorent encore
« leurs cendres. S'il a des frères, il les chérit;
« et tous les liens formés par la nature lui sont
« sacrés. Accessible aux étrangers, sensible aux
« prières de ceux qui l'emploient, jaloux de
« plaire aux meilleurs citoyens, juste avec tous,
« il s'occupe également de tous les intérêts. Il
« dédaigne les richesses qui ne sont que de
« l'or; les siennes sont des amis qui l'aiment
« sans feinte, et qui le servent sans le flatter.

« Né avec du courage, il hait la guerre; mais
« si ou le hasard ou les vices des hommes la
« font naître, il sait combattre. Alors son ac-
« tivité égale sa valeur: il ne s'arrête que quand

---

[1] J'avertis cependant que je l'ai resserré, parce qu'il est très-long, et que Julien s'arrête un peu trop quelquefois sur les mêmes idées.

« ses ennemis sont vaincus ; mais l'instant de la
« victoire est celui de la clémence. Il regarde
« comme un crime d'ôter la vie à qui ne résiste
« plus. Dans les combats, il veut la plus grande
« part aux périls et aux travaux ; après le suc-
« cès, il partage entre tous le fruit de ses périls
« et de son sang. Il aime également et les ci-
« toyens et les soldats. Les citoyens sont pour
« lui le troupeau dont il est le pasteur ; mais il
« regarde les soldats comme ces animaux fiers
« et dociles, dont la fonction est d'écarter le
« danger. Ils ne doivent donc pas eux-mêmes
« être les ravisseurs et les meurtriers du trou-
« peau qu'ils défendent. Le prince, en exerçant
« leur courage, l'assujettit au frein. Il ne les
« laisse pas s'endormir dans un lâche repos ;
« alors, ceux qui sont chargés de défendre, au-
« raient eux-mêmes besoin de défenseurs. Il ne
« les laisse pas non plus s'élever avec audace
« contre leurs chefs ; la discipline dans la
« guerre est pour lui le gage des succès. Il en-
« durcit ses troupes aux fatigues, mais ce n'est
« ni par de vains discours, ni par des châti-
« mens : sa loi est son exemple. C'est en bra-
« vant la mollesse, en s'abstenant des plaisirs,
« en dédaignant les trésors, en se livrant peu
« au sommeil, en fuyant l'inaction, qu'il pré-
« tend commander : en effet, à quoi sert un
« prince dont la vie n'est qu'un sommeil ?

« Défenseur de l'État au dehors, au dedans

« il sait le rendre heureux. Il réprime les sé-
« ditions, le luxe, l'intérêt avide, source des
« crimes ; ou il empêche tous ces maux de
« naître, ou il les étouffe dès leur berceau. Il
« saura qu'un citoyen a violé une loi, comme
« il sait, à la guerre, qu'un ennemi a forcé les
« retranchemens.

« Le protecteur des lois est législateur, s'il a
« besoin de l'être. Il ne permettra pas plus qu'à
« des lois utiles et saintes, on joigne une mau-
« vaise loi, qu'il ne permettrait qu'on mît un
« esclave au rang de ses enfans. En vain ses
« parens, ses amis et ses proches lui demande-
« raient d'immoler la loi à leurs intérêts ; l'État
« est sa première famille. Violer la loi serait
« pour lui un sacrilége, comme lorsqu'un ra-
« visseur enlève un trésor sacré ; car la loi
« est un dépôt céleste ; elle est une émanation
« de Dieu.

« Toujours gouverné par l'équité, il récom-
« pense l'homme vertueux, il tâche de guérir le
« méchant. Parmi les coupables, il en est qui
« peuvent se réconcilier avec la vertu et les
« lois : le prince peut les juger. Il en est
« d'autres qui n'ont plus l'espérance de rede-
« venir justes, et que la loi condamne, pour
« leur épargner de nouveaux crimes : il évitera
« de les condamner lui-même ; jamais la bouche
« du souverain ne s'ouvrira pour prononcer une
« peine de mort. Que si les besoins de la patrie

« exigent qu'il fasse des lois pour la punition
« des crimes, il ne souffrira point que les peines
« aient un caractère atroce, ni rien d'humi-
« liant pour la dignité de l'homme. Qu'il imite
« l'Etre suprême dont il est le ministre : Dieu
« est le créateur du bien ; jamais cet être juste
« et bienfaisant n'a créé le mal.

« Ainsi que Dieu a des génies qui exécutent ses
« ordres dans l'univers, le prince a des hommes
« qui commandent sous lui dans ses États.
« Qu'il confie à chacun la place qui convient à
« son caractère ; les emplois militaires, à l'âme
« forte et au courage mêlé de prudence ; les
« magistratures, à la justice tempérée par l'hu-
« manité ; les premières places de l'empire, à
« ceux dont le mérite, composé des deux au-
« tres, unit la vigueur du caractère aux vertus.
« Mais le choix est dangereux : la méchanceté
« adroite sait tromper ; et de tous les maux
« qu'elle fait, le plus funeste c'est qu'elle prend
« le masque des vertus, et abuse ainsi ou l'igno-
« rance qui ne voit pas, ou la précipitation qui
« ne se donne pas le temps de voir. Le prince,
« dans le choix des hommes, doit échapper à
« tous ces piéges.....[1]

« Voilà pour ce qui concerne les magistrats
« et les lois ; ensuite les regards du prince se

---

[1] Tous ces détails sont trop longs dans l'original, je n'ai présenté ici que le fond des idées.

« fixeront sur le commun des citoyens. Sous
« lui le peuple des villes, heureux sans inso-
« lence, s'accoutumera à vivre dans l'abondance
« sans orgueil; le peuple des campagnes, en
« cultivant ses champs, fournira le nécessaire à
« ceux qui, le fer à la main, défendent ses mois-
« sons. Tous, à l'abri de l'ennemi domestique
« et étranger, vivront dans une paix profonde,
« adorant leur souverain, qui est pour eux
« l'auteur de tant de biens, remerciant les
« dieux, et invoquant sur lui les faveurs
« célestes. Les dieux écoutent les vœux des na-
« tions, parce qu'ils ne sont dictés ni par le
« mensonge, ni par la flatterie, mais par la
« vérité. Ils comblent le prince de tout ce qu'ils
« peuvent accorder à l'homme; et quand sa
« carrière est finie, alors ils l'appellent pour
« habiter avec eux dans les palais célestes; il
« monte, et sa gloire reste sur la terre. »

Il me semble qu'il y a peu de morceaux chez les anciens qui vaillent celui-là pour la raison, la justesse et la vérité. Julien, en traçant ce que devait être un prince, annonce ce qu'il voulait être lui-même. On voit qu'avant de monter sur le trône, il avait médité en philosophe les devoirs d'un homme d'état, et ce magnifique portrait des devoirs d'un souverain était en même temps une leçon pour le tyran qui l'écoutait, et un engagement que le nouveau César prenait avec l'empire.

Outre ces deux éloges, nous en avons encore de lui un troisième, qui est un monument de reconnaissance et de vertu ; il est consacré à l'impératrice Eusébie, sa bienfaitrice. Cette femme, une des plus belles de son siècle, aima les sciences, non par ostentation, mais par goût. Il paraît qu'à la philosophie de l'esprit, elle joignait celle de l'âme, et qu'elle fut à la fois sensible et grande. Ce fut elle qui tira Julien de son obscurité, et le fit nommer César. Mais plus près du trône, il n'en était que plus exposé au danger, dans une cour où la faiblesse barbare s'effrayait des talens, et où le meurtre était toujours près des soupçons. Eusébie, qui avait commencé l'ouvrage de sa grandeur, eut l'art de le maintenir : elle enchaîna les fureurs de Constance ; et malgré sa renommée, le nouveau César échappa aux assassins. Julien, à la tête de cet éloge, annonce le sentiment qui le lui inspire. « Les bienfaits, dit-il, pour une
« âme généreuse, sont une dette, et le premier
« devoir est de s'acquitter. L'ingratitude n'est
« pas seulement le vice de celui qui outrage
« son bienfaiteur : ceux même qui gardent le
« silence et qui oublient, sont coupables. Le
« premier crime est rare : mais on ne trouve
« que trop souvent des hommes dont le si-
« lence ingrat cache et dissimule les bienfaits.
« Ils se taisent, disent-ils, pour ne point pa-
« raître adulateurs ; ah ! c'est bien plutôt un

« secret orgueil qui les révolte. Faibles et lâ-
« ches envers leurs bienfaiteurs, ces mêmes
« hommes sont fiers et ardens avec leurs enne-
« mis ; leur reconnaissance est glacée, leur
« haine est implacable. »

Par le peu que j'ai cité, il est facile de connaître le ton et le mérite de Julien, dans ses éloges ; on doit les estimer par certaines vérités de détail, et des idées philosophiques qui sont de tous les pays et de tous les temps : mais il faut en convenir, le fond intéresse peu. Que nous font aujourd'hui Eusébie et Constance ? tant qu'un prince est vivant, tous les regards sont fixés sur lui ; son rang, les hommages qu'il reçoit, les espérances et les craintes d'un peuple, la pompe et l'appareil qui l'entourent, en font une espèce de colosse qui remplit tout : mais à sa mort, il reprend sa grandeur naturelle ; ensuite il disparaît à mesure qu'il se recule et qu'il s'enfonce dans les siècles. Il ne reste alors que ces traits distinctifs, que la renommée saisit quand il y en a ; quand il n'y en a point, il ne reste plus rien ; et que deviennent alors les panégyriques ? quand la statue est brisée, à quoi sert l'inscription ? Philosophe, orateur, qui que tu sois, veux-tu vivre ; traite des sujets, qui, à deux mille lieues de toi, et dans deux mille ans, intéressent encore ! n'écris pas pour un homme, mais pour les hommes : attache ta réputation aux intérêts éternels du genre humain : alors la postérité reconnaissante démêlera tes écrits dans les bibliothèques; alors ton buste sera honoré et peut-être baigné de larmes chez des peuples qui ne t'auront jamais vu, et ton génie, toujours utile, selon la belle expression d'un de nos poëtes, sera contemporain de tous les âges, et citoyen de tous les lieux.

CHAPITRE XX.

DE LIBANIUS, ET DE TOUS LES AUTRES ORATEURS QUI ONT FAIT L'ÉLOGE DE JULIEN. JUGEMENT SUR CE PRINCE.

Nous venons de voir Julien écrivain et panégyriste, voyons-le maintenant comme empereur, et objet lui-même des panégyriques de son siècle. A la tête des orateurs qui l'ont loué, est ce Libanius, né à Antioche, et regardé comme l'homme le plus éloquent de l'Asie. Ce fut lui qui servit de modèle à Julien. On avait défendu à ce jeune prince de le voir, et il se faisait apporter en secret tous ses discours, qu'il achetait à prix d'or. Il parvint d'abord à en imiter parfaitement le style; mais dans la suite, il y ajouta ces grâces piquantes que donne la cour, et ces beautés mâles que donne la philosophie. Empereur, il fut publiquement l'ami de celui dont il avait été le disciple en secret. Il paraît que Libanius n'eut que l'ambition des lettres et de cette espèce de gloire qui est indépendante de la fortune et des princes. Julien lui offrit une fortune qu'il dédaigna. Pouvant être préfet du palais, c'est-à-dire avoir une des premières places de la cour, il aima mieux rester orateur et homme de lettres. C'est un exemple à proposer à ceux qui avilissent les talens par l'intrigue, et briguent quelquefois de grandes places, parce qu'ils ne savent point honorer la leur.

On voit par l'histoire qu'il soutint toujours le même caractère. Julien, irrité contre les magistrats d'Antioche, avait fait mettre en prison le sénat tout entier. Libanius vint parler à l'empereur pour ses concitoyens. Comme il mettait dans son discours cet accent fier et vigoureux de la liberté et du courage, un homme pour qui apparemment cet accent-là était nouveau, lui dit : « Orateur, tu es bien près du fleuve Oronte, pour parler si hardiment. » Libanius le regarda, et lui dit : « Courtisan, la menace que tu me fais, ne peut que déshonorer le maître que tu veux me faire craindre; » et il continua. Julien, qui avait témoigné d'abord beaucoup d'empressement à le voir, parut dans la suite le négliger. Libanius ne se montra plus à la cour. L'empereur, en allant au temple, le vit dans la foule, et fut étonné qu'il ne vînt pas à lui. Les princes et tous ceux qui, sans être princes, ont ou croient avoir quelque supériorité sur les autres, sont sujets à porter le despotisme jusque dans l'amitié; ils exigent beaucoup et donnent peu. Libanius avait cette sensibilité fière qui veut qu'il n'y ait plus de rang où est l'amitié, qui en calcule tous les devoirs, parce qu'elle les trouve tous dans son cœur, que l'inégalité révolte, que les remarques d'indifférence blessent, qui ne se plaint pas, ou ne se plaint qu'une fois, mais qui emportant dans son cœur l'amitié outragée, se tait et se retire. Julien le sentit, et revint à lui; quoiqu'empereur, il fit les premières démarches. Comme ils s'estimaient tous deux, leur amitié fut vraie. Cependant Libanius n'alla jamais depuis au palais de Julien, sans être appelé. Il avait lui-même exigé cette condition; car on en peut faire avec ses amis, quand l'inégalité des rangs pourrait changer en servitude les hommages libres de l'amitié.

Plusieurs ouvrages de Libanius se sont perdus, mais il nous en reste encore une partie. De ce nombre sont ses éloges ou panégyriques. Il y en a un prononcé devant les deux empereurs Constantin et Constant, deux en l'honneur de Julien pendant sa vie, et deux après sa mort. En 363, il fut choisi par cet empereur pour faire le panégyrique d'étiquette. Julien y assista, et applaudit à l'orateur avec transport, oubliant que c'était lui-même qu'on louait. C'est ainsi qu'on a vu un poëte célèbre dont on représentait une pièce, mêler ses acclamations aux cris du public, oubliant également et le théâtre, et les spectateurs, et lui-même. Je sais que ces sortes d'actions sont extraordinaires et doivent le paraître; mais la nature passionnée a son prix, comme la nature réfléchie ; et les hommes peut-être les plus estimables ne sont pas ceux qui règlent froidement et sensément tous les mouvemens de leur âme, qui avant de sentir ont le loisir de regarder autour d'eux, et se souviennent toujours à temps qu'ils ont besoin d'être modestes. Que ces gens-là aient l'honneur d'être sages, et qu'ils laissent à d'autres l'espérance d'être grands.

Il faut avouer que les discours de Libanius n'exciteraient pas le même enthousiasme aujourd'hui. Je ne parle point des défauts de goût, des citations multipliées d'Homère, de la fureur d'exagérer, d'un luxe d'érudition qui retarde la marche fière et libre de l'éloquence, et annonce plus de lecture que de génie; ce sont là les défauts du siècle plus que de l'orateur : mais il en a d'autres qui lui sont personnels. Son style a quelquefois de l'affectation et de la recherche. Photius lui reproche de laisser trop apercevoir dans ses discours l'empreinte du travail, et d'avoir éteint, par un désir curieux de perfection, une partie de ces grâces faciles et brillantes que lui donnait la nature lorsqu'il parlait sur-le-champ. On lui a reproché aussi de l'obscurité; il faut en convenir, ce n'est pas celle de quelques grands écrivains comme Tacite, qui, voyant à une grande profondeur, ou rassemblant beaucoup d'idées en peu d'espace, fatiguent la faiblesse des hommes ordinaires, et que la médiocrité calomnie, parce qu'elle aime mieux blâmer les forces dans un autre, que de s'avouer l'insuffisance des siennes. Libanius ne fut pas assez heureux pour avoir ce tort dans ses ouvrages. Ce n'est pas non plus celle de Perse, qui, placé sous Néron, voulut, en disant la vérité, échapper au tyran. Libanius, sous un gouvernement plus juste, put parler impunément des vertus et des crimes. Son obscurité n'était qu'un défaut, sans avoir rien de piquant; elle tenait seulement à un embarras de style.

A l'égard de son éloquence, elle a souvent de l'éclat, et est presque toujours animée des couleurs brillantes de l'imagination. On voit qu'il était prodigieusement nourri de la lecture des poëtes. Leurs idées, leurs images lui sont familières. Presque à chaque page on rencontre des traits de la mythologie ancienne, et souvent son style même tient plus du coloris du poëte que de l'orateur.

Le premier discours qu'il prononça à la mort de Julien ressemble moins à une harangue qu'à une espèce de chant funèbre; le second offre

des beautés d'un autre genre. L'indignation que le vice donne aux âmes dignes d'éprouver ce sentiment affermit quelquefois son style, et lui communique un degré de force qu'il n'a pas toujours. Tel est un morceau sur quelques abus de détail que réforma Julien en montant sur le trône. « Après avoir réglé, dit l'orateur, les
« objets les plus importans de l'administration
« et de l'empire, il jeta les yeux sur l'intérieur
« du palais; il aperçut une multitude innom-
« brable de gens inutiles, esclaves et instru-
« mens du luxe, cuisiniers, échansons, eunu-
« ques, entassés par milliers, semblables aux
« essaims dévorans de frêlons, ou à ces mou-
« ches innombrables que la chaleur du prin-
« temps rassemble sous les toits des pasteurs;
« cette classe d'hommes, dont l'oisiveté s'en-
« graissait aux dépens du prince, ne lui parut
« qu'onéreuse sans être utile, et fut aussitôt
« chassée du palais; il chassa en même temps
« une foule énorme de gens de plume, tyrans
« domestiques qui, abusant du crédit de leur
« place, prétendaient s'asservir les premières
« dignités de l'État : on ne pouvait plus ni
« habiter près d'eux, ni leur parler impuné-
« ment. Avides de terres, de jardins, de che-
« vaux, d'esclaves, ils volaient, pillaient, for-
« çaient de vendre; les uns ne daignaient pas
« mettre un prix à l'objet de leurs rapines,
« d'autres le mettaient au-dessous de la valeur;

« ceux-ci différaient de payer de jour en jour ;
« ceux-là, après avoir dépouillé l'orphelin,
« comptaient pour paiement tout le mal qu'ils
« ne lui faisaient pas.... C'est par ces voies
« qu'ils rendaient pauvres les citoyens riches,
« et qu'eux-mêmes devenaient riches, de pau-
« vres qu'ils étaient. Ainsi, multipliant leur
« fortune par la misère des autres, ils éten-
« daient leur insatiable avidité aux bornes de
« la terre, demandant, au nom et sous l'auto-
« rité du prince, tout ce qui flattait leurs désirs,
« sans qu'il fût jamais permis de refuser ; les
« villes les plus anciennes étaient dépouillées ;
« des monumens, qui avaient échappé au ravage
« des siècles, étaient conduits à travers les mers
« pour embellir les palais destinés à des fils
« d'artisans, et leur faire des habitations plus
« belles que celles des rois : ces oppresseurs en
« avaient d'autres sous eux qui les imitaient ;
« l'esclave avait son ambition comme le maître ;
« à son exemple, il outrageait, tourmentait,
« dépouillait, chargeait de fers, et, pour s'en-
« richir, reversait sur d'autres le despotisme
« que son maître exerçait sur lui. Le croirait-on ?
« les trésors ne leur suffisaient pas ; ils avaient
« l'audace de s'indigner s'ils ne partageaient
« point la considération attachée à la dignité,
« croyant voiler ainsi leur servitude.... L'em-
« pereur chassa du palais ces animaux dévo-
« rans, ces monstres à cent têtes, et voulut

« qu'ils regardassent comme une grâce la vie
« qu'il leur laissait. »

Il était difficile, sans doute, de mieux peindre la corruption profonde de la cour de Byzance, cette chaîne de brigandage et d'oppression, et l'abus du crédit, dans une classe d'hommes qui, voués par état à des emplois obscurs, mais approchant du prince, ou paraissant en approcher, imprimaient de loin l'épouvante, parce qu'ils habitaient le lieu où réside le pouvoir.

Libanius, dans tout le reste du discours, qui est fort étendu, parcourt en détail la vie de Julien, depuis sa naissance jusqu'à sa mort; quelquefois éloquent, quelquefois plus historien qu'orateur, toujours pittoresque dans son style, ayant en général moins d'élévation que de dignité, et un genre de sensibilité plutôt tendre que forte.

Le discours finit par une apostrophe touchante à Julien même. « O toi, dit l'orateur,
« élève et disciple de ces êtres qui occupent le
« milieu entre la Divinité et l'homme; toi dont
« la tombe n'occupe qu'une petite portion de
« terre, mais qui par ta gloire remplis le
« monde; toi qui en commençant la carrière,
« as surpassé tous les grands hommes qui ne
« sont pas Romains, qui en la finissant, as
« surpassé ceux même de Rome; toi que les
« pères regrettent plus que leurs propres en-

« fans, et que les enfans regrettent plus que
« leurs pères; toi qui as exécuté de grandes
« choses, mais qui devais en exécuter encore de
« plus grandes; toi qui foulais aux pieds tous
« les genres de voluptés, excepté celles qui
« naissent du charme inexprimable de la phi-
« losophie; protecteur et ami des dieux de
« l'empire, ô prince! reçois ce dernier hom-
« mage d'une éloquence faible, mais à laquelle,
« pendant que tu vécus, tu daignas mettre
« quelque prix. »

Libanius n'est pas le seul orateur de son siècle qui ait fait l'éloge de Julien; Celsus, qui avait été son ami, son condisciple et son rival, lorsqu'ils étudiaient ensemble dans Athènes, prononça un panégyrique en son honneur, quand son ami fut sur le trône. Cet éloge, où un particulier loue un prince avec lequel il a quelque temps vécu dans l'obscurité, pouvait être précieux; le souvenir des études de leur jeunesse et cette heureuse époque où l'âme, encore neuve et presque sans passions, commence à s'ouvrir au plaisir de sentir et de connaître, devait répandre un intérêt doux sur cet ouvrage; mais nous ne l'avons plus, et nous n'en pouvons juger; nous savons seulement qu'il était écrit en grec. La langue d'Homère et de Platon commençait à devenir la langue dominante de l'empire. Cependant l'ancienne langue des Césars, quoiqu'altérée, se conservait toujours, et ces empereurs daces, pannoniens et barbares, qui, du fond de la Thrace et des bords de la mer Noire, commandaient au monde, étaient loués quelquefois dans la langue des Scipions.

Il nous reste encore un panégyrique dans cette langue, prononcé en l'honneur de Julien ; on y trouve de la noblesse dans les sentimens, quelques belles idées, et des défauts de goût. Il est de l'an 362. Pour connaître l'esprit des différens siècles, il n'est pas inutile d'observer que Mamertin, qui prononça cet éloge, parvint, par ses talens, aux premières dignités ; il occupa long-temps avec distinction le rang de sénateur ; et quand Julien monta sur le trône, il lui donna la place de surintendant général des finances de l'empire. « Vous cherchiez, « dit-il à l'empereur, un homme qui eût assez « d'élévation pour savoir dédaigner les ri-« chesses, assez de courage pour savoir dé-« plaire, assez de fermeté pour braver la haine ; « vous avez cru trouver ces qualités en moi, et « vous m'avez choisi dans un temps où les pro-« vinces épuisées par les pillages des barbares, « et par des brigandages non moins funestes « que honteux, imploraient votre secours. » Le même empereur le fit ensuite préfet des gardes prétoriennes, et lui confia le gouvernement de plusieurs provinces. Enfin, nommé consul par Julien, comme Pline par Trajan, il prononça aussi un panégyrique pour remercier son bienfaiteur et son prince ; mais il y a bien plus de distance entre les deux orateurs qu'entre les deux héros.

Après tous ces panégyriques, il serait curieux d'apprécier celui qui en fut l'objet. Il n'y a personne dont on ait dit ni plus de bien, ni plus de mal que de Julien. L'esprit de parti lui a élevé des statues, le zèle religieux les a brisées. On l'a peint tour à tour comme le plus coupable et comme le plus grand des hommes. Tâchons d'écarter, s'il se peut, l'éloge et la satire ; et sans un faux enthousiasme, comme sans injustice, cherchons la vérité. Il s'égara dans la religion, voyons du moins ce qu'il fut comme prince ; en détestant son crime, discutons ses vertus : l'aveu que nous en ferons ne peut nous rendre complices de ses erreurs.

On sait qu'il eut l'éducation la plus austère. Il apprit, dans la retraite, dans l'étude, dans l'éloignement des plaisirs, à se former et à commander aux hommes ; il est vrai que peut-être il fut forcé à la vertu par le malheur. La mort de son père et de ses frères, leur assassin sur le trône, l'avertissaient d'être simple et modeste ; mais aussi, environné de meurtres, il eut à lutter contre l'exemple des crimes. Mis à la tête de l'empire, il y soutint son caractère ; on le vit à la cour dédaigner le faste, fuir la mollesse, combattre ses sens, dompter en tout la nature, se contenter de la nourriture la plus grossière ; souvent il la prenait debout, souvent se la refusait, dormait peu, n'avait d'autre lit qu'une peau étendue sur la terre, et passait une partie des nuits ou dans son cabinet, ou sous sa tente, occupé au travail et à l'étude. Enfin, sous la pourpre, il eut les maximes et mena la vie rigide de Caton. On dira peut-être que ce sont là plutôt des vertus d'un cénobite que d'un prince : on se trompe ; on ne pense point assez combien, dans celui qui gouverne, cette vie austère retranche de passions, de besoins ; combien elle ajoute au temps ; combien elle laisse au peuple ; combien elle diminue les moyens de corruption et de faiblesse ; combien, par l'habitude de se vaincre, elle élève l'âme.

Ce qui ajoute à son mérite, c'est que, dur pour lui-même, il n'en fut pas moins compatissant pour les autres ; en rendant la justice, il tempéra, par l'indulgence d'un prince, l'équité d'un juge.

On sait qu'à l'humanité de détail qui soulage dans le moment le malheureux qui souffre, il joignit cette humanité plus étendue qui prévoit les maux, rétablit l'ordre, substitue les grandes vues à la pitié, et sans le secours de cette sensibilité d'organes qui est aussi souvent une faiblesse qu'une vertu, sait faire un bien même éloigné, et s'attendrir sur des malheurs qu'elle ne voit pas. Ainsi il s'occupa du soulagement des peuples ; mais d'autres empereurs qui eurent les mêmes vues, n'étant pas contredits sur le trône, purent être humains impunément : Julien, long-temps César, assujetti dans son pouvoir même à un tyran jaloux, qui l'avait créé par besoin et le haïssait par faiblesse; qui lui eût permis de faire le mal pour se déshonorer, et craignait qu'il ne fît le bien; qui, tout à la fois barbare et lâche, désirait que les peuples fussent malheureux, pour que le nouveau César fût moins redoutable; Julien, environné, dans les Gaules, des ministres de cette cour, qui étaient moins ses officiers que ses ennemis, et déployaient contre lui cette audace que donne à des tyrans subalternes le secret de la cour, et l'orgueil d'être instrumens et complices de la volonté du maître; Julien enfin, traversé en tout par ces hommes qui s'enrichissent de la pauvreté publique, eut bien plus de mérite à arrêter les abus et à soulager les provinces.

Dans un empire tout militaire, et où le soldat féroce et avare vendait son obéissance à prix d'or, il sut résister à l'avidité des troupes.

On conspira contre lui, et il pardonna.

A l'exemple de Trajan, il soumit à la loi un pouvoir qui, par la force secrète de la nature et des choses, ne tend que trop souvent à s'affranchir de la loi. Comme lui, il fit la guerre en personne; comme lui, il combattit en soldat. Enfin, en mourant, il témoigna la plus grande fermeté et le courage tranquille d'un homme qui obéit à la nature, et que ses actions consolent de la brièveté de sa vie.[1]

On voit, par toute la vie de Julien et par quelques-uns de ses ouvrages, que sa grande ambition était de ressembler à Marc-Aurèle. Si on regarde les talens, il eut plus de génie; si on regarde le caractère, il eut plus de fermeté peut être, et fut plus loin de cette bonté dont on abuse, et qui, voisine de l'excès, peut devenir une vertu plus dangereuse qu'un vice.

Mais aussi, à beaucoup d'égards, Marc-Aurèle eut des avantages sur lui; ils furent tous deux philosophes, mais leur philosophie ne fut pas la même. Celle de Marc-Aurèle avait plus de profondeur, celle de Julien peut-être plus d'éclat. La philosophie de l'un semblait née

---

1. Voici ses dernières paroles telles qu'on les trouve partout : « Mes amis, la nature me redemande ce qu'elle « m'a prêté ; je le lui rends avec la joie d'un débiteur qui « s'acquitte. L'âme n'est heureuse que lorsqu'elle rede- « vient libre ; et pour les gens de bien, souvent la mort « est une récompense. Je la reçois comme une grâce. Si « j'avais vécu plus long-temps, j'aurais peut-être fait quel- « que action indigne de moi. Aujourd'hui je meurs sans « remords, parce que j'ai vécu sans crime. J'ai gouverné « les provinces avec douceur. J'ai détesté la puissance ar- « bitraire. Je n'ai fait la guerre que pour obéir à la pa- « trie. Je remercie le Dieu éternel. Ce serait être égale- « ment lâche, et de vouloir mourir quand il faut vivre, et « de regretter la vie quand il est temps de mourir. »

SUR LES ÉLOGES.

avec lui; elle était devenue un sentiment, une passion, mais une passion d'autant plus forte qu'elle était calme, et n'avait pas besoin des secousses de l'enthousiasme. La philosophie de l'autre semblait moins un sentiment qu'un système; elle était plus ardente que soutenue; elle tenait à ses lectures, et avait besoin d'être remontée. Marc-Aurèle agissait et pensait d'après lui; Julien, d'après les anciens philosophes: il imitait. Un autre caractère du grand homme lui manqua, c'est cette vertu qui fait que l'âme, sans s'élever, sans s'abaisser, sans s'apercevoir même de ses mouvemens, est ce qu'elle doit être, et l'est sans faste comme sans effort; en cela, il fut encore loin de Marc-Aurèle. Son extérieur était simple, son caractère ne l'était pas; ses discours, ses actions avaient de l'appareil, et semblaient avertir qu'il était grand; suivez-le, sa passion pour la gloire perce partout; il lui faut un théâtre et des battemens de mains; il s'indigne quand on les refuse; il se venge, il est vrai, plus en homme d'esprit qu'en prince irrité qui commandait à cent mille hommes, mais il se venge; il court à la renommée, il l'appelle; il flatte pour être flatté: il veut être tout à la fois Platon, Marc-Aurèle et Alexandre. [1]

[1] La critique qu'on fait ici du caractère de Julien, a quelque rapport avec celle qui en a été faite dans un ouvrage très-estimable, plein de connaissances, de vues

Son caractère ardent est souvent inégal ; souvent il voit le but, l'atteint et le passe ; enfin, il eut dans ses idées plus d'impétuosité que de règle, et, dans plusieurs de ses sentimens, plus de grandeur que de sagesse.

Son changement de religion est un des grands problèmes de l'histoire. Ce changement fut-il l'effet de la persuasion ou de la politique ? Pour résoudre ce problème, jetons un coup-d'œil sur son siècle ; nous reviendrons ensuite à Julien, et la question sera peut-être aisée à résoudre.

On sait que dans l'Europe et l'Asie ensemble, jamais il n'y eut autant de mouvement dans les esprits qu'il y en avait alors ; les progrès du christianisme, et le choc de ceux qui combattaient pour la religion de l'empire, avaient donné cette secousse. C'était là le grand objet de toutes les nations ; et il se mêlait tantôt sourdement, tantôt avec éclat, aux malheurs de la guerre et aux fureurs politiques. Le paganisme, trop faible, avait appelé la philosophie à son secours ; et la philosophie, sentant qu'il fallait réparer l'édifice pour le conserver, des débris de l'ancien système religieux, en avait presque formé un nouveau.

et d'esprit, qui a paru depuis peu, et qui est intitulé : *De la Félicité publique.* Comme il y avait déjà plus de trois ans que mon ouvrage était écrit, je n'ai pas cru, malgré cette légère ressemblance, devoir rien changer à cet endroit.

On s'attacha surtout à imiter plusieurs des caractères du christianisme. Aux idées pures et spirituelles d'un dieu unique, on opposa les idées platoniciennes sur la divinité ; à un dieu en trois personnes, cette fameuse trinité de Platon ; aux anges et aux démons, la doctrine des génies créés pour remplir l'intervalle entre Dieu et l'homme ; à l'idée d'un dieu médiateur, la médiation des génies célestes ; aux prophéties et aux miracles, la théurgie, qui à force de sacrifices et de cérémonies secrètes, prétendait dévoiler l'avenir, et opérer aussi des prodiges ; enfin, à la vie austère des chrétiens, des pratiques à peu près semblables, et des préceptes d'abstinence et de jeûnes pour se détacher de la terre, en s'élevant à Dieu. Ainsi, l'erreur se rapprochait de la vérité pour la mieux combattre ; mais, dans cette agitation universelle, ce qui dominait le plus, c'était la fureur de connaître ce qui n'était point encore, et de franchir les bornes que la nature a posées aux connaissances comme au pouvoir de l'homme. Cette disposition était l'effet naturel de la fermentation des esprits, des malheurs des peuples, des grands intérêts politiques et religieux ; enfin ce système des génies, imaginé ou puisé chez les Chaldéens par Platon, et renouvelé alors avec le plus grand succès. Telle était la situation des esprits, lorsque Julien parut.

Nous savons par l'histoire quels furent son caractère et ses goûts. Passionné pour les Grecs, nourri jour et nuit de la lecture de leurs écrivains, enthousiaste d'Homère, fanatique de Platon, avide et insatiable de connaissances; né avec ce genre d'imagination qui s'enflamme pour tout ce qui est extraordinaire; ayant de plus une âme ardente, et cette force qui sait plus se précipiter en avant que s'arrêter; d'ailleurs, accoutumé dès son enfance à voir dans un empereur chrétien le meurtrier de sa famille, et, dans le fond de son cœur, rendant peut-être la religion complice des crimes qu'elle condamne; placé entre l'ambition et la crainte; inquiet sur le présent, incertain sur l'avenir; ses goûts, son imagination, son âme, les malheurs de sa famille, les siens, tout semblait le préparer d'avance à ce changement qui éclata dans la suite.

On ne peut douter, en le lisant, qu'il ne fût séduit par cette espèce de théologie platonique qui régnait alors, et dont il parle dans tous ses écrits avec enthousiasme. Son hymne au *Soleil Roi* est une hymne au *Logos*, ou à l'intelligence éternelle qui joue un si grand rôle dans Platon.

On ne peut presque pas douter qu'il n'ait cru aux génies. Deux fois il crut voir celui de l'empire : l'une en songe et dans les Gaules, lorsqu'il délibérait s'il accepterait le trône;

l'autre dans la Perse, et peu de temps avant sa mort, lorsque, pendant la nuit, il méditait sous sa tente. Alors le génie de l'empire lui parut triste et désolé, et la tête couverte d'un voile. Julien lui-même raconta ces deux apparitions à ses amis.

Enfin, quand on le voudrait, il serait également impossible de douter qu'il n'eût un penchant profond à la superstition. Oracles, présages, sacrifices, mystères, divinations, cérémonies théurgiques, il embrassait tout, il se livrait à tout. On le voit; l'idée que la divinité pouvait se communiquer à l'homme, idée si analogue d'ailleurs à son siècle et aux idées générales qui occupaient alors l'univers, tourmentait et agitait son esprit. On a beau dire, je ne puis croire que sa politique seule fît sa superstition. La politique a moins de zèle, et n'a pas surtout cette activité inquiète et curieuse. L'intérêt, qui veut traîner le peuple aux autels, peut bien se mêler aux sacrifices, dans les fêtes et les cérémonies publiques; mais l'intérêt ne joue pas l'enthousiasme religieux, tous les jours, tous les instans, et dans tous les détails de la vie.

Que penser donc de Julien? qu'il fut beaucoup plus philosophe dans son gouvernement et sa conduite que dans ses idées; que son imagination fut extrême, et que cette imagination égara souvent ses lumières; qu'ayant renoncé à croire une révélation générale et unique, il cherchait à chaque instant une foule de petites révélations de détail; que, fixé sur la morale par ses principes, il avait, sur tout le reste, l'inquiétude d'un homme qui manque d'un point d'appui; qu'il porta, sans y penser, dans le paganisme même, une teinte de l'austérité chrétienne où il avait été élevé; qu'il fut chrétien par les mœurs, platonicien par les idées, superstitieux par l'imagination, païen par le culte, grand sur le trône et à la tête des armées, faible et petit dans ses temples et dans ses mystères; qu'il eut, en un mot, le courage d'agir, de penser, de gouverner et de combattre, mais qu'il lui manqua le courage d'ignorer; que, malgré ses défauts, car il en eut plusieurs, les païens durent l'admirer, les chrétiens durent le plaindre; et que, dans tout pays où la religion, cette grande base de la société et de la paix publique, sera affermie, ses talens et ses vertus se trouvant séparés de ses erreurs, les peuples et les gens de guerre feront des vœux pour avoir à leur tête un prince qui lui ressemble.

CHAPITRE XXI.

DE THÉMISTE, ORATEUR DE CONSTANTINOPLE, ET DES PANÉGYRIQUES QU'IL COMPOSA EN L'HONNEUR DE SIX EMPEREURS.

Presque tous les écrivains d'un pays et d'un siècle, poëtes, orateurs, philosophes même, sont entraînés et formés par ce qui les entoure. La nature, dans chaque époque, imprime, pour ainsi dire, le même cachet à toutes les âmes. Les mêmes objets leur communiquent les mêmes idées, et souvent la même manière de les rendre. Tous se ressemblent. Des milliers d'hommes ne forment qu'un seul homme. Cependant, pour rompre cette ennuyeuse et vile uniformité, il paraît quelquefois, sur la terre, des êtres uniques et qui ne tiennent à rien. En bien, en mal, ils ont un caractère; ils sont eux. Ils passent à travers leur siècle, sans rien emprunter de sa couleur. Jetés hors des routes communes, la postérité les distingue de loin, comme ces arbres solitaires qui s'élèvent avec vigueur dans un espace désert. L'homme qui étudie la nature et l'observe, cherche, dans le mouvement général, ce qui leur a donné un mouvement particulier, et ne le trouve pas. Tels, dans leur siècle et leur pays, ont été, parmi les historiens, Tacite; parmi les moralistes, Montaigne; parmi les philosophes, Bacon; parmi les poëtes, Corneille; et, à la fin du règne de Louis XIV, ce Fontenelle, dont le genre d'esprit, qui n'était qu'à lui, a été si critiqué et si loué pendant quatre-vingts ans. Tel enfin parut, dans Constantinople, un orateur, que six empereurs honorèrent successivement; qui, panégyriste, ne parla jamais que pour dire aux princes les vérités les plus nobles; à qui l'admiration éleva des statues, sans que l'envie même osât murmurer; et qui, malgré ses imperfections et ses défauts, eut un caractère fort supérieur à l'esprit général de son temps; c'est le philosophe Thémiste. Son père, philosophe lui-même, l'envoya de bonne heure dans un petit pays situé auprès du Pont-Euxin. C'est là que, sous un maître habile, il étudia la philosophie et l'éloquence. Ainsi, c'est au pied du Caucase, et dans l'ancienne patrie de Médée, que se forma l'orateur qui devait un jour étonner la Grèce. On voit que les arts ont habité presque tous les climats. Tout change. Ce pays, qui fait partie de la Géorgie, et qui instruisait autrefois des philosophes, n'est plus célèbre aujourd'hui que par la beauté de ses femmes, qu'il envoie aux sérails de Constantinople et d'Ispahan. Thémiste, encore jeune, composa des commentaires sur les ouvrages du précepteur d'Alexandre. Il parut grand, même en travaillant sur les idées d'un autre. Sa réputation se répandit bientôt dans l'Asie, et de l'Asie à Rome. Il fut quelque temps dans cette ville, qu'il étonna. On voulut l'y fixer; mais Rome n'était plus que la seconde ville du monde. Il retourna à Byzance. Les philosophes voyageaient pour venir l'entendre; les princes étaient curieux de le voir; et les oracles, dans les temples, lui rendaient les mêmes hommages qu'aux rois. Ils daignaient parler de lui.

Quand des talens sont parvenus à un certain degré de célébrité, on peut bien s'avilir en les persécutant; mais il n'y a plus de mérite à les protéger. Le prince est, pour ainsi dire, forcé par son siècle; la voix publique lui sert de loi; d'ailleurs il s'honore lui-même, et alors il n'y a presque que de l'orgueil à être juste. Ainsi Constance, quoique féroce et sans génie, éleva Thémiste au rang de sénateur. La lettre qu'il écrivit au sénat, est le plus beau monument de ce règne. « Un bienfait, dit-il, accordé à « l'homme vertueux, est un bienfait pour l'État. « Instruit de la grande réputation du philo-« sophe Thémiste, j'ai cru qu'il était digne de « l'empereur et de vous de récompenser sa « vertu, en l'admettant dans ce conseil auguste: « et je n'ai pas voulu seulement honorer Thé-« miste, j'ai voulu aussi honorer le sénat, que « j'ai cru digne de posséder un si grand homme. « Vous lui communiquerez de votre dignité, « et il répandra sur vous une partie de son éclat. »

Peu de temps après, Constance lui fit élever une statue de bronze. Julien le fit préfet de Constantinople. Valens voulut presque toujours l'avoir à sa cour, et se fit même accompagner par lui dans ses guerres contre les barbares. Gratien et Théodose le comblèrent de faveurs; et ce dernier, prêt à partir pour l'Occident, lui confia son fils, en le priant de vouloir bien lui donner des leçons de sagesse et de grandeur. Tels étaient encore dans ces siècles, qui pourtant ne sont pas l'époque la plus brillante dans l'histoire de l'esprit humain, le respect et l'enthousiasme des princes pour les vrais philosophes. Il s'en faut beaucoup que notre Montesquieu, dont le nom est aujourd'hui si cher à l'Europe entière, et qui influe sur la législation, de Londres à Pétersbourg, ait reçu, de son vivant, la vingtième partie de ces honneurs.

Nous n'avons presque rien aujourd'hui des ouvrages philosophiques de Thémiste; mais il nous reste une grande partie de ses harangues, ou panégyriques de princes. Ils sont au nombre de vingt. Il a donné à ce genre d'ouvrages un ton plein de dignité et de force, et qu'il n'avait point du tout avant lui. Je vais tâcher de faire connaître ces discours, beaucoup moins connus qu'ils ne méritent de l'être. Je choisirai, dans tous, les idées éparses sur les philosophes et sur les princes; car ce sont les deux objets dont il s'occupe sans cesse.

SUR LES ÉLOGES.

L'orateur cherche d'abord dans la divinité le modèle du prince. Il trouve que le principal caractère de Dieu est la bonté. « Ce n'est que « par intervalles et rarement, dit-il, que Dieu « lance le tonnerre; mais c'est tous les jours, « et sur le monde entier, qu'il verse sa lumière. « On ne peut donc lui ressembler sans être « bienfaisant. Croit-on, dit-il à Valentinien et « à Valens, croit-on que ce soit en montant à « cheval avec grâce, et en maniant les armes « avec adresse, qu'un prince puisse imiter cet « être sublime? Ce n'est pas même par le cou- « rage, par la patience, par la force; ce n'est « pas même par le mépris des voluptés; aucunes « de ces vertus de l'homme ne conviennent à « Dieu : ces vertus tiennent à des faiblesses. Ce « qui nous élève, avilirait ce grand être. Mais, « ce qu'il y a de céleste et de divin, c'est d'avoir « entre ses mains le bonheur des hommes, et « de faire ce bonheur. Princes, s'il nous arrive « de vous donner le nom de dieu, c'est pour « vous faire souvenir de ce que vous devez être.

« Je ris, dit l'orateur, quand je pense à ce « tyran, qui, voulant persuader qu'il était dieu, « se faisait élever des statues et des temples; et « l'insensé ne pensait pas même à faire du bien « aux hommes. Si le prince veut un culte, au « lieu de se faire consacrer une statue d'or ou « de bronze sur un autel, qu'il fasse lui-même « de son âme et le temple et l'autel, et, pour

« ainsi dire, le simulacre saint de la divinité ;
« nous l'adorerons alors. Pour ressembler à
« Dieu, il ne suffit pas d'usurper ses honneurs,
« il faut l'imiter.

« Le prince qui aime les hommes, dit-il
« ailleurs, aura toutes les vertus ; il domptera
« surtout la colère, mal sans bornes dans un
« pouvoir qui n'en a pas.

« Les tyrans, les pestes et les tremblemens
« de terre, sont faits pour détruire les hommes;
« les princes pour les conserver.

« *J'ai perdu un jour*, disait Titus, car je n'ai
« fait aujourd'hui de bien à personne. Que
« dites-vous, prince, s'écrie l'orateur? non, le
« jour où vous avez dit une parole qui doit être
« la leçon éternelle des rois, ne peut-être un
« jour perdu. Jamais vous n'avez été plus grand,
« ni plus utile à la terre. »

De ce sentiment d'humanité naît, dans le
prince, le devoir d'adoucir la sévérité de la loi.
« Car le juge rigide condamne souvent celui
« que la loi absoudrait, si elle pouvait pro-
« noncer : le juge alors est esclave. Il décide
« d'après les mots et la lettre, exerçant, pour
« ainsi dire, une injustice juste. Il n'en est pas
« de même du prince : il est la loi qui parle et
« qui respire, et non pas cette loi muette et
« sourde représentée par des caractères immo-
« biles. Aussi, dit-il à Théodose, nous étions
« accoutumés à voir l'or retourner du trésor

« public à ceux à qui on l'avait injustement
« enlevé, mais nous venons de voir plus ; nous
« avons vu des hommes menés par la loi aux
« portes de la mort, ramenés à la vie par le
« prince ; car de tous nos empereurs, tu es celui
« qui respecte le plus la loi ; mais tu sais que
« par respect pour la loi même, il faut quel-
« quefois s'en écarter. »

Et dans le même discours, faisant allusion à
la fable célèbre des deux tonneaux d'Homère :
« Sous ton empire, nous connaissons le tonneau
« du bien, d'où s'épanchent la félicité, la ri-
« chesse et la vie. Il est près du trône, et ta
« main y puise sans cesse : mais nous ne voyons
« point celui des gémissemens, des larmes et
« du sang : il n'y en a point d'où se verse la ter-
« reur ; ou si ce tonneau fatal existe, il est
« fermé de toutes parts. L'espérance est sortie et
« vole sur l'empire, les maux sont enchaînés. »

On sait qu'au commencement du règne de
Valens, Procope se révolta et prit la pourpre.
Il se prétendait de la famille des Constantins ;
mais ce droit n'était rien sans la victoire ; il fut
vaincu. Valens, qui d'abord avait été lâche, fut
ensuite cruel ; c'est l'ordinaire. Il fit couler le
sang des ennemis, avec cette fureur que les
caractères atroces nomment justice : l'orateur,
en le louant d'une humanité qu'il n'avait pas,
tâche au moins de lui inspirer les sentimens
qu'il devait avoir. Dans un discours tout entier,

il lui parle de clémence. « Avant Socrate, on di-
« sait : faisons du bien à qui nous aime, et du mal
« à qui nous hait. Socrate a changé ce précepte,
« et a dit : faisons du bien à nos amis, et ne
« faisons point de mal à nos ennemis. » Il rapporte l'exemple de tous les grands hommes qui
ont pardonné, ou à des assassins, ou à des ingrats. Il vante ce pouvoir magique qu'ont les
princes, de changer les âmes par leurs bienfaits. « Il ne tient qu'à eux, dit-il, de déraciner
« la haine et d'apprivoiser la fureur. »

Dans un autre discours adressé au même
prince, après la cinquième année de son règne,
on trouve un long morceau sur les finances ; il
respire cette philosophie pleine d'humanité,
qui devrait être celle de tous les rois. « On ne
« peut être humain, dit l'orateur, sans être
« libéral ; mais la libéralité du prince ne con-
« siste pas à donner aux uns, sans accabler les
« autres. Celui qui est si magnifique n'est pas
« loin d'être injuste ; il prive des milliers de pau-
« vres du nécessaire, pour enrichir des riches,
« c'est-à-dire pour verser quelques gouttes inu-
« tiles dans des fleuves. Le prince donne d'au-
« tant plus, qu'il exige moins. » Et s'adressant
à son empereur : « Avant toi, dit-il, les charges
« publiques augmentaient tous les ans, chaque
« année ajoutait au poids de l'année qui avait pré-
« cédé. C'est toi, prince, qui as arrêté cette ma-
« ladie de l'État. Sais-tu pourquoi tu as mis cet

« ordre dans les finances de l'empire ? c'est que
« tu avais gouverné ta maison avant de gouver-
« ner le monde. Tu n'as pas besoin d'apprendre
« d'un autre ce qu'il en coûte de sueurs et de
« peines au laboureur; tu connais la hardiesse
« de l'exacteur, l'adresse du commis, l'avarice
« du soldat. Instruit de ces détails, tu es monté
« sur le trône; c'est pourquoi, comme si ce vaste
« empire n'était qu'une famille, tu vois d'un
« coup d'œil quels sont tes revenus, quelles
« sont tes dépenses, ce qui manque, ce qui
« reste; les opérations qui sont faciles, celles
« qui ne le sont pas. Seul de tous les princes,
« tu n'as pas mis ceux qui manient les deniers
« de l'État au-dessus de ceux qui le défendent.
« Celui qui préside aux finances ne marche
« pas avec plus de pompe que celui qui com-
« mande les armées. Chargé de l'emploi d'Aris-
« tide, ils sont forcés d'avoir sa justice. Ton
« œil perçant sait découvrir et rendre inutiles
« les profondeurs de cet art funeste et caché....
« Non, désormais je ne craindrai pas les enne-
« mis domestiques plus que les Barbares mêmes.
« Je ne verrai plus la moisson enlevée de dessus
« les sillons, avant même qu'elle entre chez
« le laboureur. D'impitoyables créanciers ne
« veilleront plus sur les travaux du vendan-
« geur, et l'habitant des champs ne passera
« plus un hiver triste et désolé auprès de ses

« greniers déserts. C'est alors que je jouirai de
« la proie enlevée sur les Barbares, quand le
« ravisseur domestique ne viendra plus faire sa
« proie de mon bien. Prince, continue l'ora-
« teur, ma voix, dans ce moment, représente
« la voix du monde entier. Tu nous as remis
« une partie des tributs, et, pour dédomma-
« gement, nous te rendons un tribut de recon-
« naissance et de tendresse; c'est le plus digne
« du prince. Au lieu des moissons et des fruits
« de la terre qu'on nous arrachait, reçois des
« fruits qui ne se flétriront pas; ce sont ceux
« de la gloire : c'est elle qui sans cesse re-
« nouvelle l'empire d'Auguste, qui empêche
« Trajan de vieillir, qui tous les jours ressuscite
« Marc-Aurèle. Crois-tu, malgré leurs vic-
« toires, que leurs noms fussent aussi célèbres,
« si, terribles aux barbares, ils n'eussent été
« bienfaisans envers leurs sujets ? etc. »

L'orateur veut étendre ce sentiment d'humanité dans le prince, des sujets de l'État,
aux ennemis mêmes de l'État. « Celui, dit-il à
« Valens, qui, dans la guerre, poursuit avec
« acharnement, et veut détruire, ne se montre
« que le roi d'une nation; celui qui, après avoir
« vaincu, pardonne, se montre le père et le
« souverain de tous les hommes. Cyrus n'aimait
« que les Perses, Auguste les Romains, Alexan-
« dre les Grecs; aucun n'aimait les hommes, au-

« cun n'était vraiment roi. Pour l'être, il faut,
« comme Dieu, n'exclure ni aucun peuple, ni
« aucun homme de sa province. »

Valens irrité refusait la paix aux Barbares ;
c'est le philosophe qui fléchit l'empereur :
l'éloquence donna la paix au monde. « Je fis
« voir au prince, dit l'orateur, que c'est en
« sauvant, et non en égorgeant les hommes,
« que l'on ressemble aux dieux. Quand on a
« remporté la victoire sur des lions, des léo-
« pards et des tigres, on compte tous ceux dont
« on a fait couler le sang dans les forêts : quand
« on a vaincu des hommes, il faut compter
« tous ceux qu'on a sauvés ; encore n'exter-
« mine-t-on pas entièrement les bêtes féroces,
« on en laisse subsister la race dans les déserts ;
« et une nation d'hommes (qu'on les appelle Bar-
« bares, ils n'en sont pas moins des hommes),
« une nation tout entière, soumise et trem-
« blante à ses pieds, il eût donc fallu l'exter-
« miner et la détruire ? non. J'admire et j'ap-
« pelle grand celui qui la conserve. Le destruc-
« teur de Carthage fut nommé l'Africain. Un
« autre s'appela Macédonien, parce qu'il avait
« fait de la Macédoine un vaste désert ; mais
« toi, prince, je veux que tu tires ton nom de
« la nation que tu as sauvée ; ainsi nous nom-
« mons les dieux, des pays qu'ils protègent. »

Outre l'humanité et la clémence qui sont les
premiers devoirs, l'orateur parcourt toutes les

autres qualités du prince. Il dit à Constance :
« L'athlète des jeux olympiques, jaloux de
« vaincre, et veillant sur lui-même, s'interdit
« tous les plaisirs qui pourraient l'énerver; et
« le prince qui est, pour ainsi dire, l'athlète
« de l'univers, ira-t-il se livrer à de lâches
« voluptés? »

Il félicite Valens de ce qu'il veut s'instruire.
« Puisque tu as ce désir, lui dit-il, si les
« hommes ne sont heureux, ce sera la faute de
« ceux qui n'useront pas de ton âme pour tout
« ce qui est honnête et grand. »

Il exhorte cet empereur à ne négliger aucun
des soins du gouvernement. « Il y a eu, lui
« dit il, des princes qui prenaient grand soin
« de leur chevelure, mais qui ne comptaient
« pour rien des villes entières tombées en ruine.
« Ils s'occupaient de leur parure, et ils négli-
« geaient l'univers; peut-être même avaient-ils
« grand soin de choisir leurs chevaux, mais
« point du tout les hommes qu'ils destinaient
« aux places; et tandis qu'aux jeux du cirque
« ils n'auraient pu souffrir de voir des cochers
« conduire un char, ils abandonnaient à des
« hommes sans choix les rênes de l'empire et
« la conduite des nations. On brise une statue,
« on efface un tableau qui ne ressemble point
« à son modèle : le prince sera-t-il donc moins
« attentif à ceux dont le devoir est de le repré-
« senter auprès des peuples? »

« L'influence de la vertu du prince, dit-il à
« Théodose, ne se borne point à la terre.
« Marc-Aurèle, voyant son armée prête à périr
« par la soif, leva ses mains au ciel : O Dieu,
« dit-il, je lève vers toi, qui donnes la vie,
« cette main qui ne l'a jamais ôtée à personne.
« Dieu l'entendit, et sauva son armée. »

Nous avons déjà vu que Valens était cruel ; et, comme tous les hommes, il porta son caractère dans la religion. Trompé par les Ariens, il persécuta les catholiques avec fureur. On dit qu'un jour ayant reçu une députation de quatre-vingts prêtres qui venaient pour le fléchir, il les fit embarquer tous ensemble, et ordonna qu'on mît le feu au vaisseau, quand ils seraient en pleine mer. Un homme éloquent adoucit les fureurs de ce tigre. Thémiste osa parler de douceur à un fanatique, et d'humanité à un barbare; et, ce qui est plus étonnant, il réussit. La persécution cessa; et cet empereur assassin, ce barbare incendiaire, ce chrétien persécuteur d'autres chrétiens, publia un édit, par lequel il défendait qu'on employât désormais ni autorité, ni menaces pour faire changer personne de religion. Nous n'avons plus le discours de Thémiste, mais il nous reste celui où il félicite l'empereur de son changement; c'est l'ouvrage à la fois de l'éloquence et de la raison.

Ainsi cet homme vertueux parlait aux princes,

sous prétexte de les louer. Il avait donc raison de dire à Constance : « Pour la première fois, « ô empereur! tu vas entendre un orateur libre « et vrai, même en te louant, un orateur qui « ne dira pas un mot dont son front ait à rou- « gir; » et plus bas : « Je vous atteste tous, ô « vous qui marchez dans la même carrière que « moi! si vous vous apercevez que je vous « trompe, si le moindre mensonge se mêle à « mes paroles, élevez tous votre voix contre un « lâche orateur; repoussez-moi du sanctuaire « de la sagesse, et ne permettez plus à celui qui « l'outrage, d'oser en donner des leçons; mais « si, toutes les fois que je louerai, je dis la « vérité, ne regardez pas comme une vile flat- « terie ce qui est un juste éloge. L'éloge est un « tribut qu'on paie à la vertu. »

Dans un de ses derniers discours à Théodose, il s'interrompt tout à coup : « Tu vois, prince, « lui dit-il, que je ne suis pas venu ici pour te « flatter : conviendrait-il à un philosophe en « cheveux blancs, qui a familièrement vécu « avec tant d'empereurs, aujourd'hui que le « plus humain de tous est sur le trône, de « mendier sa faveur par des bassesses? quand « la liberté est la moins dangereuse, irais-je « choisir ce temps-là pour me déshonorer par « des mensonges? »

On sent bien qu'il devait parler des connaissances et des lettres avec dignité; il fait voir

qu'elles ont été chères à tous les princes qui ont été grands ; il cite Aristote comblé de bienfaits par Philippe, Xénocrate par Alexandre, Aréus par Auguste, Dion par Trajan, Sextus par Marc-Aurèle : « Tu imites ces grands hommes,
« dit-il à un empereur, la philosophie et les
« lettres marchent partout avec toi ; elles te
« suivent dans les camps ; par toi elles sont
« respectées, non seulement du Grec et du
« Romain, mais du Barbare même ; le Scythe
« épouvanté qui est venu implorer ta clémence,
« a vu la philosophie près de toi, balançant le
« sort des peuples, et décidant des trèves de la
« paix que tu accordes aux nations. Voyez les
« statues de bronze élevées dans ces murs à la
« sagesse, les priviléges qui lui sont accordés
« dans les villes, les honneurs prodigués à
« ceux qui en sont dignes. La sagesse est la
« seule qui répande encore plus d'éclat sur
« ceux qui l'honorent que sur ceux qui sont
« honorés ; car admirer la vertu dans les autres,
« c'est déjà une preuve de vertu. »

« O mes amis ! dit-il ailleurs, pardonnez-
« moi, si le désir que l'empereur témoigne de
« m'entendre, m'inspire peut-être un noble
« orgueil ; il ne se lasse point d'entendre le lan-
« gage de la vérité, et il permettra plutôt au
« guerrier de cesser de combattre, qu'au philo-
« sophe de se taire. »

Dans un discours à Théodose, il rappelle le

jour où cet empereur, prêt à partir pour l'Occident, lui confia son fils en présence du sénat et du peuple. Dans ce moment, l'orateur se peint vieux, accablé d'infirmités et de faiblesse, courbé sous le poids des ans, mais ranimant ses forces languissantes, pour former ce prince destiné à commander un jour au monde : « Viens, « mon fils, dit-il, viens sur les genoux d'un « faible vieillard, recevoir les leçons que la « sagesse destine aux princes; ce sont celles que « reçut Antonin, Numa, Marc-Aurèle et Titus. « A ma voix se joindront, pour te former, celle « de Platon et celle du précepteur d'Alexandre ; « à l'école des sages, deviens le bienfaiteur du « monde. »

Je finirai cet extrait, déjà peut-être trop long, en citant encore un morceau où Thémiste implore la grâce d'un philosophe, dont le crime était d'avoir été le favori de Julien; il ne le nomme pas, mais c'était probablement Maxime. En effet, Maxime avait eu trop de pouvoir, pour qu'on ne l'accusât point d'en avoir abusé. Valens, qui ne manqua jamais une occasion d'être cruel, sous prétexte d'être juste, l'avait fait traîner dans les prisons, où il souffrit tous les tourmens que notre justice barbare ne compte pour rien, parce que ces tourmens ne sont point la mort. Dans le même temps, Procope se révolta; bientôt, maître de Constantinople et de presque tout l'Orient, il offrit au

philosophe dans les fers, sa liberté, ses biens et des honneurs, s'il voulait se déclarer pour lui : le philosophe refusa ; Thémiste ne manque pas de faire valoir à l'empereur ces refus généreux ; il le compare à Socrate : « Condamné, dé-
« pouillé de ses biens, accablé sous les chaînes,
« on ne l'a pas même entendu se plaindre ; que
« dis-je ! il a dédaigné, dans cet état, les bien-
« faits de l'usurpateur qui voulait le protéger.
« La colère de son prince lui a paru préférable
« à l'humanité d'un rebelle ; et pouvant être
« heureux et libre en devenant coupable, il a
« mieux aimé rester vertueux et attendre la
« mort. Prince, s'écrie l'orateur, puisqu'il a
« rejeté la clémence du tyran, il a droit à la
« tienne. » Il l'invite à conserver les semences et les restes épars des connaissances et des lettres : « Ce sont elles qui font la gloire d'un
« siècle et d'un empire ; c'est donc à elles qu'il
« faut confier le souvenir immortel de ton
« nom. » Alors il lui fait observer que tan qu'il y aura des hommes sur la terre, il y en aura qui cultiveront la philosophie et les arts ; ce sont eux qui font la renommée : ils se transmettent de siècle en siècle les noms de leurs bienfaiteurs, et ces bienfaiteurs sont immortels comme leur reconnaissance.

En effet, on peut dire, d'après l'orateur grec, que la philosophie et les lettres ne meurent pas. Cette espèce d'activité, qui porte les hommes à connaître et à s'instruire, subsistera toujours malgré les fureurs politiques, malgré l'ignorance intéressée et puissante ; c'est un mouvement imprimé par la nature et que rien ne peut arrêter. Toujours l'histoire jugera les peuples et les princes ; toujours la vérité éloquente et sage parlera aux hommes de leurs devoirs, et affermira les âmes nobles, en faisant rougir celles qui ne le sont pas. Les malheurs des guerres, les grandes révolutions peuvent retarder les progrès des lettres, sans les anéantir ; ce ne sont que des secousses qui les transportent ailleurs, comme ces germes de plantes que les orages enlèvent, et qu'ils vont disperser sur les champs éloignés où elles se reproduisent. Constantinople a passé sous la domination des Turcs, et Thémiste, qui écrivait il y a quatorze cents ans, sur les bords de la mer Noire, est ignoré de cette partie du monde qui fut sa patrie ; mais il trouve des admirateurs dans les villes qui, de son temps, n'étaient que des bourgades à demi-barbares. Ainsi, les hommes célèbres de ce siècle le seront dans les siècles suivans ; on parlera d'eux comme nous parlons de ceux qui les ont précédés ; leur gloire même n'étant plus exposée à l'envie en deviendra plus pure ; car il vient un temps où les ennemis et les rivaux ne sont plus. Alors toutes les cabales, toutes ces petites haines, tous ces enthousiasmes d'un jour, toutes ces décisions si graves de gens importans, ou qui croient l'être, ces luttes des sociétés qui se combattent, ces chocs des petites réputations contre les grandes, ces fureurs, tantôt si atroces et tantôt si puériles, appuyées quelquefois par le crédit qui se cache, et toujours par la malignité orgueilleuse, qui ne manque jamais d'applaudir à l'audace qui humilie le talent, tout cela disparaît. La postérité ne voit que les ouvrages; la poussière que la foule des mouvemens contraires a élevée, s'abaisse et tombe, et la pyramide reste.

CHAPITRE XXII.

DES PANÉGYRIQUES LATINS DE THÉODOSE; D'AUSONE, PANÉGYRISTE DE GRATIEN.

Thémiste fut le dernier orateur grec qui laissa une grande réputation; l'histoire nous parle encore de plusieurs panégyriques qui furent prononcés après lui. L'étiquette de la cour de Byzance, qui tint toujours un peu de la pompe asiatique, autorisa long-temps et consacra cet usage; mais, ou ces éloges sont perdus, ou ils sont restés manuscrits dans les bibliothèques. Cependant leur nombre devait diminuer; les esprits se tournaient insensiblement vers d'autres objets : le christianisme sur le trône était en proie aux guerres civiles. Cet esprit actif et querelleur des Grecs, l'anarchie, l'indépendance, la curiosité inquiète, la fureur d'expliquer par la raison ce qui est au-dessus de la raison, la fureur plus grande encore d'avoir un parti et de dominer, opposait les opinions aux opinions et les erreurs aux erreurs. Les hérésies naissaient de toutes parts; on disputait, on écrivait, on cabalait, on séduisait les favoris, les eunuques et les femmes. Pendant ce temps-là, les peuples gémissaient, les barbares pillaient, les empereurs s'égorgeaient, et ceux qui restaient quelque temps sur le trône, la plupart voluptueux et fanatiques, superstitieux et féroces, controversistes aussi ardens que lâches guerriers, placés entre les hérétiques et les Barbares, donnaient des édits au lieu de combattre; et tandis que les Huns, les Goths, les Arabes, les Vandales, les Bulgares et les Perses ravageaient tout, du Tibre au Pont-Euxin, et du Danube au Nil, les empereurs de Byzance oubliaient l'empire pour usurper les droits des évêques et proscrire ou soutenir des erreurs qui ne devaient être jugées que par les pontifes; on sent bien que des temps d'avilissement et de malheur ne sont pas favorables ni aux panégyriques, ni à l'éloquence. Il y a des époques où le plus lâche orateur rougirait de louer, et où cette espèce de mensonge serait ridicule, même dans les cours : celle de Byzance ne pouvait alors espérer que le silence et la honte.

Au temps de Théodose, on trouve encore quelques traces d'éloquence dans l'Occident. Nous avons un panégyrique latin de cet empereur; il est d'un Gaulois d'Aquitaine, nommé Pacatus : ce Gaulois était en même temps poëte et orateur. Sidoine Apollinaire en parle, et Ausone le cite avec éloge : il prononça son panégyrique dans le sénat de Rome. On voit combien ce nom et le souvenir d'une ancienne grandeur en imposaient encore : « L'orateur, « dit-il, craint de faire entendre devant les « héritiers de l'éloquence romaine, ce langage « inculte et sauvage d'au-delà des Alpes, et « son œil effrayé croit voir dans le sénat les « Cicéron, les Hortensius et les Caton assis « auprès de leur postérité pour l'entendre. » Il y a trop d'occasions où il faut prendre la modestie au mot, et convenir de bonne foi avec elle qu'elle a raison; mais ici il y aurait de l'injustice : l'orateur vaut mieux qu'il ne dit; s'il n'a point cet agrément que donnent le goût et la pureté du style, il a souvent de l'imagination et de la force, espèce de mérite qui, ce semble, aurait dû être moins rare dans un temps où le choc des peuples, les intérêts de l'empire et le mouvement de l'univers, qui s'agitait pour prendre une face nouvelle, offraient un grand spectacle et paraissaient devoir donner du ressort à l'éloquence : la sienne, en général, ne manque ni de précision, ni de rapidité. Au reste, dans sa manière d'écrire, il ressemble plus à Sénèque et à Pline, qu'à Cicéron ; quelquefois même il a des tours et un peu de la manière de Tacite : ses expressions ont alors quelque chose de hardi, de vague et de profond qui ne déplaît pas. L'endroit le plus éloquent de cet éloge, est la peinture de la tyrannie de Maxime, vaincu par Théodose. Maxime était un général des troupes romaines en Angleterre, qui, révolté contre Gratien, l'avait joint à Paris, lui avait enlevé son armée sans combattre, et l'avait ensuite fait assassiner à Lyon. Ce meurtrier usurpateur domina cinq ans dans les Gaules, c'est-à-dire que, pendant cinq ans, il usa de son pouvoir pour commettre impunément des crimes. L'orateur parle avec éloquence de tous les maux que nos ancêtres ont soufferts sous ce tyran; il peint les brigandages et les rapines, les riches citoyens proscrits, leurs maisons pillées, leurs biens vendus, l'or et les pierreries arrachées aux femmes; les vieillards survivant à leur fortune; les enfans mis à l'enchère avec l'héritage de leurs pères; le meurtre employé comme les formes de justice, pour s'enrichir; l'homme riche invoquant l'indigence, pour échapper au bourreau; la fuite, la désolation; les villes devenues désertes et les déserts peuplés; le palais impérial, où l'on portait de toutes parts les trésors des exilés et le fruit du carnage; mille mains occupées jour et nuit à compter de l'argent, à entasser des métaux, à mutiler des vases; l'or teint de sang, posé dans les balances, sous le yeux du tyran; l'avarice insatiable engloutissant tout, sans jamais rendre, et ces richesses immenses perdues pour le ravisseur même, qui, dans son économie sombre et sauvage, ne savait ni en user, ni en abuser; au milieu de tant de maux, l'affreuse nécessité de paraître encore se réjouir; le délateur errant, pour calomnier les regards et les visages; le citoyen, qui de riche est devenu pauvre, n'osant paraître triste, parce que la vie lui restait encore, et le frère, dont on avait assassiné le frère, n'osant sortir en habit de deuil, parce qu'il avait un fils.

On trouve encore dans ce discours un morceau plein de force sur la lâcheté du tyran, qui, vaincu et sans ressource, n'avait pas eu, dit l'orateur, assez de courage pour ne pas tomber entre les mains du vainqueur. Cette idée, comme on voit, tenait à l'ancien préjugé romain, qui mettait de la gloire dans le suicide; erreur justement condamnée aujourd'hui par la religion et par les lois. On peut observer que la doctrine du suicide, qui était celle des stoïciens, et qui semblait devoir être adoptée à Rome par un peuple libre, ne commença cependant à s'introduire que dans Rome esclave.

Le Romain, fier et courageux, voyant approcher les tyrans, choisit la mort pour barrière; alors il crut avoir trouvé une ressource contre le malheur: et par un sentiment bizarre, mais vrai, le pouvoir de se donner la mort fit braver la mort même. L'exemple avait commencé par les Brutus, les Cassius et les Caton: il continua sous les empereurs. On vit plus d'une fois ce genre de fermeté dans des âmes amollies par les plaisirs. Othon passa presque pour un grand homme pour avoir su mourir, et Pétrone, l'homme le plus voluptueux de son siècle, se donna la mort avec plus de tranquillité que Caton. Dans la suite, tous ceux qui formèrent de grands projets, et qui échouèrent, tous ceux qui aspirèrent au trône et qui furent vaincus, choisirent le même asile. Survivre à sa défaite, eût passé pour une lâcheté, et le suicide fut presque un devoir d'honneur pour les malheureux. La religion chrétienne changea ces idées; elle enchaîna l'homme, qui rentra tout entier dans la dépendance des lois. L'homme plus éclairé, apprit que le courage était de souffrir, et que l'honneur n'était pas de prévenir la mort, mais de savoir l'attendre. On voit, par ce panégyrique, que la révolution n'était pas encore faite à la fin du quatrième siècle.

Tout vainqueur est sûr d'être loué. Après la victoire de Théodose sur Maxime, parurent plusieurs autres panégyriques latins en l'honneur de ce prince. Nous venons d'en voir un d'un orateur gaulois; un autre Gaulois, né à Bordeaux, et disciple d'Ausone, qui à vingt-quatre ans commença par être consul, et qui, après avoir occupé au Capitole la place des Fabius et des Émile, entra dans l'église, fut prêtre, ensuite évêque, et obtint, après sa mort, l'apothéose que la religion accorde aux vertus. Saint-Paulin composa aussi un panégyrique de cet empereur. Nous ne l'avons plus ; nous savons seulement que Théodose y était beaucoup plus loué comme chrétien que comme prince [1]. On croit que saint-Augustin, alors professeur d'éloquence à Milan, prononça un discours public sur le même sujet. Le célèbre Symmaque, préfet et sénateur de Rome, et le Romain le plus éloquent de son temps, fit l'éloge de Théodose, comme Cicéron avait fait l'éloge de Caton, et Xénophon celui d'Agésilas.

A sa mort son oraison funèbre fut prononcée

---

[1] *Ut in Theodosio non tam imperatorem quàm Christi servum, non dominandi superbiá, sed humanitate famulandi potentem, nec regno, sed fide principem, etc. prædicarem.* PAULIN. Ep. IX. ad Sulp. Sev.

S. HIERON. *Epist.* XIII. *ad Paulin.*

Librum tuum quem pro Theodosio principe prudenter ornatèque compositum transmisisti, lubenter legi. Felix Theodosius qui à tali Christi oratore defenditur! illustrâsti purpuras ejus, et utilitatem legum futuris sæculis consecrâsti.

Quelques critiques ont pensé que ce panégyrique n'avait été écrit qu'après la défaite du tyran Eugène.

dans Milan par saint Ambroise. Cet ouvrage est parvenu jusqu'à nous, et il a, en grande partie, les défauts de ce temps-là; mais l'évêque qui osa reprocher au maître du monde le meurtre de Thessalonique, et commanda à son empereur d'expier devant les hommes et devant Dieu un crime que des courtisans féroces avaient conseillé et que des courtisans lâches n'avaient pas manqué d'applaudir, mérite bien grâce pour les défauts de goût, et pour quelques phrases peut-être ou faibles ou barbares.

Les hommages suivirent Théodose jusqu'au-delà du tombeau. Il fut ordonné que son anniversaire serait célébré tous les ans par un éloge public prononcé dans Constantinople. Saint Jean-Chrysostôme, qui alors était l'orateur le plus fameux du christianisme et de l'Orient, et qui avait tout à la fois l'éloquence de sa religion, de son caractère et de son génie, prononça, en 339, cet éloge, dont une partie nous a été conservée [1]. Enfin, pour qu'il ne manquât rien à sa gloire, les arts lui élevèrent des statues, des obélisques, et une colonne semblable à celle de Marc-Aurèle et de Trajan.

A examiner en général le règne de ce prince, ses succès, ses triomphes, son application au gouvernement, enfin le mérite qu'il eut, et qu'il partagea avec si peu de souverains, de

[1] OEuvres de S. Chrysostôme, tome XII, édition des Bénédictins.

devenir meilleur en montant sur le trône, il
paraît avoir mérité une partie de ces hommages. Presque tous les historiens de l'empire
l'ont peint comme un grand homme, qui
donna l'exemple du courage et des mœurs,
se fit respecter des Barbares, soutint l'éclat
des victoires par celui des vertus, et jamais
n'avilit, dans le palais, l'empereur qui avait
vaincu sur les champs de bataille. On le voit
exerçant la main de ses fils, encore jeunes,
à écrire les grâces qu'il accordait aux crimi-
nels : on le voit ouvrant les prisons, et se
plaignant au ciel de ce qu'il ne peut ouvrir les
tombeaux. Enfin, il publia cette loi célèbre par
laquelle il défend aux juges de punir les paroles
qui n'attaquent que lui. « Si l'accusé, dit-il, a
« parlé par légèreté, il faut le mépriser ; si
« c'est par folie, il faut le plaindre ; si c'est pour
« nous faire outrage, il faut lui pardonner. »
Cette loi paraît être l'ouvrage de la grandeur
d'âme et de l'humanité unies ensemble.

Quoi donc! est-ce le même homme, qui,
pour punir quelques séditieux, fit égorger une
ville entière? l'homme qui, sous prétexte d'un
spectacle, fit rassembler tous les habitans dans
le cirque, afin que, dans la paisible sécurité
des jeux, se trouvant sans défense, on pût les
égorger plus aisément? afin que, mieux réunis
sous les poignards, le carnage fût plus rapide,
et qu'on n'eût qu'à frapper? l'homme qui, pour

prévenir tout sentiment de pitié, et étouffer d'avance les impressions que la faiblesse, les cris, les larmes pouvaient faire sur les assassins mêmes, donna l'ordre exprès de ne rien épargner et de massacrer tout, sans distinction d'âge ni de sexe? Comment concilier tant de vertus et de fureur?

Il n'est que trop prouvé par l'histoire, que Théodose avait reçu de la nature un caractère violent. La réflexion, le sang-froid et les conseils mêlèrent quelquefois des mœurs plus douces à l'emportement d'un guerrier, et à la fierté d'un prince; mais souvent le lion rompait sa chaîne, et cette fois-là il fut terrible. On sait qu'il se repentit; c'est à la postérité à juger s'il y a des remords qui puissent effacer un pareil crime. Quoi qu'il en soit, avant de prononcer tant de panégyriques en l'honneur de ce prince, il eût peut-être fallu en demander la permission aux enfans, aux pères et aux épouses de tous les malheureux que ses soldats avaient assassinés par son ordre. Mais depuis long-temps on est accoutumé à pardonner aux hommes leurs crimes, en faveur de leurs vertus. Trop heureux, quand ils daignent en avoir!

Gratien, qui eut de la faiblesse et du zèle, qui posséda peut-être le courage militaire, mais à qui le courage d'esprit et les talens manquèrent, que les écrivains d'un parti ont comparé aux meilleurs princes, que ceux du parti contraire ont comparé à Néron ; Gratien, dont le plus grand mérite peut-être est d'avoir élevé Théodose à l'empire, et qui, après un règne de huit ans, mourut à vingt-quatre, vaincu à Paris et assassiné à Lyon, eut aussi ses panégyristes. Le plus célèbre est Ausone. Il naquit à Bordeaux, qui était alors l'Athènes des Gaules. Son père était médecin, et lui fut poëte et orateur. Il préféra l'art qui amuse et séduit l'imagination des hommes en leur parlant, à l'art utile et souvent trompeur qui promet de les guérir. Nous savons qu'il enseigna l'éloquence avec éclat. On est intéressé, en tout pays, à chercher les hommes célèbres pour l'éducation des princes. Valentinien le donna pour précepteur à son fils. Gratien, sur le trône, le fit d'abord préfet des Gaules et d'Italie, et ensuite consul. En le nommant à la seconde place de l'empire, il lui écrivit : «*j'acquitte ce que je dois, et je dois encore ce que j'acquitte.*» Ausone, pour remercier son bienfaiteur, son élève et son prince, prononça alors le panégyrique de Gratien. Il s'en faut beaucoup qu'il vaille celui de Théodose, que nous avons cité : il semblerait qu'entre les deux, il y a l'intervalle d'un siècle. L'ouvrage n'a aucun mérite pour le fond ; et, à l'égard du style, il est quelquefois ingénieux, mais sans goût, sans harmonie et sans grâce. Ce n'est presque partout que des sons brisés et heurtés les uns contre les autres, un choc éternel de petites phrases qui se repoussent, des déclamations, des figures incorrectes, de l'exagération, enfin nulle noblesse dans les sentimens. On dirait que l'orateur est accablé sous le poids de l'honneur qu'il a reçu. Il ne savait pas qu'il y a une fierté généreuse, qui honore le bienfaiteur même, et une bassesse de reconnaissance qui peut l'avilir. Par exemple, au milieu de son discours, il fait un long commentaire sur la lettre que Gratien lui a écrite, sur chaque mot dont il s'est servi, sur la robe qu'il lui a envoyée, enfin sur ce qu'en le nommant consul, il l'a nommé le premier et non pas le second. Je sais bien qu'il y a, dans Cicéron même, de ces petits détails de vanité; mais, dans l'orateur romain, ces faiblesses d'amour-propre sont relevées par la beauté du style, par une éloquence harmonieuse et douce, par une certaine fierté de sentiment républicain qui s'y mêle, enfin par le souvenir de ses grandes actions, et le parallèle qu'il fait souvent de lui-même et de ses travaux, avec ces grands de Rome, endormis sous les images de leurs ancêtres, fiers d'un nom qu'ils déshonoraient, inutiles à l'État et prétendant à le gouverner, rejetant tous les travaux et aspirant à toutes les récompenses. Il semble qu'un orgueil noble donne du ressort à la vanité, et lui communique un peu sa grandeur. Mais ici on ne trouve rien de pareil : c'est un esclave peu éloquent qui remercie son maître à genoux. On n'a d'autres dédommagemens que quelques épigrammes et des jeux de mots. Du reste, tout est petit, faible et barbare. Il faut plaindre un siècle où, avec de pareils ouvrages, on parvient cependant à être célèbre.

CHAPITRE XXIII.

DES PANÉGYRIQUES EN VERS, COMPOSÉS PAR CLAUDIEN ET PAR SIDOINE APOLLINAIRE. PANÉGYRIQUE DE THÉODORIC, ROI DES GOTHS.

Tandis que dans l'Occident tout penchait vers sa décadence, tandis que les malheurs de l'empire, les invasions des Barbares, le mélange des peuples, le despotisme ou l'incapacité des princes, la terreur des sujets, l'esprit d'esclavage, le contraste même de l'ancienne grandeur, qui ajoute toujours à la petitesse présente, corrompaient le goût, et rétrécissaient à la fois les esprits et les âmes, on vit paraître un homme né avec une imagination brillante et forte, et à qui, peut-être, pour avoir les plus grands talens, il ne manqua que d'être né dans un autre siècle : c'était Claudien. Je le nomme ici, parce qu'il a été l'auteur de plusieurs panégyriques en vers. Il naquit à Alexandrie, beaucoup plus renommée alors par son platonisme et son commerce, que par ses poëtes. D'Égypte, il passa en Italie, et y acquit bientôt une grande réputation. Le sénat de Rome lui fit élever une statue, et il eut du crédit à la cour d'Honorius. Il avait pour ami ce célèbre Stilicon, qui fut douze ans le protecteur de son maître, et qui, las de régner au nom d'un fantôme qu'il méprisait, voulut enfin régner par lui-même, et périt. Alors, l'amitié d'un grand homme, devenu coupable, fut un crime, et Claudien quitta la cour. On croit qu'il passa le reste de sa vie dans la retraite et le malheur. Ce fut dans le temps de sa prospérité qu'il composa cette foule de panégyriques que nous avons de lui : car l'enthousiasme pour les hommes puissans n'est guère que la maladie des gens heureux.

On conçoit comment il put louer Stilicon, qui n'était pas à la vérité un citoyen, mais qui était à la fois et un ministre et un général ; mais Honorius, qui toute sa vie fut, comme son frère, un enfant sur le trône; qui, mené par les événemens, n'en dirigea jamais aucun ; qui ne sut ni ordonner, ni prévoir, ni exécuter, ni comprendre ; empereur qui n'avait pas même assez d'esprit pour être un bon esclave ; qui, ayant le besoin d'obéir, n'eut pas même le mérite de choisir ses maîtres; à qui on donnait un favori, à qui on l'ôtait, à qui on le rendait; incapable d'avoir une fois du courage, même par orgueil ; qui, dans la guerre et au milieu des périls, ne savait que s'agiter, prêter l'oreille, fuir, revenir pour fuir encore, négocier de loin sa honte avec ses ennemis, et leur donner de l'argent ou des dignités au lieu de combattre ; Honorius, qui, vingt-huit ans sur le trône, fut pendant vingt-huit ans près d'en tomber ; qui eut de son vivant six successeurs, et ne fut jamais sauvé que par le hasard, ou la pitié, ou le mépris ; il est assez difficile de concevoir comment un homme qui a du génie, peut se donner la peine de faire deux mille vers en l'honneur d'un pareil prince. Pour excuser le panégyriste, il faut pourtant convenir que ces éloges ont été écrits pendant la vie de Stilicon ; et qu'alors, si l'empereur n'était rien, l'empire eut du moins de la grandeur. Le talent du ministre couvrait l'enfance du prince. On peut dire qu'Honorius et son frère ressemblaient aux idoles des Indes, dont la réputation dépend de leurs prêtres. Il est impossible de lire avec intérêt des éloges démentis à chaque instant par l'histoire : cependant ceux de Claudien offrent en eux-mêmes de beaux détails. Une imagination qui a quelquefois l'éclat de celle d'Homère, des expressions de génie, de la force quand il peint, de la précision toutes les fois qu'il est sans images ; assez d'étendue dans ses tableaux, et surtout la plus grande richesse dans ses couleurs ; voilà ses beautés. Peu de goût, souvent une fausse grandeur, une majesté de sons trop monotone, et qui, à force d'être imposante, fatigue bientôt et assourdit l'oreille ; enfin trop peu d'idées, et surtout aucune de ces beautés douces qui reposent l'âme : voilà ses défauts. En général, on voit un homme d'un grand talent, qui, à chaque ligne, lutte contre son sujet et contre son siècle ; mais trop souvent son siècle le gâte, et son sujet l'endort. Il est du nombre des écrivains qui ont fait des enthousiastes, mais qu'on aime mieux encore estimer que lire.

Après lui, on trouve Sidoine Apollinaire, qui n'eut ni ses beautés, ni ses défauts ; il était trop au-dessous des unes; peut-être même ne pouvait-il atteindre aux autres. Né à Lyon en 430, évêque de Clermont en 472, il mourut en 482. Il fut aimé de trois empereurs, fit leurs panégyriques selon l'usage de tous les siècles; et, pour se conformer au sien, les fit en vers plats, durs et barbares. Il ne manqua pas d'être admiré, et il eut de son vivant des statues, honneur qui ne fut rendu à Virgile qu'après sa mort. De plus, il fut créé patrice et préfet de Rome. Les dignités et les honneurs relèvent quelquefois aux yeux de son siècle la médiocrité intrigante ou heureuse, mais ne font jamais illusion aux siècles suivans. Cette pompe étrangère disparaît, et jamais la faveur des princes n'a corrompu la postérité sur des ouvrages. Colletet, pensionné par un ministre, n'en est pas moins ridicule, et le Cid persécuté n'en vaut que mieux. Les panégyriques de Sidoine Apollinaire, si bien récompensés, sont restés obscurs ; ils n'ont de prix que comme ces monumens gothiques qui servent à faire connaître un siècle, et empêchent un vide dans l'histoire des arts.

Tout tombait alors ; bientôt l'empire d'Occident, ébranlé pendant trois siècles, disparut. Les conquérans du Nord, qui avaient si souvent pillé Rome, mêlèrent enfin la politique à la fureur, et voulurent s'établir dans cette ville qu'ils avaient ravagée. Le dernier monument que nous ayons de l'éloquence romaine, est le panégyrique d'un de ces Barbares. Il est vrai que ce Barbare était un grand homme : c'est le célèbre Théodoric, contemporain de notre Clovis, et roi des Goths. Élevé à Constantinople, où il avait été livré comme otage, il y prit les connaissances des Grecs, et leur laissa leurs vices et leur mollesse. Renvoyé dans sa patrie, le spectacle d'un peuple fier et libre acheva son éducation. Il devint conquérant et homme d'état, protégea Byzance, subjugua Rome, la répara et l'embellit après l'avoir conquise, joignit partout les lumières au courage, établit différens tribunaux pour juger les Italiens et les Barbares, et fit en même temps une multitude de lois sages pour réunir les deux nations divisées, à peu près comme le vainqueur de Darius eut le projet de réunir les

Grecs et les Perses. Il est affreux qu'il n'y ait presque pas un prince célèbre qui n'ait des taches. Alexandre fut déshonoré par le meurtre de Clitus, et le supplice bien plus barbare de Callisthène; Auguste, par les proscriptions; Vespasien, par ses rapines et le meurtre d'Helvidius Priscus; Trajan, par ses excès dans le vin; Adrien, par ses mœurs; Constantin, par le meurtre de presque toute sa famille; Julien, par ses superstitions; Théodose, par le massacre de Thessalonique; et Théodoric, dont nous parlons, par le meurtre de Simmaque : tant, parmi les hommes, et surtout ceux qui ont le malheur d'être puissans, on trouve peu de vertus qui soient pures, et de grands caractères sans faiblesses ! Heureusement dans les grandes âmes, pour suppléer aux vertus, le ciel a placé les remords. Théodoric, dans les derniers momens de sa vie, croyait voir, dit-on, la tête sanglante de Simmaque qui le poursuivait. Il serait à souhaiter, pour le bonheur du genre humain, que cette histoire fût vraie, et qu'après les grands crimes, des spectres vengeurs poursuivissent du moins ceux qui, par leur place et leur pouvoir, sont au-dessus des lois.

Tel était ce Théodoric sur lequel nous avons un panégyrique latin. Souvent les panégyriques valent mieux que les rois : ici c'est le contraire. L'orateur, comme tous ceux que nous avons cités, depuis le règne de Dioclétien, était originaire des Gaules. Il naquit en 473, et se nommait Ennodius. Il se maria, entra dans le clergé du vivant de sa femme, se rendit célèbre dans les lettres, fut évêque de Pavie en 510, entreprit deux voyages en Orient pour réunir les deux Églises, et n'y réussit point. On dit qu'Anastase, empereur de Constantinople, le renvoya dans un vaisseau à demi-brisé et prêt à faire naufrage, avec défense de le laisser aborder dans aucun port de la Grèce. Cet assassinat de la part d'un lâche qui veut faire périr l'objet de sa haine, et qui n'ose le faire ouvertement, était bien digne de la cour de Byzance, où de tout temps l'esprit général fut un mélange de cruauté et de faiblesse. Quoi qu'il en soit, Ennodius, échappé au danger, mourut trois ans après en 521. Il était historien, poëte, orateur, et sa réputation le fit choisir pour prononcer l'éloge du conquérant et du pacificateur de l'Italie. Cet ouvrage, comme je l'ai dit, est parvenu jusqu'à nous; mais ces sortes de lectures ressemblent aux voyages des antiquaires parmi des ruines. On ne sait dans quelle langue il est écrit. La douce harmonie du langage des Cicéron et des Virgile a disparu. Déjà on sent partout l'influence des dialectes sauvages du nord. Chaque phrase est presque une énigme à deviner. On voit qu'alors, c'est-à-dire au commencement du sixième siècle, l'éloquence était en proie aux Barbares comme l'Italie. Ainsi, dans l'espace de près de cinq cents ans, les lois, les mœurs, les arts, le gouvernement, la religion, le langage même, tout avait changé; et, dans le pays où César et Caton, Cicéron et Auguste avaient parlé aux maîtres du monde, en attestant souvent les dieux de l'empire et près de l'autel de la victoire, un Gaulois, chrétien et évêque, haranguait, en langage barbare, un roi goth venu avec sa nation des bords du Pont-Euxin pour régner au Capitole.

CHAPITRE XXIV.

SIÈCLES DE BARBARIE. RENAISSANCE DES LETTRES. ÉLOGES COMPOSÉS EN LATIN MODERNE, DANS LE SEIZIÈME ET LE DIX-SEPTIÈME SIÈCLES.

On sait que l'invasion des Barbares en Occident fut, dans cette partie de l'univers, l'époque d'une destruction presque générale; on sait que l'Europe et l'Afrique furent ravagées. Des villes entières furent consumées, sans qu'il en restât de trace; d'autres ne conservèrent pas un seul habitant. Ailleurs, quelques hommes épars se cachaient parmi des ruines. Les campagnes couvertes d'ossemens étaient abandonnées et désertes. Au sein de l'Italie même, et dans les climats les plus rians, la terre devint stérile et sauvage. Des forêts incultes s'élevèrent où l'industrie et la paix avaient fait croître des moissons. Dans plus d'une province, les bêtes féroces prirent la place de l'homme, et vinrent s'emparer des pays qu'il laissait déserts. Les monumens des arts étaient détruits. Ces édifices qu'avait élevés l'architecture grecque et romaine, les statues, les tableaux, les chefs-d'œuvre du génie déposés dans les bibliothèques; tout avait disparu. Le sol de l'ancienne Rome avait été caché deux ou trois fois; des restes de palais ou de temples noircis par les feux, et un terrain immense couvert de décombres, attestaient seuls son ancienne grandeur. Sur une partie de la terre régnaient la dévastation, le silence, et cet étonnement stupide qui suit les grands malheurs. L'homme, dans cet état, fut condamné à l'ignorance et à la barbarie; il devint sauvage comme le globe qu'il habitait. Le Barbare qui avait vaincu, c'est-à-dire qui avait égorgé et brûlé, dédaignait des arts inutiles pour les combats; il les regardait comme un instrument de servitude, et la vaine occupation de la mollesse; le vaincu, esclave et avili par ses malheurs, avait perdu tout ce qui élève l'âme; ainsi, l'éloquence et les lettres furent éclipsées.

Le sixième siècle n'offre que la lutte des nations qui se disputent l'univers. Les Lombards et les Grecs en Italie, les Francs dans les Gaules, les Vandales en Espagne, les Saxons en Angleterre, chacun démolit l'empire, et tous s'égorgent pour s'en arracher les débris. Au septième, Mahomet s'élève, et répand un fanatisme tout à la fois religieux et guerrier. Pendant huit cents ans, les hommes ne furent occupés qu'à se déchirer et à combattre. Nulle politique ne présidait au carnage. Une sorte de superstition, tantôt faible et tantôt féroce, quelquefois esclave et quelquefois conquérante, régna presque d'un bout du monde à l'autre.

L'univers connu était alors partagé en trois grandes masses; l'empire des Califes ou des Arabes, l'empire Grec, et l'Europe occidentale échappée aux fers des Romains. Chez les Arabes on fut fanatique et conquérant pendant trois siècles; pendant les autres, on cultiva les arts, mais ce peuple ingénieux et brave eut des médecins, des astronomes, des géomètres, des chimistes, des poëtes même; tout, excepté des orateurs. Sous un despotisme religieux et militaire, on croit, on agit, on commande, on ne persuade pas.

Chez les Grecs, le temps de Photius et de Léon le philosophe, ou le neuvième siècle, fut le temps le plus célèbre pour les connaissances; mais les crimes du palais, la superstition du schisme, la petitesse du gouvernement et les fureurs scolastiques étouffèrent tout.

L'Europe chrétienne fut occupée et divisée tour à tour par les établissemens des Barbares, par les incursions des Normands, par l'anarchie des fiefs, par les guerres sacrées des croisades, et par les combats éternels du sacerdoce et de l'empire. Il y eut pourtant, à travers ces ravages, quelques éclairs de connaissances. On enseigna sous Charlemagne un peu d'arithmétique et de grammaire, et quelques formes de raisonnemens qu'on prenait pour de la logique. Alfred, en Angleterre, vers la fin du neuvième siècle, fut lui-même grammairien, un peu philosophe, dit-on, historien et géomètre; c'était beaucoup pour un roi, et surtout dans ce temps; mais il étonna son pays, et ne le changea pas.

Au onzième, l'exemple et la rivalité des Arabes, et quelques voyages en Orient, firent naître en Europe l'idée de s'instruire; ce fut l'époque de cette science barbare, nommée scolastique; l'esprit s'exerça et ne s'éclaira point.

Dans le suivant, on commença à mieux écrire; on vit en France S. Bernard, qui, par ses talens, s'éleva au-dessus de son siècle, et par sa considération fut presque au-dessus des papes et des rois; et l'amant d'Héloïse, bien plus célèbre aujourd'hui par ses amours et ses malheurs, que par ses ouvrages.

Au treizième, parurent tous ces docteurs qui jouèrent un si grand rôle dans leur temps, et qui sont si peu lus dans le nôtre, dont quelques-uns sont au nombre des saints, mais qui ne sont plus au nombre des écrivains célèbres.

Frédéric second, si fameux par ses démêlés avec les papes, fonda dans le même siècle plusieurs écoles en Italie et en Allemagne; mais ces écoles étaient bien loin d'être des écoles de goût. Alphonse, en Espagne, fut astronome, et réforma les cartes des cieux; mais on n'en ignora pas moins l'art de parler et d'écrire avec éloquence sur la terre. Les sciences exactes accompagnent quelquefois, mais ne supposent pas toujours ces arts brillans qui tiennent à l'imagination et au génie.

Enfin, les langues même dans presque toute l'Europe étaient barbares. C'était un mélange de plusieurs idiomes corrompus, sans harmonie, sans goût, et qui n'avaient encore été façonnés par aucun de ces hommes de génie qui dominent sur les langues comme sur la pensée. L'italien ne fut formé que dans le treizième et le quatorzième siècles, par le Dante et Pétrarque; l'anglais, du temps d'Elizabeth, par Spenser et Shakespear; l'allemand demeura long-temps une espèce de jargon tudesque, dont les nationaux mêmes, en écrivant, dédaignaient de se servir. Le français, mélange informe, fut sauvage et dur jusqu'à François Ier. Peu à peu ses sons se polirent; mais il ne devint une langue harmonieuse, précise et forte, que sur la fin du règne de Louis XIII.

Un latin plus que barbare était chez tous les peuples la langue générale des lois, de la religion, des sciences et des arts. C'était un reste d'hommage que l'Europe, au bout de dix siècles, rendait encore à ses anciens tyrans. Enfin, le temps arriva, et la lumière partit du fond de l'Italie; mais elle ne se répandit que peu à peu sur le reste de l'Europe.

On remarque une conformité singulière entre toutes les époques où les arts ont fleuri. A Athènes et dans l'ancienne Rome, l'éloquence et les lettres eurent un grand éclat dans des temps orageux, quand la liberté disputait ses droits contre la tyrannie qui s'avançait. Ainsi, la grande époque des Grecs fut de Pisistrate à Alexandre; et celle des Romains, de Marius à Auguste. En Italie, la renaissance des arts fut précédée par les factions des Guelfes et des Gibelins, et par tous les orages qu'excita dans la plupart des villes le choc du sacerdoce et de l'empire, de la tyrannie et de la liberté. En Allemagne, les lettres ne commencèrent à être florissantes qu'après la guerre de trente ans; en Angleterre, sous Charles II, après Cromwel; en France, après les troubles de la ligue et les agitations des guerres civiles. Mais par la combinaison des gouvernemens et de la constitution singulière des États, il avait fallu d'abord dans la plus grande partie de l'Europe que le pouvoir monarchique s'affermît, pour que les lettres et les arts pussent renaître. Le pouvoir des nobles, qui pendant plusieurs siècles combattit le pouvoir des rois, ne donnait point aux âmes l'élévation et le genre d'activité dont elles ont besoin pour les lettres. Ce gouvernement n'était que l'indépendance de cinq cents tyrans, et l'esclavage d'un peuple. Jamais la grande partie du genre humain ne fut plus avilie. D'ailleurs, l'oppression, le malheur, les guerres renaissantes, les haines si actives entre des voisins jaloux, haines d'autant plus vives, qu'ils avaient moins de forces pour se nuire, mettaient partout des barrières, et empêchaient la communication. Chaque ville, chaque bourgade était séparée. La petitesse même des intérêts devait rétrécir tous les esprits, et empêcher les idées de s'étendre. Il fallait donc que les grands souverains et les rois commençassent par former des corps de toutes ces masses dispersées; il fallait rétablir des liens entre les hommes. Il fallait surtout que les hommes cessassent d'être esclaves; car la nature a défendu aux esclaves de penser.

Plus l'autorité monarchique gagna sur l'autorité féodale, plus les hommes et les peuples se communiquèrent, plus les idées s'étendirent, plus les nations et les rois conçurent et exécutèrent de grands desseins, et plus les esprits purent s'élever. Enfin, dans le seizième siècle, les querelles de religion vinrent agiter les esprits. Alors il fallut s'instruire pour combattre. On remua, on consulta les anciens dépôts. De grandes passions se mêlèrent à un zèle sacré.

Qu'on imagine un pays couvert autrefois de villes florissantes, mais renversées par des secousses et des tremblemens de terre, et un peuple entier assoupi sur ces ruines, au bout de mille ans s'éveillant tout à coup comme par enchantement, ouvrant les yeux, parcourant les ruines d'un pas incertain, et fouillant à l'envi dans les décombres, pour en arracher ou imiter tout ce qui a pu échapper au temps : tels parurent les Européens dans cette époque. Rome, l'empire, tout avait été bouleversé; tout avait changé ou péri : mais il restait encore une telle idée de la grandeur romaine, qu'on ne s'occupa, chez tous les peuples, qu'à faire revivre les lois, les arts, les monumens et la langue du peuple-roi qui n'était plus. Ainsi, tandis qu'on déterrait les statues et les débris d'architecture échappés aux Barbares, pour tâcher de les copier, on s'efforçait, en écrivant, de copier l'harmonie et les sons des orateurs de Rome. Les descendans des Bructères et des Sicambres, et des Celtes et des Bataves, eurent l'ambition de parler, sur les bords du Danube et dans les marais de la Hollande, comme Caton et Pompée avaient parlé dans le sénat, ou Cicéron sur la tribune. Ce fut, pendant deux siècles, la seule éloquence qui régna d'un bout de l'Europe à l'autre.

Le besoin éternel que l'on a de flatter et d'être flatté, fit bientôt renaître les panégyriques. Des orateurs, aujourd'hui très-inconnus, firent les éloges de princes plus inconnus encore. Papes, évêques, cardinaux, princes d'Italie, princes d'Allemagne, ducs, margraves, électeurs, abbés même, pour peu qu'ils eussent l'honneur d'être souverains dans leur couvent, ne manquaient point d'avoir un orateur, qui, en phrases de Cicéron ou de Pline, les comparait ou à César ou à Trajan. On sent bien qu'en leur parlant à eux-mêmes, il n'était guère possible de les mettre moins haut. L'orateur et le panégyrique, comme cela devait être, avaient beaucoup de célébrité un jour ou deux; et le lendemain, comme cela devait être encore, personne n'y pensait.

Il ne faut pas confondre, avec tous ces misérables panégyriques, prononcés dans de petites cours, pour de très-petits princes, les éloges consacrés à quelques grands hommes de ce temps-là. Tels sont, par exemple, ceux que l'on prononça à Rome, et dans plusieurs villes d'Italie, en l'honneur de Léon X. On peut lui reprocher, sans doute, de n'avoir pas eu assez d'austérité dans ses mœurs, et sa cour était plus celle d'un prince que d'un pontife; mais le protecteur de Raphaël, de Michel-Ange et du Bramante, l'ami du Trissino et du Bembo, celui qui cultiva les lettres en homme de goût, et sut les protéger en souverain, mérita l'honneur des éloges publics.

J'ajouterai encore à ce nom celui de ce célèbre Gustave-Adolphe, qui, au commencement du dix-septième siècle, fit trembler le Danemark, la Pologne et la Russie, parcourut ensuite l'Allemagne en conquérant, ébranla le trône de Ferdinand second, vengea la liberté germanique écrasée, donna à la Suède l'ascendant sur l'empire, créa plusieurs grands hommes, fit tous ces prodiges en deux ans, et mourut dans une victoire. Le génie des conquêtes a presque toujours réveillé le génie des arts. Gustave-Adolphe fut célébré par un grand nombre d'orateurs. Les panégyriques parurent en foule, et de son vivant et après sa mort.

Sa fille Chistine eut le même honneur, et à plusieurs égards s'en montra digne. Elle passa long-temps pour avoir su régner, comme son père avait su combattre. Personne n'ignore que son ministère influa beaucoup sur ce fameux traité de Westphalie, qui soumit à des lois une anarchie de sept cents ans, et fixa en Allemagne l'équilibre des pouvoirs. Christine fut louée en Suède comme la législatrice de l'empire : on lui adressa plusieurs panégyriques sur cet objet. Les arts, d'ailleurs, qui jamais n'ont oublié ni leurs bienfaiteurs ni leurs tyrans, les arts lui devaient de la reconnaissance. Elle les préférait à tout, puisqu'elle les préféra au trône même. Amie et disciple de Descartes, liée avec tous les savans de l'Europe, mécontente des intrigues et des petites passions qui trop souvent entourent les princes, on sait combien elle mettait l'art de s'éclairer, au-dessus des étiquettes et des cérémonies des cours. Cependant, on peut dire qu'elle eut moins de grandes vertus, que le goût des grandes choses, et qu'elle inspira plutôt l'étonnement que l'admiration. Son principal mérite fut de n'avoir presque aucun des préjugés qu'on a sur le trône : c'est par-là surtout qu'elle parut supérieure à son rang. En général, elle méprisa presque toutes les conventions, celles de la beauté, comme de la grandeur. Mais, en dédaignant les bienséances, elle parut ne pas assez connaître les hommes, qui entre eux ont institué des signes pour reconnaître tout, et même la vertu. Comme elle était dominée par son imagination, sa conduite fut inégale et souvent peu mesurée. Elle agissait plus par des mouvemens que par des principes. Elle eut la fermeté d'un moment, qui conçoit et fait de grands sacrifices, et n'eut pas cette fermeté plus rare qui soutient l'âme par sa propre force, quand elle n'est plus animée par les regards et par l'effort même que demande tout ce qui est difficile. Son amour pour la gloire était plutôt une coquetterie inquiète, qui tenait à l'esprit, qu'un de ces sentimens profonds qui subjuguent l'âme et la remplissent : aussi obtint-elle plus de célébrité que de gloire. Élisabeth, en Angleterre, avait fondé sa renommée sur celle de sa nation; la célébrité de Christine ne fut que pour elle. Étrangère au milieu du peuple qu'elle gouvernait, elle se passionnait pour les grands hommes de tous les pays, et était assez indifférente sur le sien. Elle sépara trop ses goûts de ses devoirs; et, destinée à régner, elle eut le malheur de n'estimer assez ni la souveraineté, ni les hommes.

On sait que de son vivant même elle trouva des censeurs; les femmes, en France, lui reprochèrent de n'avoir point les manières et les agrémens de son sexe; les protestans, d'avoir changé de religion; les politiques, d'avoir quitté un trône; tous ceux qui avaient quelque humanité, d'avoir pu croire que sa qualité de reine pût autoriser un assassinat : mais elle fut l'objet éternel des hommages des savans et des gens de lettres. Dès qu'elle sortit de l'enfance, chaque année de son règne fut marquée par un éloge; et, après son abdication même[1], elle conserva des panégyristes quand elle n'eut plus de courtisans. Cette femme célèbre fut louée en France, en Allemagne, en Hollande, en Italie, en

---

[1] Un de ses historiens qui a compilé très-exactement toutes les lettres et billets qu'elle a écrits, et tout ce qu'on a écrit d'elle, compte près de deux cents panégyriques qui lui furent adressés.

Suède. Il serait seulement à souhaiter que tous les panégyriques eussent cessé au moment du meurtre de Monaldeschi : ce serait en même temps et l'honneur des lettres et l'instruction des princes.

Outre les éloges et les panégyriques que je viens de citer, il y en eut des milliers d'autres, écrits en latin moderne, dans le cours du seizième et dix-septième siècles. Mais il s'offre naturellement ici un problème à résoudre. Parmi tant d'orateurs allemands, italiens, français, hollandais, suédois, comment n'y en eut-il pas un seul qu'on puisse lire aujourd'hui avec intérêt, et qui ait conservé du moins quelque célébrité ?

On peut dire d'abord que l'érudition étouffa le génie; et l'on en conçoit les raisons. Leur caractère et leur marche sont trop opposés : l'une est scrupuleuse et lente; l'autre, hardi et rapide: l'une pèse sur les détails, l'autre saisit les résultats; l'une amasse des faits, l'autre combine des idées : l'une, enfin, se défie de la pensée et craint l'imagination; l'autre a le besoin de créer, et n'est riche que de ce qu'il invente. On connaît d'ailleurs la malédiction éternelle dont est frappé l'esprit d'imitation; et cet esprit, comme nous l'avons vu, était la maladie dominante du siècle. L'éloquence et les discours de ces temps-là étaient donc bien loin d'avoir cette rudesse originale et forte, qu'il semblerait qu'on dût attendre au sortir des siècles de barbarie. Chez un peuple barbare ou qui cesse de l'être, et où l'on commence à écrire, les orateurs et les poëtes sont avertis de leurs talens par leurs passions, et par les secousses que des objets extraordinaires donnent à leur âme. De là vient leur caractère inégal et sauvage, mais jamais froid, et surtout jamais servile. Ce n'est que par degrés que le goût vient les polir; et quand ce goût est arrivé, ils ont déjà assez de connaissances et assez d'art pour substituer des beautés grandes et correctes, à ces premières beautés inexactes, mais fières. Il n'en est pas de même, quand, chez un peuple, l'esprit d'imitation et un goût puisé chez les modèles, succèdent tout à coup et presque sans degrés à la barbarie : alors les écrivains n'ont ni la vigueur originale et brute dont ce goût d'imitation les éloigne, ni les beautés solides et vraies auxquelles ils n'ont pas eu le temps d'atteindre, et qui sont presque toujours le résultat de la philosophie et des passions mêlées ensemble. Par la même raison, ils doivent encore être plus loin de la finesse de l'esprit et des idées, qui ne peut être que le partage d'un siècle exercé et très-poli, et qui peut-être suppose déjà un peu le dégoût des grandes choses et le désir de s'ouvrir de nouvelles routes. Ajoutez que, dans les temps dont nous parlons, la plupart des écrivains étaient étrangers à leur pays et à leur siècle. C'était Rome, c'était Athènes qui étaient leur patrie. Ils se passionnaient pour Mantinée ou pour Pharsale, bien plus que pour Pavie ou Marignan. Ils vivaient, ils sentaient, ils respiraient à quinze siècles d'eux. Veut-on que des hommes, ensevelis dans les mines, parlent avec éloquence de ce qui se passe sur la terre ?

Mais leur plus grand obstacle, c'était la prétention d'être éloquens dans une langue morte. Ce sont les mœurs d'un peuple qui donnent la vie à son langage. Que ces mœurs s'anéantissent, la plus grande partie du langage périt ; les mots ne sont plus que des simulacres froids, qu'il est impossible de ranimer. L'orateur qui, au bout de quinze cents ans, veut ou croit employer cette langue, a donc deux torts : il ne peut bien apprécier la valeur des signes, et les signes ne peuvent recevoir l'empreinte de son esprit et de son âme, qu'il voudrait leur donner. Son style ne sera donc qu'une traduction affaiblie de sa pensée. Il aura aisément des passions et des idées dans sa langue naturelle, qui, faite pour lui, correspond avec souplesse à tous ses mouvemens : mais la langue étrangère résistera à tout, et dénaturera tout ce qu'il voudra lui confier. Il y aura, pour ainsi dire, un frottement et un choc continuel entre le sentiment et le signe, entre l'expression et l'idée. Pour affaiblir cette résistance, l'orateur ou l'écrivain tâchera d'emprunter avec le langage, et d'adopter, autant qu'il est possible, les passions, les goûts, et pour ainsi dire les idées religieuses, politiques et civiles du peuple dont il veut imiter la langue. Mais cette adoption factice, et qui ne sera jamais entière, ne peut avoir l'effet de la réalité. Ainsi, ces sortes d'écrivains n'auront ni la physionomie de leur nation, ni celle de leur siècle, ni celle de la nation et du siècle qu'ils prétendent imiter, ni la leur même. Leurs ouvrages seront une espèce de production équivoque, qui ne tiendra à rien, ne peindra rien, et restera à jamais sans caractère et sans couleur. Telle est l'histoire des orateurs du seizième siècle. En voilà assez, je crois, pour nous dispenser d'en rien citer. Il est triste, pour tant d'écrivains, qu'en les oubliant on ne leur ait rendu que justice.

CHAPITRE XXV.

DE PAUL JOVE, ET DE SES ÉLOGES.

Tous ces Cicérons ou ces Plines modernes dont nous venons de parler, ou étaient, ou avaient la prétention d'être orateurs, et leurs éloges étaient de longs panégyriques prononcés dans des assemblées, et débités avec pompe pour honorer les morts et quelquefois ennuyer les vivans. Mais, dans le même siècle, il y eut un écrivain qui publia des éloges d'un genre tout différent, et qui par-là mérite d'être distingué ; c'est Paul Jove : il était Italien et Milanais. Il eut la même patrie que Pline le jeune ; mais Pline fut l'ami de Trajan, consul de Rome et gouverneur de province, et Paul Jove commença par être médecin et finit par être évêque. Il aima passionnément les lettres, écrivit l'histoire de son siècle en latin, fut admiré pour le style, peu renommé pour la vérité, plut aux uns, déplut aux autres, et fut accusé tour à tour de flatterie et de satire ; sort presque inévitable de tous ceux qui ont l'ambition et le courage d'écrire de leur vivant ce qui ne peut être écrit avec sûreté que cent ans après. Nous avons de lui, outre son histoire, sept livres d'éloges, consacrés aux hommes les plus célèbres dans le gouvernement ou dans la guerre, et un autre livre très-considérable sur les gens de lettres et les savans du quatorzième, quinzième et seizième siècles. Ceux-ci sont au nombre de cent quatre-vingts, ce qui, joint aux premiers, forme une suite complète de près de trois cent vingt éloges. Qu'il me soit permis de raconter ici à quelle occasion ces éloges furent composés.

Paul Jove avait une très-belle maison située dans une presqu'île et aux bords du lac de Côme. Il nous apprend qu'elle était bâtie sur les ruines mêmes de la maison de campagne de Pline ; de son temps, les fondemens subsistaient encore, et quand l'eau était calme, on aperçevait au fond du lac des marbres taillés, des tronçons de colonnes et des restes de pyramides qui avaient orné le séjour de l'ami de Trajan. L'évêque, son successeur, nous a laissé, à la tête de ses éloges, une description charmante de ce lieu; on y voit un homme enthousiaste des lettres et du repos, un historien qui a l'imagination d'un poëte, un évêque nourri des doux mensonges de la mythologie païenne; car il nous peint avec transport ses jardins baignés par les flots du lac, l'ombre et la fraîcheur de ses bois, ses coteaux, ses eaux jaillissantes, le silence profond et le calme de sa solitude; une statue élevée dans ses jardins à la nature; au dedans, un salon où présidait Apollon avec sa lyre et les neuf Muses avec leurs attributs; un autre où présidait Minerve; sa bibliothèque, qui était sous la garde de Mercure; ensuite l'appartement des trois Grâces, orné de colonnes doriques et de peintures les plus riantes; au dehors, l'étendue pure et transparente du lac, ses détours tortueux, ses rivages ornés d'oliviers et de lauriers; et, dans l'éloignement, des villes, des promontoires, des coteaux en amphithéâtre, chargés de vignes; et les hauteurs naissantes des Alpes, couvertes de bois et de pâturages, où l'œil voyait de loin errer des troupeaux. Au centre de cette belle habitation, était un cabinet où

Paul Jove avait rassemblé à grands frais les portraits de tous les hommes célèbres. On peut dire qu'il avait une collection de grands hommes, comme dans d'autres temps on a fait des collections d'histoire naturelle; il fut aidé dans cette recherche par des particuliers et des souverains. Le fameux Fernand Cortez lui envoya son portrait, avant de mourir. On ne peut douter que d'autres qui n'avaient pas le même droit, n'aient voulu donner le même exemple; mais il y a apparence que Paul Jove ne plaçait pas tous ceux qui s'envoyaient eux-mêmes; dans le choix de ses grands hommes, il s'en rapportait un peu moins à eux qu'à la renommée.

C'est pour servir d'explication à ces portraits, qu'il composa ses éloges. D'abord, ils ont le mérite d'être très-courts; ils renferment quelquefois en peu de lignes, et d'autres fois en peu de pages, l'idée du caractère, des actions, des ouvrages de celui qu'il loue, ou du moins dont il parle; car quelquefois il fait le portrait d'hommes plus célèbres que vertueux; mais il les représente tels qu'ils sont, loue les vertus, admire les talens et déteste les crimes. En second lieu, ces éloges sont, la plupart, historiques, et des faits vrais valent beaucoup mieux que de la fausse éloquence. Enfin, ils ont le mérite de présenter une grande variété d'hommes, quelques-uns grands, et presque

SUR LES ÉLOGES.

tous fameux, de tous les pays, de toutes les religions, de tous les rangs et de tous les siècles.

Ainsi, on y voit parmi les anciens, Alexandre, Pyrrhus, Annibal et Scipion; parmi les destructeurs de l'empire, Attila et Totila; parmi ses vengeurs, Narsès qui, né esclave, devint général, et qui eunuque, fut un grand homme.

Dans le nouvel empire d'Occident, Charlemagne, le plus grand homme de la France, et peut-être de l'Europe moderne; et ce Frédéric Barberousse, sous qui commença la lutte sanglante du sacerdoce contre l'empire, qui fit la guerre aux papes et aux Sarrazins, et mourut dans son pèlerinage guerrier.

En France, Godefroi de Bouillon, chef de la seule croisade qui ait réussi; Charles VIII, qui conquit et perdit le royaume de Naples avec la même rapidité; Louis XII, qui fut tour à tour dupe de ses amis et de ses ennemis, mais à qui on pardonna tout, parce qu'il était bon; François Ier. qui, à beaucoup de défauts, mêla des qualités brillantes; le maréchal de Trivulce, sur la tombe duquel on grava : *Ici repose celui qui ne reposa jamais*; le maréchal de Lautrec, également opiniâtre et malheureux; Gaston de Foix, si connu par son courage brillant et par la bataille de Ravennes qu'il gagna et où il perdit la vie; enfin, ce connétable de Bourbon, si terrible à son maître, et dont l'âme altière eut à la fois le plaisir et le malheur d'être si bien vengé.

En Espagne, vous trouverez Ferdinand-le-Catholique, qui chassa et vainquit les rois Maures, et trompa tous les rois chrétiens; Charles-Quint, heureux et tout-puissant, politique par lui-même, grand par ses généraux, et cette foule de héros dans tous les genres qui servaient alors l'Espagne; Christophe Colomb, qui lui créa un nouveau monde; Fernand Cortez qui, avec cinq cents hommes, lui soumit un empire de six cents lieues; Antoine de Lève qui, de simple soldat, parvint à être duc et prince, et plus que cela grand homme de guerre; Pierre de Navarre, autre soldat de fortune, célèbre par ses talens, et parce que le premier il inventa les mines; Gonzalve de Cordoue, surnommé le grand Capitaine, mais qui put compter plus de victoires que de vertus; le fameux duc d'Albe, qui servit Charles-Quint à Pavie, à Tunis, en Allemagne, gagna contre les protestans la bataille de Mulberg, conquit le Portugal sous Philippe II, mais qui se déshonora dans les Pays-Bas, par les dix-huit mille hommes qu'il se vantait d'avoir fait passer par la main du bourreau; enfin, le jeune marquis Pescaire, aimable et brillant, qui contribua au gain de plusieurs batailles, fut à la fois capitaine et homme de lettres, épousa une femme célèbre par son esprit comme par sa beauté, et mourut à trente-deux ans d'une maladie très-courte, peu de temps après que Charles-Quint eut été instruit que le pape lui avait proposé de se faire roi de Naples.

Si nous parcourons l'Italie, ces éloges nous offrent un très-grand nombre d'hommes qui, dans le cours du quinzième ou seizième siècle, s'y distinguèrent par le gouvernement, ou par les armes. Il faut se rappeler qu'alors l'Italie était divisée et sanglante. Une foule de tyrans, ou étrangers, ou domestiques, déchiraient ce beau pays pour le partager ; les papes excommuniaient, combattaient et négociaient pour se faire un État. Les empereurs n'avaient point perdu de vue ce fantôme d'empire romain, que de temps en temps ils voulaient faire revivre. Les rois de France, poussés et par leur propre inquiétude et par celle de leur nation, avaient la fureur de conquérir Naples et Milan. Le sénat de Venise, politique et hardi, commerçant et guerrier, voulait dominer sur la mer et s'étendre en terre-ferme ; une foule de villes et de républiques étaient agitées à la fois par les orages de la liberté et par ceux de la guerre ; des factions s'élevaient, se choquaient et tombaient ; des conjurés et des tyrans périssaient tour à tour ; des généraux qui n'avaient pour bien qu'une armée, la vendaient à qui voulait ou pouvait la payer. Partout les intérêts religieux se mêlaient aux intérêts politiques et les crimes aux grandes actions ; tel était l'esprit de ce temps ; et parmi ces dangers, ces espérances, ces craintes, il dut naître une foule d'âmes extraordinaires dans tous les rangs, qui se développèrent, pour ainsi dire, avec leur siècle, et qui en reçurent le mouvement, ou lui donnèrent le leur. Paul Jove a fait l'éloge ou le portrait de tous ces hommes, la plupart plus courageux que saints ; mais dans cette foule de noms, on aime à retrouver à Florence, les Médicis ; à Milan, ces fameux Sforces, dont l'un simple paysan, devint un grand homme ; et l'autre, bâtard de ce paysan, devint souverain ; à Rome, les Colonnes, presque tous politiques ou guerriers ; à Venise, plusieurs doges et quelques généraux ; à Gênes, ce célèbre André Doria, qui vainquit tour à tour et fit vaincre Charles-Quint, redoutable à François Ier. et à Soliman, mais grand surtout pour avoir rendu la liberté à sa patrie, dont il pouvait être le maître.

Si vous portez vos regards plus loin, vous trouverez en Hongrie ce fameux Jean Huniade qui combattit les Turcs, et simple général d'un peuple libre, fut plus absolu que vingt rois ; et ce Mathias Corvin son fils, le seul exemple peut-être d'un grand homme fils d'un grand homme ; en Epire, Scanderberg, grand prince dans un petit État ; et parmi les Orientaux, ce Saladin, aussi poli que fier, ennemi généreux et conquérant humain ; Tamerlan, un de ces Tartares qui ont bouleversé le monde ; Bajazet qui commença comme Alexandre, et finit comme Darius : d'abord le plus terrible des hommes, et ensuite le plus malheureux ; Amurat II, le seul prince turc qui ait été philosophe, qui abdiqua deux fois le trône, et y remonta deux fois pour vaincre ; Mahomet II, qui conquit avec tant de rapidité, et récompensa les arts avec tant de magnificence ; Sélim, qui subjugua l'Égypte et détruisit cette aristocratie guerrière établie depuis trois cents ans aux bords du Nil, par des soldats tartares ; Soliman, vainqueur de l'Euphrate au Danube, qui prit Babylone et assiégea Vienne ; le fameux Barberousse Chérédin, son amiral, qui de pirate devint roi ; et cet Ismaël Sophi, qui au commencement du seizième siècle, prêcha les armes à la main, et en dogmatisant conquit la Perse, comme Mahomet avait conquis l'Arabie.

A la suite de tous ces noms de guerriers ou de princes rassemblés des trois parties du monde, c'est un spectacle curieux de retrouver les noms du Dante, de Pétrarque, de Bocace, de l'Arioste, du cardinal Bibiéna, auteur de la comédie de la Calandre, jouée au Vatican sous Léon X, et du célèbre Machiavel ; sans compter cette foule innombrable de savans, presque tous Grecs ou Italiens, qui, dénués, il est vrai, de ce mérite rare du génie, contribuèrent, cependant, par leurs travaux, au rétablissement des lettres, en faisant revivre les langues qui ne s'étaient conservées que chez les chrétiens de Constantinople, et la philosophie ancienne qui, depuis la chute de l'empire, n'avait été cultivée que par les musulmans arabes.

Tel est le spectacle aussi varié que rapide que nous présentent les éloges de Paul Jove. Je me contenterai ici d'ajouter quelques remarques. Il est d'abord fort singulier que ce panégyriste, ayant loué près d'une centaine de princes grecs, idolâtres, musulmans et chrétiens, n'ait pas fait l'éloge d'un seul pape : il était cependant italien et évêque. Je remarquerai ensuite qu'il a fait l'éloge de plusieurs princes qui étaient encore vivans, et dans ces articles il change tout à coup de ton ; il ne raconte plus, il loue, et l'historien devient déclamateur. Voici comment débute l'éloge de Charles-Quint. « Je te salue trois fois, très-grand, « auguste Charles-Quint, qui, par le concours « et l'union des vertus les plus rares, as mérité « le surnom de très-invincible empereur. » On reconnaît à cette grande phrase, que Charles-Quint devait lire l'article. Un autre assez singulier, c'est celui où il parle de ce Christiern, roi de Danemarck, surnommé le Néron du nord, qui, après avoir juré aux Suédois la paix sur une hostie, fit égorger, comme on sait, au milieu d'un repas, tout le sénat de Suède, deux évêques et quatre-vingt-quatorze citoyens des plus distingués. Quoique ce prince fût encore vivant, Paul Jove ose l'appeler de son véritable nom, c'est-à-dire, un monstre ; il est vrai que ce monstre était alors détrôné et enfermé dans une cage de fer; mais beaucoup d'autres auraient craint que la cage ne fût brisée, et que ce monstre, en remontant sur le trône, ce qui est arrivé quelquefois, ne redevînt un très-grand prince. Enfin, pour connaître l'esprit de ce temps-là, il ne sera pas inutile d'observer que Paul Jove loue avec transport ce Pic de la Mirandole, l'homme de l'Europe, et peut-être du monde, qui, à son âge, eût entassé dans sa tête le plus de mots et le moins d'idées ; qu'il n'ose point blâmer ouvertement ce Jérôme Savonarole, enthousiaste et fourbe, qui, déclamant en chaire contre les Médicis, faisait des prophéties et des cabales, et voulait, dans Florence, jouer à la fois le rôle de Brutus et d'un homme inspiré ; qu'enfin il loue Machiavel de très-bonne foi, et ne pense pas même à s'étonner de ses principes : car le machiavélisme, qui n'existe plus sans doute, et qu'une politique éclairée et sage a dû bannir pour jamais, né dans ces siècles orageux, du choc de mille intérêts et de l'excès de toutes les ambitions joint à la faiblesse de chaque pouvoir, fait uniquement pour des âmes qui suppléaient à la force par la ruse, et aux talens par les crimes, était, pendant quelque temps, devenu en Europe la maladie des meilleurs esprits, à peu près comme certaines pestes qui, nées dans un climat, ont fait le tour du monde, et n'ont disparu qu'après avoir ravagé le globe.

CHAPITRE XXVI.

DES ORAISONS FUNÈBRES ET DES ÉLOGES DANS LES PREMIERS TEMPS DE LA LITTÉRATURE FRANÇAISE, DEPUIS FRANÇOIS Ier. JUSQU'A LA FIN DU RÈGNE DE HENRI IV.

Après avoir suivi le genre des éloges chez les peuples barbares, où ils n'étaient que l'expression guerrière de l'enthousiasme qu'inspirait la valeur; chez les Égyptiens, où la religion les faisait servir à la morale; chez les anciens Grecs, où ils furent employés tour à tour par la philosophie et la politique; chez les premiers Romains, où ils furent consacrés d'abord à ce qu'ils nommaient vertu, c'est-à-dire à l'amour de la liberté et de la patrie; sous les empereurs, où ils ne devinrent qu'une étiquette d'esclaves, qui trop souvent parlaient à des tyrans; enfin, chez les savans du seizième siècle, où ils ne furent, pour ainsi dire, qu'une affaire de style et un amas de sons harmonieux dans une langue étrangère qu'on voulait faire revivre ; il est temps de faire voir ce qu'ils ont été en France et dans notre langue même. Je m'arrêterai peu sur les anciens monumens que nous avons dans ce genre. L'esprit, le goût, l'éloquence, la langue même, rien n'était formé. Nous avons été long-temps des barbares pleins d'imagination et de gaieté, qui savions danser et combattre, mais qui ne savions pas écrire. L'esprit humain, toujours curieux, aime à revenir quelquefois sur ces temps de son enfance; mais quand on a jeté un coup-d'œil sur des masures ou des palais gothiques, on aime ensuite à se reposer sur les grands monumens de l'architecture moderne. En repassant les premiers temps de notre littérature, et les éloges écrits dans notre langue, il ne sera pas inutile de remarquer souvent à qui ces éloges ont été prodigués, et de comparer quelquefois les vertus dont le panégyriste parle, avec les vices plus réels dont parle l'histoire. Peut-être, à force de reprocher aux hommes leur bassesse, parviendra-t-on à les faire rougir : mais quand on ne pourrait l'espérer, il est doux du moins de venger la vérité, que la flatterie est toujours prête à immoler à l'intérêt. L'indignation même que l'on éprouve contre le mensonge, est utile; elle affermit dans l'heureuse habitude d'être libre, et dans le besoin d'être vrai.

Les éloges funèbres que nous avons vu établir chez tous les peuples, ne furent connus en France que sur la fin du quatorzième siècle. On croit que le premier Français à qui l'on rendit cet hommage, fut le célèbre Du Guesclin. C'était le prix de ses victoires, et plus encore de ses vertus[1]. Ce grand homme mérita sans doute que cet usage commençât par lui. Il faudrait seulement que ce qui était alors une distinction flatteuse, n'eût pas cessé d'en être une. Mais il en est ainsi de presque tous les honneurs : la justice les institue, la politique les conserve quelque temps au mérite, bientôt la vanité les réclame comme un droit, le vice

[1] Cette oraison funèbre fut prononcée en 1389, c'est-à-dire neuf ans après la mort du connétable, par un évêque d'Auxerre, et en présence de toute la cour. Le texte fut : *Nominatus est usque ad extrema* : « son nom a été connu aux extrémités de la terre. » Ensuite l'orateur entrant dans le détail des victoires, des faits d'armes, de toutes les grandes actions de Du Guesclin, prouva que ce grand homme avait rempli tous les devoirs d'un vrai chevalier, puisqu'il avait uni au plus haut degré la probité et la valeur. Il remonta à l'origine et à la première institution de la chevalerie, et la représenta comme une institution politique, militaire et sacrée, aussi nécessaire pour la défense que pour le gouvernement des États, et qui demandait dans un guerrier l'accord de la probité et du courage, des vertus et de l'honneur. Il finit par exhorter tous les seigneurs de la cour qui étaient présens, à ne jamais prendre les armes que par l'ordre et pour le service de leur maître, s'ils voulaient, comme Du Guesclin, remplir les devoirs de la chevalerie, et mériter à la fois l'approbation de Dieu et l'estime des hommes. Tel est l'extrait de cette oraison funèbre, qui nous a été conservée par le moine de Saint-Denis, historien de Charles VI.

les usurpe par l'intrigue : au lieu d'honorer ceux à qui on les accorde, quelquefois ceux qui les obtiennent les déshonorent; et, ce qui devait être glorieux et rare, finit par être prodigué et avili. Voilà l'histoire des éloges funèbres parmi nous, et apparemment chez toutes les nations. Ils sont devenus trop souvent des discours, où, avec une fausse éloquence, on célèbre des vertus encore plus fausses, et où l'on étale avec pompe des titres que le mort a flétris, des talens qu'il n'a point eus, et des services qu'il n'a pu rendre.

La collection des oraisons funèbres que nous avons dans notre langue, commence à peu près en 1547, c'est-à-dire à la mort de François 1er.

Ce prince, qui eut bien plus l'éclat et les vertus d'un chevalier, que la politique et les talens d'un roi, fut loué sans réserve; et il ne faut pas s'en étonner : une nation militaire et brave dut estimer sa valeur; une noblesse, qui respirait l'enthousiasme de la chevalerie, dut applaudir ses propres vertus dans son chef. Les hommes de lettres et les savans, qui commençaient en France à s'emparer de l'opinion, et dirigeaient déjà la renommée, durent célébrer à l'envi le prince qui les honorait. Ses malheurs même et la bataille de Pavie, où, à des fautes trop réelles, il mêla de la grandeur de caractère, durent ajouter à sa célébrité, en fixant sur lui les yeux de l'Europe, et devaient surtout intéresser un peuple qui pardonne tout pour le courage, et se rallie toujours au mot de l'honneur.

Ses contemporains gravèrent sur son tombeau le titre de grand. Il faut convenir que s'il avait pu le mériter, c'eût été par son respect pour les connaissances et le désir qu'il eut d'éclairer sa nation. Il entrevit ces principes étouffés tour à tour par l'ignorance et par l'orgueil, qu'il n'y a ni législation, ni politique sans lumières; que ceux qui éclairent l'humanité, sont les bienfaiteurs des rois comme des peuples; que l'autorité de ceux qui commandent n'est jamais plus forte que lorsqu'elle est unie à l'autorité de ceux qui pensent; que le défaut de lumière, en obscurcissant tout, a quelquefois rendu tous les droits douteux, et même les plus sacrés, ceux des souverains; qu'un peuple ignorant devient nécessairement ou un peuple vil et sans ressort, destiné à être la proie du premier qui daignera le vaincre, ou un peuple inquiet et d'une activité féroce; que des esclaves qui servent un bandeau sur les yeux, en sont bien plus terribles, si leur main vient à s'armer, et frappe au hasard; qu'enfin, tous les princes qui avant lui avaient obtenu l'estime de leur siècle et les regards de la postérité, depuis Alexandre jusqu'à Charlemagne, depuis Auguste jusqu'à Tamerlan, né Tartare et fondateur d'une académie à Samarcande, tous dédaignant une gloire vile et distribuée par des esclaves ignorans, avaient voulu avoir pour témoins de leurs actions des hommes de génie, et relever partout la gloire du trône par celle des arts. Ce fut là le vrai mérite de François Ier. Il honora donc les lettres, et les lettres reconnaissantes ordonnèrent à l'Europe de célébrer ce prince, et de placer le vaincu à côté du vainqueur.

Après François Ier, Henri II, son successeur et son fils, eut l'honneur d'un panégyrique, même de son vivant. On trouve, en 1555, un éloge qui lui est adressé sur la *grandeur* de son règne. Qu'on ne s'étonne pas de ce mot : tous les peuples désirent que leur maître soit grand, et aiment à se le persuader. La vanité de celui qui obéit, s'enorgueillit des titres prodigués à celui qui commande. L'esclave même veut donner de la dignité à ses fers ; à plus forte raison le sujet libre, et qui obéit aux lois sous un monarque. A l'égard de Henri II, son nom aujourd'hui ne réveille plus l'idée de *grandeur*. Ce roi brave, mais d'une valeur moins éclatante que son père ; protecteur des lettres, mais sans cette espèce de passion qui tient de l'enthousiasme, et le fait naître chez les autres ; avide de gloire, mais incapable de cette hauteur de génie qui s'ouvre de nouvelles routes pour y parvenir ; gouverné par des favoris qui dirigeaient à leur gré sa faiblesse ou sa force, et poussé en même temps par l'esprit de sa nation et de son siècle, qu'il trouva créé et auquel il n'ajouta rien, n'eut ni dans l'esprit, ni dans l'âme, cette espèce de ressort qui fait la grandeur. On peut dire que son règne ne fut qu'une représentation affaiblie du règne de François Ier. Dans la religion, dans la guerre, dans la finance et dans les lois, il suivit les sentiers tracés. Les événemens eurent de l'importance, sans avoir une sorte de caractère; et presque toujours en action, mais sans être animé de ces forces vives qui font les grands changemens et dessinent avec énergie les caractères, soit en bien, soit en mal, ce prince donna beaucoup de mouvement à l'Europe, sans acquérir beaucoup de célébrité.

L'homme d'état juge: le panégyriste loue, et n'a besoin que d'un prétexte; encore s'en passe-t-il quelquefois. Henri II, estimable à plusieurs égards, dut être célébré, et surtout dans l'époque de ses succès. On sait que dans la suite il eut des revers, et se laissa écraser par cet ennemi actif, dont la vigilance sombre et terrible, étendue à la fois sur les deux mondes, enchaînait l'Amérique, gouvernait l'Espagne et désolait l'Europe. Les batailles de Gravelines et de Saint-Quentin ne furent que des malheurs; mais la paix de Cateau-Cambrésis fut une honte. Au rapport de tous les historiens, elle déshonora le roi et le trône; au rapport d'un panégyriste, ce fut le sacrifice d'un grand homme au bien de l'Europe. Il n'est pas inutile d'ajouter que l'oraison funèbre de ce prince fut comparée dans le temps à la Cyropédie, le roi à Cyrus, et l'orateur à Xénophon.[1]

En 1563 parut un éloge qui dut intéresser la nation : c'était celui de ce François de Guise, assassiné par Poltrot, devant Orléans. Il fut, comme on sait, le plus grand homme de son siècle. Ce fut lui qui défendit Metz contre Charles-Quint, qui rendit Calais à la France, et combattit avec succès l'Espagne, l'Angleterre et l'Empire. Son crime fut d'être trop puissant : c'en était un dans une minorité orageuse, et sous un gouvernement faible où plusieurs grands hommes se choquent, et où l'autorité sans vigueur ne peut tenir la balance entre des forces extrêmes qui se combattent. Sa mort fut le premier des assassinats que le fanatisme de ce siècle fit commettre. On connaît de lui ce mot employé dans une de nos plus belles tragédies : « Ta religion t'a ordonné de m'assassiner ; la mienne m'ordonne de te pardonner et de te plaindre. » Ce mot, dont on se souvient, est fort au-dessus d'une oraison funèbre qu'on oublie.

En 1571, c'est-à-dire, quelques mois avant la Saint-Barthélemi, fut prononcé et publié un

---

[1] Sonnet de Joachim du Bellay, sur l'oraison funèbre prononcée en 1559, par Jérôme de la Rovère, évêque de Toulon.

panégyrique en l'honneur de Charles IX. On y vante les grandes actions d'un prince de vingt ans, qui n'avait pu encore que prêter son nom aux malheurs de son règne. On y célèbre sa bonté; et dans quel moment! A sa mort il se trouva des orateurs pour le louer. J'ai lu l'oraison funèbre de ce prince, que Muret prononça à Rome, en présence du pape Grégoire XIII. Non, lorsque Antonin ou Trajan moururent autrefois dans cette même ville, et que la douleur publique prononça leur éloge en présence des citoyens, dont ils avaient fait le bonheur pendant vingt ans, je suis bien sûr qu'on n'y parla pas davantage de vertu, de justice, de larmes et de désolation des peuples. Tous les éloges prononcés à Paris ou dans la France, en l'honneur de Charles IX, sont du même ton. L'unique différence, c'est que nos orateurs français insultent à l'humanité en prose faible et barbare, dans ce jargon qui n'était pas encore une langue; au lieu que l'orateur d'Italie, écrivant avec pureté dans la langue de l'ancienne Rome, ses mensonges du moins sont doux et harmonieux. Il est triste que les orateurs, chargés des éloges funèbres des hommes puissans, se soient trop souvent réduits eux-mêmes à ne parler que le langage des cours. Ils auraient pu, dans des siècles surtout où la religion avait tant d'autorité, faire de ces discours la consolation des peuples et la leçon des grands; mais sans doute il faut que chez les hommes tout soit petit, corrompu et faible.

Les panégyriques se succèdent comme les règnes. Si on loua Charles IX, on dut louer Henri III. Nous avons un panégyrique qui lui fut adressé en 1574, à son retour de Pologne. L'orateur alors n'était que l'interprète de la voix publique. Le nom de ce prince avait de l'éclat en Europe; et tant qu'il ne régna point il parut digne de régner. Tout le monde sait comment ces espérances et ces éloges furent démentis. Quiconque, dans des momens d'orage, n'est pas un grand homme, paraît même au-dessous de ce qu'il est. Il fut précipité dans l'avilissement et le malheur, et par ses amis et par ses ennemis, et par la force des événemens, et par sa propre faiblesse, et parce qu'il ne sut presque jamais s'arrêter ni dans l'abandon, ni dans l'usage de ses droits. On connaît d'ailleurs ses confréries et ses scandales, et ce mélange bizarre de superstition et de licence, où il trouvait l'art de se déshonorer également par ses vertus et par ses vices. Cela n'empêcha point que, dans des panégyriques de son temps, et même après sa mort, il n'ait été appelé *le grand Henri III*. On ne sait comment de pareils exemples n'ont point dégoûté à jamais les souverains d'être loués.

L'année 1586 nous présente un spectacle différent. C'est le célèbre Ronsard, le plus fameux poëte de son siècle, et qui fut aimé tour à tour et protégé de quatre rois, loué après sa mort par l'abbé Duperron, depuis cardinal. On rendit à un homme qui n'avait que des talens, le même honneur que s'il avait eu le privilége de faire du bien à la nation dans quelque grande place[1]. Ces distinctions accordées au génie, dans certains siècles, sont une espèce de réparation des injustices qu'il a trop souvent essuyées dans d'autres. Elles servent encore à prouver qu'il y a dans les talens une grandeur personnelle, qu'on a crue quelquefois égale à celle des dignités. Quoi qu'il en soit, Duperron prononça cette oraison funèbre, qui

[1] M. de Thou rapporte qu'on célébra à Paris un service magnifique en l'honneur de Ronsard. Le roi y envoya sa musique. Des princes du sang, une foule de gens de la cour, et tous les hommes les plus célèbres par leur esprit et leurs talens y assistèrent. Le parlement de Paris s'y rendit par députés. La foule était si grande, que le cardinal de Bourbon ne put fendre la presse, et fut obligé de s'en retourner. L'orateur lui-même ne put entrer dans la chapelle, et prononça l'oraison funèbre de dessus un perron. Il y avait des auditeurs jusque sur les toits. Le même jour, on publia un grand nombre d'éloges funèbres en l'honneur du mort. Ronsard était enterré dans le prieuré de St. Côme, auprès de Tours. Un conseiller au parlement de Paris, vingt ans après, lui fit élever un mausolée de marbre, orné d'inscriptions, avec une très-belle statue, faite par le meilleur artiste du temps. Enfin, on écrivit son histoire, et l'on ne manqua point d'observer qu'il était né le même jour que François Ier perdit la bataille de Pavie, comme si apparemment la nature eût voulu consoler la France.

eut alors beaucoup de succès, et qu'on ne peut plus lire. Il y emploie près de vingt pages à dire qu'il ne sait comment s'y prendre pour traiter un sujet si grand. Ces puérilités s'appelaient alors de l'éloquence! et Duperron comme orateur, et Ronsard comme poëte, sont aujourd'hui également inconnus. Cent ans plus tard, ils eussent été probablement de grands hommes. Ainsi Fontenelle a dit de Saint Thomas, que, dans d'autres circonstances, il eût peut-être été Descartes; et il n'a manqué à Roger Bacon, moine au treizième siècle, que d'être le contemporain des Leibnitz et des Newton, pour être leur égal.

Deux ans après, le cardinal Duperron fut choisi par le roi pour faire un éloge funèbre, qui prêtait bien plus à l'éloquence; c'était celui de la fameuse Marie Stuart. On sait qu'à tous les agrémens de la figure, elle joignit tous ceux de l'esprit. Sa beauté fit ses malheurs, parce qu'elle produisit ses faiblesses, et peut-être ses crimes. Égarée par l'amour, et poursuivie par l'intérêt et la vengeance, elle trouva une prison dans un pays où elle avait cherché un asile, et fut décapitée par la politique barbare de cette Élisabeth, qui n'était que son égale et n'avait pas le droit d'être son juge. Il y a des sujets qui ne peuvent manquer de réussir. La mort d'une femme et d'une reine sur l'échafaud, tant de beauté jointe à tant d'infortune, la pitié si naturelle pour le malheur, l'attachement des Français pour une princesse élevée parmi eux, et qui avait été l'épouse d'un de leurs rois; l'intérêt qu'on prend peut-être malgré soi à des malheurs causés par l'amour; le nom même de la religion, car elle fut mêlée à ce grand événement; et l'Europe, agitée alors de fanatisme, regardait presque la querelle de deux reines rivales, comme la querelle des catholiques contre les protestans : tout contribua au grand succès de cet éloge funèbre. Duperron tira des larmes de toute l'assemblée. On oublia que Marie Stuart, peu de temps après que son mari eut fait tuer son amant sous ses yeux, avait épousé l'assassin même de son mari; et l'on ne vit que la plus belle femme de son siècle, fille, veuve, mère de roi, et reine elle-même, qui avait péri sous le fer d'un bourreau. La pitié et l'esprit de parti lui donnèrent des panégyristes en foule ; et ce qu'il n'est pas inutile d'observer, son malheur sembla la justifier aux yeux de la postérité, qui même aujourd'hui ne prononce pas encore son nom sans intérêt.

C'était alors, dans presque toute l'Europe, le temps des crimes et des meurtres; mais la barbarie était tantôt impétueuse et ardente, tantôt froide et tranquille. L'année 1588 fut marquée par l'assassinat de Henri, duc de Guise, au château de Blois. Il n'y a personne qui ne sache et les motifs et les circonstances de ce meurtre. Cet homme hardi et brillant, fait pour éblouir le peuple, pour subjuguer les grands, pour opprimer le roi, courant à la grandeur par les factions, et à la renommée par l'avilissement de son maître; qui s'occupait de le détrôner sans daigner le haïr; et qui, par mépris, ne s'apercevait pas même qu'il s'en était fait craindre, vivant pouvait être coupable, mais assassiné ne parut qu'un héros. La mort de Louis, son frère, massacré le lendemain, révolta encore plus, car il était cardinal. Il ne faut point demander si les deux frères furent célébrés par des éloges publics. Les éloges parurent en foule; mais il y en eut un plus remarquable que les autres. Dans ces temps où la superstition se mêlait à la fureur, on voyait d'un côté des empoisonnemens, des assassinats, et les crimes de la plus flétrissante volupté; de l'autre, des processions, des confréries et des pénitens blancs et noirs; comme si des cérémonies, sans le remords et la vertu, pouvaient expier les crimes; comme si elles n'étaient pas un nouvel outrage pour la divinité, qu'on faisait semblant d'apaiser en la déshonorant. Henri III lui-même avait institué des confréries, et, suivi de ses mignons, marchait à leur tête. Ses confrères, les pénitens de Lyon, n'approuvèrent point du tout la justice qu'il s'était rendue à lui-même, et firent une grande pompe funèbre « en déploration « du massacre fait à Blois, sur Louis et Henri « de Lorraine, suivie d'une oraison sur le même « sujet. » Dans tous ces éloges on eut bien l'audace de peindre le duc de Guise comme l'appui, le héros et le martyr de la religion, lui pour qui l'Église n'avait été qu'un prétexte de déchirer l'État ; lui, qui n'était catholique que pour être factieux ; lui, dont toute la religion était l'envie d'usurper le trône, et qui s'armait du fanatisme pour marcher à la révolte. Mais il y a apparence que de si lâches mensonges n'étaient ni pour les grands, ni pour les esprits déliés ; c'était l'appât grossier du peuple, qui, dans ces temps de factions et de guerres, était souvent opprimé, égorgé et trompé.

Ce double assassinat en produisit un autre l'année suivante 1589, celui de Henri III ; et ce qu'il y eut alors de plus étrange, ce fut l'éloge même de l'assassin. Il faut qu'on sache dans tous les siècles que ce Jacques Clément, dominicain et parricide, fut loué publiquement dans Paris et dans Rome : le fanatisme qui inspira le meurtre, fit l'apothéose du meurtrier.

On a remarqué que le temps des grands crimes est presque toujours celui des grandes vertus. La nature agitée et secouée, pour ainsi dire, dans tous les sens, déploie alors toute son énergie; ses productions sont extraordinaires, elle fait naître en foule des monstres et des grands hommes. En 1595, on vit dans Paris un éloge dont le sujet est à jamais respectable ; c'était l'éloge du président Brisson, pendu quatre ans auparavant pour la cause des rois. Ce citoyen, trop éclairé pour être fanatique, et trop vertueux pour être rebelle, parla aux Seize, comme un homme qui préfère son devoir à sa vie; et il en fut récompensé en mourant pour l'État. L'infamie de son supplice fut un titre de plus pour sa gloire. Il faut louer l'orateur qui s'honora lui-même en faisant son éloge; pour l'éloge même il n'ajouta rien à la mémoire de Brisson : il n'en avait pas besoin.

On aime à voir aussi en 1609, un panégyrique adressé au duc de Sully ; il fut composé par un receveur des finances. Cet ouvrage est faible, et peu digne de son sujet; mais c'était du moins un hommage rendu à un grand homme, dans un temps où ce grand homme servait l'État, et où, pour récompense, il n'avait que les calomnies de la cour, les fureurs des traitans et la haine de la nation à qui il faisait du bien. Il est vrai qu'un an plus tard, l'éloge eût été plus honorable encore, et pour le panégyriste et pour le héros, car, en 1610, Sully n'était plus rien. Mais il ne faut pas trop exiger des hommes; et s'il y a un exemple d'une statue élevée à un roi après sa mort, il n'y en a pas de panégyrique adressé à un ministre après sa disgrâce.

Jamais parmi nous, peut-être, la louange ne fut quelque chose de si respectable et de si grand, que lorsqu'elle fut destinée à célébrer Henri IV; jamais elle ne fut si unanime. Il y a eu quelquefois des réputations, quoiqu'en petit nombre, qui choquaient les mœurs et les idées générales dominantes dans un pays; c'était comme un aveu involontaire et forcé, que certaines qualités brillantes arrachaient à ceux même qui étaient le plus loin de les partager: mais quand le mérite d'un grand homme se concilie parfaitement avec les préjugés, le caractère et les penchans d'un peuple, alors sa célébrité doit augmenter, parce que l'amour-propre de chaque citoyen protége pour ainsi dire la réputation du prince; et c'est ce qui arriva à Henri IV. On peut dire qu'il fut véritablement le héros de la France. Ses talens, ses vertus, et jusqu'à ses défauts, tout, pour ainsi dire, nous appartient. Mornay et Sully purent blâmer l'excès de sa valeur, mais la nation aimait à s'y reconnaître; la politique même le justifiait. Pour rassurer ses amis, pour étonner ses ennemis, il fallait des prodiges, et il n'avait presque que des vertus à opposer à des armées. Alors la témérité même cessait de l'être; et ce grand homme appuyait le peu de forces qu'il avait des forces réelles de l'admiration et de l'enthousiasme. Sa gaieté au milieu des combats, ses bons mots dans la pauvreté et le malheur, toutes ces saillies d'une âme vive et d'un caractère généreux, cette foule de traits que l'on cite, et qui sont à la fois d'un homme d'esprit et d'un héros, semblaient peindre en même temps l'imagination française, et le genre d'esprit avec le caractère national. Enfin, ses amours, ses faiblesses, tous ces sentimens, qui le plus souvent étaient des passions, et que les grâces d'un chevalier ennoblissaient encore, lorsqu'ils n'étaient que des goûts, ne paraissaient pas des défauts qu'on pût lui reprocher. La nation en l'admirant, aimait à se persuader qu'on peut mêler la galanterie à la grandeur, et que le caractère d'un Français fut en tout temps d'allier la valeur et les plaisirs. Mais ce qui a consacré sa réputation dans l'Europe, c'est sa bonté, c'est cette vertu qui ne permit jamais à la haine d'entrer dans son cœur, qui fit que, sans politique et sans effort, il pardonna toujours, et se serait cru malheureux de punir; qui, avec ses amis, lui donnait la familiarité la plus douce, envers ses peuples la bienveillance la plus tendre, avec sa noblesse la plus touchante égalité; ce sentiment si précieux qui quelquefois, dans des momens d'amertume et de malheur, lui faisait verser les larmes d'un grand homme au sein de l'amitié; ce sentiment qui aimait à voir la cabane d'un paysan, à partager son pain, à sourire à une famille rustique qui l'entourait, ne craignit jamais que les larmes et le désespoir secret de la misère, vinssent lui reprocher des malheurs ou des fautes : voilà ce qui lui a concilié les cœurs de tous les peuples, voilà ce qui le fait bénir à Londres comme à Paris. Et qui, en voyant sur presque toute l'étendue de la terre, les hommes si malheureux, tant de fléaux de la nature, tant de fléaux nés des passions et du choc des intérêts, le genre humain écrasé et tremblant, éternellement froissé entre les malheurs nécessaires, et les malheurs que l'indulgence et la bonté auraient pu prévenir, peut se défendre d'un attendrissement involontaire, lorsqu'il voit s'élever un prince qui n'a d'autre passion et d'autre idée, que celle de rétablir le bonheur et la paix? Il semble, en s'occupant de lui, en suivant ses actions, en pénétrant dans son cœur, qu'on respire un air plus doux, et que le calme et la sérénité se répandent, du moins pour quelques momens, sur ce globe infortuné qu'on habite.

Peu de princes dans l'histoire ont eu ce caractère de bonté, comme Henri IV. Celle d'Auguste fut la bonté d'un politique qui n'a plus d'intérêt à commettre des crimes ; celle de Vespasien fut souillée par l'avarice et par des meurtres; celle de Titus est plus connue par un mot à jamais célèbre, que par des actions;

celle des Antonins fut sublime et tendre, mais une certaine austérité de philosophie qui s'y mêlait, lui ôta peut-être ces grâces si douces auxquelles on aime à la reconnaître ; parmi nous, celle de Louis XII, à jamais respectée, manque pourtant un peu de la dignité des talens et des grandes actions : car, il faut en convenir, nous sommes bien plus touchés de la bonté d'un grand homme que de celle d'un prince qui a de mauvais succès et des fautes à se faire pardonner. Mais la bonté de Henri IV fut tout à la fois celle d'un particulier aimable et d'un héros. Il ne faut donc pas s'étonner si, pendant sa vie ou après sa mort, il fut célébré par plus de cinq cents panégyristes, tant poëtes qu'orateurs ; il ne faut pas s'étonner si, malgré l'éloquence brute et sauvage de son siècle, on ne trouve presque aucune des oraisons funèbres de ce prince, où il n'y ait quelque mouvement éloquent sur sa mort.

Ici ce sont des imprécations contre le lieu où le meurtre a été commis. L'orateur veut que tous les citoyens, en passant dans cette rue malheureuse, s'arrêtent pour y verser des larmes ; il veut que la dernière postérité des Français vienne s'attendrir sur le lieu qui a été teint du sang du meilleur des rois.

Un autre parle tout à coup au meurtrier comme s'il était présent, et lui reproche de ne pas s'être laissé attendrir par les vertus d'un si excellent prince. Il peint la haine et la fureur du peuple, qui aurait voulu arracher ce monstre des mains des bourreaux, pour le déchirer de ses propres mains. Il peint des Français témoins du supplice, et, par un mélange affreux de férocité et de tendresse, changés tout à coup en cannibales, dévorant la chair sanglante de l'assassin.

Un autre s'adresse au peuple qui l'environne et le prie de suspendre ses larmes, parce qu'il ne peut résister lui-même à un spectacle si touchant, et craint d'être obligé de s'interrompre. Il parle des bienfaits qu'il a lui-même reçus de ce prince dont il était aimé; il joint sa douleur particulière à celle de toute la France, et il finit par faire à son bienfaiteur et à son prince, les adieux les plus passionnés, comme l'ami le plus tendre pourrait les faire sur le tombeau et à la vue des cendres de son ami.

Enfin, je citerai encore un de ces discours, dont l'exorde m'a paru aussi simple que touchant. L'orateur raconte qu'un des Hébreux captifs aux bords de l'Euphrate, voulant adoucir l'ennui de ses malheurs, fait préparer un repas dans sa cabane, et envoie son fils inviter quelques-uns de leurs frères pour se réunir et se consoler ensemble. Un moment après, son fils accourt, pâle, les yeux en pleurs, et palpitant d'effroi. « O mon père ! dit-il au vieillard, plus de festin, plus de joie; je viens de rencontrer un de nos frères égorgés dans la rue.... » « Et moi aussi, dit l'orateur, j'ai vu le plus affreux des spectacles : j'ai vu dans Paris, au milieu de la pompe et de l'appareil des fêtes, j'ai vu un corps sanglant et percé de coups. Non, ce n'était pas celui d'un de nos frères, c'est celui de notre père, celui du meilleur des rois, de Henri IV, » etc.

C'est ainsi que, dans un siècle où l'on n'avait encore aucune idée de la vraie éloquence, la force d'un sujet pathétique et terrible inspirait aux orateurs ou des mouvemens, ou des traits heureux.[1]

Il est triste qu'un pareil sujet n'ait pas été alors traité par un homme véritablement éloquent, et qui, en prononçant cet éloge funèbre, se proposât un but utile à la nation. En effet, qu'on suppose un orateur doué par la nature de cette magie puissante de la parole, qui a tant

---

[1] Malgré les défauts incroyables du mauvais goût, quelques-uns de ces discours attachent encore et intéressent par la force du sentiment qui y est répandu. Souvent l'esprit est rebuté, et les larmes viennent aux yeux : on serait tenté de rire, et l'on s'attendrit.

Le sujet vous entraîne, et l'on oublie l'orateur pour ne penser qu'au héros.

Ainsi, un acteur célèbre (Baron), qui prétendait que l'émotion est en nous un sentiment involontaire, et presque indépendant de l'esprit, en mettant sur des paroles gaies, ou même ridicules, un accent pathétique, attendrissait peu à peu, et parvenait à faire couler les larmes.

d'empire sur les âmes et les remue à son gré;
qu'il paraisse aux yeux de la nation assemblée
pour rendre les derniers devoirs à Henri IV;
qu'il ait sous ses yeux le corps de ce malheureux
prince; que peut-être le poignard, instrument
du parricide, soit sur le cercueil et exposé à
tous les regards; que l'orateur alors élève sa
voix pour rappeler aux Français tous les malheurs que, depuis cent ans, leur ont causés
leurs divisions et tous les crimes du fanatisme
et de la politique mêlés ensemble; qu'en commençant par la proscription des Vaudois et les
arrêts qui firent consumer dans les flammes
vingt-deux villages, et égorger ou brûler des
milliers d'hommes, de femmes et d'enfans, il
leur rappelle ensuite la conspiration d'Amboise, les batailles de Dreux, de Saint-Denis,
de Jarnac, de Montcontour, de Coutras; la nuit
de la Saint-Barthélemi, l'assassinat du prince
de Condé, l'assassinat de François de Guise,
l'assassinat de Henri de Guise et de son frère,
l'assassinat de Henri III; plus de mille combats
ou siéges, où toujours le sang français avait
coulé par la main des Français; le fanatisme et
la vengeance faisant périr sur les échafauds ou
dans les flammes, ceux qui avaient eu le malheur d'échapper à la guerre; les meurtres, les
empoisonnemens, les incendies, les massacres
de sang-froid, regardés comme des actions permises ou vertueuses; les enfans qui n'avaient

pas encore vu le jour, arrachés des entrailles palpitantes des mères, pour être écrasés; qu'il termine enfin cet horrible tableau par l'assassinat de Henri IV, dont le corps sanglant est dans ce moment sous leurs yeux; qu'alors, attestant la religion et l'humanité, il conjure les Français de se réunir, de se regarder comme des concitoyens et des frères; qu'à la vue de tant de malheurs et de crimes, à la vue de tant de sang versé, il les invite à renoncer à cet esprit de rage, à cette horrible démence qui, pendant un siècle, les a dénaturés, et a fait du peuple le plus doux un peuple de tigres; que lui-même prononçant un serment à haute voix, il appelle tous les Français pour jurer avec lui sur le corps de Henri IV, sur ses blessures et le reste de son sang, que désormais ils seront unis et oublieront les affreuses querelles qui les divisent; qu'ensuite, s'adressant à Henri IV même, il fasse, pour ainsi dire, amende honorable à son ombre, au nom de toute la France et de son siècle, et même au nom des siècles suivans, pour cet assassinat, prix si différent de celui que méritaient ses vertus; qu'il lui annonce les hommages de tous les Français qui naîtront un jour; qu'en finissant il se prosterne sur sa tombe et la baigne de ses larmes : quelle impression croit-on qu'un pareil discours aurait pu faire sur des milliers d'hommes assemblés, et dans un moment où le spectacle seul du corps de ce prince, sans être aidé de l'éloquence de l'orateur, suffisait pour émouvoir et attendrir? Peut-être l'effet de ce discours ne se serait-il pas borné à une émotion passagère, peut-être par la suite aurait-il pu prévenir de nouvelles divisions et de nouveaux crimes.

Au reste, les louanges prodiguées à la mémoire de Henri IV, à l'instant de sa mort, ne furent point semblables à tant d'éloges de princes ou d'hommes puissans qui, après avoir retenti sous les voûtes des temples dans une cérémonie funèbre, semblent le moment d'après aller se perdre et s'ensevelir avec eux dans la tombe qui les attend. La justice et la renommée qui le louèrent sur son tombeau, ne s'éloignèrent des bords du mausolée, que pour aller répéter ces éloges de pays en pays et de siècle en siècle.

On peut dire qu'aujourd'hui ce prince a une espèce de culte parmi nous; tous les talens et tous les arts ont été employés à lui rendre hommage. Les mémoires de Sully, en peignant les détails de sa vie domestique, nous ont rendu son souvenir encore plus cher, parce qu'ils montrent partout l'homme sensible à côté du grand homme. Un homme célèbre a immortalisé ses vertus comme sa valeur. Le pinceau de Rubens a tracé son apothéose sur la toile : l'art des Phidias offre sa statue aux regards de tous les citoyens. L'éloquence et le zèle ont produit une foule d'ouvrages qui lui sont tous consacrés, et où la sensibilité loue la vertu. Le pinceau, la gravure, la sculpture même, ont multiplié ses bustes ou ses portraits. Le citoyen obscur aime à décorer son appartement de cette image, comme il aime à voir le portrait d'un ami ou d'un père. On a représenté quelques-unes des époques de sa vie, en bronze et en marbre ; on les a fait servir d'ornement à ces boîtes, invention et amusement du luxe, que le goût et les modes françaises font valoir et distribuent dans l'Europe : le peuple même connaît et bénit sa mémoire. Le peuple, courbé sous ses travaux, prononce souvent le nom de Henri IV, et attache à ce nom des idées qui l'intéressent. Enfin, lorsque la mort, parmi nous, ouvre les tombeaux où reposent les cendres de nos rois, la foule des citoyens qu'une curiosité inquiète et sombre précipite sous ces voûtes, pour y voir à la fois les monumens de la grandeur et de la faiblesse humaine, à la lueur des flambeaux et des torches funèbres qui éclairent ces lieux, semble ne demander, ne chercher que Henri IV. Ils s'arrêtent au pied de son cercueil, ils l'examinent, ils l'entourent, ils semblent lui redemander un grand homme, et se livrent avec un mélange d'attendrissement et de terreur à toutes les idées que la vue de ce tombeau leur inspire[1]. Tel est l'hommage qu'au bout de 190 ans la reconnaissance des peuples rend encore aux vertus des rois. On ne peut comparer cette espèce de culte qu'à celui que les habitans de l'ancienne Rome rendirent à la mémoire d'Antonin. On sait que pendant deux siècles chaque citoyen dans sa maison eut l'image de cet empereur. On sait que les pères de famille l'invoquaient; et les tyrans mêmes prenant le surnom d'Antonin pour en imposer, se couvraient de ce nom sacré, comme, dans les pays et dans les temps d'asiles, les assassins couraient se mettre à l'abri sous les statues des dieux.

CHAPITRE XXVII.

DES PANÉGYRIQUES OU ÉLOGES ADRESSÉS A LOUIS XIII, AU CARDINAL DE RICHELIEU, ET AU CARDINAL MAZARIN.

Un prince disait à son fils en mourant : « Je « te lègue tout, mes armées, mes États, mes « trésors, et le souvenir de ce que j'ai fait de « bien ; mais je ne puis te léguer ma gloire; si « tu n'en as une qui te soit personnelle, la « mienne n'est qu'un fardeau pour toi. » C'est

[1] Voyez la fin de l'éloge de Henri IV, par La Harpe, et l'estampe qui est à la tête du discours.

ce que Henri IV mourant aurait dû dire à Louis XIII. Cependant plusieurs des panégyristes qui avaient loué le père célébrèrent le fils ; mais le père fut loué à titre de grand homme, et le fils trop souvent à titre de prince ; ce n'est pas que Louis XIII n'eût des qualités d'un roi, mais aucune n'eut de l'éclat. Soit timidité, soit paresse, il ignora le grand art des hommes en place, celui d'imposer à la renommée. Son caractère, comme son règne, offrent une foule de contradictions ; il eut un enchaînement de victoires, et leur éclat lui fut, pour ainsi dire, étranger ; il eut des talens militaires, et à peine aujourd'hui ces talens sont connus ; il eut de l'agrément dans l'esprit et montra la plus grande indifférence pour les lettres ; la nature lui avait donné du courage, et même celui qui affronte la mort, et il n'eut jamais celui de commander. Il avait besoin d'être dominé, et flotta sans cesse entre le désir de secouer le joug et la nécessité de le reprendre ; mais le plus grand contraste de son règne, c'est que jamais, peut-être, il n'y eut moins d'activité dans le souverain, et que jamais le gouvernement ne déploya sa force avec plus de fermeté au dehors, et une sévérité si imposante et quelquefois si terrible au dedans.

Tel fut Louis XIII comme prince ; dans le particulier, on vit des contrastes aussi frappans ; son caractère le forçait à élever des favoris ; son caractère le forçait à les haïr. Au milieu des succès, il fut malheureux. L'allié de Gustave-Adolphe, et celui dont les armées ébranlaient le trône de l'empereur et resserraient l'Espagne, redouta sa mère, sa femme, son frère, et jusqu'au ministre qui le faisait vaincre.

On sent bien qu'un tel caractère est peu favorable aux éloges; mais les panégyristes poursuivent encore plus les rois, que souvent les rois ne sont empressés à les fuir; il paraît même que Louis XIII en fut importuné; peut-être même que son esprit naturel lui fit haïr de bonne heure un genre d'éloquence qui, le plus souvent, n'a rien de vrai, et qui au moins est vide d'idées; peut-être aussi qu'un homme calme et sans passions doit mieux sentir le ridicule de ce qui est exagéré; et c'est le vice nécessaire de tout ce qui est harangue; peut-être enfin que tant d'éloges sur de grands événemens auxquels il avait peu de part, lui rappelaient un peu trop sa faiblesse et une gloire étrangère. Quoi qu'il en soit, on rapporte que se regardant un jour dans une glace, étonné de se voir déjà tant de cheveux blancs, il en accusa les complimenteurs et panégyristes éternels qu'il était condamné à entendre depuis qu'il était roi.

Dès 1611, c'est-à-dire, dès la seconde année de son règne, on lui adressa un panégyrique; il n'avait alors que dix ans. On se doute bien quel devait être le ton de cet ouvrage. Flatter un jeune prince sur des qualités qu'il n'a point encore, c'est presque lui défendre de les acquérir, c'est immoler à la vanité d'un moment la félicité d'un demi-siècle.

La paix de 1623, avec les protestans du royaume, et la prise de la Rochelle en 1629, furent encore le sujet d'un très-grand nombre de panégyriques et d'éloges. Ces deux guerres où un roi eut le malheur de combattre contre ses peuples, furent véritablement l'époque la plus brillante de sa vie. Il y montra la plus grande valeur, et cette intrépidité froide, qui dans les dangers honorerait tout autre même qu'un prince; mais il fut plus aisé à Louis XIII d'avoir des succès que de la réputation. Loué par une foule d'orateurs, chanté par Malherbe, célébré à sa mort par Lingendes, placé par la nature entre Richelieu et Corneille, il prouva que le caractère seul peut donner du prix aux actions, aux vertus, aux succès mêmes, et que les panégyristes, malgré leurs talens, ne donnent pas toujours le ton à la renommée. On peut dire que sous ce règne la gloire environna le trône sans parvenir jusqu'au prince.

Cette gloire se porta tout entière vers Richelieu. Lorsque dans une monarchie il s'élève un sujet qui, par les circonstances ou ses talens, obtient un grand pouvoir, aussitôt les hommages et les regards se tournent de ce côté; tout ce qui est faible est porté, par sa faiblesse même, à admirer ce qui est puissant ; mais si ce sujet qui commande, a une grandeur altière qui en impose; si, par son caractère, il entraîne tout; s'il se sent nécessaire à son maître en le servant; si à cette grandeur empruntée qu'il avait d'abord, il en substitue une autre presque indépendante, et qui, par la force de son génie, lui soit personnelle; si, de plus, il a des succès, et que la fortune paraisse lui obéir comme les hommes, alors la louange n'a plus de bornes. Les courtisans le louent par intérêt; le peuple, par un sentiment qui lui fait respecter tout ce qu'il craint; les gens à imagination par enthousiasme : alors les orateurs lui vendent leurs panégyriques, les poëtes leurs vers. Les éloges commencés par le respect ou par la crainte, continuent par l'habitude, et il se fonde une grande réputation chez la postérité, qui reçoit des siècles précédens l'admiration des noms célèbres, comme elle reçoit son culte et ses lois. Tel a été le sort du cardinal de Richelieu. C'est un des hommes qui a été le plus loué, et de son vivant et après sa mort. Poëtes, orateurs, historiens, politiques, tout l'a célébré; mais il n'y a presque rien qui n'ait deux faces. La haine est à côté de la gloire, et ces caractères, dont l'ascendant subjugue tout, sont, par leur vigueur même, voisins de l'excès. Il n'est donc pas étonnant qu'on ait tracé des tableaux différens de ce fameux cardinal.

Les uns, frappés de ses grandes qualités de ministre et d'homme d'état, l'ont admiré sans réserve. Ils l'ont peint comme un esprit souple et puissant, qui, malgré les ennemis et les rivaux, parvint aux premières places, et s'y soutint malgré les factions; qui opposait sans cesse le génie à la haine, et l'activité aux complots ; qui, environné de ses ennemis, qu'il fallait combattre, avait en même temps les yeux ouverts sur tous les peuples; qui saisissait d'un coup d'œil la marche des États, les intérêts des rois, les intérêts cachés des ministres, les jalousies sourdes; qui dirigeait tous les événemens par les passions; qui, par des voies différentes, marchant toujours au même but, distribuait à son gré le mouvement ou le repos, calmait la France et bouleversait l'Europe ; qui, dans son grand projet de combattre l'Autriche, sut opposer la Hollande à l'Espagne, la Suède à l'Empire, l'Allemagne à l'Allemagne, et l'Italie à l'Italie; qui, enfin, achetait partout des alliés, des généraux et des armées, et soudoyait, d'un bout de l'Europe à l'autre, la haine et l'intérêt. Ils ont loué ce mélange d'adresse et de force, avec lequel il abattit pour jamais le parti long-temps redoutable des calvinistes, armant les protestans de Hollande contre ceux de France, et retardant les flottes de l'Angleterre. Ils ont loué ce gouvernement intrépide, qui, en révoltant tout, enchaînait tout; qui, pour le bonheur éternel de la France, écrasa et fit disparaître ces forces subalternes, qui choquent et arrêtent l'action de la force principale, d'autant plus terribles, qu'en combattant le prince, elles pèsent sur le peuple; qu'étant précaires, elles se hâtent d'abuser; que nées hors des lois, elles n'ont point de limites qui les bornent. Ils ont loué enfin cet amour des lettres et des arts, qui, au milieu des agitations de l'Europe qu'il ébranlait, lui fit fonder l'Académie Française, dont il fut le chef; amour des lettres qu'il avait par goût, et qu'il fit naître, dit-on, par politique, qui substitua, chez les Français, l'ambition des talens à celle des cabales, et une activité plus douce, à cette activité féroce, nourrie de factions et de crimes. Tel est le point de vue sous lequel les admirateurs et les panégyristes du cardinal de Richelieu nous le présentent.

D'un autre côté, ceux qui diminuent sa gloire, en convenant qu'il mérita une partie de ces éloges, discutent le reste. Sur l'art de négocier, et sur les intérêts politiques de l'Europe, ils conviennent qu'il montra du génie et une grande supériorité de vues : mais, dans ce genre même, ils lui reprochent une faute importante; c'est le traité de 1635, portant partage des Pays-Bas espagnols, entre la France et la Hollande. Ce traité fut l'époque qui apprit aux Hollandais qu'ils avaient besoin de barrière contre la France; et Richelieu, qui voulait les unir à lui contre l'Espagne, en montrant son ambition, glaça leur zèle. C'est donc à lui qu'ils attribuent la première origine de cette défiance qui éclata toujours depuis entre la cour de Versailles et celle de la Haye.

Quelques-uns même vont jusqu'à lui faire un reproche de cette politique si vaste, tant admirée par d'autres. Ils remarquent qu'au dehors comme au dedans, son ministère fut tout à la fois éclatant et terrible; qu'il détruisit bien plus qu'il n'éleva; que, tandis qu'il combattait des rebelles en France, il soufflait la révolte en Allemagne, en Angleterre et en Espagne; qu'il créa le premier, ou développa dans toute sa force, le système de politique qui veut immoler tous les États à un seul; qu'enfin, il épouvanta l'Europe comme ses ennemis.

Ils avouent que l'abaissement des grands était nécessaire; mais ceux qui ont réfléchi sur l'économie politique des États, demandent si appeler tous les grands propriétaires à la cour, ce n'était pas, en se rendant très-utile pour le moment, nuire par la suite à la nation et aux vrais intérêts du prince; si ce n'était pas préparer de loin le relâchement des mœurs, les besoins du luxe, la détérioration des terres, la diminution des richesses du sol, le mépris des provinces, l'accroissement des capitales; si ce n'était pas forcer la noblesse à dépendre de la faveur, au lieu de dépendre du devoir; s'il n'y aurait pas eu plus de grandeur comme de vraie politique à laisser les nobles dans leurs terres, et à les contenir, à déployer sur eux une autorité qui les accoutumât à être sujets, sans les forcer à être courtisans. Si on leur objecte la difficulté, ils répondent par l'exemple de Henri IV, qui, affermi sur le trône, suivit ce plan, et le suivit avec succès. Ils conviennent enfin que peut-être dans de vastes empires, tels que la Chine et la Russie, où, entre la capitale et les provinces, il y a quelquefois douze cents lieues de distance, la réaction du centre aux extrémités doit être souvent arrêtée dans sa course; qu'ainsi il pourrait être utile d'y rassembler dans une cour tous les grands comme des otages de l'obéissance publique et de la leur : mais ils demandent s'il en est de même dans les petits États de l'Europe, où le maître est toujours sous l'œil de la nation, et la nation sous l'œil du maître, et où l'autorité inévitable et prompte peut à chaque instant tomber sur le coupable.

Les appréciateurs sévères du cardinal de Richelieu examinent ensuite quels sont les moyens dont ce ministre se servit pour élever l'autorité royale et la sienne au-dessus des grands qu'il combattait, et ils lui reprochent ses haines, ses vengeances, et ce caractère fier et terrible qui ne pardonna jamais.

Ainsi, sur le même ministère, on présente deux tableaux, l'un d'éclat et de grandeur, l'autre moins favorable sans doute. C'est à ceux qui ont étudié l'histoire, à juger sur les faits. En général, ces grandes vues du ministère, qui s'occupent de projets d'humanité, et qui, par des établissemens utiles, cherchent à tirer le plus grand parti possible et de la terre et des hommes, semblent lui avoir été peu connues. Ce n'est pas qu'il ne liât sa grandeur à celle de sa nation; mais l'espèce de grandeur qu'il lui donna, fut toute en renommée. Soit le défaut des circonstances, soit celui d'une imagination ardente et forte, il fut sans cesse entraîné vers des objets d'éclat. Peut-être ressembla-t-il au sénat de Rome, qui remuait toutes les nations pour être le maître de la sienne, et cimentait son pouvoir au dedans par les victoires et le sang versé au loin sur les champs de batailles.

Quelque jugement qu'on porte sur le caractère moral de ce ministre, le premier de son siècle, et fort supérieur aux Bukingham et aux Olivarès qu'il eut à combattre, son nom, dans tous les temps, sera mis bien loin hors de la foule des noms ordinaires, parce qu'il donna une grande impulsion au dehors; qu'il changea la direction des choses au dedans; qu'il abattit ce qui paraissait ne pouvoir l'être; qu'il prépara, par son influence et son génie, un siècle célèbre ; enfin, parce qu'un grand caractère en impose même à la postérité, et que la plupart des hommes ayant une imagination vive et une âme faible, ont besoin d'être étonnés, et veulent, dans la société comme dans une tragédie, du mouvement et des secousses. De là, en pensant aux hommes d'état qui ont agité les nations, une sorte de respect qui se joint quelquefois à la haine, et une admiration pénible, mêlée de plaisir et de crainte.

Après Richelieu, il serait difficile de ne pas dire un mot des panégyriques ou éloges adressés au cardinal Mazarin. Il fut beaucoup moins loué : il n'avait ni cet éclat de grandeur qui éblouit, ni ce caractère altier qui, respirant la hauteur et la vengeance, subjugue par la terreur même. On adore à proportion que l'on craint. Il y avait plus d'offrandes à Rome sur les autels de la Fièvre, que sur ceux de la Concorde et de la Paix. On sait qu'en général Mazarin était timide et faible ; il caressait les ennemis dont Richelieu eût abattu les têtes. Avec cette conduite, on est moins haï sans doute, mais on n'en paraît pas plus grand. Il est des hommes qui pardonnent encore plutôt le mal qu'on fait avec éclat, que le bien qu'on fait avec faiblesse ; d'ailleurs, le rôle que ce ministre joua dans la Fronde ; ses fuites, ses terreurs, sa proscription, source de plaisanteries ; les bons mots des

Marigny et des Grammont, espèce d'armes qui soumettent à l'homme d'esprit l'homme puissant, et qu'il est plus aisé de dédaigner en apparence que de ne les pas craindre; les vaudevilles et les chansons, qui, chez un peuple léger, communiquent si rapidement le ridicule et l'éternisent, tout cela devait peu contribuer à exciter l'enthousiasme des orateurs. Il faut une certaine dignité de réputation, pour soutenir la pompe des éloges. Ajoutez que les talens de Mazarin n'étaient pas assez éclatans pour racheter ses défauts. Il n'eut ni dans les factions la fierté brillante et l'esprit romanesque et imposant du cardinal de Retz, ni dans les affaires l'activité et le coup d'œil d'aigle de Richelieu, ni dans les vues économiques les principes de Sully, ni dans l'administration intérieure les détails de Colbert, ni dans les desseins politiques l'audace, et je ne sais quelle profondeur vaste du cardinal Albéroni. Son grand mérite fut l'art de négocier; il y porta toute la finesse italienne avec la sagacité d'un homme qui, pour s'élever, a eu besoin de connaître les hommes, et a appris à les manier, en les faisant servir d'instrumens à sa fortune. C'est ce qui en fit un politique adroit plutôt qu'un grand ministre. Son âme, accoutumée long-temps à la souplesse, n'eut pas toujours le caractère des grandes places. Mais il dirigea la paix de Munster, il fit la paix des Pyrénées, il donna l'Alsace à la France, il prévit peut-être qu'un jour la

France pourrait commander à l'Espagne : voilà ses titres pour la renommée.

Soutenu de ces titres et de sa puissance, il trouva des panégyristes. Je ne connais rien de plus méprisable en ce genre que les éloges qui lui furent adressés par l'auteur du poëme latin de la Callipédie. Quillet (c'est le nom du poëte), ennemi du cardinal, on ne sait pourquoi, dans la première édition de son ouvrage avait inséré plusieurs morceaux contre lui. Mazarin le fit appeler, lui fit des reproches de ce qu'il traitait si mal ses amis, et lui donna sur-le-champ une abbaye de quatre mille livres. Quillet eut d'abord la bassesse d'accepter ce bienfait d'un homme dont il avait dit du mal ; et, comme s'il n'eût attendu qu'un salaire, dès qu'il fut payé, il fut flatteur. Il fit une dédicace au même homme qu'il avait outragé, et substitua partout l'éloge à la satire, trouvant le moyen de s'avilir à la fois par tous les deux. Ce n'est point que je blâme la reconnaissance : elle est le plus doux comme le plus sacré des devoirs ; et si dans les jugemens qu'elle inspire, elle peut quelquefois tromper, il faut respecter ses erreurs mêmes. Mais la reconnaissance est au moins très-suspecte, quand elle n'a point été précédée par l'estime, et que le salaire se trouve à côté de l'éloge. Une âme délicate et fière n'aurait rien reçu ; et alors il lui eût été permis de se rétracter.

Parmi les panégyristes de Mazarin, on trouve

un nom plus connu et plus grand, c'est celui de Corneille. A la tête de sa tragédie de Pompée, il loue ce cardinal comme on loue un homme qui peut tout. Il lui apprend qu'il est le plus grand homme de Rome moderne, et il l'appelle très-sérieusement *homme au-dessus de l'homme*. Il dit ensuite qu'en voulant peindre Pompée, Auguste et les Horaces, c'est le cardinal Mazarin qu'il a peint sans y penser. Par respect pour Corneille, je supprime le reste. Il faut plaindre et le cardinal et le poëte, l'un d'avoir fait, l'autre d'avoir reçu de pareils éloges. Ce n'est pas que Corneille n'eût véritablement l'âme grande; mais cette flatterie était alors une espèce d'étiquette à laquelle on se soumettait sans y penser. Il y a avec certains rangs des hommages de convention, et celui-là était du nombre. D'ailleurs, Corneille dans son cabinet connaissait plus les places que les hommes. C'était plus au premier ministre qu'à Mazarin qu'il parlait. Heureusement il y a des siècles, où, en respectant les rangs, on respecte encore plus la vérité. C'est alors qu'on attache une égale honte à être satirique ou flatteur. Alors l'estime est pour le génie, le respect pour la vertu, et les bienséances pour les titres.

CHAPITRE XXVIII.

DES OBSTACLES QUI AVAIENT RETARDÉ L'ÉLOQUENCE PARMI NOUS ; DE SA RENAISSANCE, DE SA MARCHE ET DE SES PROGRÈS.

Nous voilà parvenus au siècle de Louis XIV, car tant que Mazarin vécut, Louis XIV ne régna point ; le prince n'exista qu'à la mort du ministre. Ce siècle est ordinairement nommé le siècle des grands hommes ; on l'appellerait avec autant de vérité le siècle des éloges. Jamais on ne loua tant : ce fut pour ainsi dire la maladie de la nation. Heureusement l'éloquence et le goût s'étaient formés. Au défaut de la fierté du caractère, on avait du moins le mérite du génie. On louait tantôt avec délicatesse, tantôt avec pompe ; et ces courtisans polis, sous un gouvernement qui avait de l'éclat, mêlaient de la dignité dans leurs hommages, et honoraient par l'éloquence les maîtres qu'ils flattaient.

Il serait peut-être curieux de chercher comment l'éloquence, perdue depuis tant de siècles, après avoir régné à Athènes, à Rome et dans Byzance, reparut au bout de douze cents ans chez les descendans des Celtes, et dans un pays où il n'y avait ni liberté à venger, ni intérêts d'état à défendre. Tout semblait s'opposer à cette révolution.

SUR LES ÉLOGES.

Le premier instrument de l'éloquence, c'est la langue; et la nôtre était barbare. Née au dixième siècle, composée en partie de la langue romaine, qui était le reste du langage de nos premiers vainqueurs, de la langue des Gaulois ou des Celtes, de la langue des anciens sauvages des bords du Rhin, de la langue des Scandinaves ou des Danois, qui, sous le nom de Normands, vinrent ravager l'Europe, et s'établir en France après l'avoir désolée; elle fut longtemps, comme la monarchie française, un amas de débris. Les dialectes sauvages du nord qui y dominaient rendaient la plupart de ses sons durs et barbares. On ne l'ignore point : c'est la douceur du climat, c'est la molle souplesse des organes, c'est la politesse des mœurs, c'est le désir de plaire en flattant l'âme et l'oreille par l'expression d'un sentiment doux, qui polit les langues, et les rend souples et harmonieuses. Mais des peuples ou chasseurs ou guerriers, nés sous un ciel âpre et rigoureux, ne pouvaient avoir qu'un langage semblable à leurs mœurs, et inculte comme leurs champs et leurs forêts.

Dès qu'ils avaient paru dans les Gaules, ils avaient commencé par y corrompre la langue romaine. Ils l'avaient dénaturée, même en l'adoptant; et substituant à toutes les terminaisons des mots, qui pour la plupart étaient variés et sonores, des terminaisons tout à la fois dures et monotones, on avait entendu de tous côtés des espèces de hurlemens sourds succéder à des sons éclatans et harmonieux. Ces barbares traitèrent la langue comme d'autres barbares en Italie avaient traité les arts, lorsqu'ils défiguraient des statues et des bas-reliefs antiques, pour les accommoder aux plus grossiers usages, ou qu'avec des tronçons, des colonnes et des débris de chapiteaux corinthiens, ils construisaient les chaumières destinées à les loger. La langue française conserva pendant plusieurs siècles cette âpreté de sons, monument de son origine; mais peu à peu elle perdit ses prononciations barbares, et se rapprocha par degrés de l'harmonie : car il en est des langues comme des sables qui roulent dans les rivières et qui s'arrondissent par le mouvement, ou comme de ces dés avec lesquels Descartes composait le monde, et dont les inégalités et les angles se brisaient en se heurtant. Peut-être même, chez un peuple dont l'humeur sociable et douce aime à communiquer ses sentimens et ses idées, et chez qui les femmes de tout temps exercèrent leur empire, la parole dut se perfectionner et s'adoucir un peu plus tôt que chez d'autres nations, qui avaient moins le goût et le besoin de la société que nous.

C'était peu pour la langue d'avoir perdu sa rudesse, il fallait encore qu'elle multipliât le nombre de ses mots. Les Français alors n'étaient pas assez instruits pour embrasser d'un coup d'œil la nature, et comparer tous les signes de leur langage à l'univers réel, que ces signes devaient représenter. Ce procédé, qui peut-être n'a été celui d'aucun peuple, pourrait tout au plus convenir à une nation de philosophes ; et dans notre grossièreté naïve, nous étions bien loin de mériter ce nom ; mais différens hasards suppléèrent à ce qui nous manquait du côté de la réflexion et du système.

On ne peut douter que les croisades n'aient influé sur cette révolution. On sait que dans ces grandes émigrations, tous les peuples, et par conséquent toutes les langues se mêlèrent. Français, Italiens, Anglais et Allemands, tout se rapprocha. L'habitant des bords de la Tamise et du Tibre fut obligé de converser et de traiter avec celui qui était né sur les bords de la Loire ou du Danube. Il est impossible que dans un espace de plus de deux cents ans, tous ces idiomes n'aient beaucoup emprunté les uns des autres, et ne se soient mutuellement enrichis. La douceur même du climat de l'Asie, l'établissement dans ces beaux lieux, de nouvelles idées et des sensations nouvelles, le commerce, les négociations et les traités avec les Sarrasins et les Arabes, qui avaient alors des connaissances et des lumières, devaient nécessairement ajouter aux trésors des langues. Mais ce qui dut contribuer le plus à enrichir la langue française, ce fut le commerce avec Constantinople. Quoique les Grecs de ce temps-là fussent aussi loin peut-être de ressembler aux Grecs du temps de Constantin et de Julien, que ceux-ci étaient éloignés des Grecs du temps de Périclès et d'Alexandre, cependant ils parlaient toujours la langue d'Homère et de Platon; ils cultivaient les arts; et ces plantes dégénérées, à demi-étouffées par un gouvernement féroce et faible, et par une superstition qui resserrait tout, portaient encore au bout de quinze cents ans, sur les bords de la mer Noire, des fruits fort supérieurs à tout ce qui était connu dans le reste de l'Europe.

Outre la communication que les Français eurent d'abord avec les Grecs comme le reste des croisés, dans la suite ils se rendirent maîtres de Constantinople, et y fondèrent un nouvel empire, qui subsista près de soixante ans. Dans toute cette époque, l'empire grec fut presque une province de la France. Alors la langue des vaincus dut enrichir de ses dépouilles celle des vainqueurs. C'est peut-être là parmi nous l'époque de cette foule de mots grecs que nous avons adoptés; c'est pour cette raison peut-être que notre langue, qui, dans son origine, a été formée en partie des débris de la langue romaine, a cependant, pour les mouvemens et pour les tours, et quelquefois pour la syntaxe, beaucoup plus d'analogie avec la langue de

Démosthène et de Sophocle, qu'avec celle de Cicéron et de Térence. Cette analogie ou ce rapport dut augmenter à la renaissance des lettres. Plusieurs savans dans tous les genres, qui dans Paris avaient l'ambition de passer pour des citoyens d'Athènes, nous donnèrent encore un grand nombre de mots empruntés de la langue qu'ils admiraient. Seulement ces mots se déguisèrent sous une terminaison française, comme des étrangers qui prennent l'habit du pays qu'ils viennent habiter.

A peu près dans la même époque commencèrent nos guerres d'Italie; et sous Charles VIII, Louis XII, et sous François Ier, nous inondâmes ce beau pays, où les arts florissaient parmi les agitations de la liberté et de la guerre. Alors la langue harmonieuse et douce de l'Arioste et du Tasse, la langue forte et précise de Machiavel et du Dante, vint donner de nouvelles leçons, comme de nouvelles richesses à la nôtre. Nous conquîmes des royaumes, et nous polîmes notre langage; et si le fruit de nos victoires nous échappa, nous sûmes du moins conserver nos lumières. Ainsi, par la suite des siècles et des hasards, la langue française se formait, s'enrichissait, s'épurait par degrés.

Bientôt cette partie des hommes qui pense, tandis que l'autre se déchire, s'occupa de goût, lorsque ailleurs on s'occupait de carnage. On se mit à étudier les anciens. Platon et Virgile,

Homère et Lucrèce, Sophocle et Cicéron, devinrent les maîtres et les précepteurs des Gaulois. La lecture assidue de ces grands hommes, et le génie qu'ils ont déployé en maniant leur langue, donna un plus grand caractère à la nôtre. Nous recueillîmes dans ce commerce de nouvelles images, de nouveaux rapports et d'expressions et d'idées ; nous ajoutâmes à la fécondité des mots, la fécondité des tours ; mais le goût ne présidait point encore à ce choix. Nous ignorions alors que chaque langue a son caractère dépendant du climat, des mœurs, du gouvernement, des occupations habituelles de chaque peuple. Nous ne savions pas que chaque langue a des principes qui sont une suite nécessaire de ses premières formes et de sa constitution générale, qu'on ne peut changer sans la détruire. Ainsi nous entassâmes d'abord dans la nôtre, sans règle et sans choix, toutes les richesses qui s'offrirent à nous; à peu près comme l'indigence avide se précipite sur des trésors qu'elle rencontre, et dans le premier moment ne peut distinguer ce qui convient à son caractère ou à ses besoins. Ce fut là l'époque de la plus grande abondance de notre langue, et c'est l'époque d'Amyot et de Montaigne. Mais, entre ces deux écrivains, il y a pour la langue même une différence marquée. Celle de Montaigne, par les tours, par les formes, par l'assemblage des mots et le caractère des images, a presque partout la physionomie des langues anciennes. Il semble le plus souvent qu'il n'y a que la terminaison des mots français, et que l'usage qu'il en fait appartient à la langue d'Athènes ou de Rome. Le style d'Amyot, avec une prodigieuse abondance, a beaucoup plus le tour et la marche de notre langue. On peut dire de son temps qu'il avait, pour ainsi dire, fondu dans l'ancienne naïveté gauloise toutes les richesses nouvelles, et qu'en conservant l'esprit général de la langue, il en avait fait disparaître les mélanges qui semblaient l'altérer.

Après ces deux écrivains, qui tous deux, pour le style même, sont encore célèbres, la langue tendit insensiblement à un nouveau caractère. Elle s'éloigna de la force et de la hardiesse énergique de l'un, pour prendre je ne sais quoi de plus circonspect et de plus sage, conforme à la raison tranquille qui préside à la plupart de nos écrits. Elle s'éloigna de la simplicité naïve de l'autre, pour prendre un caractère de délicatesse et de dignité, qui est une suite de notre gouvernement, et de l'influence que la cour, les femmes et les grands doivent avoir sur la langue dans une monarchie. Alors elle perdit une foule de termes qui ne furent point remplacés; et, semblable à ces arbres que le fer émonde avec sécurité, non pour leur faire porter plus de fruits, mais pour satisfaire à un vain luxe de décoration, elle fut moins riche et plus soignée, elle acquit en même temps du goût, de la réserve et de la noblesse. Dans la suite, elle devait réparer une partie de ces pertes, par les ouvrages des grands écrivains du siècle de Louis XIV, et par ce don puissant qu'ont les hommes de génie de féconder les langues, en jetant dans le public une foule d'expressions neuves et pittoresques, que les hommes médiocres ou froids ne manquent pas de censurer d'abord, parce qu'ils sont gouvernés par l'habitude, et qu'il est plus aisé en tout genre de critiquer que d'inventer. Elle devait encore réparer ces pertes dans notre siècle, par un grand nombre de termes que la connaissance générale de la philosophie, des sciences et des arts, a répandus parmi nous, et qu'elle a rendus, depuis trente ans, familiers à la nation. Mais, dans l'époque qui précéda ces deux siècles, la langue perdit de sa richesse, sans gagner beaucoup du côté du génie ; et, par une espèce de hauteur, aspirant à la noblesse, elle fut tout à la fois dédaigneuse et pauvre.

On sent que jusque-là elle devait être encore peu favorable à l'éloquence. Nous avions déjà eu un grand nombre d'essais dans ce genre ; mais ces essais avaient beaucoup plus de réputation que de mérite. L'harmonie n'était point encore née ; l'harmonie, qui est la musique du langage, qui, par le mélange heureux des nombres et des sons, exprime le caractère du sentiment et de la pensée, et sait peindre à l'oreille comme les couleurs peignent aux yeux; l'harmonie qui établit une espèce de balancement et d'équilibre entre les différentes parties du discours, qui les lie ou les enchaîne, les suspend ou les précipite, et flatte continuellement l'oreille, qu'elle entraîne comme un fleuve qui coule sans s'arrêter jamais. Duperron, un de nos premiers orateurs, et qui passa pour un homme de génie, ne la connut pas. Coëffeteau, qui fut long-temps célèbre par la pureté du langage, et qu'on citait encore sous Louis XIV, la soupçonna peut-être, mais ne la trouva point. Lingendes fit le premier des efforts heureux pour la chercher; et dans son oraison funèbre de Louis XIII, d'ailleurs assez médiocre, on en rencontre assez souvent des traces. Enfin, Balzac la créa parmi nous; Balzac qui eut long-temps la plus grande réputation, et qu'on n'estime point assez aujourd'hui; dont les lettres sans doute sont peu intéressantes et quelquefois ridicules, mais qui, dans ses ouvrages, et surtout dans son *Aristippe* et dans son *Prince*, à travers des fautes de goût, a semé une foule de vérités de tous les pays et de tous les temps, et où l'on retrouve l'âme d'un citoyen et la hauteur de la vertu, relevées quelquefois par l'expression de Tacite.

On sait qu'il accoutuma le premier les oreilles

françaises au nombre et à l'harmonie de la prose, et contribua à perfectionner notre langue, en lui donnant une qualité de plus. Ce mérite le fit appeler, dans son siècle, le créateur de l'éloquence : mais il en eut les formes bien plus que les mouvemens et la chaleur; et trop souvent il prit l'exagération pour l'éloquence même. Cette erreur fut autant celle de son siècle que la sienne. Ceux qui commencent à cultiver un art, ne s'en font jamais une idée bien nette : ils connaissent mieux le but que les moyens, et en voulant l'atteindre, ils le passent. Peut-être même dans tous les arts, poésie, peinture, sculpture, architecture, éloquence, tous les peuples et tous les siècles ont-ils commencé par l'exagération. On veut produire un grand effet, et l'on croit ne pouvoir y réussir qu'en agrandissant. L'art de se réduire est plus difficile, et il n'est pas donné à tout le monde de faire naître l'admiration et le plaisir, en ne présentant que ce qui est. Il faut avoir long-temps mesuré ses forces; il faut avoir appris à les gouverner avec souplesse, pour savoir les arrêter au besoin. Peut-être même cette espèce de pente à l'exagération, tient-elle au génie de ceux qui font les premiers pas chez tous les peuples. Il faut, pour créer, qu'ils aient plus d'imagination que de raison ; il faut qu'ils aient une certaine vigueur d'âme qui les emporte et les entraîne loin de ce qui est ordinaire. Ainsi, probablement on fit des colosses avant la Vénus de Médicis et l'Apollon du Belvéder; on bâtit les pyramides d'Égypte avant les ouvrages d'une architecture noble et régulière. Homère précéda Virgile; Corneille, Racine; et Michel-Ange, Raphaël. On doit donc être moins étonné de la teinte d'exagération qui se trouve dans tous nos premiers orateurs. La littérature espagnole, qui était alors très-connue en France, dut contribuer encore à nous donner une fausse grandeur. Elle put influer sur l'éloquence, comme elle influa sur nos pièces de théâtre et nos romans. D'ailleurs, l'étude même des anciens, et notre première admiration pour Athènes et pour Rome, dans un temps où notre goût n'était pas encore formé, purent nous égarer. Ces modèles avaient quelque chose de trop disproportionné à notre faiblesse et surtout à nos mœurs. Un bourgeois de Paris, qui écrivait des lettres à un autre bourgeois, ou à un homme de la cour, voulait intéresser comme Cicéron écrivant à Atticus sur César et Pompée, ou comme Pline qui consultait Trajan. Un avocat plaidant pour une maison ou les limites d'un jardin, prétendait bien être aussi éloquent que Démosthène appelant les Grecs à la liberté, ou que l'orateur romain repoussant du haut de la tribune les fureurs de Clodius et d'Antoine. Trop au dessous de ces grands intérêts, on voulait cependant les égaler; on voulait mettre de petites choses modernes au niveau de ces grandes choses antiques qui nous étonnent par leur hauteur, et dont la distance augmente encore le respect qu'elles nous inspirent. De là l'emphase et les grands mots, et les citations des anciens, et la magnificence du style portée dans des affaires pour lesquelles, sous peine d'être ridicule, il fallait le style du monde le plus simple.

Le désir de copier la grandeur grecque et romaine avait corrompu notre goût : le désir d'imiter ces mêmes peuples dans la partie technique, et pour ainsi dire le mécanisme de leur langage, retarda, au siècle même de Louis XIV, la marche et les progrès de notre langue. On sait que les langues anciennes avaient une foule de mots qui exprimaient, non point des idées, mais le rapport des idées qui précédaient avec celles qui devaient suivre ; des mots qui serpentaient à travers la marche du discours pour en rapprocher toutes les parties et en faire la liaison et le ciment, rappelaient par un signe la phrase qui était écoulée, appelaient celle qui devait naître, remplissaient les intervalles, animaient, vivifiaient, enchaînaient tout, et donnaient à la fois, au corps du discours, de l'unité, du mouvement et de la souplesse. Des hommes qui avaient plus réfléchi sur les langues des anciens, que sur le caractère de la nôtre, voulurent y transporter ce genre de beauté auquel elle se refusait. Nous avons, en général, très-peu de ces termes qui servent de liaison. On voulut y suppléer en les multipliant, en les répétant, en attachant un très-grand nombre de phrases accessoires à la phrase principale, en créant un faux style périodique, qui marchait toujours escorté de détails et de choses incidentes, qui, au lieu de se développer avec netteté, offusquait la vue par des embarras, et dans sa lenteur n'avait qu'une fausse gravité sans noblesse. Alors la langue se traîna au lieu de marcher : elle fut souvent en contraste avec les sentimens, avec les idées; elle le fut surtout avec le caractère national. Ce système de langue forma une espèce de secte. Vaugelas, d'Ablancourt et Patru, hommes très-estimables d'ailleurs, et qui n'ont pas peu contribué à régler parmi nous et à épurer le langage, en furent comme les chefs. Elle dura long-temps; elle eut sa superstition comme toutes les sectes, et ne pardonna pas toujours à ceux qui avaient des principes opposés. Heureusement Pascal, La Rochefoucault et La Bruyère, poussés par leur génie et par le genre même qu'ils traitaient, prirent une route opposée et plus conforme en même temps à la langue et à la nation. Ils détachèrent les idées; ils les firent succéder l'une à l'autre rapidement; ils donnèrent plus de précision à la phrase; ils la débarrassèrent d'un vain luxe et d'un cortége inutile de mots; et voulurent que la pensée s'élançât, pour ainsi dire, dans le style, avec toute sa vivacité et sa force, comme elle est dans l'âme, et dégagée de tous ces liens importuns qui pourraient la gêner. Peu à peu le caractère de notre langue fut connu. L'éloquence même, qui, dans sa marche soutenue, a le plus besoin de liaison, à celle des mots qui nous manquent, substitua celle des idées. Sans aucune chaîne apparente, tout se tint, tout fut entraîné par la force des choses même. Le style se débarrassa de ses entraves; la pensée fut libre, la marche rapide, et le langage put se prêter avec souplesse à suivre tous les mouvemens de l'âme, comme un danseur qui accompagne la mesure et suit l'instrument sans que rien le gêne, au gré de son oreille ralentit ou précipite ses pas.

Tels furent, pendant plusieurs siècles, les obstacles que la langue française eut à vaincre, et une partie des progrès qu'elle eut à faire. Mais, pour créer des orateurs, une langue, même perfectionnée, ne suffit point. L'éloquence n'est pas de ces fruits qui naissent dans tous les sols et sous tous les climats; elle a besoin d'être échauffée et nourrie par la liberté. Dans les anciennes républiques, l'éloquence faisait partie de la constitution; sans elle point de gouvernement, point d'état. C'était elle qui portait, qui abolissait les lois, qui ordonnait la guerre, qui faisait marcher les armées, qui menait les citoyens sur les champs de batailles, qui consacrait leurs cendres lorsqu'ils étaient morts en combattant ; c'était elle qui, de dessus la tribune, veillait contre les tyrans, et faisait retentir de loin, à l'oreille des citoyens, le bruit des chaînes qui les menaçaient. Chez les républicains, l'éloquence était un spectacle; les citoyens demeuraient des jours entiers à écouter leurs orateurs, avides des émotions qu'ils recevaient, et impatiens d'être agités. Il fallait nécessairement, à un pareil peuple, la liberté, le loisir, l'aisance; il fallait des esclaves chargés de travailler pour eux, et de suppléer à tous les soins de la vie; enfin, il n'y a peut-être jamais eu de grande éloquence que devant le peuple. C'était devant le peuple que tonnait Démosthène, et l'éloquence était proscrite dans l'aréopage. Cicéron, comme orateur, était dix fois plus grand devant le peuple, qu'il ne l'a jamais été en discutant dans le sénat. Il faut à l'éloquence une assemblée orageuse, et qu'elle puisse agiter; il lui faut des hommes sur lesquels elle puisse secouer et promener à son gré les passions. C'est le peuple qui frémit, qui palpite, qui jette des cris, qui verse des larmes. C'est devant le peuple que Tibérius Gracchus s'écriait : « Les bêtes féroces ont un antre où « elles peuvent se réfugier et trouver un asile; « mais vous, citoyens romains, vous, maîtres « d'une partie du monde, vous n'avez pas un

« toit où vous puissiez reposer ; vous n'ayez ni
« un foyer, ni un asile, ni un tombeau. »
C'est devant le peuple que l'orateur d'Athènes
s'écriait : « Vous vous informez si Philippe est
« vivant, ou si Philippe est mort ; eh ! que
« vous importe ? si Philippe était mort, demain
« vous feriez un autre Philippe. » C'est dans la
chambre des communes, c'est devant cinq cents
hommes assemblés qu'un orateur anglais, dans
une séance qui avait duré un jour entier, et où
l'on proposait de remettre une affaire importante au lendemain, s'écria : « Non ; je veux
« savoir aujourd'hui, et avant de me retirer, si
« je me coucherai ce soir citoyen libre d'An-
« gleterre, ou esclave des tyrans qui veulent
« m'opprimer. » C'est dans la même chambre
qu'un orateur, voulant décider la nation à la
guerre, après une journée entière de débats, le
soir, à la lueur sombre des flambeaux qui éclai-
raient la salle, peignit le fantôme effrayant d'une
domination étrangère, qui voulait, disait-il,
remplir l'Europe, et, après s'être étendu dans
le continent, allait traverser les mers, allait
aborder sur leur rivage, et apparaître tout à
coup au milieu d'eux, traînant après lui la
tyrannie, la servitude et les chaînes. C'est
alors que l'assemblée s'émut, comme si, dans
ce moment, elle avait vu le fantôme percer la
terre, et s'élever. Non, l'orateur républicain
n'est pas un vain discoureur chargé de cadencer

des mots; ce n'est pas l'amusement d'une société ou d'un cercle; c'est un homme à qui la nature a remis un empire inévitable; c'est le défenseur d'une nation, c'est un souverain, c'est un maître; c'est lui qui fait trembler les ennemis de sa patrie. Aussi Philippe, qui ne pouvait subjuguer la Grèce, tant que Démosthène respirait, Philippe qui avait pu vaincre une armée à Chéronée, mais qui n'avait pas vaincu Athènes, tant que Démosthène était un de ses citoyens, pour que ce Démosthène si terrible lui fût livré, offrait une ville en échange. Il donnait vingt mille de ses sujets pour acheter un pareil ennemi.

Qu'est-ce que nos orateurs, qu'est-ce que notre éloquence ont de commun avec ces peuples? Dans la plupart des constitutions modernes, un orateur n'est rien, ne peut rien. Que fait-il? qu'a t-il à espérer? quels sont les grands intérêts qu'il a à défendre? quel est aujourd'hui, dans presque tous les États, le lieu et le temps où un homme éloquent puisse sauver sa patrie? Faites naître, si vous le pouvez, à Constantinople, un homme avec le génie de l'éloquence, donnez-lui une âme noble et grande, et cette vigueur de sentimens que nous admirons dans les anciens orateurs; il faudra qu'il l'étouffe; il faudra qu'il asservisse ses passions généreuses aux circonstances, et dompte son génie; semblable à ce Grec, qui, fait prisonnier par les Perses, et entraîné loin de son pays, à la cour des Satrapes, forcé de plier à la servitude un caractère qui était né pour la liberté, employait tous les jours le pouvoir de la musique, et le mode le plus capable de porter la mollesse dans l'âme, pour adoucir, s'il était possible, la fierté de la sienne, et supporter l'esclavage et les fers avec moins de regret.

Dans les monarchies heureuses et tempérées par les lois, quoique la nation jouisse de la liberté que les lois donnent, on sent bien cependant que cette liberté n'est pas aussi favorable à l'orateur que celle des républiques. Outre que l'éloquence n'influe en rien sur l'État, et qu'il n'y a presque jamais de grands talens sans de grands objets, les esprits, les âmes, les caractères, tout y est assujetti à une certaine mesure. Les rangs et les distinctions d'état étant plus marqués, imposent plus de gêne; de là naissent les ménagemens et les égards. L'orateur républicain use de sa force tout entière; l'orateur d'une monarchie est toujours occupé d'arrêter la sienne. L'un appartient à la passion qui le domine, et règne sur lui; l'autre a les bienséances pour maîtres et pour tyrans. L'un commande à ses égaux par la parole, et fier de sa grandeur, qu'il fait lui-même, court se mettre à la place que lui assignent ses talens; l'autre, toujours resserré, toujours repoussé par les rangs qui l'environnent et le pressent, porte souvent le poids d'une grande âme déplacée. Enfin, comme dans les monarchies ce sont les grands, les riches, et tous ceux qui composent ce qu'on appelle le monde, qui distribuent la gloire des arts, et décident du prix des talens; comme la plupart des hommes de cette classe, par leur oisiveté, par leurs intrigues, par la lassitude et le besoin des plaisirs, par la recherche continuelle de la société, par la crainte de blesser l'amour-propre encore plus que l'orgueil; enfin, par la politesse et le désir de plaire, qui donne une attention continuelle et sur soi-même et sur les autres, ont, en général, plus d'esprit et de délicatesse de goût, que de passions et de force de caractère; ils doivent tendre sans cesse à atténuer, et, pour ainsi dire, assassiner le style, la langue et l'esprit. Surtout leur sensibilité inquiète doit redouter une sorte d'éloquence impétueuse et vive, qui, dans sa marche, suivrait l'impulsion trop rapide de la vérité. Quelque sûrs d'eux-mêmes qu'ils soient, ils ne veulent pas qu'on les approche de trop près; ils craignent d'être heurtés, et veulent toujours qu'il y ait des barrières au-devant d'eux. Il faut donc que l'éloquence, dans les monarchies, ait une marche plus circonspecte et plus lente; il faut que sans cesse elle s'observe, qu'elle indique plus qu'elle ne prononce, qu'elle diminue souvent la saillie des objets, et jette une draperie sur la plupart de ses idées. Cicéron contre Catilina et contre Antoine, s'abandonnait à son génie; et les expressions, les tours, les mouvemens, venaient le chercher en foule, et se précipitaient au-devant de lui : ce même orateur, quand César régna dans Rome, voulut lui adresser une espèce de discours en forme de lettre, où il conciliât ce qu'il se devait à lui-même, et ce qu'il fallait accorder au nouveau maître que lui avait donné Pharsale; il recommença six fois, et n'en put venir à bout; et il y eut, dans l'éloquence même, quelque chose d'impossible à Cicéron.

L'éloquence, parmi nous, ne pouvait guère renaître que dans la chaire ou le barreau; mais là, que d'obstacles encore! Les premiers hommes de l'État qui devaient un jour commander les armées et gouverner les provinces, étaient à Rome les orateurs qui plaidaient les causes, et défendaient les citoyens. Ils parlaient dans une grande assemblée, au bruit des acclamations d'un peuple, en présence des dieux de la patrie, dont la statue s'élevait à côté de l'orateur. Souvent les causes étaient mêlées à des affaires d'état; souvent il s'agissait de juger des hommes qui avaient gouverné une partie du monde : des députés de l'Afrique et de l'Asie sollicitaient au nom de l'univers. Pour émouvoir le peuple, pour attendrir les juges, on avait recours à cette éloquence de spectacle, plus puissante que celle des paroles, et qui, en s'emparant des sens, passionne l'âme et la trouble. On présentait les accusés en deuil, les pères avancés en âge qui redemandaient leurs fils, les femmes et les enfans désolés. On exposait aux yeux des juges les cicatrices et les blessures du guerrier qui avait combattu pour l'État. Souvent on invoquait les dieux; et l'orateur, en regardant leurs statues ou leurs temples, les priait de sauver l'innocence, et de descendre, par leur inspiration, dans l'âme des juges pour les éclairer. Ces invocations, ces prières, ces spectacles pathétiques présentés par un homme éloquent, et soutenus de l'accent de la douleur et de la pitié, faisaient la plus forte impression sur un peuple sensible. Parmi nous tout est différent; point de ces causes qui tiennent aux affaires d'état; point même de ces grandes causes criminelles où un orateur puisse sauver la vie d'un citoyen. Les premières sont sous l'autorité immédiate du prince; les secondes se discutent et s'approfondissent en secret sous l'œil calme et sévère de la justice. Parmi les causes ordinaires, plusieurs par l'embarras de nos procédures, ne dépendent que des formes; plusieurs par le vice de nos lois qui se combattent, se réduisent souvent à une discussion sèche de lois qu'il faut éclaircir : l'étude même de tant de législations opposées, consume parmi nous la vie d'un orateur. Peut-être même ces grands mouvemens de l'éloquence, qu'on admirait à Rome, nous conviendraient peu. En général, nous avons de la vivacité dans le caractère, et de la sagesse dans l'esprit. Nous agissons, nous parlons, nous nous conduisons par une espèce d'imagination rapide qui nous entraîne, et qui est peut-être l'effet de la foule des petites passions qui nous dominent et se succèdent. Mais comme nous sommes peu accessibles aux grandes passions, qui n'ont pas le temps de s'affermir et de descendre profondément dans notre âme, nous portons dans les jugemens qui tiennent aux choses de l'esprit, une sorte de raison froide, qui est peu susceptible d'illusions. De là, souvent notre espèce d'incrédulité pour les mouvemens extraordinaires et passionnés de l'âme; de là, surtout, dans l'éloquence comme au théâtre, cette facilité à saisir les petites teintes de ridicule qu'une circonstance étrangère mêle quelquefois aux grandes choses, et qui, surtout, sont si voisines du pathétique que l'on cherche.

On sait quel a été, avant le siècle de Louis XIV, et même au commencement de ce règne célèbre, le mauvais goût de notre barreau. Le théâtre, dans une farce d'un grand homme[1],

---

[1] Les *Plaideurs*, de Racine.

nous en a conservé la peinture; et si l'on excepte le degré d'exagération théâtrale qu'il faut toujours pour que la fiction produise l'effet de la vérité, et que le ridicule soit en saillie, les portraits étaient ressemblans. Il faut convenir qu'il y a loin de *Petit-Jean* et dé l'*Intimé*, à Hortensius et à Cicéron.

L'éloquence de la chaire avait des défauts presque semblables; affectation, exagération, pointes ridicules, entassement de métaphores, mélange du profane et du sacré, citations éternelles de grec, de latin, d'hébreu, et un peu plus d'Ovide ou d'Horace que des pères; enfin, multitude d'idées empruntées des erreurs et des préjugés du temps sur la physique, sur l'histoire naturelle, sur l'astronomie, sur l'astrologie, sur l'alchimie; car alors on prodiguait tout, et on faisait étalage de tout; tel était le goût des orateurs sacrés sous Henri IV et sous Louis XIII.

On peut demander pourquoi les peuples sauvages, dans la sorte d'éloquence qu'on leur remarque quelquefois, n'ont jamais de mauvais goût, tandis que les peuples civilisés y sont sujets; c'est sans doute parce que les premiers ne suivent que les mouvemens impétueux de leur âme, et qu'aucune convention étrangère ne se mêle chez eux aux cris de la nature. Le mauvais goût ne peut guère exister que chez un peuple réuni en corps de société, où l'esprit naturel est gâté par le luxe, par les vices, par l'excès de la vanité, et le désir secret d'ajouter à chaque objet ou à chaque idée, pour augmenter l'impression naturelle que cet objet doit faire. La pensée du sauvage est simple comme ses mœurs, et son expression simple est pure comme sa pensée : il n'y entre point d'alliage; mais le peuple déjà corrompu par les vices nécessaires de la société, et qui, faisant des efforts pour s'instruire et secouer la barbarie, n'a pas encore eu le temps de parvenir à ce point qu'on nomme le goût, ou le peuple qui, par une pente non moins nécessaire, après l'avoir trouvé, s'en éloigne, ne veut pas seulement peindre ses sentimens et ses idées, veut encore étonner et surprendre : il joint toujours quelque chose d'étranger à la chose même. Ainsi, tout se dénature, et aucun objet n'est présenté tel qu'il existe.

L'éloquence française, pour parvenir au point où elle s'est élevée sous le règne de Louis XIV, avait donc un intervalle immense à franchir; mais il y a une marche lente et nécessaire des esprits, qui entraîne tout et amène insensiblement, chez un peuple policé, le développement et la perfection des arts. Depuis François Ier, époque de la renaissance des lettres, l'esprit national s'avança peu à peu vers ce terme. Il en est des peuples comme des hommes, et leur marche est la même. Les idées s'entassent par la foule des objets que l'on voit, et l'esprit s'agrandit par les tableaux qui viennent frapper l'imagination : alors il s'excite une espèce de sève ou de fermentation générale qui anime tout. Les uns, entraînés par le cours des affaires, prennent part au destin des nations ; ils négocient, ils combattent, ils ont de ces grandes pensées qui changent, bouleversent ou affermissent le sort des peuples ; les autres observent et suivent ces mouvemens ; ils contemplent les succès et les malheurs, le génie qui se mêle avec les fautes, le hasard qui domine impérieusement le génie, et les passions humaines qui, partout terribles et actives, entraînent la marche des États. De ce mélange de chocs et de réflexions, de grands intérêts et de sentimens que ces intérêts font naître, se forme peu à peu chez un peuple un assemblage d'idées, qui tantôt se développent rapidement, et tantôt germent avec lenteur ; mais rien ne contribue tant à cette activité générale des esprits que les troubles civils et les agitations intérieures d'un pays : c'est alors que la nature est dans toute sa force, ou qu'elle tend à y parvenir ; alors elle a l'énergie des grandes passions, qui ne peuvent naître que dans l'état violent des sociétés, et elle n'est point assujettie à ce frein que les sociétés reçoivent des lois, et qui, pour le bien général, comprimant tout, affaiblit tout. Alors les esprits comme les caractères se combattent ; tout se heurte et se repousse ; tout prend le poids que lui donne sa force. L'homme qui est né avec de la vigueur n'étant plus arrêté par des conventions, marche où le sentiment de sa vigueur l'entraîne ; l'esprit, dans sa marche fière, ose se porter de tous les côtés, ose fixer tous les objets ; l'énergie de l'âme passe aux idées, et il se forme un ensemble d'esprit et de caractère propre à concevoir et à produire un jour de grandes choses ; celui même qui par sa nature est incapable d'avoir un mouvement, s'attache à ceux qui ont une activité dominante et propre à entraîner : alors sa faiblesse même, jointe à une force étrangère, s'élève et devient partie de la force générale.

Tel fut l'état de la nation française, depuis François II jusqu'à la douzième année du règne de Louis XIV, c'est-à-dire, pendant l'espace d'un siècle. Aux troubles et aux guerres civiles qui remuaient fortement les âmes, se joignaient en même temps les querelles de religion. Tout le monde était occupé de cet intérêt sacré. On écrivait, on combattait, on disputait ; on tenait un poignard d'une main et la plume de l'autre. Le fanatisme qui, chez un peuple éclairé, étouffe les lumières, les faisait naître chez un peuple ignorant. Enfin, lorsque l'autorité, qui sort toujours et s'élève du milieu des ruines, commença à tout calmer ; lorsque la force qui était dans les caractères, contenue de toutes parts, ne put plus se répandre au dehors, ni rien agiter, elle se porta sur d'autres objets. Elle forma dans les premiers rangs des hommes d'état; dans ces hommes à qui la puissance est interdite, et qui cependant, fatigués de leur obscurité, sentaient le besoin d'en sortir et d'occuper leur siècle d'eux-mêmes, elle développa et créa les talens des arts. Alors naquit le poëte, le peintre, le statuaire, l'orateur. Chacun d'eux appela sur lui les regards de la nation; mais, ce qu'on doit remarquer, c'est que tous les arts précédèrent parmi nous celui de l'éloquence. Ainsi, lorsque nous n'avions pas encore un véritable orateur, déjà le Poussin était au rang des premiers peintres de l'Europe; déjà Lesueur avait irrité l'envie par ses chefs-d'œuvre; Sarrazin avait perfectionné la sculpture et donné des monumens à l'Italie: enfin, nous avions eu des poëtes qu'on pouvait lire long-temps avant que nous eussions des orateurs qu'on pût entendre.

La poésie a eu la même marche chez tous les peuples. Qu'on ne s'en étonne pas; de toutes les facultés de l'homme, l'imagination est la première qui s'éveille. Ce n'est que lentement, et par degrés, que l'âme se replie sur elle-même. Elle commence par s'élancer au dehors; elle parcourt tous les objets, et, à l'aide de ses sens, elle s'empare de l'univers physique. Alors telle que Raphaël ou le Corrège, elle dessine pour elle-même une multitude de tableaux. L'imagination a levé le plan de la nature ; la poésie l'offre en relief, ou le met en couleurs. Elle a plus d'images que d'idées ; elle tient plus aux organes qu'à la réflexion : il n'en est pas de même de l'éloquence. Ce n'est pas assez pour elle de sentir et de peindre, il faut qu'elle compare et combine une grande multitude d'idées ; il faut qu'elle leur assigne à toutes l'ordre et le mouvement ; il faut qu'elle en fasse un tout raisonné et sensible ; il faut qu'elle ait parcouru les arts, les lois, les sciences et les mœurs ; qu'enrichie de connaissances, elles les domine et semble planer au-dessus d'elles ; qu'en les jetant, elle n'en paraisse ni prodigue, ni avare ; que tantôt elle les indique et tantôt elle les déploie ; que souvent elle fasse succéder des vérités en foule, que souvent elle s'arrête et se repose sur une vérité. Il faut que, semblable au mécanicien qui compare les forces et les résistances, elle connaisse l'homme et ses passions ; qu'elle calcule et les effets qu'elle veut produire, et les instrumens qu'elle a ; qu'elle estime par quel degré il faut ou ralentir, ou presser le mouvement. Tous ces secrets supposent déjà une foule d'expériences et d'observations fines ou profondes. Il n'est donc pas étonnant que partout la poésie soit née avant l'éloquence : mais on peut dire qu'en la précédant, elle l'a fait naître. Elle apprend à l'imagination l'art d'appliquer la couleur à la pensée; à l'esprit, l'art de donner du ressort aux idées en les resserrant; à l'oreille, le secret de peindre par l'harmonie, et de joindre la musique à la parole. Ainsi les poëtes, parmi nous, ont préparé les orateurs.

Les spectacles peut-être y ont aussi contribué en formant le goût. Ces impulsions rapides qu'on reçoit au théâtre, et les jugemens de plusieurs milliers d'hommes qui se communiquent à la fois, forment d'abord un instinct obscur et vague, et conduisent peu à peu un goût réfléchi. Bientôt ce goût se répand; alors l'éloquence et le langage réforment ce qu'ils ont encore de barbare. Le goût punit par le ridicule ceux qui s'écartent de ses lois; la société perfectionnée achève de l'étendre. C'est là, en effet, que les hommes réunis et opposés s'essaient, s'observent et se jugent; là, en comparant toutes les manières de juger, on apprend à réformer la sienne; là, les teintes rudes s'adoucissent, les nuances se distinguent, les esprits se polissent par le frottement, l'âme acquiert par l'habitude une sensibilité prompte; elle devient un organe délicat, à qui nulle sensation n'échappe, et qui, à force d'être exercée, prévoit, ressent et démêle tous les effets. Aussi l'orateur de Rome, dans un des livres qu'il a composés sur l'éloquence, nous apprend que plusieurs orateurs célèbres s'assemblaient chez les femmes romaines les plus distinguées par leur esprit, et puisaient dans leur société une pureté de goût et de langage, que peut-être ils n'auraient pas trouvée ailleurs. La société, après les guerres civiles, dut acquérir en France ce degré de perfection qui est nécessaire pour les arts, et qui, portée à un certain point, les anime, mais qui au-delà peut les étouffer et les corrompre : heureusement elle n'était point encore parvenue à cet excès ; et de la perfection de la société et du goût, jointe à celle de la langue, devait naître peu à peu celle de l'éloquence.

Il y avait une école d'orateurs toujours subsistante, c'était celle de la chaire. Les orateurs sacrés, malgré leur mauvais goût, devaient être souvent élevés au-dessus d'eux-mêmes, par la dignité de la religion et de la morale. Les grands objets inspirent de grandes idées ; il est impossible de n'être pas quelquefois sublime en parlant de Dieu, de l'éternité et du temps. Newton même, selon la remarque d'un écrivain philosophe[1], Newton était éloquent sur ces objets. Quelques hommes dans ce genre avaient donc acquis de la célébrité, et d'autres faisaient des efforts pour y atteindre. Ne pouvant donner l'impulsion à leur siècle, ils étaient du moins capables de la recevoir.

[1] M. d'Alembert, dans son discours de réception à l'Académie française.

Les esprits se trouvaient dans cette disposition, quand Louis XIV, à qui il fut enfin permis d'être roi, développa son caractère, et fit naître de grands événemens. On vit la France quarante ans aux prises avec l'Europe; on vit des provinces conquises, tous les rois humiliés, ou protégés, ou vaincus, une foule de grands hommes, les arts et les plaisirs au milieu des batailles, partout un caractère imposant, et cet éclat de renommée, qui subjugue autant que la force, qui annonce la puissance, la fait et la multiplie : alors les esprits et les âmes se montèrent au niveau du gouvernement ; chacun fut jaloux de soutenir la dignité de sa nation. Le sujet ne pouvant être à côté de son roi par la puissance, voulut s'y placer par la gloire. L'enthousiasme public fit naître ou perfectionna les talens; ils se vouèrent tous au plaisir, ou à la grandeur du maître. Louis XIV, du fond de ses palais, animait tout; ordonnait à ses sujets d'être grands; et le génie, cet esclave altier, debout au pied du trône, attendait ses ordres en silence pour lui obéir.

Qu'on se représente une de ces fêtes, telle qu'on en donnait quelquefois dans la Grèce et dans Rome; ces fêtes, où, après des victoires, cent mille citoyens étaient assemblés, où tous les temples étaient ouverts, où les autels et les statues des dieux étaient couronnés de fleurs, où la poésie, la musique, la danse, les chefs-d'œuvre de tous les arts, les représentations dramatiques de toute espèce étaient prodiguées, et où la renommée et la gloire, en présence d'une nation entière, attendaient les talens. Si dans l'assemblée tout-à-coup paraissait un orateur, et qu'au milieu de l'ivresse générale il voulût se faire entendre, ne fallait-il pas que tout cet appareil de grandeur, dont il était entouré, l'élevât lui-même? n'était-il pas forcé comme malgré lui de donner plus de dignité à ses idées, plus de hauteur à son imagination, plus de noblesse à son langage, et je ne sais quoi de plus auguste et de plus fort à son accent? Telle est l'image de la révolution, que l'éloquence éprouva sous le règne de Louis XIV.[1]

Cependant nous n'eûmes point d'éloquence politique : notre gouvernement et la forme de

---

[1] On peut dire que tout était prêt pour cette révolution. Les siècles avaient formé la langue ; son caractère était connu ; sa marche était fixée. Des écrivains lui avaient donné la richesse et l'harmonie, d'autres la précision et la force. Les grands modèles étaient approfondis ; le goût général était épuré ; l'imagination des peuples s'était montée ; la véritable grandeur avait fait disparaître la fausse. Enfin, un roi et des hommes illustres à célébrer, une cour sensible à tous les charmes de l'esprit, un clergé plus éclairé, un barreau plus instruit, un gouvernement occupé de la réforme des lois, et les premières dignités de l'Église accordées quelquefois aux premiers talens de la chaire, tout cela ensemble contribua à faire naître et à perfectionner parmi nous les orateurs.

la constitution s'y refusaient. Nous eûmes dans ce genre l'éloquence des monarchies, qui consistait à louer. L'éloquence du barreau acquit de l'ordre, de la justesse, de la pureté dans son langage, plus de précision dans ses raisonnemens; mais elle ne put acquérir cette force, qui est ridicule quand elle n'est que dans les mots; qui, pour se communiquer, doit être imprimée à la pensée, et ne peut jamais l'être que par la chose même et l'importance générale de l'objet. L'éloquence s'éleva donc surtout dans la chaire, et c'est là qu'elle parvint à sa plus grande hauteur; car pour être vraiment éloquent, on a besoin d'être l'égal de ceux à qui l'on parle, quelquefois même d'avoir ou de prendre sur eux une espèce d'empire; et l'orateur sacré parlant au nom de Dieu, peut seul déployer dans les monarchies, devant les grands, les peuples et les rois, cette sorte d'autorité et cette franchise altière et libre, que dans les républiques l'égalité des citoyens, et une patrie qui appartenait à tous, donnait aux anciens orateurs. Dans tous les genres, nous eûmes plutôt de la dignité que de la force; et notre éloquence, circonspecte jusque dans sa grandeur, et mesurée même en s'élevant, fut presque toujours noble et sage, et presque jamais impétueuse et passionnée.

CHAPITRE XXIX.

DE MASCARON ET DE BOSSUET.

L'ÉLOQUENCE française se distingua surtout par les éloges et les panégyriques funèbres. Ce genre, qui n'est qu'une déclamation méprisable, quand l'objet en est vil, et une déclamation ridicule, quand l'orateur n'est pas éloquent, parut sous Louis XIV avec éclat. Deux orateurs célèbres, Fléchier et Bossuet, le fixèrent, comme deux grands poëtes avaient fixé l'art bien plus difficile de la tragédie. On peut observer que la tragédie, en se perfectionnant parmi nous, eut à peu près la même marche que l'éloquence. Dans toutes les deux, on commença par le mélange de la force et du mauvais goût. Le génie se monta ensuite à une élévation pleine de grandeur, mais inégale. Enfin les esprits se polissant, mais s'affaiblissant un peu, vinrent, par les progrès des lumières, à ce point où le goût des détails fut plus parfait, mais où l'élégance continue nuisit à la grandeur et surtout à la force. Telle est peut-être la marche nécessaire des esprits dans tous les arts: telle fut celle de l'oraison funèbre. Mascaron fut, dans ce genre, ce que Rotrou fut sur le théâtre. Rotrou annonça Corneille ; et Mascaron, Bossuet.

On peut dire que cet orateur marque dans

l'éloquence le passage du siècle de Louis XIII à celui de Louis XIV. Il a encore de la rudesse et du mauvais goût de l'un; il a déjà de l'harmonie, de la magnificence de style, et de la richesse de l'autre. Sa manière tient à celle des deux hommes célèbres qui, en le suivant, l'ont effacé. Il semble qu'il s'essaie à la vigueur de Bossuet et aux détails heureux de Fléchier; mais ni assez poli, ni assez grand, il est également loin et de la sublimité de l'un et de l'élégance de l'autre. Au reste, il ne faut pas confondre les derniers discours de cet orateur avec les premiers. A mesure qu'il avance, on voit que son siècle l'entraîne; et de l'oraison funèbre d'Anne d'Autriche à celle de Turenne, il y a peut-être la même distance, que de Saint-Genêt à Venceslas [1], ou de Clitandre à Cinna.

En général, Mascaron était né avec plus de génie que de goût, et plus d'esprit encore que de génie. Quelquefois son âme s'élève; mais, soit le défaut du temps, soit le sien, quand il veut être grand, il trouve rarement l'expression simple. Sa grandeur est plus dans les mots que dans les idées. Trop souvent il retombe dans la métaphysique de l'esprit, qui paraît une espèce de luxe, mais un luxe faux qui annonce plus de pauvreté que de richesse. Il est alors plus ingénieux que vrai, plus fin que naturel. On lui trouve aussi

[1] Deux tragédies de Rotrou.

de ces raisonnemens vagues et subtils qui se rencontrent si souvent dans Corneille; et l'on sait combien ce langage est opposé à celui de la vraie éloquence. Son plus grand mérite est d'avoir eu la connaissance des hommes. Il a, dans ce genre, des choses senties avec esprit et rendues avec finesse. Ainsi, dans l'oraison funèbre de Henriette d'Angleterre, il dit, en parlant des princes, « Qu'ils s'imaginent avoir un « ascendant de raison comme de puissance; « qu'ils mettent leurs opinions au même rang « que leurs personnes, et qu'ils sont bien aises, « quand on a l'honneur de disputer avec eux, « qu'on se souvienne qu'ils commandent à des « légions. »

Plus bas il ajoute, « Que les grands ont une « certaine inquiétude dans l'esprit, qui leur « fait toujours demander une courte réponse à « une grande question. »

Il dit, en parlant du désintéressement de Turenne, « Que les Fabrice et les Camille se « sont plus occupés des richesses par le soin la-« borieux de s'en priver, que M. de Turenne « par l'indifférence d'en avoir, ou de n'en avoir « pas. » Et en parlant de la simplicité de ce grand homme, « Qu'il ne se cachait point, qu'il « ne se montrait point, qu'il était aussi éloigné « du faste de la modestie, que de celui de l'or-« gueil. »

On trouve, dans cette dernière oraison funèbre, plus de beautés vraies et solides que dans toutes les autres. Le ton en est éloquent ; la marche en est belle, le goût plus épuré. Il s'y rencontre moins de comparaisons tirées et du soleil levant et du soleil couchant, et des torrens et des tempêtes, et des rayons et des éclairs. Il y est moins question d'ombre et de nuages, d'astre fortuné, de fleuve fécond, d'océan qui se déborde, d'aigle, d'aiglon, d'apostrophe au grand prince ou à la grande princesse, ou à l'épée flamboyante du Seigneur, et tous ces lieux communs de déclamation et d'ennui, qu'on a pris si long-temps, et chez tant de peuples, pour de la poésie et de l'éloquence.

Bossuet a encore quelques-uns de ces défauts ; mais qui ne sait par combien de beautés il les rachète? On dit que c'était le seul homme vraiment éloquent sous le siècle de Louis XIV. Ce jugement paraîtra sans doute extraordinaire ; mais si l'éloquence consiste à s'emparer fortement d'un sujet, à en connaître les ressources, à en mesurer l'étendue, à enchaîner toutes les parties, à faire succéder avec impétuosité les idées aux idées, et les sentimens aux sentimens, à être poussé par une force irrésistible qui vous entraîne, et à communiquer ce mouvement rapide et involontaire aux autres ; si elle consiste à peindre avec des images vives, à agrandir l'âme, à l'étonner, à répandre dans le discours un sentiment qui se mêle à chaque idée, et lui donne la vie ; si elle consiste à créer des expressions profondes et vastes qui enrichissent les langues, à enchanter l'oreille par une harmonie majestueuse, à n'avoir ni un ton, ni une manière fixe, mais à prendre toujours et le ton et la loi du moment, à marcher quelquefois avec une grandeur imposante et calme, puis tout à-coup à s'élancer, à s'élever, à descendre, s'élever encore, imitant la nature, qui est irrégulière et grande, et qui embellit quelquefois l'ordre de l'univers par le désordre même; si tel est le caractère de la sublime éloquence, qui parmi nous a jamais été aussi éloquent que Bossuet? Voyez, dans l'oraison funèbre de la reine d'Angleterre, comme il annonce avec hauteur qu'il va instruire les rois; comme il se jette ensuite à travers les divisions et les orages de cette île; comme il peint le débordement des sectes, le fanatisme des indépendans, au milieu d'eux Cromwel, actif et impénétrable, hypocrite et hardi, dogmatisant et combattant, montrant l'étendard de la liberté et précipitant les peuples dans la servitude; la reine luttant contre le malheur et la révolte, cherchant partout des vengeurs, traversant neuf fois les mers, battue par les tempêtes, voyant son époux dans les fers, ses amis sur l'échafaud, ses troupes vaincues, elle-même obligée de céder, mais, dans la chute de l'État, restant ferme parmi ses ruines, telle qu'une colonne qui, après avoir long-temps soutenu un temple ruineux, reçoit, sans être courbée, ce grand édifice qui tombe et fond sur elle sans l'abattre.

Cependant l'orateur, à travers ce grand spectacle qu'il déploie sur la terre, nous montre toujours Dieu présent au haut des cieux, secouant et brisant les trônes, précipitant la révolution, et, par sa force invincible, enchaînant ou domptant tout ce qui lui résiste. Cette idée, répandue dans le discours d'un bout à l'autre, y jette une terreur religieuse qui en augmente encore l'effet, et en rend le pathétique plus sublime et plus sombre.

L'éloge funèbre de Henriette d'Angleterre ne présente ni de si grands intérêts, ni un tableau si vaste : c'est un pathétique plus doux, mais qui n'en est pas moins touchant. Peut-être même que le sort d'une jeune princesse, fille, sœur et belle-sœur de roi, jouissant de tous les avantages de la grandeur et de tous ceux de la beauté, morte en quelques heures, à l'âge de vingt-six ans, par un accident affreux, et avec toutes les marques d'un empoisonnement, devait faire sur les âmes une impression encore plus vive que la chute d'un trône et la révolution d'un État. On sait que les malheurs imprévus nous frappent plus que les malheurs qui se développent par degrés. Il semble que la douleur s'use dans les détails. D'ailleurs les hommes ordinaires n'ont point de trône à perdre ; mais leur intérêt ajoute à leur pitié, quand un exemple frappant les avertit que leur vie n'est rien. On dirait qu'ils apprennent cette vérité pour la première fois, car tout ce qu'on sent fortement est une espèce de découverte pour l'âme.

On ne peut douter que Bossuet, en composant cet éloge funèbre, ne fût profondément affecté, tant il y parle avec éloquence et de la misère et de la faiblesse de l'homme. Comme il s'indigne de prononcer encore les mots de grandeur et de gloire! Il peint la terre sous l'image d'un débris vaste et universel; il fait voir l'homme cherchant toujours à s'élever, et la puissance divine poussant l'orgueil de l'homme jusqu'au néant, et pour égaler à jamais les conditions, ne faisant de nous tous qu'une même cendre. Cependant Bossuet, à travers ces idées générales, revient toujours à la princesse, et tous ses retours sont des cris de douleur. On n'a point encore oublié, au bout de cent ans, l'impression terrible qu'il fit, lorsqu'après un morceau plus calme, il s'écria tout-à-coup : « O nuit désastreuse! ô nuit effroyable! où « retentit comme un éclat de tonnerre, cette « étonnante nouvelle : Madame se meurt, Ma- « dame est morte. » Et quelques momens après, ayant parlé de la grandeur d'âme de cette princesse, tout-à-coup il s'arrête; et montrant la tombe où elle était renfermée : « La voilà, « malgré son grand cœur, cette princesse si

« admirée et si chérie; la voilà telle que la mort
« nous l'a faite! encore ce reste tel quel va-t-il
« disparaître. Nous l'allons voir dépouillée,
« même de cette triste décoration. Elle va des-
« cendre à ces sombres lieux, à ces demeures
« souterraines, pour y dormir dans la poussière
« avec les grands de la terre, avec ces rois et
« ces princes anéantis, parmi lesquels à peine
« peut-on la placer, tant les rangs y sont
« pressés! tant la mort est prompte à remplir
« ces places! » Puis tout-à-coup il craint d'en
avoir trop dit. Il remarque que la mort ne
nous laisse pas même de quoi occuper une
place, et que l'espace n'est occupé que par les
tombeaux. Il suit les débris de l'homme jusque
dans sa tombe. Là, il fait voir une nouvelle
destruction au-delà de la destruction. L'homme,
dans cet état, devient un je ne sais quoi qui
n'a plus de nom dans aucune langue. « Tant il
« est vrai, s'écrie l'orateur, que tout meurt en
« lui, jusqu'à ces termes funèbres par lesquels
« on exprimait ses malheureux restes. » Il est
difficile, je crois, d'avoir une éloquence et plus
forte et plus abandonnée, et qui, avec je ne
sais quelle familiarité noble, mêle autant de
grandeur.

L'éloge funèbre de la princesse Palatine,
quoique bien moins intéressant, nous offre
aussi quelques grands traits, mais d'un autre
genre. Tel est un morceau sur la cour; sur

ce mélange éternel qu'on y voit des plaisirs et des affaires ; sur ces jalousies sourdes au dedans, et cette brillante dissipation au dehors; sur les apparences de gaieté, qui cachent une ambition si ardente, des soins si profonds, et un sérieux, dit l'orateur, aussi triste qu'il est vain. On peut encore citer le tableau des guerres civiles de la minorité, et surtout un morceau sublime sur les conquêtes de Charles Gustave, roi de Suède. On dirait que l'orateur suit la marche du conquérant qu'il peint, et se précipite avec lui sur les royaumes. Mais si jamais il parut avoir l'enthousiasme et l'ivresse de son sujet, et s'il le communiqua aux autres, c'est dans l'éloge funèbre du prince de Condé. L'orateur s'élance avec le héros ; il en a l'impétuosité comme la grandeur. Il ne raconte pas; on dirait qu'il imagine et conçoit lui-même les plans. Il est sur le champ de bataille ; il voit tout, il mesure tout. Il a l'air de commander aux événemens; il les appelle, il les prédit; il lie ensemble et peint à la fois le passé, le présent, l'avenir : tant les objets se succèdent avec rapidité! tant ils s'entassent et se pressent dans son imagination ! Mais la partie la plus éloquente de cet éloge, c'est la fin. Les six dernières pages sont un mélange continuel de pathétique et de sublime. Il invite tous ceux qui sont présens, princes, peuple, guerriers, et surtout les amis de ce prince, à environner son monument, et à venir pleurer sur la cendre d'un grand homme. « Jetez les yeux de toutes « parts : voilà tout ce qu'a pu faire la magnifi- « cence et la piété pour honorer un héros; des « titres, des inscriptions, vaines marques de ce « qui n'est plus, des figures qui semblent pleurer « autour d'un tombeau, et de fragiles images « d'une douleur que le temps emporte avec le « reste; des colonnes qui semblent vouloir por- « ter jusqu'au ciel le magnifique témoignage de « notre néant, et rien enfin ne manque dans « tous ces honneurs que celui à qui on les rend. « Pleurez donc sur ces faibles restes de la vie « humaine; pleurez sur cette triste immortalité « que nous donnons aux héros. »

Enfin il ajoute ces mots si connus, et éter- nellement cités. « Pour moi, s'il m'est permis, « après tous les autres, de venir rendre les « derniers devoirs à ce tombeau, ô prince! le « digne sujet de nos louanges et de nos re- « grets, vous vivrez éternellement dans ma mé- « moire;.... agréez ces derniers efforts d'une « voix qui vous fut connue; vous mettrez fin à « tous ces discours. Au lieu de déplorer la « mort des autres, grand prince, dorénavant « je veux apprendre de vous à rendre la mienne « sainte. Heureux si, averti par ces cheveux « blancs, du compte que je dois rendre de « mon administration, je réserve au troupeau « que je dois nourrir de la parole de vie les

« restes d'une voix qui tombe, et d'une ardeur
« qui s'éteint. »

Dans cette péroraison touchante, on aime à voir l'orateur paraître, et se mêler lui-même sur la scène. L'idée imposante d'un vieillard qui célèbre un grand homme, ces cheveux blancs, cette voix affaiblie, ce retour sur le passé, ce coup d'œil ferme et triste sur l'avenir, les idées de vertus et de talens, après les idées de grandeur et de gloire; enfin la mort de l'orateur jetée par lui-même dans le lointain, et comme aperçue par les spectateurs, tout cela forme dans l'âme un sentiment profond qui a quelque chose de doux, d'élevé, de mélancolique et de tendre. Il n'y a pas jusqu'à l'harmonie de ce morceau qui n'ajoute au sentiment, et n'invite l'âme à se recueillir, et à se reposer sur sa douleur.

Après avoir admiré les beautés générales, et surtout le grand caractère qui se trouve dans ces éloges funèbres, on est fâché d'avoir des défauts à y relever. Mais, malgré ces taches, Bossuet n'en est pas moins sublime. C'est ici qu'il faut se rappeler le mot de Henri IV à un ambassadeur : « Est-ce que votre maître n'est pas assez grand pour avoir des faiblesses? » Il est vrai qu'il ne faut point abuser de ce droit. On a dit, il y a long-temps, que Bossuet était inégal; mais on n'a point dit assez combien il est long et froid, et vide d'idées dans quelques parties de ses discours. Personne ne saisit plus fortement ce que son sujet lui présente; mais quand son sujet l'abandonne, personne n'y supplée moins que lui. Ce sont alors des paraphrases et des lieux communs de la morale la plus commune : on croit voir un grand homme qui fait le catéchisme à des enfans; à la vérité il se relève, mais il faut attendre. Ce genre d'éloquence ressemble au mouvement d'un vaisseau dans la tempête, qui tour à tour monte, retombe et disparaît, jusqu'à ce qu'une autre vague vienne le reprendre, et le repousse encore plus haut qu'il n'était. Ce défaut, comme on voit, tient à de grandes beautés; car l'esprit humain est borné par ses perfections mêmes. On souhaiterait cependant qu'un si grand orateur fût quelquefois plus soutenu, ou du moins lorsqu'il descend, qu'il remplaçât son élévation par des beautés d'un autre genre. Il y a, comme on sait, une sorte de philosophie mâle et forte, qui applique à des vérités politiques ou morales toute la vigueur de la raison; et c'était celle qu'avait souvent Corneille. Il y en a une autre qui est à la fois profonde et sensible, et qui instruit en même temps qu'elle attendrit et qu'elle élève; et c'était celle de Fénélon. Il faut convenir que Bossuet, dans ses éloges, a trop peu de l'une et de l'autre. En général il a bien plus de mouvemens que d'idées; et l'on dirait presque de lui, comme un reproche, qu'il ne sait être qu'éloquent et sublime.

Malgré ces imperfections, il a été dans le siècle de Louis XIV, et reste encore aujourd'hui à la tête de nos orateurs. Il est dans la classe des hommes éloquens, ce qu'est Homère et Milton dans celle des poëtes. Une seule beauté de ces grands écrivains fait pardonner vingt défauts. Jamais, surtout, orateur sacré n'a parlé de Dieu avec tant de dignité et de hauteur. Bossuet semble déployer aux hommes l'intérieur de la divinité, et la secrète profondeur de ses plans. La divinité est dans ses discours comme dans l'univers, remuant tout, agitant tout; cependant l'orateur suit de l'œil cet ordre caché. Dans son éloquence sublime, il se place entre Dieu et l'homme; il s'adresse à eux tour à tour; souvent il offre le contraste de la fragilité humaine, et de l'immutabilité de Dieu, qui voit s'écouler les générations et les siècles comme un jour; souvent il nous réveille par le rapprochement de la gloire et de l'infortune, de l'excès des grandeurs et de l'excès de la misère; il traîne l'orgueil humain sur les bords des tombeaux; mais après l'avoir humilié par ce spectacle, il le relève tout à coup par le contraste de l'homme mortel, et de l'homme entre les bras de la divinité.

Qui mieux que lui a parlé de la vie, de la

mort, de l'éternité, du temps? Ces idées, par elles-mêmes, inspirent à l'imagination une espèce de terreur qui n'est pas loin du sublime. Elles ont quelque chose d'indéfini ou de vaste, où l'imagination se perd; elles réveillent dans l'esprit une multitude innombrable d'idées; elles portent l'âme à un recueillement austère qui lui fait mépriser les objets de ses passions, comme indignes d'elle, et semble la détacher de l'univers. Bossuet s'arrête tantôt sur ces idées, tantôt à travers une foule de sentimens qui l'entraînent, il ne fait que prononcer de temps en temps ces mots, et ces mots alors font frissonner, comme les cris interrompus que le voyageur entend quelquefois, pendant la nuit, dans le silence des forêts, et qui l'avertissent d'un danger qu'il ne connaît pas.

Bossuet n'a presque jamais de route certaine, ou plutôt il la cache. Il va, il vient, il retourne sur lui-même; il a le désordre d'une imagination forte et d'un sentiment profond; quelquefois il laisse échapper une idée sublime, et qui, séparée, en a plus d'éclat; quelquefois il réunit plusieurs grandes idées, qu'il jette avec la profusion de la magnificence et l'abandon de la richesse. Mais ce qui le distingue le plus, c'est l'ardeur de ses mouvemens; c'est son âme qui se mêle à tout. Il semble que du sommet d'un lieu élevé, il découvre de grands événemens qui passent sous ses yeux, et qu'il les raconte à des hommes qui sont en bas. Il s'élance, il s'écrie, il s'interrompt; c'est une scène dramatique qui se passe entre lui et les personnes qu'il voit, et dont il partage ou les dangers ou les malheurs. Quelquefois même le dialogue passionné de l'orateur s'étend jusqu'aux êtres inanimés qu'il interroge comme complices ou témoins des événemens qui le frappent.

Comme le style n'est que la représentation des mouvemens de l'âme, son élocution est rapide et forte : il crée ses expressions comme ses idées; il force impérieusement la langue à le suivre, et, au lieu de se plier à elle, il la domine et l'entraîne; elle devient l'esclave de son génie, mais c'est pour acquérir de la grandeur. Lui seul a le secret de sa langue; elle a je ne sais quoi d'antique et de fier, et d'une nature inculte, mais hardie. Quelquefois il attire même les choses communes à la hauteur de son âme, et les élève par la vigueur de l'expression : plus souvent il joint une expression familière à une idée grande; et alors il étonne davantage, parce qu'il semble même au-dessus de la hauteur des pensées. Son style est une suite de tableaux; on pourrait peindre ses idées, si la peinture était aussi féconde que son langage. Toutes ses images sont des sensations vives ou terribles; il les emprunte des objets les plus grands de la nature, et presque toujours d'objets en mouvement.

Il faut que les hommes ordinaires veillent

sur eux; il faut que dans l'impuissance d'être grands, ils soient du moins toujours nobles : ils se voient sans cesse en présence des spectateurs, ils n'osent se fier à la nature, et craignent le repos. Bossuet a la familiarité des grands hommes, qui ne redoutent pas d'être vus de près : il est sûr de ses forces, et saura les retrouver au besoin. Il ne s'aperçoit ni qu'il s'élève, ni qu'il s'abaisse ; et dans sa négligence, jointe à sa grandeur, il semble se jouer même de l'admiration qu'il inspire.

Tel est cet orateur célèbre, qui, par ses beautés et ses défauts, a le plus grand caractère du génie, et avec lequel tous les orateurs anciens et modernes n'ont rien de commun.

CHAPITRE XXX.

DE FLÉCHIER.

Le premier qui, ayant à peindre des choses grandes ou fortes, s'avisa de chercher des oppositions, enseigna aux autres à s'écarter de la nature. Rien n'est plus contraire aux passions, et par conséquent à l'éloquence. L'âme qui est fortement émue, s'attache tout entière à son objet, et ne va point s'écarter de sa route pour faire contraster ensemble des mots ou des idées. Supposez l'homme dont parle Lucrèce, et qui, des bords de la mer, contemple un vaisseau qui fait naufrage, et suit de l'œil les mouvemens de tant de malheureux qui périssent : si ce tableau a porté le trouble et l'agitation dans son âme; si ses entrailles se sont émues; si, au moment où le vaisseau s'est enfoncé, il a senti ses cheveux se dresser d'horreur sur sa tête; en peignant à d'autres le spectacle terrible dont il a été le témoin, cherchera-t-il à le relever par des oppositions et des contrastes étudiés? Cet art peut être employé quelquefois, mais c'est dans les momens où l'âme est tranquille. Alors il produit des beautés; il relève une idée par une autre; il avertit l'esprit de son étendue, en lui faisant voir à la fois des objets qui sont à une grande distance; il fait éprouver rapidement des sensations différentes ou contraires, et produit par des mélanges une sorte de sentimens combinés, souvent plus agréables que les sentimens simples. Mais si le peintre, le poëte ou l'orateur, se fait une habitude de cette manière, la nature disparaît, l'illusion est détruite, et l'on ne voit plus que l'effort de l'art, qui, dans tous les genres, pour produire son effet, a besoin de se cacher. Il y a plus; et, selon la remarque d'un philosophe célèbre qui a analysé le goût comme les lois, ce contraste perpétuel devient symétrie; et cette opposition, toujours recherchée, se change en uniformité. On nous reproche la monotone symétrie de nos jardins :

toujours un objet y est placé pour correspondre parfaitement à un autre; rien d'isolé, rien de solitaire. A la vue d'une beauté on devine celle qui lui est opposée, et qu'on ne voit pas encore : ce n'est pas ainsi que travaille la nature. Dans ses paysages ou rians ou sublimes, elle réveille à chaque pas l'imagination par quelque objet que l'imagination n'attend pas. Mais l'homme a plus de monotonie et de règle, surtout l'homme policé par les lois, et civilisé par l'art de vivre en société. Il semble que vivement frappé de l'idée de l'ordre, qui peut-être n'est que la perfection des êtres faibles, il ait voulu l'appliquer à tout. Plus il est dans l'impuissance de créer, plus il arrange [1] : il cherche à se rendre compte de ses richesses, et croit les multiplier en les embrassant d'un coup d'œil. De là tous ces arrangemens symétriques dans les jardins, dans les palais, dans les discours, dans les poëmes, dans les phrases mêmes. Mais si ce défaut est fatigant, c'est surtout dans les ouvrages d'esprit. L'âme, dans ses mouvemens, a bien plus de rapidité que la vue; elle embrasse un terrain plus vaste : elle a surtout le besoin de la surprise. Le premier devoir d'un écrivain est de devancer l'imagination de ses lecteurs, qui marche toujours. S'il reste en arrière, l'attention se refroidit, l'ennui gagne; on s'indigne

---

[1] Cela est vrai des individus, comme des nations et des siècles.

de parcourir lentement un espace dont on a aperçu les bornes d'un coup d'œil.

Fléchier a trop souvent ce défaut. On sait qu'il procède presque toujours par antithèses et par contrastes symétrisés. S'il nous parle de la vie mortelle de ses héros, c'est pour nous persuader de leur bienheureuse immortalité. Il va retracer dans notre mémoire les grâces que Dieu leur a faites, pour qu'on loue la miséricorde qu'il vient de leur faire. Il cherche à édifier plutôt qu'à plaire; il vient annoncer que tout est fini, afin de ramener à Dieu qui ne finit point; il nous fait souvenir de la fatale nécessité de mourir, pour nous inspirer la sainte résolution de bien vivre[1]. Il faut en convenir, cette marche est loin de celle de Bossuet : on a souvent comparé ces deux hommes; je ne sais s'ils furent rivaux dans leur siècle; mais aujourd'hui ils ne le sont pas. Fléchier possède bien plus l'art et le mécanisme de l'éloquence qu'il n'en a le génie. Il ne s'abandonne jamais; il n'a aucun de ces mouvemens qui annoncent que l'orateur s'oublie, et prend parti dans ce qu'il raconte. Son défaut est de toujours écrire, et de ne jamais parler. Je le vois qui arrange méthodiquement une phrase, et en arrondit les sons. Il marche ensuite à une autre : il y applique le compas, et de là à une troisième. On

---

2 Voyez ses deux premières Oraisons funèbres.

remarque et l'on sent tous les repos de son imagination : au lieu que les discours de son rival, et peut-être tous les grands ouvrages d'éloquence, sont ou paraissent du moins comme ces statues de bronze que l'artifice a fondues d'un seul jet.

Après avoir vu les défauts de cet orateur, rendons justice à ses beautés. Son style, qui n'est jamais impétueux et chaud, est du moins toujours élégant; au défaut de la force, il a la correction et la grâce. S'il lui manque de ces expressions originales, et dont quelquefois une seule représente une masse d'idées, il a ce coloris toujours égal, qui donne de la valeur aux petites choses, et qui ne dépare point les grandes; il n'étonne presque jamais l'imagination, mais il la fixe : il emprunte quelquefois de la poésie, comme Bossuet; mais il en emprunte plus d'images, et Bossuet plus de mouvemens. Ses idées ont rarement de la hauteur, mais elles sont toujours justes, et quelquefois ont cette finesse qui réveille l'esprit, et l'exerce sans le fatiguer. Il paraît avoir une connaissance profonde des hommes : partout il les juge en philosophe, et les peint en orateur. Enfin il a le mérite de la double harmonie, soit de celle qui, par le mélange et l'heureux enchaînement des mots, n'est destinée qu'à flatter et séduire l'oreille; soit de celle qui saisit l'analogie des nombres avec le caractère des idées, et qui, par la douceur ou la force, la lenteur ou la rapidité des sons, peint à l'oreille en même temps que l'image peint à l'esprit. En général, l'éloquence de Fléchier paraît être formée de l'harmonie et de l'art d'Isocrate, de la tournure ingénieuse de Pline, de la brillante imagination d'un poëte, et d'une certaine lenteur imposante qui ne messied peut-être pas à la gravité de la chaire, et qui était assortie à l'organe de l'orateur.

Il n'y a aucun de ses discours qui n'ait de riches détails. Les oraisons funèbres de madame de Montausier, de la duchesse d'Aiguillon et de la dauphine de Bavière, ne pouvant offrir des événemens, offrent une foule d'idées morales qui en sortent et qui les embellissent.

L'oraison funèbre de Marie-Thérèse est du même genre et offre les mêmes beautés. L'éloge d'une reine qui, par caractère, autant que par les circonstances, éloignée des grands intérêts et des affaires, n'a pu avoir qu'une grandeur modeste et des vertus presque obscures sur le trône, peut être difficilement piquant. Il faut admirer l'orateur qui, à force d'art, d'esprit, de peinture de mœurs et de philosophie, tantôt délicate et tantôt profonde, vient à bout de suppléer à ce que son sujet lui refuse[1], et il ne

[1] On trouvera ce mérite dans l'oraison funèbre de la feue reine, prononcée à l'Académie française par M. l'abbé de Boismont. C'est lui qui est aussi l'auteur d'une oraison

faudrait pas condamner ceux qui ont eu moins de succès.

L'oraison funèbre du premier président de Lamoignon présente d'un bout à l'autre le tableau d'un magistrat et d'un sage. Ce tableau, dont les couleurs ne sont peut-être pas assez vives, a surtout le mérite de la vérité. On sait que le président de Lamoignon fut aussi célèbre par ses connaissances que par ses vertus : ce fut sa seule brigue pour parvenir aux places. Sous Louis XIV, il soutint l'honneur de la magistrature, comme les Turenne et les Condé soutinrent l'honneur des armes. Il fut lié avec les plus grands hommes de son siècle, ce qui prouve qu'il n'était pas au-dessous d'eux; car l'ignorance et la médiocrité, toujours insolentes ou timides, se hâtent de repousser les talens qu'elles redoutent et qui les humilient. L'amitié de Racine et de Bourdaloue, et les beaux vers de Despréaux, ne contribueront pas moins à sa gloire que cet éloge funèbre, et apprendront à la postérité que l'orateur a parlé comme son siècle.

Je passe rapidement sur tous les discours, pour venir à celui qui a, et qui mérite en effet le plus de réputation; c'est l'éloge funèbre de Turenne, de cet homme si célèbre, si regretté par nos aïeux, et dont nous ne prononçons pas

funèbre de M. le Dauphin, où le public a trouvé les plus grandes beautés.

encore le nom sans respect; qui, dans le siècle le plus fécond en grands hommes, n'eut point de supérieur, et ne compta qu'un rival; qui fut aussi simple qu'il était grand, aussi estimé pour sa probité que pour ses victoires; à qui on pardonna ses fautes, parce qu'il n'eut jamais ni l'affectation de ses vertus, ni celle de ses talens; qui, en servant Louis XIV et la France, eut souvent à combattre le ministre de Louis XIV, et fut haï de Lôuvois comme admiré de l'Europe; le seul homme, depuis Henri IV, dont la mort ait été regardée comme une calamité publique par le peuple; le seul, depuis Du Guesclin, dont la cendre ait été jugée digne d'être mêlée à la cendre des rois; et dont le mausolée attire plus nos regards que celui de beaucoup de souverains dont il est entouré, parce que la renommée suit les vertus et non les rangs, et que l'idée de la gloire est toujours supérieure à celle de la puissance. Ici Fléchier, comme on l'a dit souvent, paraît au-dessus de lui-même; il semble que la douleur publique ait donné plus de mouvement et d'activité à son âme; son style s'échauffe; son imagination s'élève; ses images prennent une teinte de grandeur; partout son caractère devient imposant. Cependant, entre cette oraison funèbre et celle du grand Condé, il y a la même différence qu'entre les deux héros. L'une a l'empreinte de la fierté, et semble l'ouvrage d'un instinct sublime; l'autre, dans son élévation même, paraît le fruit d'un art perfectionné par l'expérience et par l'étude. Ainsi, par un hasard singulier, ces deux grands hommes ont trouvé dans leurs panégyristes un genre d'éloquence analogue à leur caractère.

L'oraison funèbre de Turenne n'en est pas moins un des monumens de l'éloquence française; l'exorde sera éternellement cité pour son harmonie, pour son caractère majestueux et sombre, et pour l'espèce de douleur auguste qui y règne. Les deux premières parties peignent avec noblesse les talens d'un général et les vertus d'un sage; mais, à mesure que l'orateur avance vers la fin, il semble acquérir de nouvelles forces. Il peint avec rapidité les derniers succès de ce grand homme; il fait voir l'Allemagne troublée, l'ennemi confus, l'aigle prenant déjà l'essor et prête à s'envoler dans les montagnes, l'artillerie tonnant de toutes parts pour favoriser la retraite, la France et l'Europe dans l'attente d'un grand mouvement. Tout à coup l'orateur s'arrête, il s'adresse au dieu qui dispose également et des vainqueurs et des victoires, et se plaît à immoler à sa grandeur de grandes victimes. Alors il fait voir ce grand homme étendu sur ses trophées; il présente l'image de ce corps pâle et sanglant, auprès duquel, dit-il, fume encore la foudre qui l'a frappé, et montre dans l'éloignement les tristes images de la religion et de la patrie éplorée. « Turenne meurt, tout se « confond, la fortune chancèle, la victoire se « lasse, la paix s'éloigne, le courage des troupes « est abattu par la douleur et ranimé par la « vengeance; tout le camp demeure immobile; « les blessés pensent à la perte qu'ils ont faite « et non aux blessures qu'ils ont reçues; les « pères mourans envoient leurs fils pleurer sur « leur général mort, etc. »

Cependant, malgré l'éloquence générale et les beautés de cette oraison funèbre, peut-être n'y trouve-t-on point encore assez le grand homme que l'on cherche; peut-être que les figures et l'appareil même de l'éloquence le cachent un peu, au lieu de le montrer; car il en est quelquefois de ces sortes de discours comme des cérémonies d'éclat, où un grand homme est éclipsé par la pompe même dont on l'environne. Je ne sais si je me trompe, mais il me semble que quelques lignes que madame de Sévigné a jetées au hasard dans ses lettres, sans soin, sans apprêt, et avec l'abandon d'une âme sensible, font encore plus aimer M. de Turenne, et donnent une plus grande idée de sa perte. Il y a des mots qui disent plus que vingt pages, et des faits qui sont au-dessus de l'art de tous les orateurs; par exemple, le mot de Saint-Hilaire à son fils : *Ce n'est pas moi qu'il faut pleurer, c'est ce grand homme ;* et ce trait du fermier de Champagne qui vint demander la résiliation de son bail, parce que, Turenne mort, il croyait qu'on ne pouvait plus ni semer, ni moissonner en sûreté; et cette réponse, si grande et si simple, à un homme qui lui demandait comment il avait perdu la bataille de Rhétel, *par ma faute ;* et cette lettre qu'il écrivit au sortir d'une victoire : « Les ennemis sont venus nous attaquer, nous « les avons battus; Dieu en soit loué. J'ai eu « un peu de peine; je vous souhaite le bon soir; « je vais me mettre dans mon lit; » et cette humanité envers un soldat qu'il trouve au pied d'un arbre, accablé de fatigue, à qui il donne son cheval, et qu'il suit lui-même à pied. Il faut en convenir, on a regret que la dignité de l'oraison funèbre et sa marche soutenue, ou du moins le ton sur lequel le préjugé et l'habitude l'ont montée, ne permettent point d'employer ces traits d'une simplicité touchante, et qui mettraient souvent le héros à la place de l'orateur.

Quinze ans après l'oraison funèbre de Turenne, Fléchier traita un autre sujet, aussi beau peut-être, quoique d'un genre différent ; c'était l'éloge du fameux duc de Montausier. S'il faut à l'orateur, comme au peintre, des physionomies à caractère, on peut dire qu'il n'y en eut jamais une plus marquée que celle-là. On connaît cette vertu rigide au milieu d'une cour ;

cette âme inflexible, incapable et de déguisement et de faiblesse; cette probité qui se révoltait contre la fortune, quand la fortune devait coûter quelque chose au devoir; cet attachement à la vérité, et tous ces principes de conduite si fermes, que les âmes d'une honnêteté courageuse appellent tout simplement vertu, et que les âmes faibles ou viles, ce qui est trop souvent la même chose, sont convenues d'appeler misanthropie, pour n'avoir point à rougir[1]. Pour tracer un pareil caractère, il fallait avoir une grande vigueur de pinceau, et Fléchier ne l'avait pas. Son éloquence était plus dans son imagination que dans son âme, et par ses mœurs même il était trop loin de cette mâle austérité pour la saisir et pour la peindre : ce n'était point à Atticus à faire l'éloge de Caton.

---

[1] On sait ce qu'il dit au grand Dauphin, après avoir achevé son éducation. « Monseigneur, si vous êtes honnête « homme, vous m'aimerez; si vous ne l'êtes pas, vous me « haïrez, et je m'en consolerai. » Plusieurs personnes ont lu cette fameuse lettre qu'il écrivit au même prince, et qu'on ne saurait trop citer. « Monseigneur, je ne vous fais « pas compliment sur la prise de Philisbourg; vous aviez « une bonne armée, des bombes, du canon et Vauban. Je « ne vous en fais point aussi sur ce que vous êtes brave; « c'est une vertu héréditaire dans votre maison. Mais je « me réjouis avec vous de ce que vous êtes libéral, géné-« reux, humain, faisant valoir les services d'autrui, et « oubliant les vôtres. C'est sur quoi je vous fais mon com-« pliment. »

Cette oraison funèbre offre cependant des morceaux qui ne sont pas indignes du sujet. Fléchier avait été l'ami du duc de Montausier: « Ne craignez pas, dit-il, que l'amitié ou la re-
« connaissance me prévienne; vous savez que
« la flatterie jusqu'à présent n'a pas régné dans
« mes discours. Oserais-je dans celui-ci, où la
« franchise et la candeur sont le sujet de nos
« éloges, employer la fiction et le mensonge ?
« ce tombeau s'ouvrirait; ces ossemens se ra-
« nimeraient pour me dire : Pourquoi viens-tu
« mentir pour moi, qui ne mentis pour per-
« sonne ?..... Laisse-moi reposer dans le sein
« de la vérité, et ne viens pas troubler ma
« paix par la flatterie que j'ai haïe. »

Et ailleurs, après avoir parlé des conseils qu'on lui donnait sur la manière de se conduire à la cour, l'orateur ajoute : « Ces conseils lui
« parurent lâches; il allait porter son encens
« avec peine sur les autels de la fortune, et re-
« venait chargé du poids de ses pensées, qu'un
« silence contraint avait retenues. Ce commerce
« continuel de mensonges..., cette hypocrisie
« universelle par laquelle on travaille ou à ca-
« cher de véritables défauts, ou à montrer de
« fausses vertus, ces airs mystérieux qu'on se
« donne pour couvrir son ambition, ou pour
« relever son crédit, tout cet esprit de dissi-
« mulation et d'imposture ne convint pas à sa
« vertu. Ne pouvant encore s'autoriser contre

« l'usage, il fit connaître à ses amis qu'il allait
« à l'armée faire sa cour...., qu'il lui coûtait
« moins d'exposer sa vie que de dissimuler ses
« sentimens, et qu'il n'acheterait jamais ni de
« faveurs, ni de fortune aux dépens de sa pro-
« bité. »

Je pourrais encore citer d'autres endroits qui ont une beauté réelle; mais le discours en général est au-dessous de son sujet; on y trouve plus d'esprit que de force et de mouvement; on s'attendait du moins à trouver quelques idées vraiment éloquentes sur l'éducation d'un dauphin, sur la nécessité de former une âme d'où peut naître un jour le bonheur et la gloire d'une nation; sur l'art d'y faire germer les passions utiles, d'y étouffer les passions dangereuses, de lui inspirer de la sensibilité sans faiblesse, de la justice sans dureté, de l'élévation sans orgueil, de tirer parti de l'orgueil même quand il est né, et d'en faire un instrument de grandeur; sur l'art de créer une morale à un jeune prince et de lui apprendre à rougir; sur l'art de graver dans son cœur ces trois mots, Dieu, l'univers et la postérité, pour que ces mots lui servent de frein quand il aura le malheur de pouvoir tout; sur l'art de faire disparaître l'intervalle qui est entre les hommes; de lui montrer à côté de l'inégalité de pouvoir, l'humiliante égalité d'imperfection et de faiblesse; de l'instruire par ses erreurs, par ses besoins, par ses douleurs même; de lui faire sentir la main de la nature qui le rabaisse et le tire vers les autres hommes, tandis que l'orgueil fait effort pour le relever et l'agrandir; sur l'art de le rendre compatissant au milieu de tout ce qui étouffe la pitié, de transporter dans son âme des maux que ses sens n'éprouveront point, de suppléer au malheur qu'il aura de ne jamais sentir l'infortune; de l'accoutumer à lier toujours ensemble l'idée du faste qui se montre, avec l'idée de la misère et de la honte qui sont au-delà et qui se cachent; enfin, sur l'art plus difficile encore de fortifier toutes ces leçons contre le spectacle habituel de la grandeur, contre les hommages et des serviteurs et des courtisans, c'est-à-dire contre la bassesse muette et la bassesse plus dangereuse encore qui flatte. Il est étonnant que Fléchier ait passé si légèrement sur un pareil sujet. Et quand on pense que l'homme qu'il avait à peindre donnant ces leçons, était le duc de Montausier, quel parti l'orateur pouvait encore tirer d'un gouverneur qui respectait bien plus la vérité qu'un prince, qui, pour être utile, aurait eu le courage de braver la haine, et se serait indigné même de se souvenir que celui qui était aujourd'hui son élève, pouvait être le lendemain son maître.

CHAPITRE XXXI.

DES ORAISONS FUNÈBRES DE BOURDALOUE, DE LA RUE ET DE MASSILLON.

Est-il vrai que dans tous les genres il n'y ait qu'un certain nombre de beautés marquées, et que lorsqu'une fois elles ont été saisies par des hommes supérieurs, ceux qui marchent ensuite dans la même carrière, soient condamnés à rester fort au-dessous des premiers, et peut-être à n'être plus que des copistes? On croirait d'abord que les arts n'étant que la représentation de la nature ou morale, ou passionnée, ou physique, leur champ doit être aussi vaste que celui de la nature même, et qu'ainsi il ne doit y avoir, dans chaque genre, d'autres bornes que celles du talent. Cependant l'expérience semble prouver le contraire. Quelle en est la raison?

Tout homme qui le premier s'applique avec succès à un genre, le choisit et l'adopte, parce qu'il est analogue à son esprit et à son âme; c'est lui qui fait le genre et en constitue le caractère. Ceux qui viennent ensuite, trouvent la route tracée, et n'ont plus qu'à la suivre; mais ce qui est une facilité pour les gens médiocres, est peut-être un obstacle pour ceux qui ne le sont pas; car l'homme de génie a bien plus de vigueur et de force pour ce qu'il a créé lui-même, que pour ce qu'il imite. Celui qui fait les premiers pas est libre ; il n'obéit qu'à son talent, et au cours de ses idées qui l'entraînent. Il fait la règle et le modèle, et dicte à sa nation ce qu'elle doit penser. Ses successeurs reçoivent la règle du public, qui, tyran bizarre et gouverné tout à la fois par l'habitude et le caprice, ordonne d'imiter ce qui a réussi, et flétrit ou traite avec indifférence les imitateurs. Qui ne sait d'ailleurs qu'outre les beautés de tous les temps et de tous les lieux, il y a, pour chaque genre, des beautés analogues au climat, au gouvernement, à la religion, à la société, au caractère national ? Sous ce point de vue, les beautés de l'art sont plus resserrées. Il est bien vrai que la nature est immense, mais les organes de l'homme qui la voit, sont affectés d'une certaine manière dans chaque époque. Cette manière de voir et de sentir influe nécessairement et sur l'artiste et sur le juge. Lors donc qu'un genre a été traité par quelques grands hommes dans un pays ou dans un siècle, pour exciter un nouvel intérêt, et avoir des succès nouveaux, il faut attendre que les idées prennent un autre cours, par des changemens dans le moral, dans le physique, et peut-être par des révolutions et des bouleversemens. Ainsi se renouvelle de distance en distance le champ de la tragédie, de

la comédie, de l'épopée, de la fable, de l'éloquence, ou politique, ou religieuse.

On peut appliquer une partie de ces idées aux orateurs qui, sous Louis XIV, après Fléchier et Bossuet, composèrent des éloges funèbres, et qui, avec de grands talens, n'ont cependant obtenu dans ce genre que la seconde place. De ce nombre est le célèbre Bourdaloue, auteur d'une oraison funèbre du prince de Condé. On peut lui reprocher de n'avoir pas assez imité la manière de Bossuet.

Bourdaloue prouve méthodiquement la grandeur de son héros, tandis que l'âme enflammée de Bossuet la fait sentir; l'un se traîne et l'autre s'élance. Toutes les expressions de l'un sont des tableaux; l'autre, sans coloris, donne trop peu d'éclat à ses idées. Son génie austère et dépourvu de sensibilité comme d'imagination, était trop accoutumé à la marche didactique et forte du raisonnement pour en changer; et il ne pouvait répandre sur une oraison funèbre cette demi-teinte de poésie qui, ménagée avec goût et soutenue par d'autres beautés, donne plus de saillie à l'éloquence.

La Rue, moins célèbre que lui pour les discours de morale, mais né avec un esprit plus souple et une âme plus sensible, réussit mieux dans le genre des éloges funèbres; il était en même temps poëte et orateur; il avait, comme Fléchier, le mérite d'écrire en vers dans la langue d'Horace et de Virgile, mais il n'avait pas négligé pour cela la langue des Bossuet et des Corneille. Ceux qui l'avaient précédé dans cette carrière, avaient célébré des temps de prospérité et de gloire. Alors la France, en déplorant la mort de ses grands hommes, voyait de leurs cendres renaître, pour ainsi dire, d'autres grands hommes. Parmi les pertes particulières, le trône était toujours brillant, et les trophées publics se mêlaient souvent aux pompes funèbres des héros. La Rue fut l'orateur de la cour, dans cette époque qui succéda à quarante ans de gloire, lorsque Louis XIV, malheureux et frappé dans ses sujets comme dans sa famille, ne comptait plus au dehors que des batailles perdues, et voyait successivement dans son palais périr tous ses enfans.

Ce fut lui qui, en 1711, fit l'éloge du grand dauphin. Un an après, il rendit le même honneur à ce fameux duc de Bourgogne, élève de Fénélon. On sait que, par une circonstance presque unique, l'orateur avait à déplorer trois morts au lieu d'une; on sait que la jeune Adélaïde de Savoie, duchesse de Bourgogne, princesse pleine d'esprit et de grâce, était placée dans le même cercueil, entre son époux et son fils. La coutume ridicule et barbare de citer toujours un texte, coutume dont les hommes de génie ont quelquefois tiré parti, produisit cette fois-là le plus grand effet. Le texte de l'orateur semblait être une prédiction de l'événement, et il exprimait le triste spectacle qu'on avait sous les yeux, du père, de la mère et de l'enfant, frappés et ensevelis tous trois ensemble.[1]

Quand la consternation et la douleur sont dans une assemblée, il est aisé alors d'être éloquent. La Rue fit couler des larmes et par la force de son sujet et par les beautés que son génie sut en tirer. La peinture qu'il fait du duc de Bourgogne fera éternellement désirer aux peuples d'avoir un maître qui lui ressemble. On ne l'ignore pas; ce prince réunissait tout ce qui fait la vertu chez les particuliers comme chez les rois, des principes austères et une âme sensible. A vingt ans, il parut être au-dessus des erreurs, comme des faiblesses. Parmi toutes les séductions, il eut le courage de toutes les vertus. Simple, modéré, sans faste à la cour et dans celle de Louis XIV, si l'on en croit nos aïeux, il eût gouverné comme Lycurgue, il eût été adoré comme Trajan : *Que pense-t-on de moi dans Paris?* demandait-il souvent. Il savait que sur le trône même on est dépendant de l'opinion, et que la renommée est plus absolue

---

[1] *Quare facitis malum grande contra animas vestras, ut intereat ex vobis, vir, et mulier, et parvulus de medio Judæ.* « Pourquoi vous attirez-vous par vos péchés un tel malheur, que de voir enlever par la mort, du milieu de vous, l'époux, l'épouse et l'enfant.» Jér. ch. xliv.

que les rois. Dans ces temps de désastre, où la famine et la guerre étaient unies, où nos campagnes étaient couvertes de mourans, et les champs de batailles couverts de morts, il était profondément affecté des malheurs publics. La vieillesse de Louis XIV et les fléaux de la guerre achevaient son éducation commencée par la vertu : *Si Dieu me donne la vie*, disait-il, *c'est à me faire aimer que j'emploierai tous mes soins*. Ainsi, dans les illusions d'une âme sensible, il composait ses romans du bonheur des autres, et jouissait d'avance d'une félicité qui n'était point encore. A la mort du grand dauphin, héritier de son sang, il refusa de l'être de ses pensions. Il craignait d'ajouter le poids de son luxe au poids de la misère publique. Enfin, de douze mille francs qu'il avait par mois, il en employait onze à secourir des malheureux ; et, dans sa dernière maladie, peu de temps avant d'expirer, voulant honorer encore une fois l'infortune qu'il laissait sur la terre, il ordonna qu'on vendît ses pierreries pour la soulager.

Tel est le fond du tableau que nous présente l'orateur ; il peint en même temps la jeune duchesse de Bourgogne, adorée de la cour, et dont les vertus aimables mêlaient quelque chose de plus tendre aux vertus austères et fortes de son époux ; il la peint frappée comme lui, expirante avec lui, sentant et le trône et la vie, et le monde qui lui échappaient, et répondant à ceux qui l'appelaient princesse : *Oui, princesse aujourd'hui, demain rien, et dans deux jours oubliée.*

On ne peut lire plusieurs morceaux de ce discours, et la fin surtout, sans attendrissement; mais, ce qu'on ne croirait pas, c'est que dans un éloge funèbre du duc de Bourgogne, il se trouve à peine un mot qui rappelle l'idée de Fénélon. La politique intéressée craignit de rendre hommage à la vertu, et l'orateur, même au pied des autels, n'osa oublier un instant que l'auteur de Télémaque était exilé. On ose dire que si le duc de Bourgogne, dans son tombeau, eût été capable d'un sentiment, il eût été indigné de cette faiblesse. Heureusement la mémoire de Fénélon est vengée : la postérité, qui n'a ni crainte, ni lâche respect, a élevé sa voix. Les noms du duc de Bourgogne et de Fénélon marchent ensemble à l'immortalité, et le genre humain reconnaissant ne sépare plus deux âmes vertueuses et sensibles qui s'étaient unies pour le bonheur des hommes.

Le même orateur a traité deux autres sujets moins pathétiques, sans doute, mais non moins intéressans, ce sont les éloges funèbres de deux grands hommes; l'un était ce maréchal de Luxembourg, élève de Condé ; impétueux et ardent comme lui, mais vigilant et ferme comme Turenne, quand il le fallait; persécuté par les ministres, et servant l'État; fameux par les victoires de Fleurus, de Leuze, de Steinkerque et de Nerwinde, et qui, de dessus un champ de bataille, écrivit à Louis XIV cette lettre : « Sire, vos ennemis ont fait des mer« veilles; vos troupes encore mieux : pour moi, « je n'ai d'autre mérite que d'avoir exécuté vos « ordres; vous m'avez dit de prendre une ville « et de gagner une bataille, je l'ai prise et je « l'ai gagnée. » L'autre, qui avait un genre de mérite tout différent, était ce maréchal de Boufflers, fameux par la défense de Lille, appliqué et infatigable; d'ailleurs excellent citoyen, et dans une monarchie, capable d'une vertu républicaine. On sait qu'en 1709 il offrit et demanda au roi d'aller servir sous le maréchal de Villars, dont il était l'ancien. C'était le trait de Scipion, qui, vainqueur de Carthage, voulut être simple lieutenant en Asie. « Il souffrait, dit l'orateur, « du peu de succès de nos armes.... Le siége de « Mons ayant fait naître l'occasion d'une nou« velle bataille, il fut encore prêt à marcher. « C'était prolonger sa vie que de lui donner lieu « de la perdre pour l'État; mais acceptant l'hon« neur de partager le péril, il refusa celui de « partager le commandement. Droits spécieux! « préférences d'âge et de rang! jalousies d'auto« rité ! misérables intérêts, sources de tant de « querelles entre des héros, vous ne prévalûtes « jamais dans le cœur de celui-ci aux mouvemens

« de son zèle; il promit son bras, ses conseils, sa
« vie, s'il était besoin, mais sous le même gé-
« néral qui commandait déjà l'armée; il eut
« beau cependant se dépouiller de ses titres, il
« les retrouva dans l'estime du général, dans
« le respect des officiers, et dans l'affection des
« soldats. Entre deux guerriers pleins d'hon-
« neur, l'autorité devint commune. »

Et au commencement de cet éloge funèbre, après avoir parlé des honneurs entassés sur la tête d'un seul homme : « Oublions ces titres
« vains qui ne servent plus qu'à orner la sur-
« face d'un tombeau; ce n'est ni le marbre ni
« l'airain qui nous font révérer les grands. Ces
« monumens superbes ne font qu'attirer sur
« leurs cendres l'envie attachée autrefois à leurs
« personnes, à moins que la vertu ne consacre
« leur mémoire, et n'éternise pour ainsi dire
« cette fausse immortalité qu'on cherche inuti-
« lement dans des colonnes et des statues. »

Il nous rappelle ensuite les idées de Rome, de Sparte et d'Athènes, qui eussent honoré le maréchal de Boufflers, comme elles honorent leur Miltiade, leur Phocion, les Caton, les Décius et les Fabrice.

Enfin, prêt à commencer son éloge et à rassembler en lui tout ce qui peut caractériser un grand homme, il s'arrête, et demande pardon à son héros de respecter si peu le dégoût qu'il avait pour les louanges et le soin qu'il se don-

nait de les fuir autant que de les mériter.
« Vous avez goûté assez long-temps, lui dit-il,
« le plaisir de votre modestie, laissez-nous
« rompre le silence que votre austérité nous
« imposait. Votre réputation n'est plus à vous ;
« c'est la seule et dernière vie qui vous reste
« encore parmi nous; elle appartient à la re-
« nommée; c'est à elle d'exercer son empire sur
« votre nom, pour le conserver aux siècles à
« venir avec encore plus d'autorité que la mort
« n'en prendra sur vos cendres pour les dé-
« truire. On a besoin de votre nom pour faire
« à nos descendans l'apologie de notre siècle; ils
« douteront au moins de ses excès, quand ils
« sauront qu'il a produit en votre personne
« ce que nos pères avaient admiré dans les
« Du Guesclin, les Bayard et les Dunois, pour
« la gloire des rois, le salut de la patrie et
« l'honneur de la vertu. »

Il n'y a personne qui, dans tous ces morceaux, ne reconnaisse le ton d'un orateur. Ces
trois éloges funèbres firent la réputation de La
Rue; celui surtout du maréchal de Boufflers
passe pour son chef-d'œuvre[1]. La Rue a moins
d'art, plus d'éloquence naturelle, mais aussi
moins d'éclat, et surtout moins d'imagination
dans le style, que Fléchier. Bossuet a créé une
langue; Fléchier a embelli celle qu'on parlait

[1] On a encore de lui l'Oraison funèbre de Bossuet, celle du premier maréchal de Noailles, mort en 1709, et celle de Henri de Bourbon, père du grand Condé.

avant lui; La Rue, dans son style négligé, tantôt familier et tantôt noble, sera plutôt cité comme orateur que comme grand écrivain. Le plus souvent il jette et abandonne ses idées sans s'en apercevoir, et l'expression naît d'elle-même. Cette négligence sied bien aux grands mouvemens. Le sentiment, quand il est vif, commande à l'expression, et lui communique sa chaleur et sa force; mais l'âme de La Rue n'est point en général assez passionnée pour soutenir toujours et colorer son langage. Enfin, c'est peut-être de tous les orateurs celui qui a le plus approché de la marche de Bossuet; mais il est loin de son élévation, comme de ses inégalités : il n'est pas donné à tout le monde de tomber de si haut.

Pourquoi veux-tu être un autre que toi-même? disait un philosophe à un ancien. C'est une leçon à tous les hommes; aux uns pour ne pas sortir de leur caractère; aux autres pour ne pas sortir de leur talent. Massillon, comme on sait, fut le dernier des hommes éloquens du siècle de Louis XIV; on le choisit aussi quelquefois pour célébrer des héros et des princes, à peu près comme la tendresse ou l'orgueil ont recours aux plus célèbres artistes pour élever des mausolées. Mais ses succès en ce genre ne soutinrent pas sa réputation. Cet orateur, si connu par son éloquence, tantôt persuasive et douce, tantôt forte et imposante, qui développait si bien les faiblesses de l'homme et les devoirs des rois, et qui, à la cour d'un jeune prince, parlant au nom des peuples comme au nom de Dieu, fut digne également de servir à tous d'interprète; cet orateur, qui sut peindre les vertus avec tant de charmes, et traça de la manière la plus touchante le code de la bienfaisance et de l'humanité pour les grands, n'a pas, a beaucoup près, le même caractère dans ses éloges funèbres. On voit qu'il était plus fait pour instruire les rois que pour les célébrer, tant il est vrai que les plus grands talens ont des bornes dans les genres qui se touchent.

On a de lui les éloges d'un prince de Conti, du dauphin, fils de Louis XIV, de Louis XIV lui-même, et de Madame, mère du régent. Le prince de Conti, qu'il a loué, était ce petit neveu du grand Condé, si fameux par son esprit, sa valeur et ses grâces; qui, à Steinkerque et à Nerwinde, déploya un courage si brillant; qui, dans toute sa personne, avait cet éclat qui éblouit et impose encore plus que le mérite; et que sa grande réputation et l'éloquence de l'abbé de Polignac placèrent pendant quelques jours sur un trône. Cet éloge paraîtrait susceptible d'intérêt et de mouvement; mais il y en a peu. La manière est petite et froide; l'orateur divise et subdivise : il a l'air d'un homme qui craint de s'égarer, et qui se tient sans cesse à un fil. Ce n'est point du tout la marche de l'éloquence, qui est plus assurée d'elle même, et suit tous ses mouvemens avec une certaine fierté. La morale même, qui est le principal mérite de l'ouvrage, y paraît rétrécie; quelquefois elle a plus l'air de la finesse que de la grandeur; d'autres fois elle couvre et éclipse le sujet. Enfin ce sont trop souvent des réflexions qui, au lieu de naître, et de forcer, pour ainsi dire, l'orateur, paraissent arrangées, que l'esprit fait de sang-froid, et que l'âme des lecteurs reçoit de même.

L'éloge funèbre du grand dauphin et celui de la duchesse d'Orléans sont dans le même genre; mais celui de Louis XIV a un caractère un peu différent. Ce qui y domine, c'est une grande pompe et une certaine majesté de style. Massillon y a prodigué toute la richesse de l'élocution et la magnificence des images. L'oreille est séduite, mais l'âme demeure vide. L'espèce de grandeur qu'on croit apercevoir d'abord n'est qu'une grandeur de décoration; d'ailleurs la marche est uniforme. Tout l'ouvrage est une suite de tableaux qui, trop rapprochés, se nuisent pour l'effet. On n'ignore point qu'il y a un art de disperser les grandes masses pour que l'œil se repose et que l'imagination ait à désirer; alors les intervalles mêmes sont utiles; et ils préparent la beauté de ce qu'on ne voit point encore. Un autre défaut de cet éloge, et qui en diminue l'effet, c'est qu'on ne démêle pas bien l'espèce de sentiment qui anime l'orateur : il a l'air, quand il loue, de s'être commandé l'admiration; mais l'admiration commandée est froide; et ce sentiment, comme on sait, ne se communique jamais que par enthousiasme.

Au reste, ce défaut tient peut-être à un mérite de l'ouvrage, mérite d'autant plus estimable, qu'il ne se trouve dans aucune oraison funèbre, ni avant, ni après Massillon, et qu'il s'agissait d'un roi et de Louis XIV; c'est que l'orateur y parle assez ouvertement des faiblesses et des vices de celui qu'il est chargé de louer; et ne dissimule point que ce règne si brillant pour le prince a été souvent malheureux pour le peuple. Ce courage aussi respectable du moins que l'éloquence, et beaucoup plus rare, mérite d'être observé, et mériterait surtout de servir de modèle.

CHAPITRE XXXII.

DES ÉLOGES DES HOMMES ILLUSTRES DU DIX-SEPTIÈME SIÈCLE, PAR CHARLES PERRAULT.

Nous avons vu jusqu'à présent que dès qu'un homme en place, roi ou prince, cardinal ou évêque, général d'armée ou ministre, enfin quiconque, ou avait fait ou avait dû faire de grandes choses, était mort, tout aussitôt un orateur sacré, nommé par la famille, s'emparait de ce grand homme, et après avoir choisi un texte, fait un exorde ou trivial ou touchant, sur la vanité des grandeurs de ce monde, divisé le mérite du mort en deux ou trois points, et chacun des trois points en quatre; après avoir parlé longuement de la généalogie, en disant qu'il n'en parlerait pas, faisait ensuite le détail des grandes qualités que le mort avait eues ou qu'il devait avoir, mêlait à ces qualités des réflexions ou fines ou profondes, ou élevées ou communes, sur les vertus, sur les vices, sur la cour, sur la guerre, et finissait enfin par assurer que celui qu'on louait, avait été un très-grand homme dans ce monde, et serait probablement un très-grand saint dans l'autre. On sent très-bien que, dans ces sortes d'ouvrages, on donne toujours un peu plus à l'appareil et à une espèce de pompe, qu'à l'exacte vérité. C'est un honneur qui, sous le nom du mort, est rendu aux vivans. La vanité de la famille a ses droits, il faut bien les satisfaire; mais la vanité de l'orateur a aussi les siens, et ils ne sont pas oubliés. Il y a plus de mérite à louer un grand homme, qu'un homme médiocre; ainsi l'on exagère. Si le sujet est grand, on ne veut pas rester au-dessous; s'il est mince, on veut y suppléer. Dans tous les cas on veut avoir ou de l'éloquence ou de l'esprit, car il est juste que dans le public on parle du mort; mais il est un peu plus juste (comme tout le monde le sent) qu'on parle de l'orateur. Qu'arrive-t-il ? Le public écoute, applaudit l'orateur, quand il le mérite, et laisse le mort pour ce qu'il est. Jamais une oraison funèbre n'a ajouté un grain à la réputation de personne.

C'est sans doute une partie de ces raisons qui a engagé l'auteur des Hommes Illustres du dix-septième siècle à choisir dans ses éloges une route tout-à-fait différente, et à s'oublier lui-même pour ne se souvenir que des personnes qu'il voulait louer. L'auteur de ces éloges est ce même Charles Perrault, qui, quelque temps auparavant, avait élevé la fameuse dispute des anciens et des modernes. Perrault, que l'on ne connaîtrait point, si on ne le connaissait que par l'humeur, les épigrammes et la prose de Boileau, est un des hommes du siècle de Louis XIV qui contribua le plus à honorer et à faire respecter les lettres; au lieu de les avilir par la satire, il les soutint par son crédit : ses lumières et sa probité l'avaient rendu l'ami de Colbert. Dans cette place, où il était si aisé de nuire, il ne fut jamais qu'utile : il produisait les talens, comme d'autres les eussent écartés. Quiconque avait du génie, était sûr de trouver en lui un protecteur et un ami. Au-dessus de l'envie, au-dessus de la haine, au-dessus de tous les petits intérêts, il exerça auprès de Colbert le ministère des arts, avec autant de noblesse que Colbert l'exerçait auprès du roi. Ses connaissances étaient beaucoup plus étendues que celles d'un homme de lettres ordinaire. Il avait embrassé une partie des sciences abstraites, saisi plusieurs branches de la physique, et jeté sur la nature en général, ce coup d'œil d'un philosophe, qui cherche à étendre la carrière des arts, et à y transporter, par de nouvelles imitations, de nouvelles beautés. Mais il se distingua surtout dans cette partie de l'esprit philosophique, utile lors même qu'il se trompe, qui analyse les principes du goût, n'admire rien sur parole, et avant d'adopter une opinion, même de deux mille ans, cherche toujours à s'en rendre compte. Que Boileau reste à jamais dans la liste des grands écrivains et des grands poëtes; mais qu'on estime dans l'autre, de la philosophie, des connaissances et des vertus.

Quoi qu'il en soit, Charles Perrault était lié avec un parent de Colbert, qui avait occupé plusieurs places importantes, mais dont les places ne faisaient pas tout le mérite : il avait encore celui d'aimer les arts avec passion, de s'intéresser à leurs progrès, comme un courtisan s'intéresse à sa fortune ; et surtout il avait l'enthousiasme de son siècle et de sa nation. Il fit graver les portraits de tous les hommes les plus célèbres du dix-septième siècle, et rassembla beaucoup de mémoires sur ceux dont les succès avaient été éclatans et la vie obscure. C'est en grande partie sur ces mémoires que Perrault a composé ses éloges : ils sont au nombre de cent. Il y célèbre les hommes les plus distingués dans l'église, dans les armes, dans les lois, et enfin dans les sciences, les lettres et les arts. Un pareil assemblage est une grande et belle idée : c'est là qu'on retrouve avec plaisir Corneille et Condé, Turenne et Racine, Pascal et Sully, Colbert et Descartes, Molière et le maréchal de Luxembourg, La Fontaine et Quinault, avec le président de Lamoignon et Duquesne. Il faut avouer que Godeau, évêque de Vence, et Benserade, et Voiture, et Sarrazin, et Coëffeteau et Santeuil, ne sont pas tout-à-fait des grands hommes de la même espèce ; mais il y en a d'autres, tels que Du Cange, si justement fameux par son glossaire; Sirmond, par son travail sur les conciles de France et sur les capitulaires de Charles-le-Chauve; Pétau, par sa chronologie; Joseph Scaliger, par l'érudition la plus profonde sur l'antiquité; les deux frères Pithou, et Pierre Dupuy, garde de la bibliothèque du roi, par la vaste étendue de leurs connaissances sur notre histoire; tous hommes célèbres dans leur siècle, et qui ne sont peut-être pas assez estimés dans le nôtre. Mais nos richesses nous rendent ingrats; nous oublions les hommes laborieux qui se sont ensevelis dans la mine pour nous tirer de l'or, et nous ne louons que l'artiste qui l'emploie. Aujourd'hui, d'ailleurs, que les connaissances s'effacent et se perdent; aujourd'hui que la science de l'histoire se réduit presque à des anecdotes; qu'on abrège tout pour paraître tout savoir, et que la vanité, empressée à jouir, n'estime plus, dans aucun genre, que ce qu'elle peut étaler dans un cercle; ces recherches pénibles, ces discussions profondes, ces monumens, fruit de quarante ans de travail et d'étude, qui n'ont que le mérite d'instruire sans amuser, et dont le matin on ne peut rien détacher pour citer le soir, doivent nécessairement, parmi nous, perdre de leur estime. Ces ouvrages fatiguent notre impatience et la rebutent. On peut les comparer à ces armes antiques, que la curiosité et un vieux respect conservent encore dans nos arsenaux; ces armes que portaient nos aïeux, mais que nous soulevons à peine, et dont le poids aujourd'hui effrayerait notre mollesse.

Après tous ces noms, on en trouve d'autres qui sont encore célèbres dans des genres différens; le président de Thou, immortel par son histoire, et le président Jeannin, qui fut négociateur et ministre; et le cardinal d'Ossat, qui se créa lui-même; et le père Mersenne, digne d'être l'ami de Descartes; et Gassendi, presque digne d'être son rival; et le fameux Arnaud, qui écrivit avec génie, et fut malheureux avec

SUR LES ÉLOGES.

courage. Enfin ceux qui sentent tout le prix des talens, et qui ont le goût des arts, voient avec intérêt, à la suite des princes, des généraux et des ministres, les noms des artistes célèbres ; de Lully, de Mansard, de Le Brun ; de ce Claude Perrault, qu'on essaya de tourner en ridicule, et qui était un grand homme ; de la Quintinie, qui commença par plaider avec éloquence, et qui finit par instruire l'Europe sur le jardinage ; de Mignard, dont ses parens voulurent faire un médecin, et dont la nature fit un peintre ; du Poussin, qui, las des intrigues et des petites cabales de Paris, retourna à Rome vivre tranquille et pauvre ; de Le Sueur, qui mérita que l'envie allât défigurer ses tableaux ; de Sarrazin, qui, comme Michel-Ange, fut à la fois sculpteur et peintre, et eut la gloire de créer les deux Marsis et Girardon ; de Varin, qui perfectionna en homme de génie l'art des médailles ; enfin du célèbre et immortel Callot, qui eut l'audace, quoique noble, de préférer l'art de graver, à l'oisiveté d'un gentilhomme, et qui imprima à tous ses ouvrages le caractère de l'imagination et du talent.

Il n'est pas inutile de remarquer que lorsque ces éloges parurent, quelques hommes trouvèrent mauvais qu'on eût déshonoré des cardinaux et des princes, jusqu'à les mettre à côté de simples artistes. Il faut avouer que cette espèce de sentiment a quelque chose de singulier.

On veut qu'il y ait des rangs, même après la mort, et que les titres des grands passent, pour ainsi dire, à leurs réputations. On craint que leurs noms même ne se heurtent et ne se froissent dans la foule ; et il faut que les autres noms se rangent par respect. Il est nécessaire, sans doute, et l'ordre de la société, fondé sur la politique et sur les lois, demande que ces distinctions subsistent pendant la vie ; mais des cendres renfermées dans des tombeaux, deviennent égales. Chez la postérité il n'y a plus de rangs, il n'y a que des hommes. Qu'on se rappelle le mot de Charles-Quint aux grands d'Espagne. Il avait ramassé le pinceau du Titien, et ses courtisans s'en étonnaient. « Je puis, leur dit-il, en un moment, faire vingt hommes plus grands que vous ; Dieu seul peut faire un homme tel que le Titien. » Voilà ce que Perrault avait répondu d'avance à ses censeurs. Il aurait pu ajouter que parmi les grands talens même, ou politiques, ou militaires, il y en a beaucoup qui, après eux, ne laissent point de traces ; au lieu que les monumens des arts restent. Ils instruisent et charment encore la postérité. Les noms d'Apelle et de Phidias étaient peut-être aussi chers à la Grèce que celui de Thémistocle ; et de tous les généraux de l'Italie moderne, quel est celui dont le nom est mis à côté de Raphaël ?

J'ai déjà dit un mot de la manière dont ces

éloges sont écrits. L'auteur s'est défendu, avec sévérité, tout ornement. Chaque éloge n'est qu'une notice très-courte, qui contient les faits avec les dates, et presque sans réflexions. Ce sont des dessins où l'artiste n'a employé que le trait pour dessiner sa figure, et en saisir le caractère et l'attitude. Dans ce genre-là même, ces éloges pourraient être beaucoup plus piquans qu'ils ne sont. Le style a trop peu de saillie; le mérite est le fond, c'est-à-dire la multitude et la justesse des connaissances. Une anecdote connue sur ces éloges, c'est qu'on en fit exclure Arnaud et Pascal. Leurs ennemis auraient voulu apparemment anéantir ces deux noms, et défendre même à la postérité de s'en souvenir; mais ces efforts ne servirent qu'à prouver l'impuissance de la haine. Le public n'aime ni les tyrans d'autorité, ni les tyrans d'opinions. On loua un peu plus ceux qu'il était défendu de louer, et on leur appliqua, comme on sait, ce fameux passage de Tacite : *præfulgebant Cassius atque Brutus, eo ipso quòd effigies eorum non videbantur*. Il fallut à la fin rétablir leurs éloges. On reconnut qu'il était plus aisé d'obtenir un ordre, que de détruire deux réputations; et malgré une cabale, Arnaud et Pascal restèrent de grands hommes.

CHAPITRE XXXIII.

DES ÉLOGES OU PANÉGYRIQUES ADRESSÉS A LOUIS XIV.
JUGEMENT SUR CE PRINCE.

Si on louait ainsi des hommes célèbres qui n'étaient plus, et dont quelques-uns même avaient vécu dans la pauvreté et dans l'exil, à plus forte raison devait-on louer Louis XIV, et vivant, et prince, et conquérant, et absolu. Aussi les éloges ne furent jamais tant prodigués. Louis XIV a été plus loué pendant son règne, que tous les rois ensemble de la monarchie ne l'ont été pendant douze siècles. On ne le louait pas seulement, comme on loue tous les princes, par intérêt, par reconnaissance, par flatterie, par habitude, par vanité; on le louait encore par admiration et par enthousiasme. Ce fut une ivresse de quarante ans. On n'écrivait, on ne prononçait rien où le nom de Louis XIV ne fût mêlé. Le style avait pris partout je ne sais quel ton de panégyrique; ce fut celui même des Mascaron, des Fléchier et des Bossuet, toutes les fois qu'ils parlaient de Louis XIV : et où n'en parlent-ils pas? Il n'y a pas un de leurs discours où, en déplorant les vanités du monde, ils n'aient l'art d'amener adroitement ce nom, et ne célèbrent, en passant, les exploits, les merveilles et la sagesse étonnante de ce prince. Si des orateurs de ce mérite donnaient un tel exemple, on se doute bien qu'il était suivi. Tous ceux qui prêchaient, prirent l'habitude de louer. On parlait à Louis XIV de ses devoirs, mais on lui parlait presque autant de ses vertus : on mêlait avec adresse, au langage de l'Evangile, le langage des cours.

Outre ces éloges périodiques et saints, il y en avait d'autres tout profanes, que chaque circonstance et chaque année faisaient naître. On n'en trouve guère avant la mort de Mazarin : jusqu'à ce moment le roi n'exista point. Malheureusement le crédit du ministre se prolongeait par l'enfance du maître ; mais peu après cette époque, les panégyriques commencent. Dès 1663, panégyrique sur *Louis Dieu-donné*: c'était le nom de ce prince, dont la naissance fut regardée comme une faveur du Ciel. Il avait alors vingt-cinq ans, avait humilié le pape, forcé le roi d'Espagne à lui céder le pas, donné un carrousel, et acheté cinq millions la ville de Dunkerque. En 1664, année où le pape envoya faire des excuses au roi, panégyrique où la *magnanimité* de Louis XIV est comparée à celle de Jules-César, par un cordelier. Une autre année, panégyrique sur les jeux et les divertissemens que Louis XIV donnait trois fois la semaine dans le grand appartement de Versailles. En 1667 et 1668, panégyriques sur la conquête de la Flandre et de la Franche-Comté. En 1672, débordement de panégyriques sur la conquête de la Hollande. En 1679, panégyrique de Charpentier sur la paix de Nimègue. En 1680, panégyrique sur Louis-le-Grand, par un évêque d'Amiens. En 1685, panégyrique prononcé à Caen, sur une statue élevée à Louis XIV. En 1687, panégyrique où l'on célèbre le triomphe du roi sur l'hérésie. En 1690, panégyrique prononcé à Valence, par un capucin. Autre panégyrique à Arras, par un carme. Autre panégyrique en 1699, par un cordelier. Je ne compte pas tous ceux des jésuites : je ne crains pas d'exagérer, en disant qu'il y en eut au moins une centaine de leur part, en français, en latin, en italien, en espagnol. A cette liste, qui est déjà longue, joignez encore un panégyrique par un M. Tollemand, orateur assez inconnu aujourd'hui; et un panégyrique historique du roi, par un M. de Gallières, qui avait été négociateur; et le fameux panégyrique de Louis XIV, par ce Pélisson, qui parut grand dans le malheur de Fouquet, qui fut ensuite adroit et heureux, qui fut long-temps célèbre par son éloquence, et que l'on cite encore, mais qu'on lit peu. Ajoutez le panégyrique du roi, commencé par Bussy-Rabutin, dans le temps même où il était, par ordre du roi, à la Bastille; ouvrage où, avec toute la sincérité d'un homme disgracié qui veut plaire, Bussy parle à chaque ligne et de sa tendresse passionnée, et de sa profonde admiration pour le plus grand des princes, qui n'en voulut jamais rien croire. Tout le monde connaît les douze panégyriques prononcés dans différentes villes d'Italie, par des hommes à qui la magnificence de Louis XIV avait prodigué des pensions, et qui, dans un roi étranger, honoraient plus qu'un maître, puisqu'ils honoraient un bienfaiteur. Enfin, on peut y joindre cette foule de complimens et de panégyriques prononcés dans l'Académie Française, qui fut pendant soixante ans une espèce de temple consacré à ce culte. Ce n'est que pour Louis XIV, comme on sait, que l'élégant et harmonieux Despréaux suspendait la satire, et ce zèle ardent de déchirer ses ennemis pour l'honneur du goût. Tour à tour caustique et flatteur, mais flatteur brusque, il épuisait son esprit à imaginer de nouvelles formules de satire et d'éloge. On cite encore aujourd'hui ses remercîmens et ses discours en vers, et son discours de la mollesse; et cette fameuse épître, où, selon un poëte anglais, un peu de mauvaise humeur, il fit deux cents vers pour chanter que Louis n'avait pas passé le Rhin. C'est pour Louis XIV que le grand Corneille, déjà vieux, composa, avec son génie qui agrandissait tout, un demi-volume de vers qu'on ne lit plus. Racine le loua indirectement dans ses tragédies et dans quelques pièces détachées ; Molière, dans ses comédies aujourd'hui peu connues, qu'il fit pour les fêtes de Versailles. Enfin il n'y eut pas jusqu'à La Fontaine qui ne devînt courtisan ; et le fablier de madame de Bouillon porta des vers pour Louis XIV. Je ne parle pas de la quantité innombrable de poëtes, qui, n'ayant que du zèle sans talens, étaient vils ou empressés sans plaire, et composaient de petites épîtres obscures et des sonnets sur le roi, que ni lui, ni personne ne lisait. Il ne s'agit ici que des hommes qui flattaient avec génie. Dans ce nombre, on ne doit pas oublier Quinault et ses prologues célèbres. Il fallut que l'auteur immortel d'Atys, de Thésée et d'Armide, pliât son génie à ce refrein éternel de flatteries harmonieuses.

Ainsi, tout prédicateur, tout orateur, tout historien, tout poëte, enfin tout ce qui parlait, tout ce qui écrivait sous ce règne, louait et flattait à l'envi. Cet esprit avait passé jusque dans les ateliers des artistes : la peinture, la sculpture et la gravure, retraçaient sans cesse à Louis XIV tout ce qu'il avait fait de grand. Enfin les inscriptions immortalisaient l'éloge sur le marbre, ou l'imprimaient sur l'airain. Je ne parle pas de celles qui ne furent que projetées, mais qui marquent toujours l'esprit du temps, telles que l'*incroyable passage du Rhin, la merveilleuse prise de Valenciennes*, etc.

SUR LES ÉLOGES.

Heureusement il y a un point où l'excès est ridicule; et si l'on ne craint pas de s'avilir, on craint du moins de choquer le goût. Ces inscriptions n'eurent pas lieu : je parle de celles de la place Vendôme, où il est dit, par exemple, que Louis XIV ne fit la guerre que malgré lui. L'Europe et la France savent quelle fut la vérité de cet éloge.

Ce torrent de panégyriques s'arrêta pourtant, et fut suspendu pendant la guerre de la succession d'Espagne. Des hommes sans cesse entourés de malheurs publics et des leurs, des hommes qui n'entendent parler au dehors que de batailles perdues, et qui, chez eux, ont le triste spectacle de la misère et de la faim, ne seraient pas disposés à louer le gouvernement même qui serait le plus sensible à leurs maux. Toujours les rois sont jugés par les succès, et le contraste de la misère présente obscurcit même l'ancienne grandeur. S'il est vrai, comme on le dit, qu'en 1709, un prince, ennemi de Louis XIV, maître de Bruxelles, y donna, pendant l'hiver, un spectacle composé tout entier des prologues de Quinault, ce fut la vengeance la plus cruelle. La hauteur insultante des conférences de Gertruydemberg n'a rien de plus humiliant : peut-être même un pareil triomphe est au-dessous d'un grand homme. C'était les armes à la main, c'était à Hochstet, à Malplaquet, à Turin, et non sur un théâtre d'opéra, qu'il était beau au prince Eugène de se venger de Louis XIV. La bataille de Denain et Villars ramenèrent enfin la paix et les panégyriques. On commença à louer, mais avec moins de faste. La paix d'Utrecht fut célébrée; on vit même paraître un éloge historique du roi en 1714, par un abbé de Bellegarde. On sait qu'il mourut l'année suivante; et tandis que le peuple, toujours extrême, était loin de témoigner, pour sa cendre, le respect qu'il lui devait, et comme à son souverain, et comme à un homme qui avait fait de grandes choses pour la France, les orateurs sacrés et les gens de lettres portèrent leurs derniers hommages sur sa tombe. Par une loi éternelle, tout prince doit naître, vivre, mourir, et être enterré au bruit des éloges : l'habitude, la reconnaissance et le respect satisfirent à tout. La Mothe, avec sa prose harmonieuse et facile, prononça, dans l'Académie Française, l'éloge funèbre de ce roi : toutes les chaires retentirent de ses vertus. Il y eut en France vingt-sept ou vingt-huit oraisons funèbres. On en prononça en Espagne, en Portugal, à Rome, en différentes villes d'Italie, dans presque toute l'Europe. A la fin, ce grand concert de panégyriques cessa : tout se tut; et la voix de la postérité se fit entendre.

Il ne serait peut-être pas inutile maintenant de peser ce roi si célèbre, et d'apprécier tous les éloges qu'on lui prodigua. Long-temps on porta son culte jusqu'au fanatisme ; aujourd'hui peut-être on cherche trop à se venger de cette admiration. On fut trop ébloui de ses succès : on est trop frappé de ses fautes. La balance de la renommée, qui est presque toujours inégale pour les rois, a penché tour à tour des deux côtés opposés pour Louis XIV : essayons, s'il est possible, de la fixer. Mais, pour bien juger ce prince, il ne faut consulter ni les éloges mêmes qui, adressés par des sujets à des rois, sont de même valeur que les complimens de société, entre les particuliers ; ni les cris des protestans, à qui peut-être il n'avait vendu que trop cher le droit de le haïr ; ni les papiers des Anglais, qui le redoutèrent trop pour consentir à l'estimer ; il faut consulter l'histoire et les faits.

Jamais la France n'eut autant d'éclat que sous Louis XIV ; mais cet éclat, comme on sait trop, fut mêlé d'orages. Sous lui, la France compta trente ans de victoires, et dix ans de désastres. Elle conquit des provinces, et vit ses provinces épuisées ; elle donna la loi à l'Europe, et fut sur le point d'être démembrée par toutes les puissances de l'Europe. Ce contraste de malheur et de gloire, cette brillante administration pendant un temps, cette administration pénible et forcée pendant l'autre, naquit des mêmes principes ; tout fut enchaîné. Louis XIV eut dans son caractère je ne sais quoi d'exagéré qui se répandit sur sa personne, comme sur tout son règne. Il fut jeté, pour ainsi dire, hors des bornes de la nature. Cependant cette exagération même lui donna une idée de grandeur d'où résulta beaucoup de bien. C'est à elle que Louis XIV dut les principales qualités de son âme; cette droiture, ennemie de la dissimulation, et qui ne sut presque jamais s'abaisser à un déguisement; cet amour de la gloire qui, en élevant ses sentimens, lui donnait de la dignité à ses propres yeux, et lui faisait toujours sentir le besoin de s'estimer; cette application qui, dans sa jeunesse même, fut toujours prête à immoler le plaisir au travail; cette volonté qui savait donner une impulsion forte à toutes les volontés, et qui entraînait tout; cette dignité du commandement qui, sans qu'on sache trop pourquoi, met tant de distance entre un homme et un homme, et au lieu d'une obéissance raisonnée, produit une obéissance d'instinct, vingt fois plus forte que celle de réflexion; ce désir de supériorité qu'il étendait de lui à sa nation, parce qu'il regardait sa nation comme partie de lui-même, et qui le portait à tout perfectionner; le goût des arts et des lettres, parce que les lettres et les arts servaient, pour ainsi dire, de décoration à tout cet édifice de grandeur; enfin, la constance et la fermeté intrépide dans le malheur, qui, ne pouvant diriger les événemens, en triomphait du moins, et prouva à l'Europe qu'il avait dans son âme une partie de la grandeur qu'on avait cru jusqu'alors n'être qu'autour de lui.

Mais le même caractère, qui peut-être donna à Louis XIV toutes ces qualités, fit aussi la plupart de ses défauts. Il créa en lui un goût de magnificence et de luxe, qui s'accorde rarement avec une âme élevée, et qui, cependant, chez lui ne l'excluait pas; goût qui se répandit sur ses bâtimens, sur ses jardins, sur ses fêtes, et trop souvent substitua des dépenses de faste à des dépenses utiles. Il lui donna ce goût éternel de représentation, qu'il porta partout, même à la guerre, où cependant ses armées et ses victoires représentaient assez bien pour lui. Il répandit sur toute sa personne, et mit dans ses regards même, une affectation de grandeur qui avait un peu besoin de sa réputation et de son rang pour ne pas étonner, et semblait vouloir commander le respect plutôt que l'attendre. Il forma au dedans le caractère de sa politique, et fit croire que la nation était lui, et que ses propres besoins étaient ceux de l'État. Enfin, il lui inspira au dehors une ambition qui, comme celle de la plupart des conquérans, n'était pas en lui l'effet d'une âme ardente et emportée; mais qui, tenant plus à la hauteur qu'à l'impétuosité du caractère, méditait tranquillement, et exécutait, avec une fierté calme, des plans d'agrandissement et de conquêtes. De là ce débordement d'un pouvoir qui menaçait tout ; cette hauteur avec les rois et presque tous les États ; ce plan si vaste de subjuguer la Flandre, d'abaisser la Hollande, de resserrer la Savoie, de dominer en Italie, de donner des électeurs à l'Empire, un roi à l'Angleterre, son petit-fils à l'Espagne, et d'embrasser, par lui ou par ses enfans, Paris, Naples, Milan, Madrid, tandis que ses flottes iraient parcourir l'Océan, et feraient respecter son nom des ports de Brest ou de Toulon jusqu'à Siam, et aux côtes de la Jamaïque ou du Brésil.

Il faut convenir que ces projets ont de la grandeur, mais une espèce de grandeur qui manque, pour ainsi dire, de proportion et de règle. On peut dire en général que Louis XIV mesura un peu trop ses forces par son caractère. Il ne prévit point assez que dans la constitution économique des états, de longues victoires ressemblent presque à des défaites ; que tout ce qui est violent, s'use par sa violence même ; que de grandes puissances, unies pour résister, doivent à proportion s'affaiblir beaucoup moins qu'une grande puissance armée pour attaquer ; que les grands hommes qui, à la tête des armées, étaient fiers de le servir, devaient, par leur exemple, faire naître d'autres grands hommes pour le combattre; que toutes les fois qu'on fait de grands efforts, il ne peut y avoir de succès que ceux qui sont rapides, parce que les moyens extrêmes tendent toujours à s'affaiblir. Comme l'esprit, chez les hommes, est presque toujours gouverné par le caractère, Louis XIV ne fit point de calculs qui n'auraient été que ceux d'une politique sage. Il exagéra donc tout à la fois et ses projets et ses moyens, et de là, après quelques années d'éclat, le dépérissement, la ruine et le malheur. Ce défaut influa non seulement sur la France, mais sur l'Europe entière. Partout il fallut opposer de grandes forces à de grandes forces. La paix tarit le sang et ne diminua point les charges publiques. Comme on craignait sans cesse, il fallut sans cesse être en état de combattre. Toutes les administrations furent forcées, tous les ressorts tendus; et l'erreur d'un seul homme changea le système de vingt gouvernemens.

On voit que le bien et le mal de ce règne célèbre tient à une seule idée, une idée de grandeur, tantôt exagérée et tantôt vraie. Il est probable que si Louis XIV avait reçu une éducation digne de la vigueur de son caractère, il eût joint à la passion des grandes choses le génie qui les juge, et que surtout il eût appris l'art le plus difficile des rois, celui de n'abuser ni de ses vertus ni de ses forces.

Si on l'examine du côté des talens, il avait un coup d'œil sûr. Entouré de grands hommes, il eut le mérite de les croire. L'application lui donna le génie de l'expérience; mais il apprit plus en dix ans à l'école des malheurs, qu'il n'avait appris en quarante ans de gloire. Les événemens heureux trompent et séduisent; c'est la flatterie la plus dangereuse pour les rois : au lieu que la sévérité du malheur accuse les fautes et les faiblesses. Il eut des connaissances sur le gouvernement; mais ayant passé presque tout son règne en grandes entreprises, c'est-à-dire, à conquérir ou à résister, au lieu de pouvoir diriger à son gré ses plans et ses systèmes, il était forcé de plier ses plans à ses besoins. Les événemens commandaient à ses principes; et son administration fut toujours entraînée par le cours violent des affaires.

Comme guerrier, il fut éclipsé par ses sujets. Les fers de François Ier lui ont laissé plus de gloire militaire que toutes les conquêtes de Louis XIV ne lui en donneront peut-être dans la postérité. Trajan et Henri IV, quand ils commandaient leurs armées, marchaient et vivaient en soldats; Louis XIV, dans les camps, parut toujours en roi; il mêla la pompe du trône à la fierté imposante des armées; et déployant une grandeur tranquille, sans jamais se montrer de près à la fortune, son mérite fut

SUR LES ÉLOGES.

d'inspirer à ses généraux l'orgueil de vaincre, et à ses troupes l'orgueil de combattre et de mourir pour lui.

Il est peut-être difficile de déterminer à quel point il connut les talens et les hommes. D'abord il faut lui rendre grâces, au nom de la France et de l'humanité, de ce qu'il choisit pour élever ses enfans, Montausier et Bossuet, Fénélon et Beauvilliers. Occupé de l'éclat de son règne, il confia l'espérance du règne suivant à la vertu et au génie. Ce fut un mérite surtout d'avoir apprécié la morale inflexible et la franchise sévère de Montausier dans une cour où la volupté se mêlait au faste, et où l'excès de la flatterie corrompait la gloire. A l'égard de ses autres choix, Turenne et Condé lui furent montrés par la renommée. Luxembourg, qu'il n'aimait pas, le força, par son génie, à l'employer. Vendôme eut beaucoup de peine à parvenir au commandement. Catinat, de simple volontaire, devint maréchal de France; mais ce même Catinat, après des victoires, essuya des dégoûts, et fut rendu inutile à son pays, qu'il aurait pu défendre. Ce prince eut deux ministres célèbres; Colbert, qui enrichit l'État par ses travaux, et dont les erreurs même furent celles d'un citoyen et d'un grand homme; Louvois, dont l'esprit étendu et prompt semblait né pour la guerre, et servit son maître en désolant l'Europe. Colbert lui fut donné par

Mazarin, Louvois par Le Tellier. Je ne parle pas de Barbésieux, de Pelletier, de Chamillard, du choix de plusieurs généraux dans la guerre de 1701 : du moins ces choix furent réparés par d'autres; et Villars, et Vendôme, et Berwick annoncèrent que dans cette décadence même, il savait encore trouver les grands hommes. Ne lui reprochons pas des malheurs encore plus que des fautes; mais la disgrâce de Fénélon et son exil; mais la proscription de l'ouvrage le plus éloquent que la vertu ait jamais inspiré au génie : il est difficile, sans doute, d'excuser cette erreur dans un roi aussi célèbre.

Si l'on porte sa vue sur l'intérieur de l'État, on est frappé d'un grand tableau. On voit Louis XIV, à travers un enchaînement de conquêtes et de victoires, s'occuper des lois, des arts, de la population, de l'agriculture et du commerce; mais l'homme qui discute et qui juge, en admirant tant de travaux célèbres, examine ce qui leur a manqué du côté de la perfection et de la durée. On remarque sur les lois, qu'en diminuant l'abus des procédures, et réglant la forme des tribunaux, il laissa subsister le vice de cent législations opposées, et ne fit qu'ébaucher un ouvrage immense, qui, parmi nous, attend encore le zèle d'un grand homme; sur l'agriculture, qu'il connut peu les vrais principes qui l'encouragent, principes découverts par Sully, employés dans les belles années de Henri IV, oubliés sous le ministère orageux et brillant de Richelieu, retrouvés ensuite par Fénélon, et développés avec succès dans ce siècle, où les grands besoins font chercher les grandes ressources; sur le commerce, qu'il eut peut-être sur cet objet des vues beaucoup plus vastes que solides; que ses vues même étant en contradiction avec ses besoins, d'un côté il voulait le favoriser, et de l'autre il le chargeait d'entraves; sur les manufactures, qu'il les encouragea avec grandeur, mais qu'il fit quelquefois de ces arts utiles le fléau de l'État, en immolant le laboureur à l'artisan; enfin, sur la partie militaire, que sa perfection même nous donna une gloire éclatante et dangereuse, qu'elle arma la France contre l'Europe, et l'Europe contre la France, et fut récompensée et punie par trente ans de carnage. Ainsi, de quelque côté qu'on jette les yeux, on voit des succès et des malheurs; on voit de grandes vues et de grandes fautes; on voit le génie, mais tel qu'il est chez les hommes, et surtout dans les objets de gouvernement, toujours limité ou par les passions, ou par les erreurs, ou par les bornes inévitables que la nature a assignées à toutes les choses humaines.

Si l'on cherche à travers tant d'éclat quel fut le bonheur des citoyens, on conviendra que les peuples, comme les hommes, ne peuvent être heureux que dans un état de calme, et loin des grands efforts que supposent de grands besoins. Il faut, pour le bonheur d'un peuple, que l'industrie soit exercée et ne soit pas fatiguée; il faut qu'il soit encouragé au travail par le travail même; que chaque année ajoute à l'aisance de l'année qui la précède; qu'il soit permis d'espérer quand il n'est pas encore permis de jouir; que le laboureur, en guidant sa charrue, puisse voir au bout de ses sillons la douce image du repos et de la félicité de ses enfans; que chaque portion qu'il cède à l'État, lui fasse naître l'idée de l'utilité publique; que chaque portion qu'il garde, lui assure l'idée de son propre bonheur; que les trésors, par des canaux faciles, retournent à celui qui les donne; que les dépenses et les victoires, tout, jusqu'au sang versé, porte intérêt à la nation qui paie et qui combat; et que la justice même, en pesant les fardeaux et les devoirs des peuples, n'use pas de ses droits avec rigueur, et se laisse souvent attendrir par l'humanité, qui n'est elle-même qu'une justice.

D'après ces principes, qu'on juge de la félicité réelle des peuples dans un règne de soixante-douze ans, où il y eut quarante-six ans de guerre. Ce n'est pas que je confonde toutes les époques de ce règne célèbre: la France fut heureuse, ou parut l'être jusqu'à la guerre de 1688; mais après cette époque tout change. Je ne parle pas des dernières années de ce prince; je plains tant de grandeur suivie de tant de désastres. Je répéterai seulement ce que ce roi célèbre eut la magnanimité de se reprocher lui-même en mourant. Dans ces momens où tout fuit, mais où la vertu reste; où les flatteries et les éloges de cinquante années se taisent pour laisser élever la voix de la conscience et de la vérité qui ne meurt pas; où l'âme tranquille et courageuse pèse dans un calme terrible tout ce qui a été, et, seule avec elle-même, apprécie les crimes, les succès, les victoires, et toutes ces tristes grandeurs humaines qui vont la quitter; dans ces momens il se reprocha d'avoir sacrifié à un vain désir de gloire la félicité des peuples. J'oppose les remords d'un grand homme mourant aux éloges trop fastueux et trop vains, qui, quelquefois, lui furent prodigués pendant sa vie.

Malgré ses fautes et ses malheurs, son règne sera à jamais distingué dans notre histoire, et c'est la plus brillante époque de notre nation. Jusqu'alors les Français, moins grands que factieux, ayant besoin d'agiter et d'être agités, plus capables d'un mouvement prompt et rapide que d'une application et de vues suivies, n'avaient encore appris à gouverner ni leur caractère, ni leurs idées. Il leur manquait je ne sais quoi de calme qui arrêtât leurs forces et qui les rassemblât, qui les rendît utiles en les dirigeant. Le gouvernement de Louis XIV produisit cet effet. En donnant de la consistance à la nation, ce prince lui donna de la grandeur. Notre esprit naturel devint du génie; notre activité inquiète, de la force; notre impétuosité, un courage docile et terrible; tout prit un caractère, et l'esprit national (car nous commençâmes alors à en avoir un), formé par de grands exemples et de grands objets, acquit un degré de hauteur inconnu jusqu'alors. Les Français, sous son règne, s'honoraient d'une soumission qui les rendait grands. Au dehors, ils donnaient des lois; au dedans, ils mêlaient l'obéissance à la gloire. Leur nom était le premier de l'Europe. Ils furent pendant trente ans ce qu'eussent été les Perses vainqueurs à Salamine et à Marathon, unissant la grandeur de Persépolis et d'Ecbatane aux arts brillans et à la politesse douce et voluptueuse d'Athènes.

On ne peut douter que cette foule de grands hommes qui parurent alors, ne fût le fruit d'un gouvernement attentif et éclairé. Eh! qui, dans un pays et dans un siècle ingrat, où quelquefois, comme dans l'ancienne Rome, on punirait l'honnête homme de ses vertus, et l'homme de génie de ses talens; qui voudrait se livrer à des travaux pénibles et se donner la peine d'être grand? On doit savoir gré à Louis XIV d'avoir répandu l'éclat sur les talens et sur les arts, d'avoir su apprécier ces hommes que leur fortune rend obscurs, mais que leur génie rend célèbres; qui ne sont point destinés par leur naissance à approcher des rois, mais qui sont quelquefois destinés à honorer leur règne. Ainsi, après s'être occupé de ses grands desseins avec ses généraux et ses ministres, il se délassait quelquefois en conversant avec Racine: il ordonnait qu'on représentât devant lui les chefs-d'œuvre du vieux Corneille: il sentait de l'orgueil à se voir servir dans son palais par l'auteur du Misanthrope et du Tartufe, et donnant à Molière son roi pour défenseur, empêchait qu'une cabale, d'autant plus terrible qu'on y mêlait le nom de la vertu, n'opprimât un grand homme.

Quel sera donc le rang que Louis XIV occupera parmi les rois? Celui d'un prince qui, placé dans une époque où sa nation était capable de grandes choses, sut profiter des circonstances sans les faire naître; qui, avec des défauts, déploya néanmoins toute la vigueur du gouvernement; qui, suppléant par le caractère au génie, sut rassembler autour de lui les forces de son siècle et les diriger, ce qui est une autre espèce de génie dans les rois; qui enfin, donna un grand mouvement et aux choses et aux hommes, et laissa après lui une trace forte et profonde.

On l'a comparé à Auguste; il lui ressemble bien peu. Il sut comme lui employer les talens, et faire servir les grands hommes à sa renommée ; mais il fallait qu'Octave se servît de ses égaux pour sa grandeur, et leur persuadât qu'il avait droit à leurs victoires, quoiqu'il ne tînt ce droit que de leurs victoires mêmes. Louis XIV, armé de la souveraineté, commandait à des hommes qui lui devaient en tribut leur sang et leur génie. Tous deux protégèrent les lettres ; mais Auguste, en honorant de sa familiarité Virgile, Horace et Tite-Live, honorait des hommes nés tous citoyens comme lui : les proscriptions seules avaient décidé s'ils auraient un maître. Louis XIV, né à la tête d'une monarchie, où par la constitution de l'État il n'y a de rang que celui qui est marqué par les titres ; Louis XIV, porté par son caractère même à une fierté de représentation qui augmentait encore les distances, en rapprochant de lui les hommes de génie, fit peut-être plus et pour leur gloire et pour la sienne.

Si maintenant on le compare aux rois célèbres de notre nation, on trouvera qu'il fut loin de cet esprit vaste et puissant de Charlemagne : mais l'un déploya de grandes vues chez un peuple barbare ; l'autre seconda les lumières et les vues d'un peuple instruit. On trouvera qu'il eut moins de sagesse, mais plus d'éclat que Charles V ; moins de bonté, mais beaucoup plus de talens que Louis XII. Il fut plus laborieux, plus appliqué, plus roi que

François Ier.; mais il n'eut point ces grâces fières et aimables, ni cette valeur éblouissante qui parut à Marignan, et qui fit pardonner Pavie. On ne le comparera point à Henri IV. Le mérite de l'un fut de rappeler toujours sa grandeur; le mérite de l'autre de faire oublier la sienne.

Ainsi Louis XIV eut un caractère unique, et qui ne fut qu'à lui. Sa gloire (et c'est ce qu'il ne faut pas perdre de vue en le jugeant) fut d'avoir élevé sa nation. C'est cette gloire si rare qui justifie ses panégyristes, et lui assure notre reconnaissance. Je voudrais donc que lorsque les monumens qui ont été élevés à ce roi célèbre, seront détruits par le temps, et que ces statues et ces marbres menaceront de s'écrouler, on lui élevât alors un autre monument. Je voudrais qu'on le représentât debout et désarmé, tel qu'il était dans sa vieillesse et peu de temps avant de mourir, foulant à ses pieds toutes les médailles de ses conquêtes : lui-même, au lieu d'esclaves, serait entouré de la plupart des grands hommes qui ont illustré son règne. Là on verrait Turenne et Condé, Catinat et Vauban; Lamoignon tiendrait à la main le code des ordonnances; Colbert, ses plans de marine et de commerce; Racine s'avancerait sur les pas de Corneille; Molière et La Fontaine suivraient : après eux viendraient les artistes célèbres. Louis XIV paraîtrait, animant tout de ses regards : et au bas de sa statue la postérité écrirait ces mots : *sous lui les Français furent grands*.

CHAPITRE XXXIV.

DES PANÉGYRIQUES DEPUIS LA FIN DU RÈGNE DE LOUIS XIV JUSQU'EN 1748; D'UN ÉLOGE FUNÈBRE DES OFFICIERS MORTS DANS LA GUERRE DE 1741.

L'ESPRIT de panégyriques demeura presque assoupi en France, depuis 1715 jusqu'en 1744, c'est-à-dire, près de trente ans. Sous la régence, de nouvelles combinaisons de fortune occupèrent tout. D'un bout du royaume à l'autre, l'esprit n'eut qu'une idée, et l'âme qu'un mouvement. On se disputait de l'or et du papier; c'était une assez grande occupation que celle de s'enrichir, de s'appauvrir, de s'ennoblir, d'acheter, de vendre, d'échanger, de calculer, de prévoir, et de ruiner ses créanciers ou ses amis. On vit paraître beaucoup d'édits, quelques chansons, et point de panégyriques. Ajoutez qu'il y a des caractères de princes qui, même avec des talens et des vertus, déconcertent pour ainsi dire l'éloge. On louait sous Louis XIV, on plaisantait sous le régent. La nation, gaie et légère, préférait alors un bon mot à cent panégyriques. D'ailleurs, le régent avait le secret des hommes et des cours. Son esprit l'avait mis dans la confidence de tout, il connaissait les petits ressorts des grandes choses, et il avait le malheur de ne pouvoir être dupe de rien : un philosophe derrière les coulisses rit presque toujours des battemens de mains du parterre.

Le cardinal Dubois, qui ne dut son élévation qu'à la bizarrerie des circonstances, qui ne mit pas même la décence à la place des mœurs, et qui eût avili les premières places, si jamais la puissance chez les hommes pouvait l'être, ne se respecta point assez pour se faire respecter. Malgré son pouvoir, il ne trouva point de panégyristes ; il n'en désira pas même. Quand le faux enthousiasme des éloges ne l'eût point ennuyé, cet enthousiasme l'eût fait rire, il se connaissait. Il eut ce mépris de l'opinion publique, qui est le dernier vice dans un particulier et le dernier crime dans un homme puissant.

Après lui, on ne travailla pas davantage dans le même genre, mais pour d'autres raisons. Le cardinal de Fleuri fut modeste et simple ; il eut l'ambition de l'économie et de la paix, deux choses qui font le bonheur des États, qui n'ébranlent point les imaginations. Il ne cherchait point à éblouir les hommes pour les subjuguer ; il n'abusait point pour se faire craindre : d'ailleurs, il n'était plus dans l'âge où les passions inquiètes et ardentes veulent occuper fortement les âmes. Il gouverna sans bruit, ne remua rien; et content d'être absolu, ne chercha ni le faste du pouvoir, ni le faste des éloges : tout fut calme comme lui.

Vers 1744, les esprits changèrent. Il s'ouvrit une grande scène en Europe; les dépouilles de la maison d'Autriche à partager, la France et l'Espagne unies contre l'Angleterre, la Hollande, la Sardaigne et l'Empire, une guerre importante, un jeune roi qui se montra à la tête de ses armées, les présages de l'espérance, les vœux des courtisans, enfin l'éclat des conquêtes et des victoires, et le caractère général de la nation, à qui il est bien plus aisé de ne pas sortir du repos que de s'arrêter dans son mouvement, tout donna aux esprits une sorte d'activité qu'ils n'avaient point eue peut-être depuis Louis XIV. La maladie du roi et sa convalescence achevèrent d'enflammer le zèle : on vit renaître les éloges en foule. Tous les talens s'exercèrent; la poésie rentra dans son ancienne fonction, celle de louer. L'ode ranima son enthousiasme presque éteint; on fut pathétique ou plaisant dans des épîtres; on tâcha de mettre de la grandeur sans ennui dans des poëmes. On prononça avec pompe des discours éloquens, ou qui devaient l'être; chaque jour voyait naître et mourir des éloges nouveaux, en prose, en vers, gais, sérieux, harmonieux et brillans, ou durs et sans couleur, tous sûrs d'être lus un jour, et malheureusement la plupart presque aussi sûrs d'être oubliés le lendemain. Dans cette foule, il y eut pourtant des ouvrages qui furent distingués et qui le méritèrent. Il y en eut, quoiqu'en petit nombre, où le génie seconda le zèle. Je n'en citerai que deux, que le nom seul de leur auteur suffirait pour rendre célèbres ; l'un est le panégyrique de Louis XV, et l'autre l'éloge funèbre des officiers morts dans la guerre de 1741. L'auteur de Mahomet et de Zaïre, le chantre de Henri IV, l'historien de Charles XII et de Louis XIV, voulut, dans ces deux ouvrages, célébrer des événemens qui intéressaient la France et l'Europe, et honorer tour à tour le prince et les sujets.

Le panégyrique du roi est fondé sur les faits qui se sont passés depuis 1744 jusqu'en 1748 ; et cette époque, comme on sait, fut celle de nos victoires. Ce qu'il n'est pas inutile de remarquer, c'est que l'auteur se cacha pour louer son prince, comme l'envie se cache pour calomnier ; mais les grands peintres n'ont pas besoin de mettre leurs noms à leurs tableaux ; celui-ci fut reconnu à son coloris facile et brillant, à certains traits qui peignent les nations et les hommes, et surtout au caractère de philosophie et d'humanité répandu dans tout le cours de l'ouvrage.

On peut remarquer une différence singulière

entre ce panégyrique et celui de Louis XIV par Pélisson. Pélisson est presque toujours orateur, et l'on voit qu'il veut l'être. Le panégyriste de Louis XV ne l'est jamais; il semble éviter l'éloquence comme l'autre paraît la chercher. Son style, toujours élégant et noble, s'élève au-dessus du style ordinaire de l'histoire; mais il ne se permet nulle part ces mouvemens, ces tours périodiques et harmonieux, qui semblent donner plus d'appareil aux idées et un air plus imposant au discours. Peut-être cette différence est-elle seulement l'ouvrage du goût; sans doute le panégyriste a pensé que toute espèce d'éloquence a un peu de faste, et que lorsque les événemens ont de la grandeur, le ton doit être simple; peut-être aussi cette différence tient-elle à celle des siècles. Tout peuple qui commence à avoir des orateurs, se passionne pour un art qu'il ne connaissait point encore. Ainsi, sous Louis XIV on mettait un grand prix à l'éloquence; harangue, compliment, sermon, tout ce qui appartenait ou semblait appartenir au style et aux formes oratoires, fixait l'attention. Patru, qu'on ne lit plus, avait alors des admirateurs; c'était la première curiosité d'un peuple étonné de ses richesses, et qui en jouit avec l'empressement que donne une fortune nouvelle : il y a d'ailleurs, comme nous avons vu dans chaque époque, un certain niveau que prennent les esprits, les âmes, les mœurs, la langue, le style même : tout tend vers ce niveau et s'en rapproche. Sous un règne où tout avait une certaine pompe, où le souverain en imposait par la dignité, où l'admiration publique, sentiment presque habituel, devait élever les expressions comme les idées, il semble que la manière oratoire devait être plus à la mode qu'un style moins soutenu, et par conséquent moins rapproché de la dignité du maître. Placez deux orateurs, l'un à la cour d'un roi de Perse, l'autre à celle d'un roi de Sparte, il faudra que leur style soit différent. Peu à peu les imaginations en France se calmèrent, la direction des esprits changea, et la réflexion qui médite prit la place de l'enthousiasme q uisent. Alors s'élevèrent deux écrivains d'un ordre distingué, mais nés tous deux avec cette justesse qui analyse et qui raisonne, bien plus qu'avec la chaleur qui fait les orateurs et les poëtes. Fontenelle et La Mothe, en donnant le ton à notre littérature, firent comme tous les législateurs ; ils donnèrent des lois d'après leur caractère. Ainsi, presque partout ils substituèrent la finesse à la grandeur, et des beautés sages et tranquilles aux beautés d'imagination et de mouvement. Alors on s'éloigna plus que jamais du ton de l'éloquence ; d'autres causes qui agissaient en même temps développèrent chez la nation l'esprit philosophique, qui devint peu à peu l'esprit général. Cet esprit, qui discute toujours avant de juger, et qui, sans cesse sur ses gardes, parce qu'il craint la surprise du sentiment, fit la loi aux orateurs mêmes. Dans la première époque, l'éloquence s'était quelquefois glissée dans des genres qui n'étaient pas faits pour elle; dans la seconde, elle craignit presque de se montrer dans les genres qui semblaient être le plus de son ressort.

Les grands hommes même obéissent jusqu'à un certain point à leur siècle; mais, en lui cédant, ils le dirigent; et, mêlant leur génie au goût dominant, ils le réforment. Le panégyrique de Louis XV, comme nous l'avons dit, offre donc peu de ces beautés qu'on a coutume de chercher dans les orateurs; mais elles sont remplacées par d'autres; on y trouve une sorte d'éloquence aussi persuasive et plus douce, l'éloquence des faits présentés avec autant de simplicité que de noblesse, et les réflexions d'un philosophe toujours jointes à la sensibilité d'un citoyen.

L'éloge funèbre des officiers est d'un genre différent : le style en est plus oratoire, et la philosophie plus forte. L'idée seule de célébrer tous les citoyens morts pour la patrie, est une idée grande et noble, et malheureusement neuve parmi nous. « Pourquoi, dit l'orateur, nous « renfermer dans l'usage de ne célébrer après

« leur mort que ceux qui, ayant été donnés en
« spectacle au monde par leur élévation, ont
« été fatigués d'encens pendant leur vie?... Ne
« rendra-t-on jamais qu'à la dignité ces de-
« voirs si intéressans et si chers quand ils sont
« rendus à la personne, si vains quand ils ne
« sont qu'une partie nécessaire d'une pompe
« funèbre? Du moins, s'il faut célébrer toujours
« ceux qui ont été grands, réveillons quelque-
« fois la cendre de ceux qui ont été utiles. »

Il s'élève ensuite avec une éloquence pleine
de vigueur contre le fléau de la guerre, « contre
« cette rage destructive qui change, dit-il, en
« bêtes féroces des hommes nés pour vivre en
« frères; contre ces déprédations atroces; contre
« ces cruautés qui font de la terre un séjour de
« brigandage, un horrible et vaste tombeau.
« La violation des traités les plus solennels, la
« bassesse des fraudes qui précèdent l'horreur
« des guerres, la hardiesse des calomnies qui
« remplissent les déclarations, l'infamie des
« rapines, punies par le dernier supplice dans
« les particuliers, et louées dans les chefs des
« nations, le viol, le larcin, le saccagement, les
« banqueroutes et la misère de mille commer-
« çans ruinés, leurs familles errantes qui men-
« dient vainement leur pain à la porte des pu-
« blicains enrichis par ces dévastations mêmes :
« voilà, dit l'orateur, une faible partie des
« crimes que la guerre entraîne après elle, et

« tous ces crimes sont commis sans remords....
« Des bords du Pô jusqu'à ceux du Danube, on
« bénit de tous côtés, au nom du même Dieu,
« ces drapeaux sous lesquels marchent des mil-
« lions de meurtriers mercenaires. » L'orateur
peint cette multitude féroce dont on se sert
pour changer la destinée des empires; il fait
voir le soldat arraché de ses campagnes, les
quittant par un esprit de débauche et de ra-
pine, changeant de maîtres, s'exposant à un
supplice infâme pour un léger intérêt, combattant quelquefois contre sa patrie, répan-
dant sans remords le sang de ses concitoyens,
et sur le champ de carnage attendant avec
avidité le moment où il pourra de ses mains
sanglantes arracher aux mourans quelques mal-
heureuses dépouilles qui lui sont bientôt en-
levées par d'autres mains. A ce tableau il
oppose celui de l'officier français : « Idolâtre de
« son honneur et de celui de son souverain;
« bravant de sang froid la mort, avec toutes
« les raisons d'aimer la vie; quittant gaiement
« les délices de la société pour des fatigues qui
« font frémir la nature; humain, généreux,
« compatissant, tandis que la barbarie étin-
« celle de rage autour de lui; né pour les dou-
« ceurs de la société comme pour les dangers
« de la guerre; aussi poli que fier; orné sou-
« vent par la culture des lettres, et plus encore
« par les grâces de l'esprit. »

Il parcourt ensuite rapidement nos victoires, nos exploits et nos pertes ; il célèbre cette brave noblesse qui partout a versé son sang pour l'État[1]. Il peint de la manière la plus touchante la douleur des pères, des fils, des épouses et des mères ; mais en même temps il s'élève avec indignation contre la frivolité barbare de ces Sybarites, qui, incapables d'être émus par tout ce qui attendrit les âmes nobles et sensibles, avides de la misérable gloire que donne un bon mot, ingrats avec légèreté, au milieu des festins et des fêtes, prodiguent une raillerie insultante à ceux qui ont combattu et sont morts pour eux. Il invite nos guerriers « à ne « pas prendre dans l'oisiveté voluptueuse des « villes, cette habitude cruelle et trop com- « mune de répandre un air de dérision sur « ce qu'il y a de plus glorieux dans la vie et « de plus affreux dans la mort. Ah ! dit l'ora-

[1] C'est là qu'on trouve le mot d'un jeune Brienne qui, ayant le bras fracassé au combat d'Exiles, continue de monter à l'escalade en disant : *Il m'en reste encore un autre pour mon roi et ma patrie* : celui de M. de Luttaux qui, blessé de deux coups, affaibli et perdant son sang, s'écria : *Il ne s'agit pas de conserver sa vie, il faut en rendre les restes utiles ;* celui du marquis de Beauveau, qui, percé d'un coup mortel, et entouré de soldats qui se disputaient l'honneur de le porter, leur disait d'une voix expirante : *Mes amis, allez où vous êtes nécessaires ; allez combattre, et laissez-moi mourir.* Il faudrait, s'écrie l'orateur, il faudrait être stupide pour ne pas admirer, et barbare pour n'être pas attendri.

« teur, voudraient-ils s'avilir ainsi eux-mêmes
« et flétrir ce qu'ils ont tant d'intérêt d'ho-
« norer. »

Enfin, cet ouvrage éloquent est terminé par un morceau plein de la sensibilité la plus tendre sur la mort de M. de Vauvenargues, capitaine au régiment du roi, et auteur de l'excellent livre de l'*Introduction à la connaissance de l'esprit humain*. Ce livre, où les idées morales sont souvent profondes, où l'expression est quelquefois négligée, mais vigoureuse, où l'on voit partout une âme pleine d'humanité jointe à un caractère plein de force, peut à plusieurs égards être comparé à nos meilleurs livres de morale. Il a une plus grande étendue d'idées que La Rochefoucauld. Il n'a point le tour original, fort et rapide de La Bruyère, mais il peint souvent par de grands traits l'homme que La Bruyère n'a peint que par les ridicules et les faiblesses. S'il n'a pas l'éloquence et la sublimité de Pascal, il n'a pas non plus cette philosophie ardente et sombre qu'on lui a justement reprochée; celle de Vauvenargues est plus douce; elle tend la main à l'homme, le rassure et l'élève. Ce philosophe sensible avait à peine trente ans quand il mourut.

« Tu n'es plus, s'écrie l'orateur; tu n'es plus,
« ô douce espérance du reste de mes jours!
« O ami tendre! la retraite de Prague, pendant
« trente lieues de glace, jeta dans ton sein les

« semences de la mort, que mes tristes yeux
« ont vues depuis se développer. Familiarisé
« avec le trépas, tu le sentis approcher avec
« cette indifférence que les philosophes s'effor-
« çaient jadis ou d'acquérir, ou de montrer.
« Accablé de souffrances, privé de la vue, per-
« dant chaque jour une partie de toi-même,
« ce n'était que par un excès de vertu que tu
« n'étais point malheureux; et cette vertu ne
« te coûtait point d'effort. Je t'ai vu toujours
« le plus infortuné des hommes, et le plus tran-
« quille. » Et après avoir parlé de son goût,
de sa philosophie et de son éloquence, il ajoute :
« Comment avais-tu pris un essor si haut dans
« le siècle des petitesses ? et comment la sim-
« plicité d'un enfant timide couvrait-elle cette
« profondeur et cette force de génie ? Je sen-
« tirai long-temps avec amertume le prix de ton
« amitié. A peine en ai-je goûté les charmes,
« non pas de cette amitié vaine qui naît dans
« les vains plaisirs, qui s'envole avec eux, et
« dont on a toujours à se plaindre, mais de
« cette amitié solide et courageuse, la plus rare
« des vertus. »

L'orateur nous apprend ensuite que c'est le dessein d'élever un monument à la cendre de son ami, qui lui a fait entreprendre cet ouvrage; il finit par une réflexion triste, mais vraie. « Mon cœur rempli de toi, dit-il, a cherché
« cette consolation, sans prévoir comment ce

« discours sera reçu par la malignité humaine,
« qui, à la vérité, épargne d'ordinaire les
« morts, mais qui quelquefois aussi insulte à
« leurs cendres, quand c'est un prétexte de
« plus de déchirer les vivans. »

Cet éloge funèbre doit être mis au rang des ouvrages éloquens de notre langue. Le commencement est d'une élévation tranquille et d'une majesté simple. La suite est un mélange de raison et de sensibilité, de douceur et de force; c'est le sentiment qui sait instruire, c'est la philosophie qui sait parler à l'âme. Toute la fin respire le charme de l'amitié, et porte l'impression de cette mélancolie douce et tendre, qui quelquefois accompagne le génie, et qu'on retrouve en soi-même avec plaisir, soit dans ces momens, qui ne sont que trop communs, où l'on a à se plaindre de l'injustice des hommes; soit lorsque blessée dans l'intérêt le plus cher, celui de l'amitié ou de l'amour, l'âme fuit dans la solitude pour aller vivre et converser avec elle-même; soit quand la maladie et la langueur attaquant des organes faibles et délicats, mettent une espèce de voile entre nous et la nature; ou lorsqu'après avoir perdu des personnes que l'on aimait, plein de la tendre émotion de sa douleur, on jette un regard languissant sur le monde, qui nous paraît alors désert, parce que, pour l'âme sensible, il n'y a d'êtres vivans que ceux qui lui répondent.

En quittant cet éloge funèbre des officiers, fait par un homme célèbre, il est impossible de ne pas former un souhait avec l'orateur; c'est que la coutume qui était autrefois établie à Athènes, le fût aussi parmi nous. Puisque la guerre durera autant que les intérêts et les passions humaines; puisque les peuples seront toujours entre eux dans cet état sauvage de nature, où la force ne reconnaît d'autre justice que le meurtre, il importe à tous les gouvernemens d'honorer la valeur. Nous avons une école où la jeune noblesse, destinée à la guerre, est élevée. C'est dans cette maison que devrait être prononcé l'éloge des guerriers morts pour l'État. A la fin de chaque campagne, ou du moins de chaque guerre, on instituerait une fête publique pour célébrer la mémoire de ces braves citoyens. La salle, ou le temple destiné à cette fête, serait orné de trophées et de drapeaux enlevés sur l'ennemi. Les chefs de la noblesse, les chefs des armées, les officiers députés de tous les régimens, les soldats même qui auraient mérité cette distinction, y seraient invités. Et pourquoi le souverain lui-même, le souverain qui représente la patrie, et qui partage avec elle la reconnaissance du sang qu'on a versé pour elle, n'assisterait-il pas à cette cérémonie auguste ? Nos rois ne dédaigneraient pas d'honorer dans le tombeau ceux qui, en mourant, n'ont voulu quelquefois d'autre récompense qu'un de leurs regards. Les hommes de lettres les plus distingués brigueraient à l'envi l'honneur de prononcer cet éloge funèbre. Chacun, à l'exemple de Périclès et de Platon, voudrait célébrer les défenseurs et les victimes honorables de l'État. On citerait les grandes actions; on citerait cette foule de traits qui, dans le cours d'une campagne ou d'une guerre, échappent à des héros que souvent on ne connaissait point; car il est des hommes qui, simples et peu remarqués dans l'usage ordinaire de la vie, déploient dans les grands dangers un grand caractère, et révèlent tout-à-coup le secret de leur âme. On immortaliserait des prodiges de valeur que souvent la jalousie étouffe, et que bientôt l'ingratitude oublie. On rendrait justice à des officiers obscurs, à qui il est plus aisé de sacrifier leur vie que d'obtenir la gloire. Souvent même l'orateur prononcerait devant le souverain le nom de simples soldats; il célébrerait en eux une sorte d'héroïsme inculte et sauvage, qui fait de grandes choses avec naïveté, et qui étonne quelquefois les autres sans se connaître lui-même. Mais, si en rappelant le souvenir de ces batailles, monumens de deuil et de grandeur; si en retraçant les actions et la mort de tant de guerriers, on voyait une larme s'échapper de l'œil du souverain; si l'orateur, s'interrompant tout-à-coup, la faisait remarquer à la jeune noblesse qui l'écoute, croit-on qu'un jour, dans les combats, elle n'eût pas sans cesse présent le spectacle qui l'eût frappée dans son enfance? On ose dire qu'une pareille institution serait utile à l'État et au prince. L'officier en deviendrait plus grand, le soldat même n'oserait plus se croire avili dans son obscurité; il saurait que pour aspirer à la renommée, il suffit d'être brave, et qu'elle n'est plus, comme les honneurs, le patrimoine exclusif de celui qui a de la fortune et des aïeux.

CHAPITRE XXXV.

DES ÉLOGES DES GENS DE LETTRES ET DES SAVANS. DE QUELQUES AUTEURS DU SEIZIÈME SIÈCLE QUI EN ONT ÉCRIT PARMI NOUS.

Nous avons vu dans l'espace de vingt-cinq siècles que nous venons de parcourir, la louange presque toujours accordée à la force. Nous avons vu les panégyristes le plus souvent au pied des trônes, dans les cabinets des ministres, sur les champs de bataille des conquérans, sur la tombe de tous les hommes puissans, vertueux ou coupables, utiles ou inutiles à la patrie. Nous avons vu des orateurs pleurant sur des cendres viles; le crime honoré par l'éloge; l'esclave louant en esclave, et remerciant de la pesanteur de ses fers ; l'intérêt dictant des mensonges à la renommée ; et l'autorité croyant usurper la gloire, et la bassesse croyant la donner. A la fin on a conçu qu'il était quelquefois permis de louer ce qui était utile sans être puissant. Il y a des hommes grands pendant qu'ils vivent, et qui ne sont pas toujours sûrs de l'être après la mort. Il y en a d'autres obscurs pendant la vie, et grands dès qu'ils ne sont plus. Sans autre autorité que celle de leur génie, ils s'occupent sur la terre à faire tout le bien qu'ils peuvent. Leur but est de perfectionner, non pas un homme, mais le genre humain. Ils tâchent d'étendre et d'agrandir la raison universelle, de reculer les limites de toutes les connaissances; d'élever la nature morale, de dompter et d'assujettir à l'homme la nature physique; d'établir pour nos besoins une correspondance entre les cieux et la terre, entre la terre et les mers, entre leur siècle et les siècles qui ne sont plus, ou ceux qui seront un jour; de contribuer, s'il est possible, à la félicité publique, par la réunion des lumières, comme ceux qui gouvernent y travaillent par la réunion des forces. Ils sont les bienfaiteurs, et pour ainsi dire, les législateurs de la société. En Angleterre, en Italie, en France, en Espagne, en Russie, à la Chine, tous ces hommes, sans se connaître et sans s'être vus, animés du même esprit, suivent le même plan. Ils meurent, et leurs pensées restent. Leur cendre disparaît, et leur âme circule encore dans le monde. Ceux qui leur succèdent, reprennent leurs travaux où ils les ont laissés. Pendant leur vie, la plupart existent séparés de la foule, méditant tandis qu'on ravage, et occupés à penser sur ce globe que l'avarice et l'ambition bouleversent. L'envie debout à côté d'eux les observe; la calomnie les outrage; tourmentés à proportion qu'ils sont grands, on met quelquefois le malheur à côté du génie. Il semble, quand ils ne sont plus, qu'on devrait du moins rendre quelque honneur à leurs cendres. On ne risque rien alors, ils n'en sauraient jouir. Mais cet usage, pendant des siècles, n'a été établi chez aucun peuple. Il a fallu trois mille ans pour que les hommes apprissent qu'un homme vertueux, qui a passé soixante ans à s'instruire et à éclairer son pays, pourrait bien mériter quelque reconnaissance du genre humain.

Avant la fondation des académies en Europe, il y eut quelques exemples d'éloges funèbres prononcés en l'honneur des gens de lettres. Mais ces exemples furent donnés surtout en Italie et dans les universités d'Allemagne. Le célèbre Mélancton, mort en 1560, et l'un des hommes les plus savans de son siècle, reçut les mêmes honneurs qu'un reste de flatterie ou de respect prodigue au pouvoir qui n'est plus. Mélancton, quoique ami de Luther, et pensant comme lui, était modéré ; et quoique chef de secte, n'était point fanatique. Il fut un exemple frappant du pouvoir des circonstances sur l'homme. Passionné pour le repos et pour les lettres, toute sa vie fut orageuse. Il haïssait les disputes, et il passa quarante ans à disputer et à écrire. Malgré sa modération, il eut une réputation éclatante. Plusieurs rois désirèrent de le voir et de l'entendre. Las des contradictions et des querelles, il se consola de mourir. On prononça en son honneur, à Wittemberg et à Tubingue, un grand nombre d'oraisons funèbres, où l'on célébra des vertus qui l'avaient fait aimer, et des talens qui ne l'avaient point rendu heureux.

Peiresc, conseiller au parlement d'Aix, né en 1580, et mort en 1637, obtint après sa mort des distinctions encore plus éclatantes. Son mérite fut d'avoir la passion des lettres et des antiquités, comme d'autres ont l'ambition de la fortune ou des grandeurs. La physique, l'histoire naturelle, les langues, les médailles, les monumens, l'histoire, les arts, il avait tout embrassé, et avait des connaissances sur tout. Il était en commerce avec les savans de toutes les parties du monde. Sa bibliothèque, dans un temps où il y en avait peu, et où les livres n'étaient pas encore un luxe, fut ouverte à tous ceux qui voulaient s'instruire; et il communiquait non seulement ses livres et ses lumières, mais sa fortune. Ses revenus étaient employés à encourager des talens pauvres, à faire des expériences utiles, à acheter des monumens rares, à récompenser des découvertes, ou à des voyages entrepris pour perfectionner des connaissances. Jamais peut-être cet Auguste si vanté, et les trois quarts et demi des souverains n'ont autant fait pour les progrès des arts. Ce serait un exemple à présenter, je ne dis pas seulement aux princes, mais à une foule de citoyens qui, embarrassés de leur opulence, prodiguent leurs richesses en bâtimens, en luxe, en chevaux, en superfluités aussi éclatantes que ruineuses, transportent des terres, aplanissent des montagnes, font remonter des eaux, tourmentent la nature, construisent pour abattre, et abattent pour reconstruire, se corrompent et corrompent une nation, achètent avec des millions des plaisirs de quelques mois, et dans quelques années échangent leur fortune contre de la pauvreté, des ridicules et de la honte. Peiresc, beaucoup moins riche, sut employer ses richesses avec grandeur. L'emploi qu'il en fit le rendit aussi célèbre que ses connaissances. Son oraison funèbre fut prononcée à Rome, avec la plus grande pompe. La salle était tendue de noir, et son buste était placé dans un lieu élevé. On publia en son honneur une quantité prodigieuse d'éloges. Il y en eut, dit-on, en quarante idiômes, ou langues différentes. N'oublions pas de remarquer que ce Français, si respecté dans toute l'Europe, était assez peu connu en France.

Quelquefois aussi on a vu parmi nous le même enthousiasme ou le même zèle. Nous avons déjà cité l'exemple de Ronsard en 1585; et tout le monde sait comment les cendres de Descartes furent reçues à Paris. On composa son oraison funèbre, et elle eût été prononcée sans un ordre de la cour, qui arriva au moment où l'on était assemblé pour l'entendre. La cendre de Descartes fut privée de cet honneur; mais il resta à ce Français célèbre le mausolée qui fut élevé à Stockholm; il lui resta son nom, sa gloire, l'admiration de l'Europe, et ce qui dans la suite l'honora encore plus, le silence de Newton, qui jamais ne prononça son nom dans un ouvrage.

Dès le seizième siècle nous eûmes des éloges des savans, mais écrits en latin: c'était alors, comme nous l'avons déjà vu, la langue universelle des arts. Londres, Florence et Paris n'avaient point encore assez de dignité pour valoir Rome et Athènes. On aurait cru déroger, en parlant une langue qui n'avait pas deux mille ans d'antiquité; d'ailleurs, il fallait bien mettre un grand prix à ce qu'on avait étudié toute sa vie; et ceux qui aspiraient à la renommée, ou qui avaient l'orgueil plus grand de la donner aux autres, se croyaient sûrs d'être immortels, parce que Cicéron, Démosthène et Tacite l'étaient.

On peut se rappeler que Paul Jove, dans son livre des hommes illustres, composa les éloges de presque tous ceux qui contribuèrent à la renaissance des lettres. Cet exemple, donné par un Milanais, fut suivi dans presque toutes les villes d'Italie, et de là en Angleterre, en Espagne, en Allemagne, en Flandre, et dans tous les Pays-Bas. [1]

[1] Janus Nicius Erithræus, ou Jean Rossi, noble romain, mort en 1647, a donné une suite de tableaux des hommes illustres. Il a osé, en Italie, faire l'éloge d'Antonio de Dominis, condamné par l'inquisition, et qui, à l'âge de soixante-quatre ans, finit sa vie dans les fers. C'est ce même Antonio qui, avant Descartes, avait expliqué par la réfraction le mécanisme de l'arc-en-ciel.

Nicolo Troppi a fait connaître les écrivains de la ville de Naples.

Bumaldi et Alidosi, ceux de Bologne.

Lorenzo Crasso, ceux de Venise.

Raphaël Soprani, et Michel Justiniani, ceux de Gênes.

Pocciantio et Luc Ferrini, ceux de Florence.

Philippe Thomasini, tous les savans de Padoue.

Donatus Calvus, ceux de Bergame.

Scipion Maffei, ceux de Véronne.

Chilini et Imperiali, les hommes de lettres les plus fameux de l'Italie indistinctement.

Pancirollo, les jurisconsultes les plus célèbres.

Nicolas Antonio, les écrivains d'Espagne.

Melchior Adam, tous les philosophes, jurisconsultes,

ESSAI

Parmi nous, deux hommes dans le même siècle se distinguèrent dans le même genre, Papire Masson et Scévole de Sainte-Marthe. Le premier, né en 1544 et mort en 1611, fut tour à tour jésuite, avocat, historien, annaliste, panégyriste, commentateur et géographe. Il a mérité que de Thou ait écrit sa vie, et que Perrault ait fait son éloge. Aux mœurs les plus douces, il joignit le savoir le plus profond. Il a composé un volume d'éloges, parmi lesquels on distingue ceux de plusieurs savans célèbres, tant étrangers que Français. Mais, ce qu'il ne faut pas oublier, c'est que cet homme, qui avait de la douceur dans le caractère, comme de la grâce dans le style, et qui avait été témoin de la Saint-Barthélemi en France, dans des phrases élégantes et harmonieuses, en parle

médecins, et hommes de lettres qu'avait produits l'Allemagne dans les seizième et dix-septième siècles.

Valère André, Swertius ou Swert, et Aubert-Le-Mire, ceux d'Anvers et de tous les Pays-Bas.

Locrius, les écrivains de l'Artois.

David Czuittinger, les hommes de lettres de la Hongrie.

Enfin Pitséus, Baléus et Léland, tous trois Anglais, et à peu près du seizième siècle, les savans les plus illustres que l'Angleterre avait produits jusqu'à ce temps-là.

Il faut convenir de bonne foi que tous ces ouvrages en forme d'éloges ou autrement, offrent à ceux qui les lisent, beaucoup plus de recherches que d'intérêt. Rien n'y est vivant. Ce sont des tombeaux où reposent les morts.

non seulement avec tranquillité, mais avec éloge.

Scévole de Sainte-Marthe, né en 1536, et mort en 1623, naquit et mourut dans cette même ville de Loudun, où, onze ans après, Urbain Grandier, par arrêt de Laubardemont, et sur la déposition d'Astaroth et d'Asmodée, devait être traîné dans les flammes. Il fut président et trésorier de France à Poitiers, et de plus orateur, poëte, jurisconsulte, historien, servit sous quatre rois, fut sur le point d'être secrétaire d'État sous Henri III, mérita l'estime et l'amitié de Henri IV, se distingua aux États de Blois par son courage, à l'assemblée des notables de Rouen par ses lumières, dans une place d'intendant des finances par son intégrité ; et mêla toute sa vie l'activité courageuse des affaires, à ce goût des lettres que l'ignorance et quelquefois la prévention calomnient, que les vrais hommes d'état estiment, et qui donne encore plus de ressort et d'intrépidité aux âmes nobles. On connaît son poëme sur la manière d'élever et de nourrir les enfans au berceau ; ouvrage où la plus douce poésie relève les idées les plus riantes. Ses éloges ne sont pas à beaucoup près aussi connus, et méritent pourtant de l'être. Il en a composé environ cent quarante, divisés en trois livres, et tous consacrés à ceux qui, dans le seizième siècle, ou même dans les siècles précédens, ont honoré la France par leurs talens ou leurs lumières. Beaucoup de ces noms sont aujourd'hui peu connus; mais il y en a encore de célèbres. Ce sont, pour ainsi dire, nos premiers titres de noblesse : et on les revoit avec le même plaisir, que nous voyons dans des galeries antiques, les vieux portraits de nos ancêtres. Là se trouvent toutes les espèces différentes de mérite.

Des savans dans les langues, tels qu'Adrien Turnèbe, un des critiques les plus éclairés de son siècle; Guillaume Budé, qu'Érasme nommait le prodige de la France, et dont il eut la faiblesse ou l'orgueil d'être jaloux, qui passait pour écrire en grec à Paris comme on eût écrit à Athènes, et qui, malgré ce tort ou ce mérite, fut ambassadeur, maître des requêtes et prévôt des marchands; Longueil, aussi éloquent en latin que les Bembe et les Sadolet, et mort à trente-deux ans, comme un voyageur tranquille qui annonce son départ à ses amis; Robert et Henri Étienne, qui ne se bornaient pas, dans leur commerce, à trafiquer des pensées des hommes, mais qui instruisaient eux-mêmes leur siècle; Muret exilé de France, et comblé d'honneurs en Italie; Jules Scaliger, qui, descendu d'une famille de souverain, exerça la médecine, embrassa toutes les sciences, fut naturaliste, physicien, poëte et orateur, et soutint plusieurs démêlés avec ce célèbre Cardan, tour à tour philosophe hardi et superstitieux imbécile; Joseph Scaliger son fils, qui fut distingué de son père, comme l'érudition l'est du génie; et ce Ramus, condamné par arrêt du parlement, parce qu'il avait le courage et l'esprit de ne pas penser comme Aristote, et assassiné à la Saint-Barthélemi, parce qu'il était célèbre, et que ses ennemis ou ses rivaux ne l'étaient pas.

Des jurisconsultes comme Baudouin, Duaren et Hotman, commentateurs de ces lois romaines, si nécessaires à des peuples barbares qui commençaient à étudier des mots, et n'avaient point de lois; d'Argentré, d'une des plus anciennes maisons de Bretagne, et auteur d'un excellent ouvrage sur la coutume de sa province; Tiraqueau, qui eut près de trente enfans, et composa près de trente volumes; Pierre Pithou, qui défendit contre Rome les libertés de l'Église de France, qui devraient être celles de toutes les Églises; Bodin, auteur d'un livre que Montesquieu n'a pas fait oublier; enfin, Cujas et Dumoulin, tous deux persécutés, et tous deux hommes de génie, dont l'un a saisi dans toute son étendue le véritable esprit des lois de Rome, et l'autre a trouvé un fil dans le labyrinthe immense de nos coutumes barbares.

Parmi les poëtes, Clément Marot, Saint-Gelais, Dubartas et Ronsard, à qui il n'a manqué qu'un autre siècle.

Parmi les médecins, Fernel.[1]

Parmi les historiens, le fameux de Thou, et ce Philippe de Commines, qui eut le double malheur d'être aimé de Louis XI, et d'essuyer l'ingratitude de Louis XII.

D'autres écrivains dans différens genres, tels qu'Amyot, traducteur de Plutarque, et grand aumônier de France; Marguerite de Valois, célèbre par sa beauté comme par son esprit, rivale de Bocace, et aïeule de Henri IV; et ce Rabelais, qui joua la folie pour faire passer la raison; et ce Montaigne, qui fut philosophe avec si peu de faste, et peignit ses idées avec tant d'imagination.

Enfin des hommes qui honoraient de grandes places par de grandes lumières, tels que le cardinal d'Ossat et le président Brisson; et ce Harlay, intrépide soutien des lois parmi les crimes[2]; et ce L'Hôpital, poëte, jurisconsulte, législateur et grand homme, qui empêcha en France le fléau de l'inquisition, qui parlait d'humanité à Catherine de Médicis, et d'amour des peuples à Charles IX; qui fut exclu du conseil,

---

[1] Premier médecin de Henri II et de Catherine de Médicis. Il jouit d'une réputation éclatante.

[2] Achille de Harlay, premier président, né en 1536, mort en 1616. C'est lui qui fit cette fameuse réponse aux chefs de la ligue: *Mon âme est à Dieu, mon cœur est au roi, mon corps au pouvoir des méchans.*

parce qu'il combattait l'injustice; qui sacrifia sa dignité, parce qu'il ne pouvait plus être utile; qui, à la Saint-Barthélemi, vit presque les poignards des assassins levés sur lui, et à qui d'autres satellites étant venus annoncer que la cour lui pardonnait : « Je ne croyais pas, dit-il d'un air calme, avoir rien fait dans ma vie qui méritât un pardon. »

Voilà les noms les plus célèbres que l'on trouve dans les éloges de Sainte-Marthe. Ces éloges sont très-courts; les plus longs n'ont pas plus de trois pages, et il y en a beaucoup qui en ont moins. Ils ne contiennent aucun détail, et presque point de faits historiques. Envisagés de ce côté, ce sont plutôt des portraits que des éloges; le style en est doux, élégant et harmonieux, quelquefois même éloquent, mais plus d'une éloquence de sensibilité que de mouvement. Il semble qu'on est dans un cabinet de médailles que l'on parcourt, et qu'un homme qui a été le contemporain et l'ami de tous ces grands hommes, en vous montrant leur figure, vous parle d'eux avec cet intérêt tendre que donnent l'estime et l'amitié. L'un d'eux, surtout, avait été l'ami de Sainte-Marthe. Ils avaient vécu quarante ans dans l'union la plus étroite. L'orateur se plaint, en commençant son éloge, de ce qu'il rend un si triste devoir à un ami, dont il aurait voulu n'être point séparé, même à la mort; et en finissant,

il s'écrie, dans la manière antique : « Je te
« salue, ombre vertueuse ! reçois ce long et
« dernier adieu de ton ami. Je vais attendre
« que l'Être suprême, que nous adorions tous
« deux, me rappelle aussi à lui; et alors mon
« ombre ira rejoindre la tienne, et la rejoindra
« sans trouble et sans regret. »

CHAPITRE XXXVI.

DES ÉLOGES ACADÉMIQUES; DES ÉLOGES DES SAVANS,
PAR FONTENELLE, ET DE QUELQUES AUTRES.

Quand on eut une fois donné l'exemple de louer ceux qui cultivent la philosophie et les arts, cet exemple fut suivi. Les hommes imitent tout, même le bien. A l'institution des académies en France, il fut réglé qu'on prononcerait l'éloge de chaque académicien après sa mort. Cet usage, ou cette loi, a eu, comme tout, ses approbateurs et ses censeurs. Les premiers regardent ces éloges comme une justice rendue à des citoyens utiles, ou qui ont voulu l'être; comme une manière de plus d'honorer les arts; comme un tribut de l'amitié entre les hommes qui ont été unis par le désir de s'instruire; comme des matériaux pour l'histoire de l'esprit humain ; enfin, comme un encouragement et une leçon qui apprennent aux citoyens de toutes les classes que le mérite peut quelquefois tenir lieu de fortune et attirer aussi le respect. Mais d'un autre côté, il y a des hommes qui n'ont pas reçu de Dieu la patience d'entendre louer, et que le mot seul d'éloge fatigue. Ces gens-là voudraient qu'on ne louât rien, et ils ont leurs raisons. D'autres, toujours agités et toujours oisifs, et qui passent laborieusement leur vie à ne rien faire, veulent qu'on ne loue jamais que des services importans rendus à l'État. N'y aurait-il pas encore des hommes qui, malgré leur orgueil, sentant leur faiblesse, haïssent par instinct les lumières qui les jugent, et ne peuvent consentir à entendre louer ceux qu'ils estiment trop pour oser prétendre à leur estime? Mais, pour le grand nombre même, il n'est que trop vrai que des éloges multipliés sont fatigans. Je suis las d'entendre répéter *le juste Aristide*, disait un paysan d'Athènes; et l'histoire de ce paysan est presque celle du genre humain. Dans un pays où l'on est plus frappé d'un ridicule que d'une chose utile, on ne doit point aisément pardonner l'éloge. Dans un siècle où il y a beaucoup de prétentions cachées, on doit souvent le contredire. Il y a une foule d'hommes qui, sans avouer aux autres leur secret, et sans trop se l'avouer à eux-mêmes, se mettent, sans qu'on s'en doute, aux premières places. S'ils n'ont rien fait, ils se persuadent que le génie les attend, et que pour être célèbres, il ne leur manque que la volonté. S'ils ont fait des efforts, et qu'ils n'aient pas réussi, ils ne manquent pas d'appeler à leur secours l'injustice du siècle. Tous ceux qu'on loue semblent les reculer d'un rang, ou les heurter en les approchant de trop près. Ce voisinage les importune, et ils le repoussent. D'ailleurs, ceux qui célèbrent, vont toujours un peu au-delà du but. On agrandit quelquefois ce qui a été médiocre. Le public, qui en général n'aime point à croire aux grands hommes, rit de ces créations nouvelles, et se moque également de l'apothéose et de celui qui l'a faite. Il faudrait donc dans ces sortes d'ouvrages tâcher de n'être jamais ni au-dessus, ni au-dessous de la vérité. Exagérer la louange, c'est l'affaiblir; mais aussi refuser de rendre justice à un homme estimable, par la crainte quelquefois de déplaire à des hommes puissans, ce serait le comble de l'avilissement; et il y en a des exemples. Au reste, il est également difficile et d'inspirer au public une admiration qu'il n'a pas, et de lui ôter celle qu'il a. De ces deux projets, l'un le fait rire, et l'autre l'indigne.

Les éloges de l'Académie Française, tous composés par des mains différentes, portent chacun le caractère de leur auteur. Ainsi l'éloge de La Mothe, prononcé par Fontenelle, ne ressemble point du tout à l'éloge du grand

Corneille, prononcé par Racine; ni celui de Despréaux par Valincourt, ou de Pélisson par Fénélon, à celui de Bossuet, par le cardinal de Polignac; il en est de même de tous les autres. Fléchier louait en antithèses, La Bruyère en portraits, Massillon en images, Montesquieu en épigrammes, et l'auteur de Télémaque en phrases tendres et harmonieuses.

De Boze, médailliste, antiquaire, et de plus, écrivain correct et facile, a composé trois volumes d'éloges prononcés dans l'Académie des Inscriptions, dont il était secrétaire : le mérite de ces éloges est d'être très-simples et naturels; peut-être aujourd'hui cette simplicité paraîtrait trop uniforme, et ce naturel ne serait point assez piquant. La plupart des lecteurs sont des Sybarites usés; il leur faut de nouveaux plaisirs : si on ne les réveille pas, on les endort. On peut être froidement estimable, et n'être point lu.

Je m'arrête peu sur tous ces éloges, pour venir à ceux de Fontenelle; sa grande célébrité, dans ce genre, est aussi méritée que connue. On a de lui près de soixante et dix éloges qu'il prononça dans l'espace de quarante ans. Ce recueil est un des plus beaux monumens qui ait été élevé en l'honneur des sciences, et l'un des ouvrages qui laissent le plus dans l'esprit le sentiment de son élévation et de sa force. Tous les objets dont on s'y occupe sont grands, et en même temps sont utiles; c'est l'empire des connaissances humaines; c'est là que vous voyez paraître tour à tour la géométrie qui analyse les grandeurs, et ouvre à la physique les portes de la nature; l'algèbre, espèce de langue qui représente, par un signe, une suite innombrable de pensées, espèce de guide, qui marche un bandeau sur les yeux, et qui, à travers les nuages, poursuit et atteint ce qu'il ne connaît pas; l'astronomie, qui mesure le soleil, compte les mondes, et de cent soixante-cinq millions de lieues, tire des lignes de communication avec l'homme; la géographie, qui connaît la terre par les cieux; la navigation, qui demande sa route aux satellites de Jupiter, et que ces astres guident en s'éclipsant; la manœuvre, qui, par le calcul des résistances et des forces, apprend à marcher sur les mers; la science des eaux, qui mesure, sépare, unit, fait voyager, fait monter, fait descendre les fleuves, et les travaille, pour ainsi dire, de la main de l'homme; le génie, qui sert dans les combats; la mécanique, qui multiplie les forces par le mouvement, et les arts par l'industrie, et sous des mains stupides crée des prodiges; l'optique qui donne à l'homme un nouveau sens, comme la mécanique lui donne de nouveaux bras; enfin les sciences, qui s'occupent uniquement de notre conservation; l'anatomie, par l'étude des corps organisés et sensibles; la botanique, par celle des végétaux ; la chimie, par la décomposition des liqueurs, des minéraux et des plantes; et la science, aussi dangereuse que sublime, qui naît des trois ensemble, et qui applique leurs lumières réunies aux maux physiques qui nous désolent. Tels sont les magnifiques objets sur lesquels roulent ces éloges savans. Vous y voyez l'homme dans les cieux, sur les mers, dans les profondeurs des mines; l'homme bâtissant des palais, perçant des montagnes, creusant des canaux, et faisant servir tous les êtres à ses besoins, à sa défense, à ses plaisirs, à ses lumières. Il semble qu'on soit admis dans l'atelier du génie, qui travaille en silence à perfectionner la société, l'homme et la terre.

Si maintenant vous passez aux hommes mêmes, à qui nous devons ces connaissances, un autre spectacle vient s'offrir. Vous les voyez presque tous nés avec une espèce d'instinct qui se déclare dès le berceau et les entraîne ; c'est l'énigme de la nature : qui pourra l'expliquer? Vous voyez les parens, calculant la fortune, contredire le génie, et le génie indomptable surmonter tout. Les uns, nés dans la pauvreté, ou se précipitant dans une indigence volontaire, aiment mieux renoncer à subsister qu'à s'instruire ; les autres, nés dans ce qu'on appelle un rang, bravent la mollesse et la honte, et ont le double courage et de devenir savans et de l'avouer. Il en est qui se sont formés en parcourant l'Europe ; il en est dont la pensée solitaire et profonde n'a vécu qu'avec elle-même. Leibnitz ne peut sentir de bornes qui le resserrent ; il embrasse tout ce que l'esprit humain peut penser ; mais le plus grand nombre s'empare d'un objet auquel il s'attache, autour duquel il tourne sans cesse. Ici c'est l'esprit original et ardent ; là, l'esprit de discussion et d'une sage lenteur ; celui-ci a le secret de ses forces, et marche avec audace ; celui-là, pour affermir tous ses pas, les calcule. Enfin, vous voyez ces hommes extraordinaires se faire presque tous un régime pour la pensée, ménager avec économie toutes leurs forces, et quelques-uns même, par la vie la plus austère, s'affranchir, autant qu'ils le peuvent, de l'empire des sens, pour que leur âme, dès qu'ils l'appellent, se trouve indépendante et libre. Si vous les comparez par leur état, vous trouvez, dans cette liste, des militaires qui ont uni les sciences avec les armes, des médecins qui, forcés d'être instruits pour n'être pas coupables, autant par devoir que par génie, sont devenus grands ; des religieux qui, privés par leur état même de toutes les passions, s'en sont fait une dont l'activité a redoublé par le retranchement des autres ; enfin un certain nombre d'hommes qui, jaloux d'être libres, n'ont voulu pour eux d'autre état que celui de s'instruire, et d'autre rang que celui d'éclairer.

Si vous examinez leur âme, ils s'offrent presque tous désintéressés et nobles, ou ne daignant pas appeler la fortune, ou la dédaignant même quand elle va à eux; les uns ayant une pauvreté ferme et courageuse, les autres retranchant aux besoins pour donner aux bienfaits, et dans leur médiocrité, assez riches pour être généreux. Vous en voyez plusieurs passionnés pour l'étude, et indifférens pour la gloire; éloignés de cette ostentation, qui est toujours faiblesse; ne s'apercevant pas même de ce qu'ils sont, ce qui est la vraie modestie; honorant leurs bienfaiteurs, louant leurs rivaux, assez fiers pour faire du bien à leurs ennemis; vous en voyez quelques-uns, ornés des grâces, qui, dans le monde, font pardonner les vertus; mais ce qui fait le caractère du plus grand nombre, ce sont toutes les qualités que donne l'habitude de vivre plus avec les livres qu'avec les hommes : je veux dire des mœurs, les sentimens de la nature; cette candeur si éloignée de toute espèce d'art; cette bonne foi de caractère qui agit d'après les choses, non d'après les conventions, et ne songe jamais à prendre son avantage avec les hommes; une simplicité qui contraste si bien avec le désir éternel d'occuper de soi, vice des cœurs froids et des âmes vides; l'ignorance de presque tout, hors des choses utiles et grandes; une politesse qui quelquefois néglige les dehors, mais qui, au lieu d'être ou un calcul fin d'amour-propre, ou une vanité puérile, ou une fausseté barbare, est tout simplement de l'humanité; enfin cette tranquillité d'âme, qui, ayant apprécié tout, et n'estimant dans ce songe de la vie que ce qui mérite de l'être, c'est-à-dire, bien peu de choses, ne se passionne pour rien, et se trouve au-dessus des agitations et des faiblesses.

Maintenant, si vous considérez ces éloges du côté du mérite de l'écrivain, ce mérite est connu. On sait que Fontenelle est le premier qui ait orné les sciences des grâces de l'imagination; mais, comme il le dit lui-même, il est très-difficile d'embellir ce qui ne doit l'être que jusqu'à un certain degré. Un tact très-fin, et pour lequel l'esprit ne suffit pas, a pu seul lui indiquer cette mesure. Fontenelle a surtout cette clarté, qui, dans les sujets philosophiques, est la première des grâces. Son art de présenter les objets, est pour l'esprit ce que le télescope est pour l'œil de l'observateur : il abrége les distances. L'homme peu instruit voit une surface d'idées qui l'intéresse ; l'homme savant découvre la profondeur cachée sous cette surface: ainsi il donne des idées à l'un, et réveille les idées de l'autre. Pour la partie morale, Fontenelle a l'air d'un philosophe qui connaît les hommes, qui les observe, qui les craint, qui quelquefois les méprise, mais qui ne trahit son secret qu'à demi. Presque toujours il glisse à côté des préjugés, se tenant à la distance qu'il faut pour que les uns lui rendent justice, et que les autres ne lui en fassent pas un crime; il ne compromet point la raison, ne la montre que de loin, mais la montre toujours. A l'égard de sa manière, car il en a une, la finesse et la grâce y dominent, comme on sait, bien plus que la force; il n'est point éloquent, ne doit et ne veut point l'être, mais il attache et il plaît. D'autres relèvent les choses communes par des expressions nobles: lui, presque toujours, peint les grandes choses sous des images familières: cette manière peut être critiquée, mais elle est piquante. D'abord elle donne le plaisir de la surprise par le contraste et par les nouveaux rapports qu'elle découvre; ensuite on aime à voir un homme qui n'est pas étonné des grandes choses; ce point de vue semble nous agrandir. Peut-être même lui savons-nous gré de ne pas vouloir nous forcer à l'admiration, sentiment qui nous accuse toujours un peu ou d'ignorance ou de faiblesse.

On a beaucoup parlé de l'esprit de Fontenelle; ce genre d'esprit ne paraît nulle part autant que dans ses éloges. Il consiste presque toujours dans des allusions fines, ou à des traits d'histoire connus, ou à des préjugés d'état et de rang, ou aux mœurs publiques, ou au caractère de la nation, ou à des faiblesses secrètes de l'homme, à des misères qu'on se déguise, à des prétentions qu'on ne s'avoue pas; il indique d'un mot toute la logique d'une passion; il met une vertu en contraste avec une faiblesse qui quelquefois paraît y toucher, mais qu'il en détache; il joint presque toujours à un éloge fin une critique déliée; il a l'air de contredire une vérité, et il l'établit en paraissant la combattre; il fait voir ou qu'une chose dont on s'étonne était commune, ou qu'une dont on ne s'étonne pas était rare; il crée des ressemblances qu'on n'avait point vues; il saisit des différences qui avaient échappé; enfin presque tout son art est de surprendre, et il réussit presque toujours. En général, il fait entendre beaucoup de choses qu'il ne dit pas; et cette confiance, qu'il veut bien avoir dans les lumières d'autrui, est une flatterie adroite pour son lecteur.

Je sais bien que ce genre d'esprit a trouvé des critiques; mais sans l'excuser entièrement, on peut dire que ce caractère de beautés convenait à Fontenelle, comme il y a des parures qui embellissent certaines femmes, et qui siéraient mal à d'autres. Un écrivain ne peut manquer de plaire quand il est lui, c'est-à-dire, quand son esprit est assorti à son caractère; mérite plus rare qu'on ne pense. Fontenelle ne pouvait être que ce qu'il fut. Pour les âmes passionnées, il n'existe dans la nature que de grandes masses; tout ce qui est fin disparaît ; mais lui, toujours tranquille, et à la distance qu'il fallait de tout, avait le loisir d'observer les nuances, et de les peindre. Par le même caractère, il devait se faire un plan raisonné du bonheur ; il consentait bien à instruire, mais il voulait plaire ; il ne mettait assez d'intérêt ni à la vérité, ni aux hommes, pour se compromettre : il ne devait donc jamais présenter la vérité avec chaleur ; et son système devait être de la laisser entrevoir plutôt que de la dire. De là ce style presque toujours à demi-voilé, et toutes ces énigmes de morale, aussi ingénieuses que piquantes; les lumières générales durent encore contribuer à ce style. Plus un siècle a d'esprit, plus on peut supprimer d'idées; il faut alors plus de résultats que de détails. De là une foule de traits courts et précis, semblables à ces compositions chimiques qui, sous un très-petit volume, renferment le fruit d'un grand nombre d'analyses.

On se tromperait pourtant, si l'on croyait qu'il n'y a dans les éloges de Fontenelle que ces beautés fines et délicates. On en trouve aussi d'un genre plus relevé, et faites pour contenter le goût le plus austère ; telles sont les idées générales répandues sur chaque science, sur leur origine, leur progrès, leur but, les moyens de les perfectionner, leur liaison et les points de communication par où elles se touchent. On citera toujours le tableau de la police de Paris comme un morceau très-éloquent, non pas, à la vérité, de cette éloquence de l'âme qui remue, mais de celle de l'esprit, qui sait voir et présenter un grand objet sous toutes ses faces. [1]

Enfin on peut remarquer, à la gloire de Fontenelle, que, parmi tous ceux dont il a fait l'éloge, on ne trouve que des hommes vraiment estimables. On remarquera encore qu'il refusa de louer ceux qui, après avoir recherché la distinction d'une place dans l'Académie des Sciences, négligèrent ensuite, ou par indifférence, ou par d'autres motifs, la place qu'ils avaient obtenue, dédaignant un devoir qui les honorait, et presque inconnus à la compagnie qui avait bien voulu les adopter. Fontenelle pensait que, pour mériter un éloge, il ne suffisait pas d'avoir fait inscrire son nom dans une

[1] Les plus estimés et les plus connus de ces éloges sont ceux de M. d'Argenson, du czar Pierre, du maréchal de Vauban, de Newton et de Leibnitz. On peut y joindre, quoique dans un ordre un peu inférieur, ceux de Tournefort, de Boherhaave, de Mallebranche, du marquis de L'Hôpital, du grand Cassini, de Renau, qui eut le mérite ou le malheur d'inventer des galiotes à bombes; de Homberg, premier medecin et chimiste du duc d'Orléans, régent; du fameux géographe de Lisle, qui raccourcit la mer Méditerranée de 300 lieues, et l'Asie de 500; et de Ruisch, célèbre anatomiste hollandais, avec qui le czar Pierre passait des jours entiers pour admirer ou pour s'instruire, et dont le cabinet fut transporté de la Haye à Pétersbourg.

liste; que les hommes du plus grand nom, quand ils ne portaient pas des lumières dans une compagnie savante, devaient du moins y porter du zèle; que des titres seuls ne peuvent honorer un corps où l'on compte les Cassini, les Leibnitz et les Newton; et qu'enfin, s'il y a des lieux où un rang et des dignités suffisent pour que la flatterie soit toujours prête à prodiguer l'éloge, ce n'est pas à une compagnie de philosophes à donner cet exemple : il avait donc alors le courage de se taire; et il serait à souhaiter que dans les mêmes occasions on rendît toujours la même justice.

Il n'entre point dans mon plan de parler de tous ceux qui, du temps de Fontenelle, ou après lui, ont écrit dans le même genre; ce détail serait immense, et peu utile. Si le public les connaît, c'est à lui à les apprécier; s'il ne les connaît point, ils le sont déjà. Qu'il me soit permis seulement de m'arrêter sur les éloges de Montesquieu, de l'abbé Terrasson, de Bernoulli et de Dumarsais. Comme ils ont un caractère qui leur est propre, et que leur auteur n'a voulu imiter ni Fontenelle ni personne, ils méritent d'être distingués ici comme ils l'ont été par le public. Ce qui caractérise l'auteur de ces éloges, c'est une philosophie pleine de fermeté, et quelquefois de hauteur; une âme qui ne craint pas de se montrer, qui ose afficher son estime ou sa haine, qui ne blesse point les convenances, mais qui, en ôtant à la vérité ce qu'elle a de révoltant, lui laisse tout ce qu'elle a de noble; un esprit à la fois sage et profond; l'étendue des idées jointe à la méthode; un style précis qui n'orne point sa pensée, qui ne l'étend pas, dont la clarté fait le développement, et dont la parure est la force; et quelquefois l'art de saisir le ridicule et de le peindre avec toute la vigueur que donne le mépris, quand ce mépris est commandé par la raison. Il est aisé de voir en quoi l'auteur de ces nouveaux éloges diffère de Fontenelle; la différence de leur manière vient de celle de leur âme. Si on a comparé l'un à Pline, on peut, avec plus de raison, comparer l'autre à Tacite. Il en a la marche, souvent la profondeur; et l'éloge de Montesquieu rappelle en plus d'un endroit l'éloge d'Agricola.

Je ne puis finir cet article sur les éloges des gens de lettres et des savans, sans parler encore d'un ouvrage de ce genre, qui porte à la fois l'empreinte d'une imagination forte et d'un cœur sensible; ouvrage plein de chaleur et de désordre, d'enthousiasme et d'idées, qui tantôt respire une mélancolie tendre, et tantôt un sentiment énergique et profond; ouvrage qui doit révolter certaines âmes et en passionner d'autres, et qui ne peut être médiocrement ni critiqué ni senti : c'est l'éloge de Richardson, ou plutôt, ce n'est point un éloge, c'est un hymne. L'orateur ressemble à ces grands prêtres antiques qui, à la lueur du feu sacré, parlaient au peuple aux pieds de la statue de leur divinité. En l'écoutant, l'enthousiasme se communique : le sentiment, quoique exagéré, paraît vrai. Ce mélange d'imagination et de philosophie, de sensibilité et de force, ces expressions, tantôt si énergiques et tantôt si simples, ces invocations si passionnées, ce désordre, ces élans, et ensuite ces silences, et, pour ainsi dire, ces repos; enfin cette conversation avec son lecteur, quelquefois si douce, et d'autrefois si impétueuse, tout cela s'empare de l'imagination d'une manière puissante, et laisse l'âme à la fin dans une émotion vive et profonde. Je sais qu'il y a des hommes qui ne peuvent approuver, dans les autres, ce qu'ils n'ont pas senti; ceux-là goûtent des beautés d'un autre genre. Plus heureux cependant, ceux qui ont reçu de la nature une âme ouverte à toutes les impressions, qui suivent avec plaisir un enchaînement d'idées vastes ou profondes, et ne s'en livrent pas avec moins de transport à un sentiment impétueux ou tendre. Celui qui a ce ressort dans l'âme a un sens de plus, et il doit remercier la nature.

[1] Depuis que cet ouvrage est écrit, il a paru des éloges d'un mérite distingué dans différens genres, et justement accueillis du public. Nous n'en parlerons pas ici, parce qu'ils sont trop près de nous; les indiquer, c'est les faire connaître.

CHAPITRE XXXVII.

DES ÉLOGES EN ITALIE, EN ESPAGNE, EN ANGLETERRE, EN ALLEMAGNE, EN RUSSIE.

J'AI tâché de faire connaître la plupart de ceux qui, dans les langues anciennes ou dans la nôtre, ont écrit dans le genre de l'éloge. Les langues italienne, espagnole, anglaise et allemande, ne nous offrent presque rien de célèbre dans ce genre. En Italie, on a une foule de panégyriques de cardinaux et de papes, mais la plupart écrits en latin. Les Italiens modernes, quoiqu'ils descendent presque tous de Gaulois, d'Africains, de Germains, de Goths, de Lombards, d'Allemands et de Français, bien plus que des anciens Romains, aiment toujours la langue qu'on parlait autrefois au Capitole : elle leur rappelle qu'ils ont été les maîtres du monde. Ce sont de grandes familles dépossédées, ou des gens qui ont la prétention d'en être, et qui ont gardé les armes de leur maison. Quand la langue italienne fut cultivée, elle eut des politiques, des historiens et des poëtes. Elle put opposer Machiavel à Tacite, Guichardin à Tite-Live, le Tasse à Virgile, et l'Arioste à Ovide; mais elle n'eut rien à opposer à Cicéron ou à Pline.

En général, l'éloquence italienne a peu de caractère et de force. Il semble que cette nation spirituelle et vive, dans un climat doux et voluptueux, livrée à tout ce qui peut amuser l'imagination et enchanter les sens, s'occupe plutôt à jouir des impressions qu'elle reçoit qu'à les transmettre, et dans l'expression des arts même, cherche encore plus à intéresser les sens que l'âme et l'esprit. La musique, pour laquelle les Italiens sont si passionnés, et qu'ils ont cultivée avec tant de succès, est de tous les arts celui qui parle aux sens avec le plus d'empire. Ils ont négligé la tragédie, destinée à peindre les passions et les hommes, et se sont livrés tout entiers à l'opéra, qui d'un bout à l'autre est le spectacle des sens. Leur comédie, où il y a bien plus de spectacle et de mouvement que de peinture de mœurs, paraît plus faite pour les yeux que pour l'esprit. Dans tous leurs grands poëmes, sans en excepter l'Arioste et le Tasse, la partie des descriptions et des tableaux est en général très-supérieure à la partie des sentimens. Enfin, dans leur conversation même, si souvent ingénieuse et piquante, par la vivacité des images et la force de la pantomime qui anime tous leurs discours, ils semblent surtout parler à l'imagination et aux sens. On peut dire que leur éloquence participe à ce caractère général. Les Italiens vont entendre un discours à peu près comme ils entendent un concert. L'orateur déploie toutes les richesses et la mélodie de sa langue; il combine les mots pour le plaisir de l'oreille, comme le musicien combine les sons. Le cours harmonieux des paroles qui se succèdent et qui s'enchaînent, soutient et fixe l'attention ; et la pantomime de l'orateur frappant les yeux en même temps que la musique des mots frappe l'oreille, sert pour ainsi dire d'accompagnement à cette musique. Cependant le discours, semblable à de l'harmonie sans caractère, s'arrête à la surface des sens; l'âme n'a aucun des plaisirs qui l'intéressent; elle n'est ni remuée par des passions, ni attachée par des idées.

On l'a déjà dit, il ne peut y avoir de grande éloquence sans de grands intérêts; et il faut convenir que pour célébrer la barrette donnée à un prélat d'Osti ou de Faenza, ou pour louer un pape à son installation, il ne faut pas autant d'éloquence qu'il en fallait à César pour gouverner le sénat et le peuple de Rome. Parcourez tous les états d'Italie; est-ce à Venise, dont l'aristocratie sévère est fondée sur la crainte; où la politique inquiète et soupçonneuse marche quelquefois dans la nuit entre des inquisiteurs d'état et des bourreaux; où tout est couvert d'un voile; où le gouvernement est muet comme l'obéissance; où la barrière qui sépare la noblesse et le peuple défend aux talens de s'élever; où le plaisir même est un instrument de politique; où, par système, on a substitué à la liberté qui élève les âmes, la licence qui les amollit; Venise, où tout ce qui serait grand serait suspect; où enfin le caractère de tous les principes de gouvernement est d'être immobile et calme, et où, depuis des siècles, tout tend à la conservation et à la paix, rien à l'agrandissement et à la gloire? L'aristocratie de Gênes, quoique fondée sur des principes un peu différens, n'est guère plus favorable aux orateurs. Florence, séjour et berceau de tous les arts, cultiva, dans les orages de sa liberté, l'éloquence et les lettres avec succès ; mais depuis que la Toscane n'est plus gouvernée par ses lois, Florence a plutôt conservé le goût des arts que leur génie ; elle honore la mémoire de ses grands hommes, et n'en produit pas de nouveaux. Il en est de même de la plus grande partie de l'Italie, qui, soumise à des dominations étrangères, et tour à tour envahie, subjuguée, défendue, gouvernée par des Allemands, des Espagnols ou des Français, a perdu pour ainsi dire cette espèce d'intérêt de probité pour son pays, qui développe les talens et crée les efforts en tout genre. Chez un peuple qui n'est pas libre, ou ne l'est qu'à moitié, jamais le génie de l'éloquence n'a paru qu'avec l'éclat du gouvernement; et les grands orateurs y marchent à la suite des généraux, des ministres et des grands hommes d'état.

Au reste, de toutes les nations modernes, les Italiens sont peut-être ceux qui ont rendu le plus d'hommage à leurs hommes illustres. Là aussi, comme ailleurs, le génie, de son vivant, fut quelquefois puni de sa célébrité; mais souvent il reçut des récompenses éclatantes; et, toujours après sa mort, on lui prodigua, pour l'honorer, les inscriptions, les statues, les mausolées et les éloges. Dans le seizième siècle surtout, on vit naître une foule d'ouvrages destinés à conserver les noms de tous les Italiens célèbres. Chaque ville, chaque pays a voulu avoir la liste de ses grands hommes. Poëtes, peintres, sculpteurs, philosophes, savans dans les langues anciennes, historiens, politiques, tout a été célébré, tout a eu sa portion d'immortalité dans quelques lignes écrites au bas de leurs noms. Il est vrai que cette immortalité a été quelquefois un peu obscure. Les hommages rendus à des contemporains sont comme des traités que la vanité d'un siècle fait avec les siècles suivans, et que la postérité ne ratifie pas toujours. Mais lorsque ces honneurs sont accordés à des hommes vraiment célèbres, ils ont droit d'intéresser dans tous les temps. Tels furent ceux qu'on rendit à la mémoire de Michel-Ange, et qui peignent à la fois l'enthousiasme de son siècle et de sa patrie pour les arts.

Cet artiste fameux était mort à Rome, et le

SUR LES ÉLOGES.

pape voulait le faire enterrer avec la plus grande pompe, dans l'église de Saint-Pierre, qu'il avait contribué à embellir par son génie [1]; mais Florence, sa patrie, ne put consentir à le céder. On ne l'aurait pas rendu; il fallut l'enlever. Il se fit une conspiration pour avoir son corps, comme il s'en est fait plus d'une fois pour s'emparer d'une ville. L'enlèvement réussit. Le souverain de Rome fut indigné : les Florentins soutinrent leurs droits avec courage. A l'approche du corps, tout le peuple sortit de Florence : à peine le cercueil pouvait fendre la foule. On le déposa dans la principale église jusqu'à ce qu'on eût ordonné sa pompe funèbre. Jamais peut-être la cendre d'aucun souverain ne fut ensevelie avec de plus grands honneurs. On lui éleva un catafalque décoré de statues, d'emblèmes et de peintures. L'église entière et huit chapelles étaient décorées avec la même magnificence. Les époques les plus intéressantes de sa vie y étaient représentées. On le voyait député en ambassade vers Jules II; traité avec le plus grand respect par tous les princes de la maison de Médicis; conversant avec les papes, et assis à côté d'eux, tandis que les cardinaux

---

[1] On aurait pu alors mettre sur son tombeau la même inscription qu'on a mise à Londres sur le tombeau de l'architecte (Wren) qui a bâti la célèbre église de S. Paul, et qui y est enterré. On s'est contenté de graver son nom sur une pierre avec ces mots : « Tu cherches un monument, regarde autour de toi. » « *Si monumentum quæris, circumspice.* »

et tous les courtisans étaient debout ; comblé d'honneurs à Venise, où la république et le doge l'envoyèrent complimenter à son arrivée. On le voyait dans son école comme dans un temple, environné d'une foule d'enfans et de jeunes gens de tout âge, qui lui offraient les essais de leurs travaux; et lui, comme une divinité, leur communiquant, pour ainsi dire, le génie des arts. Plusieurs figures animaient par leur mouvement cette décoration; le Génie ardent et les ailes déployées ; une Minerve douce et austère, et qui mêlait le goût à la fierté; l'Étude méditant et dans un repos actif, la proportion légère marquée par une des Grâces; l'âme de Michel-Ange sous l'emblème d'un génie céleste, s'élevant et semblant se perdre et se confondre dans des flots de lumière; plus loin l'Envie ceinte de serpens, une vipère à la main, voulant vainement exhaler son poison sur la Gloire ; et la Haine enchaînée qui se débattait, qui cherchait, en frémissant, à se relever, et retombait sous ses fers. Cependant, une Renommée planait sur le cercueil, et semblait emporter la réputation et la gloire de Michel-Ange vers les siècles à venir.

Telle fut une partie de cette décoration exécutée par les plus habiles peintres, statuaires et architectes de la Toscane. La pompe funèbre fut célébrée avec une magnificence digne de cet appareil. On était accouru de toutes les parties de l'Italie : c'était la fête des talens et des arts, célébrée par la reconnaissance. Au milieu de ce concours, l'oraison funèbre de Michel-Ange fut prononcée. L'orateur était le Varchi : il avait la plus grande réputation, et l'on regarda comme une partie considérable de la gloire de Michel-Ange d'avoir pu être célébré par un homme si éloquent [1]. Bientôt après cette décoration passagère, destinée à orner une pompe funèbre d'un jour, on lui éleva un mausolée plus durable, et dont les marbres furent donnés par le grand duc. Ce mausolée subsiste encore. Mais les vrais monumens de la gloire de Michel-Ange sont ses ouvrages, et surtout la fameuse coupole de Saint-Pierre. La jalousie des Florentins, qui a disputé sa cendre, n'a pu enlever ce monument à Rome; et si sa patrie jouit de son tombeau, Rome, où il a exécuté la plupart de ses chefs-d'œuvre, jouit de son génie.

Aujourd'hui, en Italie, la distinction des oraisons funèbres est réservée, comme dans le reste de l'Europe, à ceux qui ont eu des honneurs ou des places; c'est un dernier hommage rendu au pouvoir. A l'égard des vivans, rien n'est plus commun en Italie que les éloges;

---

[1] Léonard Salviati, jeune homme de vingt-deux ans, prononça aussi un discours en l'honneur de Michel-Ange. Ces deux discours furent publiés avec une foule d'inscriptions et d'éloges en vers.

mais on les distribue en sonnets; c'est pour la louange la monnaie courante du pays: chacun la vend, la donne, l'achète ou la reçoit. Il y en a pour tous les événemens, pour toutes les fêtes. On loue également un bourgeois et un prince, les cardinaux et les femmes, des saints, des moines, des poëtes, des religieuses, ceux qui ont quelque pouvoir dans ce monde, ou ceux qui n'en ont que dans l'autre. Tous ces panégyriques en sonnets, éternellement répétés, et éternellement oubliés, tombent les uns sur les autres, comme la poussière dans un lieu où l'on marche. Au reste, ces éloges sont sans conséquence; on n'en est ni plus grand, ni plus petit pour les avoir faits ou reçus. C'est un effet de l'habitude et de la mode; c'est comme dans un autre pays, une révérence ou un geste de plus.

En Espagne, on connaît le genre des oraisons funèbres, mais nous ne connaissons point d'orateurs qui s'y soient distingués.

Ce genre serait né en Allemagne, s'il n'avait point été inventé ailleurs. Il paraît fait pour le pays où il y a le plus de rangs, de titres, de grandes, de moyennes ou de petites souverainetés, où la vanité humaine attache le plus de prix à toutes les représentations de la grandeur, vraies ou fausses. Dans une académie célèbre d'Allemagne, on a aussi établi l'usage des éloges pour les gens de lettres et les savans. Et, ce qui est un hommage rendu à notre langue, ces éloges se prononcent en français. Nous en connaissons plusieurs de Maupertuis. Ce philosophe, né avec plus d'imagination que de profondeur, et qui peut-être avait plus d'esprit que de lumières ; qui s'agita toute sa vie pour être en spectacle, mais à qui il fut plus facile d'être singulier que d'être grand ; qui courut après la renommée avec l'inquiétude d'un homme qui n'est pas sûr de la trouver ; qui quitta sa patrie, parce qu'il n'était pas le premier dans sa patrie ; qui s'ennuya loin d'elle, parce qu'il n'avait trouvé que le repos, et qu'il avait perdu le mouvement et des spectateurs ; qui, trop jaloux peut-être des succès des sociétés, perdit la gloire en cherchant la considération ; frappé de bonne heure de la grande célébrité de Fontenelle, avait cru devenir aussi célèbre que lui en l'imitant. Il avait, comme Fontenelle, voulu orner la philosophie par les grâces ; il chercha de même à copier sa manière dans les éloges. Mais en imitant un autre, il fut au-dessous de lui-même. Les défauts qui tiennent à la nature, sont quelquefois piquans ; les beautés qu'on emprunte sont presque toujours sans effet : il y manque pour ainsi dire l'assortiment et l'ensemble. C'est comme si un statuaire ou un peintre voulait jeter sur le corps d'une Vénus la draperie d'une Minerve.

On a vu dans la même académie quelques

éloges de savans et de gens de lettres composés par le souverain. Cet exemple nous rappelle les temps où le même homme était orateur, poëte, faisait des lis, et gagnait des batailles.

En Angleterre, le genre des éloges est peu connu; la constitution même, qui partout dirige la pente des esprits, s'oppose à ce genre de littérature. Comme tous les pouvoirs y sont balancés, il ne s'y élève jamais de puissance qui subjugue tout, et qui, réunissant toutes les forces, entraîne aussi tous les hommages. Comme tous les droits des citoyens y sont fixés, le bonheur dont on y jouit paraît être l'ouvrage, non d'un homme, mais de la loi. Comme la faiblesse n'a rien à craindre d'aucun pouvoir, elle n'a aucun pouvoir à flatter.

Ailleurs, on loue le souverain; son caractère où son génie fait le sort de sa nation. Là, le souverain, mis presque toujours en mouvement par la nation, ne fait qu'exécuter la volonté générale; il pourrait être grand comme particulier, et peu influer comme prince [1]; peut-être même des qualités brillantes pourraient être suspectes à un peuple qui joint l'inquiétude à la liberté; car il peut calculer les forces d'une puissance qu'il connaît, mais il ne peut calculer l'influence de l'activité et du génie.

[1] On peut citer en exemple Guillaume, prince d'Orange, devenu roi d'Angleterre.

SUR LES ÉLOGES.

Ailleurs, on loue ceux qui gouvernent sous le prince; tout pouvoir trouve un culte. En Angleterre, rarement le pouvoir impose à l'imagination; souvent il est suspect, et ceux qui l'exercent, perdent, par leur pouvoir même, une partie des hommages qu'auraient mérités, ou des talens, ou des vertus.

Enfin, il y a des pays où les voix se réunissent aisément, parce que les intérêts y sont les mêmes. Les esprits et les âmes, par la grande communication, y prennent la même couleur, et tout s'y décide par certaines impressions rapides auxquelles on aime à se livrer. Alors les opinions s'établissent comme les modes, et on loue avec transport aujourd'hui ce qu'on oubliera demain. Mais dans un pays où des partis se choquent, où les opinions ont la même liberté que les caractères, où chacun a ses sens, ses yeux, son âme, où la renommée a mille voix différentes, on doit admirer peu, estimer quelquefois, louer rarement. Enfin, la louange en général paraît à cette nation fière et libre tenir toujours un peu à l'esprit de servitude. Je ne parle pas de ces gazettes où les écrivains politiques, animés par une faction ou par leur propre caractère, vantent toutes les semaines, à tant par feuilles, un projet ou un homme. Je ne parle pas non plus des poëtes; les poëtes, en tout pays, sont une nation à part, et ils sont panégyristes en Angleterre comme ailleurs; la seule différence, c'est que les poëtes anglais louent peut-être avec moins de délicatesse et plus d'enthousiasme. Leur imagination solitaire et forte agrandit les hommes et les choses.

On connaît le panégyrique de Cromwel par Waller. Ce Waller, après avoir combattu et signalé son zèle pour Charles Ier., après avoir souffert, pour la cause des rois, la prison, l'exil, la perte d'une partie de ses biens, et sauvé à peine sa tête de l'échafaud, eut la bassesse de faire solliciter sa grâce auprès de son tyran, et la bassesse plus grande encore de louer publiquement son oppresseur et le bourreau de son maître : Milton, du moins, montra plus de courage; lui qui avait servi Cromwel de son épée et de sa plume, après le rétablissement de Charles II, garda le silence, et resta pauvre et malheureux, sans flatter ni prier. Je désirerais que Waller, dans une cause plus juste, eût fait de même. On doit supposer qu'il fut ébloui par les qualités du protecteur, et qu'il pardonna ses malheurs à celui qui régnait en grand homme. Ce qui nous le ferait croire, c'est qu'il loua encore le tyran après sa mort. On a de lui un éloge funèbre de Cromwel, plein d'imagination et de grandeur : le même homme loua ensuite Charles II. On connaît le reproche que lui fit le roi, et sa réponse. [1]

---

[1] Vous avez mieux fait pour Cromwel, lui dit le prince.

SUR LES ÉLOGES.

Les Anglais ont plusieurs autres panégyriques en vers. Leurs fameux poëtes se sont exercés dans ce genre. Dryden en a consacré un à une Anglaise célèbre par ses vertus, et Thompson a fait un éloge funèbre de Newton. Comme cet ouvrage est peu connu parmi nous, qu'il me soit permis d'en citer la fin. Thompson, après avoir décrit toutes les découvertes de ce grand homme sur la gravitation, sur les comètes, sur la lumière, sur la chronologie; après avoir peint la douceur de ses mœurs et l'élévation tranquille et calme de son caractère, s'interrompt tout à coup : « N'entends-je pas, « dit-il, une voix semblable à celle qui annonce « les grandes révolutions sur la terre ? *C'en est* « *fait, j'ai rempli ma tâche, et ma carrière est* « *achevée.* Cette voix retentit dans l'univers, « et Newton meurt. Arrêtez, s'écrie le poëte ; « que de faibles larmes ne coulent pas pour « lui, c'est sur la tombe de la beauté, de la « jeunesse et de l'enfance qu'il faut pleurer ; « c'est là qu'il faut porter vos chants funèbres ; « mais Newton veut d'autres hommages. » Puis tout-à-coup il s'écrie : « Honneur de la Grande-« Bretagne, ô grand homme ! soit que, assis « dans les cieux, tu t'entretiennes avec leurs « habitans, soit que, porté sur l'aile rapide des « génies célestes, tu voles à la suite de ces

---

Sire, dit Waller, nous autres poëtes nous réussissons mieux dans les fictions que dans les vérités.

« sphères immenses qui roulent dans l'espace,
« comparant dans ta marche les êtres avec les
« êtres, perdu dans les ravissemens, et livré
« aux transports de la reconnaissance pour les
« lumières que l'Être suprême avait versées
« dans ton âme; oh ! regarde en pitié ce faible
« genre humain que tu viens de quitter; élève
« l'esprit de ce bas univers; préside à ton pays;
« ranime ses talens et corrige ses mœurs. Quoi-
« que avilie et corrompue, c'est l'Angleterre
« qui t'a vu naître ; elle se glorifie de ton nom;
« elle t'offre pour modèle à ses enfans. Un jour,
« ô grand homme ! ta cendre ranimée repren-
« dra une nouvelle vie, lorsque le temps ne
« sera plus. En attendant, sois le génie de ta
« patrie, tandis que ta poussière sacrée dort
« avec celle des rois, et qu'elle daigne honorer
« leurs tombeaux. » C'est avec cet enthousiasme
que les Anglais louent leurs grands hommes.

Ce même Thompson a composé un éloge funèbre en l'honneur du lord Talbot, qui avait
été son bienfaiteur et son ami. Ce panégyrique
offre aussi des beautés. Il est adressé au fils du
mort, et voici comme il commence : « Milord !
« tandis qu'avec la nation tu pleures un ami et
« un père, permets à ma muse de verser sur la
« tombe de Talbot des vers sortis de mon cœur
« et dictés par la vérité. Ma muse, tu le sais,
« dès long-temps s'est chargée du double em-
« ploi de louer le mérite mort, d'humilier l'or-

« gueil vivant. Sa tâche généreuse commence
« où l'intérêt finit, etc. » Dans un endroit où
il parle de la protection que Talbot donnait
aux arts : « Bien différent, dit-il, de ces hommes
« vains qui, usurpant le nom de protecteur
« qu'ils avilissent, osent sacrifier un homme
« de mérite à leur orgueil, et répandre la rou-
« geur de la honte sur un front honnête, quand
« il accordait une grâce, c'était une dette qu'il
« semblait payer au mérite, à la nation et à l'être
« qui est la source éternelle de tout bien. Les
« muses reconnaissantes avaient un tel protec-
« teur ; mais leur noble fierté rejette avec dé-
« dain les secours fastueux que leur offre quel-
« quefois la main insultante de la vanité. » Et
à la fin : « Pardonne, ombre immortelle (si
« quelque chose de cette poussière de la terre
« peut encore monter jusqu'à toi)! pardonne
« un vain éloge inutile de ta gloire. Que dis-je !
« non, rien n'est vain de ce que la reconnais-
« sance inspire. Dailleurs, ma muse acquitte
« un devoir ; elle rend ce qu'elle doit à la vertu,
« à la patrie, au genre humain, à la nature
« immortelle et souveraine qui lui a donné,
« comme à sa prêtresse, la charge honorable
« de chanter des hymnes en l'honneur de tout
« ce qu'elle forme de grand et de beau dans
« l'univers. »

On voit quel est le ton et la noblesse de ces
éloges ; la vigueur d'âme qui y règne, vaut bien

notre délicatesse et notre goût. Ce goût, si nécessaire, mais quelquefois si incertain, est la faux qui retranche, mais n'est pas la sève qui fait produire. Un sentiment énergique et noble vaut mieux qu'une beauté exacte et froide. Si un Spartiate eût daigné écrire, j'eusse préféré son éloquence à celle d'Athènes.

Le génie du czar Pierre, qui a porté les semences de tous les arts en Russie, y a fait naître aussi l'éloquence. Nous avons un panégyrique de ce grand homme, en langue russe, qui mérite d'être connu; il est de M. Lomanosoff, écrivain original dans son pays, et qui jusqu'à présent a le plus honoré sa nation. Voici quelques traits de cet éloge; on y trouvera cette teinte de poésie qui convient au genre, et encore plus à un peuple à peine civilisé, où le génie même doit avoir plus de sensations que d'idées : « Supposez, dit l'orateur, un Mosco-
« vite sorti de sa patrie avant les entreprises de
« Pierre-le-Grand; supposez qu'il ait habité au-
« delà des mers, dans des climats où le nom et
« les projets du czar n'aient pas pénétré. A son
« retour, que penserait le voyageur, en trou-
« vant dans son pays les arts établis, de nou-
« veaux habillemens, des mœurs nouvelles,
« architecture, maisons, citadelles, villes,
« lois, usages, coutumes, tout enfin jusqu'au
« cours des fleuves et aux bornes de la mer,
« changé dans cet empire? Ne croirait-il pas ou

« que son absence a duré des siècles, ou que
« le genre humain s'est réuni pour créer en si
« peu d'années tant de merveilles, ou que ce
« spectacle étonnant n'est que l'effet et l'illu-
« sion d'un songe ? »

Ailleurs, il personnifie la Russie qui, triste et sanglante, apparaît aux yeux du czar pendant ses voyages. Elle l'appelle, elle lui tend les bras : « Reviens, aie pitié de mes malheurs ; des « traîtres me déchirent, des brigands me dé- « solent. » Le héros, sensible à ces accens, revole vers elle ; il le peint ensuite combattant au dehors, et tour à tour la Suède, la Pologne, la Crimée, la Turquie, la Perse; au dedans, les Strelitz, les fanatiques, les patriarches et les Cosaques; dans sa propre maison, les incendies, les empoisonnemens et les assassinats; il peint surtout son activité prodigieuse : « Que « de courses, de trajets, de voyages ; la Dvina et « le Niéper, le Volga et le Tanaïs, la Vistule « et l'Oder, l'Elbe et le Danube, la Seine, la « Tamise et le Rhin ont tour à tour dans leurs « eaux réfléchi son image. Les quatre mers qui « bornent cet empire, témoins de ses exploits, « se sont tour à tour courbées sous le poids de « ses flottes. Parcourez des pays innombrables, « partout vous trouverez des traces de ses pas. « C'est ici qu'il s'arrêta après un voyage de « cinq cents lieues; à cette source d'eau, il « étancha sa soif; dans cette plaine, il rangea

« lui-même son armée en bataille; dans cette
« forêt, il marqua avec la hache les chênes
« qu'il fallait abattre pour construire des vais-
« seaux. Ici, il travailla comme un simple arti-
« san; là, il écrivit des lois; plus loin, il traça
« des plans de construction pour une flotte.
« Voici les ports que sa main a creusés; voilà
« les forteresses qu'il a bâties; c'est ici qu'il
« arrêta le sang qui coulait de la blessure d'un
« de ses sujets. Semblable à la mer agitée sans
« cesse par le flux et le reflux, ce héros a été
« pour ses peuples dans un mouvement éternel.
« Mille ans de vie suffiraient à peine à tant
« d'autres; et sa vie a été si courte! » Ce discours finit par une apostrophe à l'âme du czar, qui est sans doute dans les cieux, d'où l'orateur le prie de veiller sur son empire. Il faut convenir qu'il y a dans la plupart de ces morceaux le ton d'une vraie et noble éloquence. Lorsque, il y a cent ans, la Russie était à peine connue, que les descendans des anciens Scythes étaient encore à demi-sauvages, et que le lieu où est aujourd'hui située leur capitale, n'était qu'un désert, on ne s'attendait pas alors qu'avant la fin du siècle, l'éloquence dût y être cultivée, et qu'un Scythe, au fond du golfe de Finlande, et à quinze degrés au-delà du Pont-Euxin, prononcerait un tel panégyrique dans une académie de Pétersbourg. On ne s'attendait pas davantage qu'en 1771, un orateur prononçât

sur le tombeau même du czar Pierre un remercîment à l'âme de ce grand homme, pour une victoire remportée par une flotte russe dans la Méditerranée, et au milieu des îles de l'Archipel. Cette idée digne des anciens Grecs, qui croyaient que le génie des grands hommes veillait toujours au milieu d'eux, et que leur âme était présente parmi leurs concitoyens pour animer et soutenir leurs travaux, est peut-être le plus bel hommage qui ait été rendu au législateur de la Russie. Par un hasard singulier, l'orateur se nommait Platon, et l'on dit que son éloquence ne le rendait pas indigne de porter ce nom célèbre. Ainsi, les arts font le tour du monde. Ce n'est plus le Scythe Anacharsis qui voyage dans Athènes : ce sont les arts mêmes de la Grèce qui semblent voyager chez les Scythes. Les Russes ont un esprit facile et souple; leur langue est, après l'italien, la plus douce de l'Europe ; et si une législation nouvelle élevant les esprits, fait disparaître enfin les longues traces du despotisme et de la servitude; si elle donne au corps même de la nation une sorte d'activité qui n'a été jusqu'à présent que dans les souverains et la noblesse ; si de grands succès continuent à frapper, à réveiller les imaginations, et que l'idée de la gloire nationale fasse naître pour les particuliers l'idée d'une gloire personnelle, alors le génie qu'on y a vu plus d'une fois sur le trône, descendra peu à peu sur l'empire; et les arts mêmes d'imagination, transplantés dans ces climats, pourront peut-être y prendre racine, et être un jour cultivés avec succès.

CHAPITRE XXXVIII ET DERNIER.

DU GENRE ACTUEL DES ÉLOGES PARMI NOUS; SI L'ÉLOQUENCE LEUR CONVIENT, ET QUEL GENRE D'ÉLOQUENCE.

En suivant l'histoire des éloges, et cette branche de la littérature, depuis les Égyptiens et les Grecs jusqu'à nous, on a pu remarquer les changemens que ce genre a éprouvés, les temps où il était le plus commun, l'usage ou l'abus qu'on en a fait, et les différentes formes que la politique, ou la morale, ou la bassesse, ou le génie lui ont donnés. On a vu des siècles où c'était le seul genre; et ces siècles étaient ceux de l'oppression ou des succès, ceux de la tyrannie ou de la grandeur d'un maître. On a vu dans toutes les républiques l'honneur des éloges réservé pour les morts, dans les monarchies cet honneur prodigué aux vivans; le délire de la louange à Rome, sous Auguste et sous Constantin; à Byzance, sous une foule d'empereurs oubliés; en France, sous Richelieu et sous Louis XIV. Depuis un demi-siècle, il s'est fait parmi nous une espèce de révolution ; on apprécie mieux la gloire ; on juge mieux les hommes ; on distingue les talens des succès : on sépare ce qui est utile de ce qui est éclatant et dangereux ; on ne pardonne pas le génie sans la vertu ; on respecte quelquefois la vertu sans la grandeur ; on perce enfin à travers les dignités pour aller jusqu'à l'homme. Ainsi peu à peu il s'est formé dans les esprits un caractère d'élévation, ou plutôt de justice. Les âmes nobles, en se comparant aux âmes viles de tous les états, se sont mises à leur place. De là on prostitue moins l'éloge : ceux même qui pourraient être corrompus et lâches, sont arrêtés par l'opinion ; et la peur de la honte les sauve au moins de la bassesse. D'ailleurs, un goût de vérité général s'est répandu ; moins il y en a dans nos mœurs, plus on en exige dans les écrits. Le mot célèbre de Mallebranche, *qu'est-ce que cela prouve ?* est presque le mot du siècle. Les panégyriques doivent donc être tombés : on lit beaucoup moins d'oraisons funèbres : les dédicaces deviennent rares ; elles ne s'ennoblissent que lorsque la philosophie sait parler avec dignité à la grandeur, ou lorsque la reconnaissance s'entretient avec l'amitié. Hors de là, c'est presque un ridicule égal de les faire ou de les recevoir. On ne voit plus ni prologues d'opéra sur les princes, ni odes pindariques sur les grandes vertus d'un héros que personne ne connaît. Enfin, les complimens et les harangues, auxquels est condamné un homme en place, et où on doit lui prouver méthodiquement qu'il est un très-grand homme, sont mis par lui-même au rang des fables ennuyeuses. L'homme d'esprit en rit; le sot même n'ose plus les croire. Mais la même raison qui a dû faire tomber tous ces genres d'éloges déclamés ou chantés, écrits ou parlés, ou ridicules ou ennuyeux, ou vils ou du moins très-inutiles à tout le monde, excepté à celui à qui on les paie, a dû au contraire accréditer les panégyriques des grands hommes qu'on peut louer sans honte, parce qu'on les loue sans intérêt, et qui, dans des temps plus heureux, ayant servi l'humanité et l'État, offrent de grandes vertus à nos mœurs, ou de grands talens à notre faiblesse. Aussi ce genre est aujourd'hui plus commun qu'il ne l'a jamais été. On sait que l'Académie Française substitua, il y a près de quinze ans, ces sortes d'éloges à ses anciens sujets. Elle crut qu'il valait mieux présenter la vertu en action, que des lieux communs de morale, souvent usés. Tout a imité cet exemple : on a proposé l'éloge de Leibnitz à Berlin, comme celui de Descartes à Paris : nous avons vu annoncer tour à tour l'éloge de Duquesne à Marseille, celui du grand Corneille à Rouen, celui du bon et de l'immortel Henri IV à la Rochelle. Il est à souhaiter que l'on continue ainsi les éloges de nos grands hommes.

SUR LES ÉLOGES.

Là, tous les états et tous les rangs trouveraient des modèles. Les vrais citoyens désireraient d'y obtenir une place. Cet honneur parmi nous suppléerait aux statues de l'ancienne Rome, aux arcs de triomphe de la Chine, aux mausolées de Westminster. Eh quoi! chez toutes les nations éclairées il y a eu des honneurs pour la mémoire des grands hommes, et nous, qu'avons-nous fait pour les nôtres? La seule statue de Sully qui existe, est dans un château au fond d'une province; et l'on a dédaigné, il y a trois ans, la générosité qui en faisait un présent à la patrie. On vient de relever avec éclat dans Stockholm un monument érigé, il y a cent ans, en l'honneur de Descartes : et parmi nous une simple pierre dans une église apprend où il repose. Molière obtint à peine la sépulture. Qui sait où est la cendre de Corneille? En quel endroit puis-je aller pleurer sur la tombe de L'Hôpital? Le général qui sauva la France à Denain, déposé depuis près de quarante années dans un pays étranger, attend encore qu'on transporte ses dépouilles et ses restes dans le pays qu'il a sauvé. Catinat, le plus vertueux des hommes, est enseveli sans pompe dans un village; et avant qu'une compagnie savante eût proposé aux orateurs l'éloge de Fénélon, et qu'elle eût couronné un ouvrage éloquent, quels honneurs rendus à ce grand homme avaient consolé son ombre des disgrâces de l'exil? Nation impétueuse et légère, ardente à ses plaisirs, occupée toujours du présent, oubliant bientôt le passé, parlant de tout, et ne s'affectant de rien, elle regarde avec indifférence tout ce qui est grand; et quelquefois un ridicule est tout le salaire d'une action généreuse, ou d'un service rendu à l'État et à nous. C'est au petit nombre des hommes vraiment sensibles, et à qui la nature n'a pas refusé ce recueillement de l'âme qui porte aux grandes choses et les fait aimer, c'est à eux à célébrer la vertu, à honorer le génie. Qu'ils opposent à l'injustice d'un moment la justice des siècles! Que l'homme de mérite, éclipsé par l'intrigue, et persécuté par la haine, sache en mourant que son nom du moins sera vengé! Alors il descendra dans la tombe avec moins de douleur, et ses yeux prêts à se fermer pourront n'être pas condamnés à verser des larmes.

On ne peut donc douter que ces sortes d'éloges ne soient utiles; mais on peut demander comment et dans quel genre ils doivent être écrits. Des hommes estimables pensent que les meilleurs modèles de ces sortes d'ouvrages sont ou les vies des hommes illustres de Plutarque, ou les éloges des savans de Fontenelle; c'est à-dire, qu'ils voudraient un simple éloge historique, mêlé de réflexions, sans qu'on se permît jamais ni le ton, ni les mouvemens de l'éloquence. Ils sont persuadés que l'écrivain, borné au rôle d'historien-philosophe, doit mieux voir et mieux peindre ce qu'il voit; qu'en cherchant moins à en imposer aux autres, il en impose moins à lui-même; que celui qui veut embellir, exagère; qu'on perd du côté de l'exacte vérité tout ce qu'on gagne du côté de la chaleur; que pour être vraiment utile, il faut présenter les faiblesses à côté des vertus; que nous avons plus de confiance dans des portraits qui nous ressemblent; que toute éloquence est une espèce d'art dont on se défie; et que l'orateur, en se passionnant, met en garde contre lui les esprits sages qui aiment mieux raisonner que sentir.

Voilà les raisons qu'on apporte pour bannir l'éloquence des éloges des grands hommes. Mais ne peut-on pas répondre que ces sortes d'ouvrages étant moins des monumens historiques, que des tableaux faits pour réveiller les grandes idées ou de grands sentimens, il ne suffit pas de raconter à l'esprit, il faut, si l'on peut, parler à l'âme et l'intéresser fortement? Pour peu qu'un lecteur soit instruit, les faits qui concernent les grands hommes lui sont connus. Que lui apprenez-vous donc par un éloge? rien. Mais par la manière dont vous présentez les faits, dont vous les développez, dont vous les rapprochez les uns des autres, par les grandes actions comparées aux grands obstacles, par l'influence d'un homme sur sa nation, par les traits énergiques et mâles avec lesquels vous peignez ses vertus, par les traits touchans sous lesquels vous montrez la reconnaissance ou des particuliers ou des peuples, par le mépris et l'horreur que vous répandez sur ses ennemis, enfin, par les retours que vous faites sur votre siècle, sur ses besoins, sur ses faiblesses, sur les services qu'un grand homme pourrait rendre, et qu'on attend sans espérer, vous excitez les âmes, vous les réveillez de leur léthargie, vous contribuez du moins à entretenir encore dans un petit nombre l'enthousiasme des choses honnêtes et grandes. Et croyez-vous produire ces effets sans éloquence? Sera-ce après la lecture d'un éloge froidement historique que l'on tombera dans cette rêverie profonde qui accompagne les impressions fortes? Sera-ce alors que l'on descendra dans soi - même, que l'on interrogera sa vie, que l'on se demandera ce que l'on a fait de grand ou d'utile, que l'on prendra la résolution de se consacrer enfin à des travaux pour l'État ou pour soi-même, que le fantôme de la postérité qui n'existait point pour l'âme indifférente, se réalisera enfin à ses yeux, et qu'elle consentira à mépriser la fortune, à irriter l'envie? Non : l'homme froid et tranquille laisse la même tranquillité à tout ce qui l'entoure : c'est la loi générale. Imaginez la nature sans mouvement : tout est mort; plus de communication; l'univers n'est qu'un assemblage de masses isolées et de corps sans action, éternellement immobiles. Il en est de même des âmes. Le sentiment est ce qui les agite et les remue; il circule comme le mouvement; il a ses lois comme le choc des corps. Peignez donc avec force tout ce que vous voulez m'inspirer. Voulez-vous m'élever! ayez de la grandeur. Voulez-vous me faire admirer les vertus, les travaux, les grands sacrifices? déployez vous-même cette admiration qui me frappe et qui m'étonne. Que dis-je? Si vous n'avez ces sentimens dans le cœur, êtes-vous digne de peindre les grands hommes? y réussirez-vous? Pour remplir cette tâche, il faut avoir été fortement ému au recit des grandes actions; il faut souvent, dans le silence de la nuit, avoir interrompu ses lectures par des cris involontaires; il faut plus d'une fois avoir senti sa paupière humide des larmes de l'attendrissement; il faut avoir éprouvé l'indignation que donne le crime heureux; il faut avoir senti le mépris des faiblesses et de tout ce qui dégrade. Et si votre âme est ainsi affectée, pourrez-vous vous restreindre au détail historique des faits, et à quelques réflexions inanimées? Ne faudra-t-il pas que le sentiment qui est dans votre âme se répande? En peignant de grandes choses, ne sentirez-vous pas le contraste des choses viles? En parlant des maux, ne vous attendrirez-vous pas sur ceux qui les ont soufferts? N'évoquerez-vous pas quelquefois le génie de la bienfaisance et de l'humanité sur les hommes malheureux? Ne verra-t-on pas quelquefois sur vos lignes tracées en désordre l'empreinte des larmes que votre œil aura laissé tomber en les écrivant? Malheur à vous, si les intérêts des États, si les maux des hommes, si les remèdes à ces maux, si la vertu, si le génie, si tout ce qu'il y a de grand et de noble, vous laisse sans émotion, et si en traitant tous ces objets, vous pouvez vous défendre à vous-même d'être éloquent!

Je sais qu'il y a beaucoup de différence entre l'orateur qui parle, et l'écrivain qui ne doit être que lu. Le premier peut et doit être plus aisément passionné. Une grande assemblée élève l'âme. Les sentimens passent de l'orateur au peuple, et reviennent du peuple à l'orateur. Ces milliers d'hommes sur lesquels il agit, réagissent sur lui. D'ailleurs, son ton, ses yeux, sa voix, tous ses mouvemens, de concert avec sa passion qui l'anime, persuadent que cette passion est vraie. Il frappe, il agite les sens; et c'est ainsi qu'il s'empare de l'âme et qu'il la trouble. Mais pour l'écrivain, tout est calme. On le lit en silence : chaque homme avec qui il converse est isolé : le sentiment est solitaire, l'orateur lui-même est absent; ni les inflexions de sa voix, ni les traits de son visage, ne vous attestent la vérité de ce qu'il dit. Des sons tracés, des caractères muets sont la seule communication qu'il y ait entre vous et lui : il n'y a que sa pensée qui parle à la vôtre. L'effet de cette éloquence, on ne peut se le dissimuler, est donc plus difficile, et le succès plus incertain.

D'ailleurs, il y a des pays et des siècles où l'éloquence, par elle-même, doit moins réussir. Ainsi les Grecs, plus animés par leur climat, devaient être plus sensibles à l'éloquence que les Romains, et les Romains, plus que tous les peuples septentrionaux de l'Europe. Mais si un peuple a des mœurs frivoles et légères; si, au lieu de cette sensibilité profonde qui arrête l'âme et la fixe sur les objets, il n'a qu'une espèce d'inquiétude active qui se répande sur tout sans s'attacher à rien; si, à force d'être sociable, il devient tous les jours moins sensible; si tous les caractères originaux disparaissent pour prendre une teinte uniforme et de convention; si le besoin de plaire, la crainte d'offenser, et cette existence d'opinion qui aujourd'hui est presque la seule, étouffe ou réprime tous les mouvemens de l'âme; si l'on n'ose ni aimer, ni haïr, ni admirer, ni s'indigner d'après son cœur; si chacun par devoir est élégant, poli et glacé; si les femmes mêmes perdent tous les jours de leur véritable empire; si, à cette sensibilité ardente et généreuse qu'elles ont droit d'inspirer, on substitue un sentiment vil et faible ; si les événemens heureux ou malheureux ne sont qu'un objet de conversation, et jamais de sentiment ; si le vide des grands intérêts rétrécit l'âme, et l'accoutume à donner un grand prix aux petites choses, que deviendra l'éloquence chez un pareil peuple ? Rien de si ridicule qu'un homme passionné dans un cercle d'hommes froids. L'âme qui a de l'énergie fatigue celle qui n'en a pas ; et pour s'attendrir ou s'élever avec les autres, il faut être accoutumé à sentir avec soi-même. A ces causes, ou politiques ou morales, s'en joignent encore d'autres. Notre siècle est généralement tourné vers l'esprit de discussion ; et ce genre d'esprit, occupé sans cesse à comparer des idées, doit nuire un peu à la vivacité des sentimens. D'ailleurs, il faut des choses nouvelles pour ébranler l'imagination ; et presque tous les grands tableaux ont été épuisés par les orateurs de tous les siècles. Ce qui eût produit autrefois un grand effet, n'est plus aujourd'hui que lieu commun. Enfin, en voulant faire un art de l'éloquence, on a nui à l'éloquence même. Toutes les manières pathétiques et fortes, dont les gens à passions s'expriment, ont été rangées sous une nomenclature aride de figures. Qu'un homme se livre à un de ces mouvemens, l'effet est prévu, il ne produit rien ; on croit voir quelqu'un qui s'écha-

SUR LES ÉLOGES.

faude pour étonner, et cette espèce d'appareil fait rire; quelques hommes même ont pris ces formules pour de l'éloquence : autre source de ridicule. Les mauvais orateurs ont décrédité les bons, à peu près comme les charlatans font tort à la médecine, et les versificateurs aux poëtes. Faut-il donc renoncer à l'éloquence ? Non, sans doute; mais ce sont autant de raisons pour s'attacher à bien distinguer la vraie de la fausse; d'abord il n'y a point d'éloquence sans idées. Si donc, en célébrant les grands hommes, vous voulez être mis au rang des orateurs, il faut avoir parcouru une surface étendue de connaissances; il faut avoir étudié et dans les livres et dans votre propre pensée, quelles sont les fonctions d'un général, d'un législateur, d'un ministre, d'un prince; quelles sont les qualités qui constituent ou un grand philosophe ou un grand poëte; quels sont les intérêts et la situation politique des peuples; le caractère ou les lumières des siècles; l'état des arts, des sciences, des lois, du gouvernement; leur objet et leurs principes; les révolutions qu'ils ont éprouvées dans chaque pays; les pas qui ont été faits dans chaque carrière; les idées ou opposées ou semblables de plusieurs grands hommes; ce qui n'est que système, et ce qui a été confirmé par l'expérience et le succès; enfin tout ce qui manque à la perfection de ces grands objets, qui embrassent le plan et le système universel de la société.

Mais ces connaissances ne sont encore que générales, il vous en faut de plus particulières. Le peintre, avant de manier le crayon, conçoit ses figures, étudie leurs attitudes. Méditez donc sur l'âme et le génie de celui que vous voulez louer; saisissez les idées qui lui sont propres; trouvez la chaîne qui lie ensemble ou ses actions ou ses pensées; distinguez le point d'où il est parti, et celui où il est arrivé; voyez ce qu'il a reçu de son siècle, et ce qu'il y a ajouté; marquez ou les obstacles ou les causes de ces progrès, et devinez l'éducation de son génie. Ce n'est pas tout; observez l'influence de son caractère sur ses talens, ou de ses talens sur son caractère; en quoi il a été original, et n'a reçu la loi de personne; en quoi il a été subjugué ou par l'habitude, la plus invincible des tyrannies, ou par la crainte de choquer son siècle, crainte qui a corrompu tant de talens, ou par l'ignorance de ses forces, genre de modestie qui est quelquefois le vice d'un grand homme; mais surtout démêlez, s'il est possible, quelle est l'idée unique et primitive qui a servi de base à toutes ses idées; car presque tous les hommes extraordinaires dans la législation, dans la guerre, dans les arts, imitent la marche de la nature, et se font un principe unique et général dont toutes leurs idées ne sont que le développement. Cette connaissance, cette méditation profonde, vous donnera le plan et le dessein de votre ouvrage ; alors il en est temps, prenez la plume. Faites agir ou penser les grands hommes ; vous verrez naître vos idées en foule ; vous les verrez s'arranger, se combiner, se réfléchir les unes sur les autres ; vous verrez les principes marcher devant les actions, les actions éclairer les principes, les idées se fondre avec les faits, les réflexions générales sortir ou des succès, ou des obstacles, ou des moyens ; vous verrez l'histoire, la politique, la morale, les arts et les sciences, tout ce système de connaissances liées dans votre tête, féconder à chaque pas votre imagination, et joindre partout, aux idées principales, une foule d'idées accessoires. Croit-on, en effet, que, dans toutes les beautés ou de la nature ou de l'art, ce soit l'idée d'un seul et même objet, ou une sensation simple qui nous attache ? Nos plaisirs, comme nos peines, sont composés ; l'idée principale en attire à elle une foule d'autres qui s'y mêlent, et en augmentent l'impression. Celui qui, sans s'écarter, et en remplissant toujours son but, saura donc le plus semer d'idées accessoires sur sa route, sera celui qui attachera l'esprit plus fortement. C'est là le secret de l'orateur, du poëte, du statuaire et du peintre. Consultez les hommes de génie en tout genre, voyez les grandes compositions dans les arts. Un artiste est appelé à six cents lieues de Paris; il va dans Pétersbourg élever un monument au fondateur de la Russie. Se contentera-t-il de fondre la statue colossale d'un héros, et d'imiter parfaitement ses traits? Non, sans doute, il tâchera encore de réveiller dans l'âme de la postérité qui doit contempler ce monument, l'idée de tous les obstacles qu'un grand homme eut à vaincre, l'idée de son courage et de sa vigilance, l'idée de l'envie et de la haine, qui, dans tout pays, s'acharnent après les grands hommes. Il ne placera donc point son héros sur un froid piédestal; on le verra sur un rocher escarpé, qui lui sert de base, poussant à toute bride un cheval fier et vigoureux qui gravit au sommet du rocher, et de là il paraîtra étendre sa main sur son empire. La partie du rocher qu'il aura parcourue, offrira l'image d'une campagne cultivée; celle qui lui restera à franchir, sera encore brute et sauvage; cependant un serpent à demi-écrasé, et ranimant ses forces, s'élancera pour piquer les flancs du cheval, et tâcher, s'il le peut, d'arrêter la course du héros. Peintre des grands hommes, voilà votre modèle! Qu'une foule d'idées se joigne à l'idée principale, et l'embellisse: indiquez souvent plus que vous n'exprimerez. L'esprit aime surtout les idées qu'il paraît se créer à lui-même; plus vous ferez penser, et plus l'espace qu'on parcourra avec vous s'agrandira. C'est par le nombre de ses idées que l'âme vit, qu'elle existe : en lisant l'ouvrage le plus court, elle peut donc avoir un sentiment plus vif et plus répété d'elle-même, qu'en parcourant des volumes entiers.

Mais le nombre des idées ne suffit pas pour l'éloquence : il en fait la solidité et la force : c'est le sentiment qui en fait le charme. Lui seul donne à l'ouvrage cet heureux degré de chaleur qui attire l'âme et l'intéresse, et la précipite toujours en avant sans qu'elle puisse s'arrêter. Vous n'ignorez point qu'il y a entre les idées deux espèces de liaison, l'une métaphysique et froide, et qui consiste dans un enchaînement de rapports et de conséquences : celle-là n'est que pour l'esprit; l'autre est pour l'âme, et c'est elle seule qui en a le tact; elle est produite par un sentiment général qui circule d'une idée à l'autre, qui les unit, qui les entraîne toutes ensemble comme une seule et même idée, et ne permet jamais de voir ni où l'esprit s'est reposé, ni d'où il a repris son élan et sa course. Cette liaison intime, cette rapidité qui fait une partie de l'éloquence, ne peut naître que d'une âme ardente et sensible, et fortement affectée de l'objet qu'elle veut peindre; mais il faut savoir quels sont les objets qui ont le droit d'affecter l'âme, et jusqu'où elle doit l'être. Si on se passionne pour ce qui ne le mérite pas, on est froid; si on passe le but, on est ridicule. Comment poser ces barrières ? qui fixera la limite où le sentiment doit s'arrêter pour être vrai ? Nous avons déjà vu qu'il y a des peuples moins susceptibles de sentiment que d'autres. Ce qui eût transporté d'admiration et fait palpiter de plaisir un habitant de Lacédémone, n'eût pas même fixé l'attention d'un Sybarite : il y a la même différence entre les hommes. En général, l'être vertueux et moral s'affectera bien plus que celui qui est sans principes ; le malheureux, plus que celui qui jouit de tout ; le solitaire, plus que l'homme du grand monde ; l'habitant des provinces, plus que celui des capitales ; l'homme mélancolique, plus que l'homme gai ; enfin, ceux qui ont reçu de la nature une imagination ardente qui modifie leur être à chaque instant, et les met à la place de tous ceux qu'ils voient ou qu'ils entendent, bien plus que ceux qui, toujours froids et calmes, n'ont jamais su se transporter un moment hors de ce qui n'était pas eux. Dans ce contraste, et d'organisation et de caractère, chacun cependant prend pour la nature ce qui est lui : nos passions ou nos faiblesses, voilà la règle de nos jugemens. Quelle sera donc celle de l'orateur ? Qu'il ne consulte ni un particulier ni une ville, ni même une nation et un siècle, dont les mœurs et les idées changent, mais la nature de tous les pays et de tous les temps, qui ne change pas. Il y a, dans toutes les âmes bien nées, des impressions que rien ne peut détruire, et qu'on est toujours sûr de réveiller; ce sont, pour ainsi dire, des cordes toujours tendues, qui frémissent de siècle en siècle et de pays en pays : c'est celles-là qu'il faut toucher. Qu'ainsi, dans l'ordre politique, l'orateur se pénètre des grands rapports du prince avec les sujets, et des sujets avec le prince; qu'il sente avec énergie et les biens et les maux des nations; que, dans l'ordre moral, il s'enflamme sur les liens généraux de bienfaisance qui doivent unir tous les hommes, sur les devoirs sacrés des familles, sur les noms de fils, d'époux et de père; que dans ce qui a rapport aux talens, il admire les découvertes des grands hommes, la marche du génie, ces grandes idées qui ont changé sur la terre la face du commerce, ou celle de la philosophie, de la législation et des arts, et qui ont fait sortir l'esprit humain des sillons que l'habitude et la paresse traçaient depuis vingt siècles. Que sur tous ces objets, s'il a une âme sensible et forte, il ne craigne pas de s'y abandonner; la nature est pour lui. Qu'il oublie alors et les idées rétrécies d'un cercle, et les préjugés d'un moment, et les systèmes de l'indifférence ou de l'erreur; alors sa marche sera souvent impétueuse. Né avec un sentiment vigoureux et prompt, il s'élancera avec rapidité, et par saillies, d'un objet à l'autre ; semblable à ces animaux agiles, qui, placés dans les Pyrénées ou dans les Alpes, et vivant sur la cime des montagnes, bondissent d'un rocher à l'autre, en sautant par-dessus les précipices : l'animal sage et tranquille, qui dans le vallon traîne ses pas et mesure lentement, mais sûrement, le terrain qui le porte, les observe de loin, et ne conçoit pas cette marche, qui pourtant est dans la nature comme la sienne ; mais que l'auteur prenne garde : tout a ses défauts et ses dangers. Plus une telle éloquence est noble, quand elle est appliquée à de grands objets, et qu'elle naît d'un sentiment vrai et profond, plus un faux enthousiasme et une fausse chaleur sont ridicules aux yeux de tout homme sensé. Il en est des ouvrages d'éloquence comme d'une pièce de théâtre ; si l'illusion ne gagne, le ridicule perce, et l'on rit. C'est ce qui arrive toutes les fois que le sentiment est faux ; et il ne peut manquer de l'être, si on peint ce qu'on ne sent pas. Voyez dans le monde tous ceux qui, par système, veulent paraître sensibles (aujourd'hui surtout) ; il y a des hypocrites de sensibilité comme des hypocrites de vertu : tout les trahit ; ils parlent avec glace de leur tendre amitié ; ils vantent avec un visage immobile leur douleur profonde ; eh ! croient-ils qu'on puisse en imposer sur le sentiment ? le sentiment a ses regards, son ton, ses mouvemens, son langage, qu'on ne devine pas, qu'on n'imite point. O vains acteurs! vous tromperez tout au plus l'âme indifférente et glacée qui n'a pas le secret de cette langue; mais l'âme sensible, vous la repoussez; elle démêle votre jeu, vos systèmes, vous voit arranger vos ressorts; votre ton n'est pas le sien, et vos âmes ne sont pas faites pour s'entendre. On ne joue pas plus la sensibilité dans les ouvrages que dans le commerce de la vie. Que celui donc à qui la nature l'a refusée, n'aspire point à imiter ce qu'il n'a pas. Mais soit que vous soyez éloquent, ou que vous ne le soyez point, soit qu'en célébrant les grands hommes vous preniez pour modèle ou la gravité de Plutarque, ou la vigueur de Tacite, ou la sagesse piquante de Fontenelle, ou de temps en temps l'impétuosité et la grandeur de Bossuet, n'oubliez pas que votre but est d'être utile. Quoi! ne vous proposeriez-vous que de louer une froide cendre? qu'importe vos vains éloges pour les morts? C'est aux vivans qu'il faut parler; c'est dans leur âme qu'il faut aller remuer le germe de l'honneur et de la gloire : ils veulent être aimables, faites-les grands; présentez-leur sans cesse l'image des héros et des hommes utiles; que cette idée les réveille. Osez mêler un ton mâle aux chansons de votre siècle ; mais surtout ne vous abaissez point à d'indignes panégyriques : il est temps de respecter la vérité ; il y a deux mille ans que l'on écrit, et deux mille ans que l'on flatte ; poëtes, orateurs, historiens, tout a été complice de ce crime ; il y a peu d'écrivains pour qui l'on n'ait à rougir : il n'y a presque pas un livre où il n'y ait des mensonges à effacer. Les quatre siècles des arts, monumens de génie, sont aussi des monumens de bassesse. Qu'il en naisse un cinquième, et qu'il le soit de la vérité ! La flatterie, dans tous les siècles, l'a bannie des cours ; la mollesse de nos mœurs la bannit de nos sociétés ; l'effroi la repousse de nos cœurs quand elle y veut descendre. O écrivains ! qu'elle ait un asile dans vos ouvrages ; que chacun de vous fasse le serment de ne jamais flatter, de ne jamais tromper ; avant de louer un homme, interrogez sa vie ; avant de louer la puissance, interrogez votre cœur ; si vous espérez, si vous craignez, vous serez vils. Etes-vous destinés, par vos talens, à la renommée ? songez que chaque ligne que vous écrivez ne s'effacera plus ; montrez-la donc d'avance à la postérité qui vous lira, et tremblez qu'après avoir lu, elle ne détourne son regard avec mépris. Non, le génie n'est pas fait pour trafiquer du mensonge avec la fortune ; il a dans son cœur je ne sais quoi qui s'indigne d'une faiblesse, et sa grandeur ne peut s'avilir sans remords. Juger de tout, apprécier la vie, peser la crainte et l'espérance, voir et l'intérêt des hommes, et l'intérêt des sociétés, s'instruire par les siècles et instruire le sien, distribuer sur la terre et la gloire et la honte, et faire ce partage comme Dieu et la conscience le feraient, voilà sa fonction. Que chacune de ses paroles soit sacrée ; que son silence même inspire le respect, et ressemble quelquefois à la justice. Un conquérant qui aimait la gloire, mais plus avide de renommée que juste, s'étonnait de ce qu'un homme vertueux, et que tout le peuple respectait, ne parlait jamais de lui : il le manda. « Pourquoi, dit-il, « les hommes les plus sages se taisent-ils sur « mes conquêtes ? Prince, dit le vieillard, les « sages des siècles suivans le diront à ta posté- « rité ; » et il se retira.

FIN DE L'ESSAI SUR LES ÉLOGES.

TABLE
DES MATIÈRES.

CHAPITRE PREMIER. De la louange et de l'amour de la gloire. Pag. 1
CHAP. II. Des éloges religieux, ou des hymnes. 11
CHAP. III. Des éloges chez tous les premiers peuples. 23
CHAP. IV. Des éloges funèbres chez les Égyptiens. 31
CHAP. V. Des Grecs, et de leurs éloges funèbres en l'honneur des guerriers morts dans les combats. 37
CHAP. VI. Des éloges des athlètes, et de quelques autres genres d'éloges chez les Grecs. 49
CHAP. VII. D'Isocrate et de ses éloges. 55
CHAP. VIII. De Platon considéré comme panégyriste de Socrate. 65
CHAP. IX. Suite des éloges chez les Grecs. De Xénophon, de Plutarque et de Lucien. 77
CHAP. X. Des Romains; de leurs éloges, du temps de la république; de Cicéron. 91
CHAP. XI. Des éloges funèbres sur les empereurs, et de quelques éloges de particuliers. 109
CHAP. XII. Des panégyriques ou éloges des princes vivans. 120
CHAP. XIII. Éloges donnés aux empereurs, depuis Auguste jusqu'à Trajan. 126
CHAP. XIV. Panégyrique de Trajan, par Pline le jeune. 137

TABLE DES MATIÈRES. 527

Chap. XV. De Tacite, d'un éloge qu'il prononça étant consul; de son éloge historique d'Agricola.
Pag. 147

Chap. XVI. Des sophistes grecs; du genre de leur éloquence et de leurs éloges; panégyriques depuis Trajan jusqu'à Dioclétien. 156

Chap. XVII. De l'éloquence au temps de Dioclétien. Des orateurs des Gaules. Panégyriques en l'honneur de Maximien et de Constance Chlore. 173

Chap. XVIII. Siècle de Constantin. Panégyrique de ce prince. 184

Chap. XIX. Panégyriques ou éloges composés par l'empereur Julien. 195

Chap. XX. De Libanius, et de tous les autres orateurs qui ont fait l'éloge de Julien. Jugement sur ce prince. 209

Chap. XXI. De Thémiste, orateur de Constantinople, et des panégyriques qu'il composa en l'honneur de six empereurs. 229

Chap. XXII. Des panégyriques latins de Théodose; d'Ausone, panégyriste de Gratien. 247

Chap. XXIII. Des panégyriques en vers, composés par Claudien et par Sidoine Apollinaire. Panégyrique de Théodoric, roi des Goths. 259

Chap. XXIV. Siècles de barbarie. Renaissance des lettres. Éloges composés en latin moderne, dans le seizième et le dix-septième siècles. 266

Chap. XXV. De Paul Jove, et de ses éloges. 281

Chap. XXVI. Des oraisons funèbres et des éloges dans les premiers temps de la littérature française, depuis François Ier. jusqu'à la fin de Henri IV. 292

Chap. XXVII. Des panégyriques ou éloges adressés à Louis XIII, au cardinal de Richelieu, et au cardinal Mazarin. 318

Chap. XXVIII. Des obstacles qui avaient retardé l'éloquence parmi nous; de sa renaissance, de sa marche et de ses progrès. 332

TABLE DES MATIÈRES.

CHAP. XXIX. De Mascaron et de Bossuet. Pag. 366
CHAP. XXX. De Fléchier. 381
CHAP. XXXI. Des oraisons funèbres de Bourdaloue, de La Rue et de Massillon. 396
CHAP. XXXII. Des éloges des hommes illustres du dix-septième siècle, par Charles Perrault. 409
CHAP. XXXIII. Des éloges ou panégyriques adressés à Louis XIV. Jugement sur ce prince. 418
CHAP. XXXIV. Des panégyriques depuis la fin du règne de Louis XIV jusqu'en 1748; d'un éloge funèbre des officiers morts dans la guerre de 1741. 440
CHAP. XXXV. Des éloges des gens de lettres et des savans. De quelques auteurs du seizième siècle qui en ont écrit parmi nous. 455
CHAP. XXXVI. Des éloges académiques; des éloges des savans, par Fontenelle; et de quelques autres. 468
CHAP. XXXVII. Des éloges en Italie, en Espagne, en Angleterre, en Allemagne, en Russie. 484
CHAP. XXXVIII et dernier. Du genre actuel des éloges parmi nous; si l'éloquence leur convient, et quel genre d'éloquence. 504

FIN DE LA TABLE.

TABLE DES MATIÈRES.

Chap. XXIX. De Mascaron et de Bossuet. Pag. 366
Chap. XXX. De Fléchier. 381
Chap. XXXI. Des oraisons funèbres de Bourdaloue, de La Rue et de Massillon. 396
Chap. XXXII. Des éloges des hommes illustres du dix-septième siècle, par Charles Perrault. 409
Chap. XXXIII. Des éloges ou panégyriques adressés à Louis XIV. Jugement sur ce prince. 418
Chap. XXXIV. Des panégyriques depuis la fin du règne de Louis XIV jusqu'en 1748; d'un éloge funèbre des officiers morts dans la guerre de 1741. 440
Chap. XXXV. Des éloges des gens de lettres et des savans. De quelques auteurs du seizième siècle qui en ont écrit parmi nous. 455
Chap. XXXVI. Des éloges académiques; des éloges des savans, par Fontenelle; et de quelques autres. 468
Chap. XXXVII. Des éloges en Italie, en Espagne, en Angleterre, en Allemagne, en Russie. 484
Chap. XXXVIII et dernier. Du genre actuel des éloges parmi nous; si l'éloquence leur convient, et quel genre d'éloquence. 504

FIN DE LA TABLE.

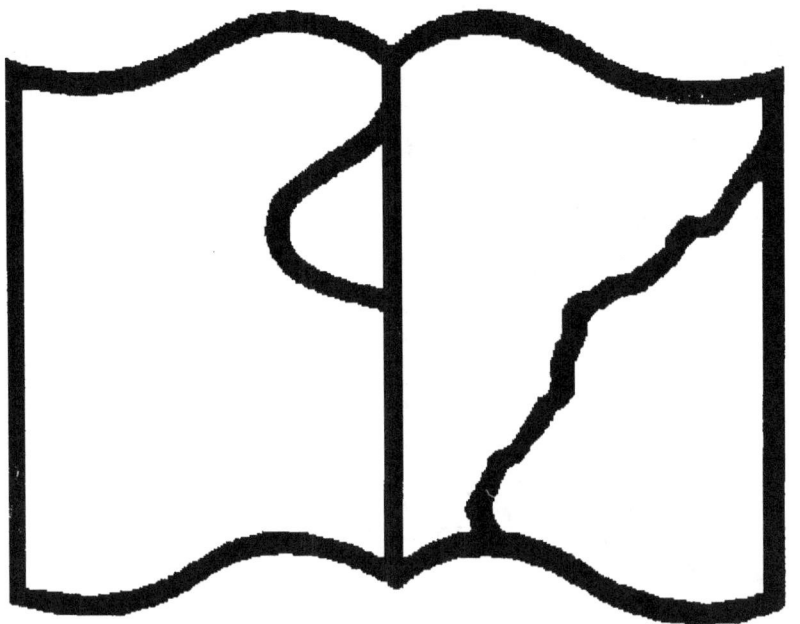

Texte détérioré - reliure défectueuse
NF Z 43-120-11

Contraste insuffisant

NF Z 43-120-14

www.ingramcontent.com/pod-product-compliance
Lightning Source LLC
Chambersburg PA
CBHW070837230426
43667CB00011B/1833